河北高校学报
特色栏目文库

陈　玉　总主编

卢春艳　主编

宋史研究

燕山大学出版社
·秦皇岛·

图书在版编目（CIP）数据

宋史研究 / 卢春艳主编 . — 秦皇岛：燕山大学
出版社，2024.2
　（河北高校学报特色栏目文库 / 陈玉总主编）
　ISBN 978-7-5761-0589-6

　I.①宋… II.①卢… III.①中国历史－宋代－文集
IV.① K244.07-53

中国国家版本馆 CIP 数据核字（2023）第 232714 号

宋史研究

SONGSHI YANJIU

卢春艳　主编

出　版　人：陈　玉	责任编辑：王　宁
封面设计：方志强	责任印制：吴　波
出版发行： 燕山大学出版社　YANSHAN UNIVERSITY PRESS	地　　址：河北省秦皇岛市河北大街西段 438 号
邮政编码：066004	电　　话：0335-8387555
印　　刷：涿州市殷润文化传播有限公司	经　　销：全国新华书店

开　　本：787mm×1092mm　1/16	印　　张：19　　　字　　数：362 千字
版　　次：2024 年 2 月第 1 版	印　　次：2024 年 2 月第 1 次印刷
书　　号：ISBN 978-7-5761-0589-6	
定　　价：76.00 元	

河北省教育厅人文社会科学研究重大课题攻关项目"河北省高校学报影响力提升路径研究"（项目编号：ZD202110）阶段性成果

总序:建设特色栏目集群　提升高校学报影响力

中国特色社会主义建设进入新时代,中华民族伟大复兴的历史重任,呼唤加快构建中国特色哲学社会科学。高校学报在我国出版传媒领域中是期刊方阵的重要组成部分,围绕提升学报水平和影响力开展深入研究,是构建中国特色哲学社会科学的内在要求。

2021年5月9日习近平总书记复信山东大学文科学报《文史哲》编辑部,指出"高品质的学术期刊就是要坚守初心、引领创新,展示高水平研究成果,支持优秀学术人才成长,促进中外学术交流"。贯彻新发展理念,学术期刊的高质量发展,应当为全社会的高质量发展提供知识支撑、发挥创新引领作用,就是要在新发展格局下,提升服务国家创新发展、服务全社会高质量发展的能力和水平,担当好学术期刊的使命。这正是我们开展相关研究的思想起点。

目前,河北省共有89种高校学报,在全省全部期刊中占比将近一半,在全国各省市自治区中排名第7,堪称学报大省,但是这些高校学报跻身北大核心期刊的仅有7种,与学报大省的地位很不相称,在京津冀区域社会经济、科教文化的协同发展中明显滞后,某种程度上已经成为河北省人文社会科学发展的短板,影响了河北省高校的学术形象。

高校学报存在的共性问题,往往来源于一校一刊、学科综合,使它们总体上陷入千刊一面、低水平重复,尤其是地方高校学报在评价指标面前处于竞争劣势。着眼未来发展,学报的稿源、作者、编辑人才以及引文率、发行量平均增长率、辐射范围等指标的数量与质量如何平衡,如何实现良性循环、可持续发展,高校学报界在不断地进行艰辛探索。

2021年,燕山大学主持申报的"河北省高校学报影响力提升路径研究"获得河北省教育厅人文社会科学研究重大课题攻关项目立项支持,同时得到河北大学、衡水学院、邯郸学院、河北民族师范学院等高校学报同行的热情响应,研究很快开展起来。

纵观国内外的相关研究,按期刊影响力辐射范围,可分为国内影响力研究和国际影响力研究。国内影响力的研究主要由国内权威的核心期刊评价机构的评价指标体系构成,即使用期刊影响因子、论文被引量、下载率、转载、摘编情况等要素来考察期刊影响力的指标现状、差异性和发展趋势等。国际影响力研究主要集中于科技类综合期刊和专业性期刊的探讨,有关外语类、双语类期刊和权威核心期刊的较多,社科类期刊的国际影响力研究成果相对较少。对于主体的研究,按照期刊影响力的人力资源构成,可分为以作者为核心的主体研究和以编辑、编委会在学术期刊影响力中发挥能动作用的主体研究。此外还有媒介和渠道研究、国家工程和项目资助研究、期刊评价微观方法研究、特色栏目研究等不同维度。在这些研究中,定性研究占比大,中心议题是围绕高校学报发展现状如何、面临哪些困境,是否需要转型以及转型的效果等,对转型的路径探讨大体上可归纳为特色化、数字化、专业化三条道路。

在上述已经开展的研究中,尤其值得关注的是特色名栏研究这个视角。

在当前学报管理体制尚不能进行变革的前提下,学界几乎将特色化发展视为学报走出困局的唯一方法,社科学报是其中的重点。刘曙光、张积玉、龙协涛、蒋重跃、余志虎、张媛、姚申等学者专家都倾向于认为,高校社科学报应该立足于本地区的历史文化优势,突出地方特色,精心设计特色栏目,在教育部"名栏工程"以及全国高等学校文科学报研究会"特色栏目"评选的推动下,更多的期刊界同仁应当将打造特色栏目作为高校社科学报特色化转型的路径选择,普通高校社科学报通过打造特色栏目形成鲜明的个性文化,是打破"千刊一面"的生长点,既有特色又有水平是高校社科学报特色栏目建设的目标,打造高校社科学报特色栏目是保持高校社科学报的竞争力和提升社会影响力的重要举措,高校社科学报专业化、特色化是综合性文科学报走出困境的唯一道路,高校社科学报应该向集约化、专业化、联合办刊、栏目共建、内涵式发展方向努力,发挥学科优势、地域特色和历史传统,坚持个性化发展,有所为有所不为,必须立足于本校学科优势、地域特色和历史传统,制定科学的评价体系,鼓励个性化办刊。

我们的课题组受到启发,聚焦于特色栏目研究视角,从这个角度切入,展开了学报特色化、专业化研究,目标是以研究特色栏目为中心,分析河北省高校学报的现状、学报评价机制存在的问题,探索提升河北省高校学报影响力的路径。通过研究特色栏目所体现的学报传播方式,推动突破核心期刊至上的学报思维定势、评价模式,转变以刊评文的惯性思维,巩固学报的应有地位,建立更加科学、合理的学报评价体系,为破除“唯核心”的期刊评价体系提供新的评价思维和指标,引领学报转变发展模式,走特色发展之路。

所幸河北省高校学报在打造特色栏目方面已经具备了较好的基础,经过多年辛勤建设,现在拥有“宋史研究”“董仲舒与儒学研究”“赵文化研究”“典籍翻译研究”“避暑山庄研究”等约 20 个特色栏目,已经形成了一个以特色栏目为核心的期刊群,在学报界令人瞩目。这些特色栏目以地域和学科优势为支撑,做到了“人无我有,人有我强”,成为学报的支柱性学术高地。壮大特色栏目群,与高校双一流建设同向同行,将是河北省高校学报走出困局、提升影响力的一个突破口,同时也正在形成一个相关的学术共同体。

英国科学家和哲学家坡朗依在《科学的自治》一文中首先提出科学共同体概念,指出学术共同体是从事科学研究的主要阵地和重要载体。学术共同体是学报开展学术交流和学术评价必须把握的关键性的互动关系。构建学报的学术共同体是主客体相互统一的过程,能够统筹人力资源、学术与文化资源、传播渠道、受众需求等各个要素,优化出版方式。

为凸显河北省高校学报社科特色栏目作为学术共同体形成的集群化特征,本课题组策划组织编纂了这套“河北省高校学报特色栏目文库”,以突出展示河北省高校的学术成果,催生河北省高校学报特色栏目的集群效应,希望对学报界具有一定的示范意义,积极引领学报的发展。

这套文库由陈玉教授总体设计、全面把握,由一批长期主持特色栏目、经验丰富的一线学报编辑亲自主编,精选河北省 5 家高校社科学报

特色栏目发表的高质量、有影响的论文,分别汇编集成。首辑共收录5个分册:

《燕山大学学报(哲学社会科学版)》编辑董明伟精选"典籍翻译研究"栏目的代表性论文,主编《典籍翻译研究》;

《河北大学学报(哲学社会科学版)》编辑卢春艳精选"宋史研究"栏目的代表性论文,主编《宋史研究》;

《衡水学院学报》编辑曹迎春精选"董仲舒与儒学研究"栏目的代表性论文,主编《董仲舒与儒学研究》;

《邯郸学院学报》编辑贾建钢精选"赵文化研究"栏目的代表性论文,主编《赵文化研究》;

《河北民族师范学院学报》编辑王明娟精选"避暑山庄研究"栏目的代表性论文,主编《避暑山庄研究》。

编选出版一个省的高校学报特色栏目文库,这在全国尚属新鲜的做法。今后有条件的情况下,我们还将继续拓展补充收录更多的专栏文集。燕山大学出版社对该文库的组稿出版给予指导与支持,感谢出版社的各位编辑用精细严谨的工作与学报编辑们联手为读者呈现了这套颇具专业性的学术研究合集。

甲辰龙年伊始,诚愿以"河北省高校学报特色栏目文库"为龙头,引发河北省高校学报加快提升影响力的思考与行动,促进其有力推动社会经济、科教文化的发展,奋力向着建设成为学报强省的愿景进发!

"河北省高校学报影响力提升路径研究"课题组主持人
燕山大学教授、博士生导师
陈　玉
2024 年 2 月于燕园

序　言

"文章千古事，得失寸心知。"当翻阅一期期学报刊发的论文，寻找"宋史研究"栏目的发展轨迹时，一番追古的思绪油然而生，尤其是透过那些发黄的纸页和斑驳的印迹，看到已经作古的先生的名字时，崇敬与感佩之情萦绕于心。作为栏目的责任编辑，整理、编纂、出版这本精选"宋史研究"论文集实为人生一大幸事。

"宋史研究"栏目是伴随着学报的发展成长起来的，经历了从无到有、从弱到强的过程。《河北大学学报（哲学社会科学版）》（以下简称"学报"）于1960年创刊，当时并没有明确的栏目意识，"宋史"作为"断代史"的一个研究分支，被归在"历史学研究"大类里。初期，专栏的文章并不多，仅零零散散几篇。

20世纪80年代，一大批宋史研究学者涌现，"宋史研究"成为河北大学的强势学科。1982年，我国著名的历史学家、宋史研究专家漆侠先生创建宋史研究室。"宋史研究"专业于1984年获河北省第一个博士学位授予点，于1986年被河北省教委确定为重点学科。以此为依托，学报于1986年第3期创设"宋史研究"专栏。漆侠先生作为栏目主持人开始撰稿、组稿，后续以每年一期专栏且每栏3~5篇的方式，陆续推出了一批宋史研究论文，内容涉及宋代的政治、经济、军事、法律、文化等诸多方面。

2001年河北大学宋史研究中心成为河北省唯一的教育部省属高校人文社会科学重点研究基地。伴随着该中心在学科建设和科学研究方面的长足发展，学报积极进行选题策划，加大组稿力度，"宋史研究"专栏设置频率逐渐增加，刊文数量不断加大。为了满足学术发展的需要，学报采取"专栏与专题"相结合的方式组织了一系列学术笔谈，如在2007年第2期组织了"宋代文学与经济"学术笔谈，在2007年第4期组织了"宋代教育笔谈",在2011年组织了"纪念漆侠先生逝世十周年"专题等等。

经过多年的发展,2012年4月25日"宋史研究"迎来了栏目发展史上的里程碑。学报与教育部社会科学司正式签署了"教育部高校哲学社会科学第二批名栏工程"协议,"宋史研究"正式入选第二批教育部名栏(全国仅21家)。至此,"宋史研究"成为学报的品牌栏目,长期固定下来,基本每期都有文章刊出,刊文数量大幅增加。

为进一步贯彻执行《教育部高校哲学社会科学学报名栏建设实施方案》,"宋史研究"专栏采取了一系列措施:一是在选题设计方面,本着学术创新和思想开放原则,有意识有目标地筛选重点话题,采用商榷、争鸣等方式开展学术论争和思想交锋,通过最直接的学术对话,让栏目成为了解新理论、畅谈新观点、展示新成果的新平台。二是在栏目策划方面,除了紧抓优势学科之外,还积极追踪学术前沿,培植新的学术增长点,以大历史、中国古代史研究的概念涵盖宋史研究,推进学科研究的深度和广度,提高栏目的知名度、美誉度,扩大栏目在国内外学术界的影响。三是在栏目内容方面,以宋代历史研究的关联性为特色,保持栏目的一致性和连续性。坚持刊发宋史研究原创性论文,推进学科研究向纵深发展,刊发内容既有理论概念的宏观把握与构建,也有具体问题的解答与分析。四是在可持续发展方面,把学报的名栏工程建设纳入学校哲学社会科学的总体发展战略规划中,作为学校重点学科建设和人才培养的内容,形成栏目发展和学校的学科发展、人才培养的良性互动。通过名栏建设,充分发挥学报在学校学科建设、人才培养和学风导向方面的支撑作用。五是在栏目建设方面,建立专家学者库,充分利用校内外宋史研究的优势资源,做好编稿、审稿、定稿工作,保障刊登论文的学术质量。通过走出去参加各种形式的会议,如行业内的交流会、座谈会,学科领域的学术研讨会等,与相关的专家学者、行业内的知名人士交流联系,倾听他们的意见和建议,吸引他们参与栏目建设,使栏目不断改进,日臻完善。

"宋史研究"栏目遵循"重名家、不薄新人"的办栏理念,既刊发宋史研究名家的研究成果,亦刊发青年学者的前沿学术论文,包容兼顾、博采众长。一大批宋史研究领域的大家,如漆侠、龚延明、汪曾瑜、张邦炜、虞云国、郭东旭、李华瑞、姜锡东、顾宏义、程民生、曹福铉等,均在本栏刊发过文章。同时栏目也见证了青年学者的学术成长和发展,正是在专栏的平台上,一批学术新人逐渐成为学科带头人和知名学者。

专栏的作者分布区域既包括国内各省市高校、学术机构,也涵盖韩国和日本等国外的研究机构,绝大多数作者来自教学科研单位,除河北大学宋史研究中心外,还有敦煌研究院、浙江大学、西北大学、四川大学、四川师范大学、华东师范大学、上海师范大学、首都师范大学、陕西师范大学、河南大学等院所。由于拥有一批相对稳定且具有较高学术水平的作者群体,"宋史研究"栏目提升了学术品位,逐步成为国内外宋史研究领域具有影响力和权威性的学术交流平台之一。

"宋史研究"栏目创立30余年,形成了自己的学术优势与学术特色,在展示和交流学术成果、扩大对外影响、提高知名度等方面发挥了重要作用。刊发的论文社会影响很大,被各种机构转载转摘多篇,其中,被"人大复印报刊资料"全文转载23篇,被《新华文摘》"全文转摘""论点摘编""篇目辑揽"转摘索引共计29篇。栏目获多项奖励:2006年,在河北省高校社科学报"三优评比"中,"宋史研究"被评为特色栏目;2006年,"宋史研究"被中国人文社会科学学报学会评为全国社科学报优秀栏目;2017年,"宋史研究"栏目荣获"河北省期刊名栏目";2019年"宋史研究"栏目荣获"全国高校社科特色栏目"。

自创立以来至2021年12月,"宋史研究"专栏共开设107期,刊发宋史研究类论文232篇,计300余万字。一篇篇论文如珠玉琳琅,作为一名编辑,总不免"贪心",总想将这些文章应收尽收。然而,论文集版面有限,又要做到条理井然,只能有所侧重,忍痛割爱。此论文精选集按时间跨度分为三大部分,既有需要突出的层次,又尽量反映栏目发展全貌。

第一部分为精品论文,侧重于"求新",时间跨度为2012—2021年。该部分从"宋史研究"入选教育部名栏后的论文中遴选出20篇作为名栏精品论文,力求反映宋史学界最新的研究成果和学术动态。

第二部分为精品摘要,侧重于"求精",时间跨度为 2001—2012 年。该部分遴选 20 篇论文摘要组成"宋史研究"精品摘要,力求反映栏目入选教育部名栏之前的学术传承与历史积淀。

第三部分为刊文目录,侧重于"求全",时间跨度为 1986—2021 年。该部分以目录形式列出学报刊发的所有"宋史研究"论文,尽管个别文章当时没有在"宋史研究"栏目之下,但也收录其中,力求保全史料,避免遗珠之憾。

需要特别说明的是,"宋史研究"栏目得到了众多专家学者的持续支持,很多学者每年都会在学报上刊发文章,但是为了展示更多专家学者的研究成果,在精品论文中出现的作者在精品摘要中便不再出现。精品论文以作者年龄排序,精品摘要以文章见刊时间排序。精品论文和精品摘要均以作者独著为主。

前人筚路蓝缕,后人砥砺前行。"宋史研究"栏目的创立和发展是学报几任主编、社长呕心沥血的结果,也离不开几任责任编辑精益求精的工匠精神,在此一并致敬。

"读史以明智,知古可鉴今。"整理和编纂一篇篇史学论文的过程,宛如一场场与诸位学者安静对话的学术盛宴,在交错的时空里感受他们的才华与风范、责任与担当。做任何事情都需要一点点"执念",当多年的一桩心愿终于完成时,感慨颇多,收益颇多,进而心绪豁然开朗——过程的繁杂与身体的疲惫已然无足重轻。

卢春艳

2023 年 8 月

目　　录

【宋代政治经济研究】

宋代刑部建制述论
——制度史的静态研究

龚延明

（浙江大学 古籍所暨宋学研究中心，浙江 杭州 310028）

[摘　要]　宋刑部之制，沿袭隋、唐。在宋代，刑部之职能变化，分两个阶段：北宋前期，刑部官员无职事；刑部之权，为审刑院与纠察在京刑狱司所分。但刑部并非空壳，尚掌有昭雪天下死罪之司法权，及犯罪免职官员经赦重新叙用等职事。为宋初四家中央司法机构之一，则大理寺为最高审判机构，审刑院为复议大理寺断案机构，刑部为大辟复核机构，御史台为刑法最高监督机构。元丰五年（1082），行新官制，刑部尚书、侍郎及其所属四司刑部司、都官司、比部司、司门司郎中、员外郎，官复原职。职掌刑法、狱讼、奏谳、赦宥、叙复之政令。元丰改制之后，中央司法机构由四家简为二家，大理寺、刑部，御史台则为司法监督机构未变。天下奏案，必断于大理寺，详议于刑部，然后上之于宰执，决之于皇帝，这就是元丰改制后确立的宋代刑事审判制度。这也从刑政方面，体现了宋代以皇帝为核心的中央集权的进一步加强。

[关键词]　宋代；刑部建制；制度史

制度史研究有两翼：一翼是固定的、静态的成文法制度史研究，这是传统的，也

[作者简介]　龚延明（1940—　），男，浙江义乌人，浙江大学古籍研究所暨宋学研究中心教授、博士研究生导师，主要研究方向：中国古代官制史与科举制度文献整理。

是基本的、基础的研究方法。一翼是"活"的、动态的制度史研究,这是新兴的、制度运作的史学研究方法。二翼相辅相成,缺一不可。关于"活"的制度史动态研究,笔者已发表过一篇《唐宋官、职分与合》(刊《历史研究》2015 年第 5 期),对唐宋长达 430 年的官、职离而后合的制度演变史,进行了动态的考察。本篇《宋代刑部建制论述——制度史的静态研究》,笔者用静态方法对宋代尚书省刑部及其所属刑部司、都官司、比部司、司门司四司的设置沿革、编制、职掌及其在两宋的变化与刑政制度内涵,予以较详尽论述。这是法定的宋代刑部官僚机构,要了解宋代刑政管理制度,这是基础,没有这个基础研究,就不可能对宋代刑政制度进行全面深入的探讨,包括对宋代刑政制度的动态研究。这是本文研究的主旨,兹就教于读者与方家。

刑部,《周礼》秋官大司寇之职,为刑部之渊源。南朝宋、齐、梁、陈,北朝后魏、北齐皆置都官尚书,北周复古改为大司寇卿,隋开皇三年(583)改都官尚书为刑部尚书,隋炀帝大业三年(607),置刑部侍郎,统刑部、都官、比部、司门四曹[1]。唐、宋刑部官司之制,沿于隋。北宋前期,刑部尚书、侍郎及其所属四司郎中、员外郎,无职事;刑部之权,为审刑院与纠察在京刑狱司所分。但刑部并非空壳,尚掌有昭雪天下死罪之司法权,及犯罪免职官员经赦重新叙用等职事。

治理天下刑政,作为中央司法机构,宋初有三家:大理寺,为最高审判机构;刑部,为最高司法复核机构;御史台,为最高监督机构[2]。大理寺详断(断狱),刑部覆审,御史台监督[3]卷一九九《刑法志》一,第4967页。太宗淳化二年(991),建立审刑院,刑部覆审权为审刑院所夺,刑部只保留覆审死罪权。这样,中央就出现了四家刑法机构。诚如吕陶所指出:"本朝以来,大理寺主断天下奏狱,而刑部覆之……(淳化中)始置审刑院于中书之侧。盖断以一司,审以一司、雪以一司。"[4]

此外,则御史台为监察一司,拥有重大疑难案件及诏狱的审判权:

> 景祐二年二月九日,中书门下言:"审刑院、大理寺、刑部当职官员懈慢,今后并须早入晚出,所有公案文字逐旋结绝,仍令御史台觉察。"[5]刑法之六六《法官》,第8299页

宋代中央监察机构御史台,本是专门的司法监督机构,但"群臣犯法体大者,多下御史台"根治;诏狱则由言事御史和监察物战争轮治;并受理"州县、监司、寺监、省曹不能直"的疑难重案;"若诸州有大狱,则乘传就鞠"。所以说御史台拥有重大疑难案件及诏狱的审判权,亦是法定的上诉机关。[6]

三家司法机构分工:审刑院受理狱具上奏案件,登记盖印迄,送大理寺断决,刑部覆议以闻,再下审刑院详议裁决定案,付中书,当者,即颁下,其未允当者,宰相复

上闻,始命论决。担当司法主要角色的是审刑院、大理寺,刑部退为次要角色:

> 凡狱具上奏者,先由审刑院印迄,以付大理寺、刑部断复以闻,乃下审刑院详议,中复裁决迄,以会中书,当者即下之,其未允者,宰相复,始命论决。[7]卷三二,第718页

刑部之司法权,实际被剥夺了主要的覆审权,淳化四年(993)三月诏:

> 大理寺所详决案牍,即以送审刑院,勿复经刑部。[7]卷三四,第748页

本来大理寺断后只由刑部详复的案件,置审刑院后,还要经过审刑法院详议,实际上是在刑部之上又增加了一级复审机构[8]。

宋代立法与司法机构分开。专门立法机构,是临时性的编敕所。法典法令的制定,先由编敕所删修旧敕(朝旨经中书颁下者为敕)或宣(朝旨经枢密院颁下者称宣),拟定草案,再经必要的立法审核程序,报中书门下审核,最后奏闻皇帝批准诏可,颁行。刑部无立法权,但有参议立法权。如仁宗天圣七年(1029)四月二十五日诏:"审刑院、大理寺、刑部三司,自今参详起请改定条贯,当降敕行下者,并依《编敕》体式,简当删定,于奏议后面别项写定,于降敕之际止写后语颁下。"[5]刑法一之四,第8215页熙宁十年(1077),详定一司敕所修成《刑部敕》:"一卷,分九门,总六十三条。已送刑部、审刑院、大理寺、律学看详后,申中书门下迄。"[9]

北宋前期,法律条贯的颁布传达渠道有二,一是刑部翻录颁下,一是直送都进奏院遍牒,所总不一。神宗熙宁九年(1076)十二月诏,统一由刑部翻录(抄录副本)或雕印颁行:

> 中书门下言:"刑房状:自来颁降条贯,或送刑部翻录,或只是直付进奏院遍牒,盖所总不一,关防未备,致其间有不曾修润成文,及不言所入门目者,亦便宜行下。欲乞今后应系条贯,并付刑部翻录,或雕印施行。其进奏院雕印条贯,并令住罢。"[5]刑法一之一〇,第8222页

宋代刑部不置监狱。中央刑狱机构,主要有御史台狱、大理寺狱、侍卫马、步军司狱;此外,京师辇毂之下,市井浩穰,狱讼极为繁剧,又有开封府狱、京畿县开封、祥符二县并尉司狱,三排岸司狱,以至临时诏狱以及昼监夜禁等,无虑二十余处[4]。宋神宗元丰三年(1080)八月,审刑院并入刑部。以知审院官判刑部事,掌详议详覆司事;原刑部主判官为同判刑部事,分掌详断司事(初审);审刑院详议官尽改为刑部详议官[7]卷三〇七,第7456页。元丰五年(1082)五月一日,行新官制,三省六部二十四司官复原职,罢审刑院归刑部[3]卷一六三《职官志》部三,第3858页。

刑部别称秋官、秋台、秋曹、宪部、司寇、白云司、刑寺等。判刑部事北宋前期,刑部尚书、侍郎皆为阶官,不司刑部职。刑部置判部事二人,以御史知杂以上或朝

官充,如太祖开宝九年(976)六月,右赞善大夫、判刑部张佖[7]卷十七,第374页。本部掌覆审天下大辟(死罪)已处决公案,即审核京师、地方每旬奏报大辟狱状,举驳已决死罪案之不当者;及详定京朝官、三班院、幕职州县官犯罪除免、经赦叙用,定夺雪理给牒。

建隆三年(962)三月,太祖谓宰臣曰:"五代诸侯跋扈,多枉法杀人,朝廷置而不问,刑法部之职几废,且人命至重,姑息藩镇,当如此耶!"乃令诸州自今决大辟迄,录奏闻奏,委刑法部详覆之[7]卷三,第63页。淳化元年(990),置详覆官六员,专阅天下案牍,京朝官充,主定夺公事,分覆旬奏狱状。后减至三员。景德三年(1006),又增详覆官一员,专职举驳大辟公案之不当者。此外,置法直官一员,选人充。凡中外逐处奏报旬申死罪人数,刑部专置簿,详覆官与法直官抄录入簿专管,等候奏到已处决毕,将奏报与簿录核对无误后,勾销[5]职官一五之四,第3409页。

北宋前期刑部,在覆大辟案中,不仅审核、举驳已决大辟公案,还在制定刑法方面发挥作用。如太宗雍熙三年(986),经权判刑部事张佖起请,太宗降敕:刑部覆天下大辟案,如发现有"失入死罪"的冤案,不许以官赎罪,并追究所在州长吏知州、通判责任,罢官。这对惩治审理刑狱失职、渎职官员,具有威慑力。真宗咸平二年(999),编刑法法敕令时,编敕官却把它删掉了,致地方长吏"无畏惧,轻用条章"。景德中,官员上封言事,重新恢复追究误判死罪公案与之有关的长吏责任的敕令[5]职官一五之二,第3407页。吏额:令史十二人,驱使官一人[5]职官一五之一,第3405页。

元丰改官制,三年审刑院与纠察在京刑狱司归刑部,刑部振举本部之全职。刑部极刑案库隶刑部。凡断迄极刑公案,从银台司降下刑部后,送与详覆官看详,若无不当,将公案入库置历拘管。若遇有申诉冤案者,须从库中调出公案文牍,重新对证。令史一人,专知极刑案库;法直官杂事司签书;详覆官一员监掌库事;判刑部官通押。极刑案库所置历,由令史、老兵剩员各二人,日夜轮差看管;详覆官、法直官各一员押宿,以便随时处理有关大辟案的诉冤[5]职官一五之一,第3408页。刑部元丰五年(1082),行新官制。官额十二员:尚书一人、侍郎一人,刑部司郎中、员外郎各二人,都官司、比部司、司门三司郎中、员外郎各一人。

刑部掌刑法、狱讼、奏谳、赦宥、叙复之政令。凡断狱依据律,凡律之名有十二种:名例,禁卫,职制,户婚,厩库,擅兴,盗贼,斗讼,诈伪,杂律,捕亡,断狱。律所不及,一断以敕、令、格、式。"禁于已然之谓敕,禁于未然之谓令,设此以待彼之谓格,使彼效之之谓式。"[3]卷一六三《刑法志》一,第4964页其一司、一路海行所不及者,析而为专法。若情可矜悯而法不容者,谳之,皆阅其案状,依例拟进上闻。凡诏狱及案劾命官,追命奸盗,督之以程限。审覆京城辟囚,如在外已论决者,刑部有权抽查案例。凡大理寺、开封府、殿前马步司监狱,纠察其当否。有辩诉,以情、法与夺赦宥、降放、叙雪。若命官免官后牵复,则定以时。

元丰新制,刑部所审断狱既依《宋刑统》律,亦用敕,神宗更改敕之目为"敕、令、格、式",这是断狱之制的重大变化。朱熹指出:"律(按:律指《刑统》)是历代相传,敕是太祖时修,律轻而敕重。如敕中刺面编配,律中无之,只是流千里。即今之白面编管是也。敕中上刑重而下刑轻,如律中杖一百,实有一百,敕中则折之为二十。今世断狱只用敕,敕中无,方用律。"[10]卷一二八《法制》,第3080页何谓"敕、令、格、式"?朱熹有简明解释,其弟子儒用记录如下:

> 何谓"格"如五服制度,某亲当某服,某服当某时,各有限极,所谓"设于彼而使彼效之"之一块儿也。

> 何谓"式"如磨勘转官,求恩泽封赠之类,只依个样子写去,所谓"设于此而使彼效之"之谓也。

> (何谓)"令"则条令禁制,其事不得为、某事为之有罚之类,所谓"禁于未然"者。

> (何谓)"敕"则是已结之事,依条断遣之类,所谓"治其已然"者。

> 格、令、式在前,敕在后,则有"教之不改,而后诛之"底意思。[10]卷一二八《法制》,第3081页

朱熹另一弟子贺孙在听取了朱熹的解答后,也有记录,其答案内容大同、表述小异:

> 某事合当如何,这谓之"令"。如某功得几赏、某罪得几等等罚,这谓之"格"。凡事有个样子,如今家保状式之类,这谓之"式"。某事当如何断、某事当如何行,这谓之"敕"。今人呼为"敕、令、格、式",据某看,合呼为"令、格、式、敕"。敕是令、格、式所不行处,故断之以敕。

原本"令、格、式、敕"之次序,为何变为"敕、令、格、式"之序?朱熹又一弟子德明认为:

> 本合是先令而后敕,先教后行之意。自荆公(王安石)用事以来,定为"敕、令、格、式"之序。[10]卷一二八《法制》,第3081页

事实上,宋代断案,除用律与敕、令、格、式之外,还用"例",刑部将用例抄录在部,为《例册》,委刑部长贰"专一收掌"。例,多为特旨。为了慎刑,南宋孝宗淳熙四年(1177)降诏:对"有情犯可疑"之案件,要求刑部"即于已抄录在部《例册》内检

坐体例,比拟特旨申省(尚书省)。如与例轻重不等,亦令参酌拟断,申取指挥"[5]职官一五之二六,第3421页。

元丰改制之后,中央司法机构由四家简为二家,大理寺、刑部,御史台则为司法监督机构未变。大理寺专职于折狱、鞠狱,刑部审覆大理寺所断大辟公案及诸路句报囚帐之外,掌定夺申诉案件、犯罪命官叙复、供检条法、捕盗、户婚、斗讼、检察帐籍及进拟刑法名文书等,职事广泛,是名符其实的中央最高司法行政与案件覆核机构[11]。元丰五年(1082)七月十三日诏,大理寺进呈公案,更不上殿,并断讫送刑部[5]职官一五之一一,第3413页。

天下奏案,必断于大理寺,详议于刑部,然后上之于宰执,决之于皇帝,这就是元丰改制后,确立的宋代刑事审判制度[3]卷一五四《刑法志》三,第5013页。"决之人主",具有皇权至上的意义,即最后审判权,握在人主之手;刑部和大理寺是两家中央最高司法机关,拥有的是执行权。这也从刑政方面,体现了宋代以皇帝为核心的中央集权的进一步加强。"宋初,皇帝通过审刑院控制了国家重要审判活动。神宗裁撤审刑院以后,大理寺审断和刑法部详覆的案件,须经门下省复核,如认为不当,可依法驳正。门下省通过之后,中书省仍得评议,并可向皇帝陈述异议。"皇帝才是最高裁决者[12]。

刑部详覆大理寺断狱举例:

> (绍兴八年八月)权礼部侍郎兼侍讲张九成兼权刑部侍郎。一日,法寺(大理寺)以成案上大辟,九成阅始末,得其情,因请覆实,囚果诬服者也,奏黜之。时法官抵罚,而朝论欲以平反为赏。九成辞曰:"职在详刑,而卖众以邀赏,可乎?"[13]卷二○中,《宋高宗》

南宋状元张九成,在权刑部侍郎任上,覆审大理寺判决死刑案,发现疑点,遂退回法寺覆核,果得囚犯在严刑逼供下诬服之事实,一桩死罪冤案,终于得到平反昭雪。主审官受到惩罚,朝论拟赏张九成平反之功,九成则以本职工作责之所在,坚辞拒绝。

刑部不可能全部覆审大辟案。宋仁宗明道二年(1033),刑部四案之一大辟案,每月覆审大辟公案不止二百余宗,一年能覆审二千四百余宗,而查大辟之详覆官只有一人,忙不过来。经都官员外郎、判刑部李逊上请,仁宗同意增刑部四案人吏参与覆审大辟案,并出台"有能驳正死罪五人以上,岁满与改京官"的奖励政策[7]卷一一三,第2645页。然而,随着大辟案不断增加,覆审案件的比例反而下降。五十年后,到了十一世纪晚期,宋哲宗元祐元年(1086),断大辟案五千七百八十七人[33]卷三九三,第9583页,可是,年覆审案件只有五百宗。美国学者马伯良,据《长编》《宋史》《文献通考》记载进行过计算,认为:"在十一世纪晚期,大约只有百分之七至百分之九的死刑法案件经过了覆奏环节。"[14]

刑部所属子司为四司:本部司(刑部司)、都官司、比部司、司门司[3]卷一六三《职官志》三,第3857页。分案八,置吏五十二人。哲宗时,分案十二,置吏五十二人。南宋绍兴后,分案十三:制勘案——掌鞫狱,即审理诸路上奏刑狱案件;体量案——掌审问、调查、追究案犯犯罪事实;详覆案——掌覆审诸路所上大辟案;定夺案——掌冤案申诉、平反;举叙案——掌犯罪官员经大赦后重新按格录用;纠察案——掌纠察狱案办理有无违法与拖拉,及死罪判决疑点审问;检法案——掌本部律法条例查照、咨询;颁降案——掌遇赦宥时,颁降赦罪条法;追毁案——掌犯法官员判罚后,追回、销毁任命凭证(武官之宣、文官之敕);会问案——掌会审案犯对质;捕盗案——掌缉捕强盗、督以追捕期限;帐籍案——掌京师诸库、务财会出纳帐册,督催失欠之数;进拟案——掌起草上奏定罪刑名文书[3]卷一六三《职官志》三,第3859页。

南宋孝宗隆兴元年(1163)额为四十人:主事一人,令史四人,书令史九人,守当官八人,正贴司十八人。八月三日,减守当官二人、正贴司三人,吏额为三十五人[5]职官一五之二一,第3419页。

孝宗乾道六年(1170)五月四日,吏额四十人;是日,裁减五人,"通以三十五人为额"。宋代裁撤吏人工作较细,所裁吏人,不是裁掉后就不管了,而是依资次排名给据,待将来刑部吏额内出现阙额,"依名次拨填施行",这样,裁减人就不是失业,而是转为待业[5]职官一五之二三,第3420页。

刑部凡经详覆公案,如有驳勘或需取会狱案之紧急文书,即由进奏院专置绿匣,排列字号、月日、地理,当进奏官面发放。所到递铺,及时照单传递,承受文书官吏,依条限实书到达、发送时间,最后用原发绿匣送回刑部,以备稽查[5]职官一五之二六,第3421页。作为传递信息之信牌,绿匣等级较高,其应急程度高于黑匣传送,黑匣又高于散贴、牌箌。绿匣多用于"上司绿匣追会及大辟强盗时,出而用之。违者必惩"[15]。

刑部尚书:北宋前期,刑部尚书无职事,为文臣所带宰相所带本官阶,如太宗朝太平兴国八年(983)十一月,刑部尚书、参知政事宋琪[7]卷二十四,第556页。参知政事(副相)为宋琪之实际职务,所带刑部尚书,并不赴部上班,而为寄禄本官阶,定宋琪的月俸六十千。参知政事另有一份差遣俸禄,月二百千。副相宋琪领二份俸禄,计二百六十千。

　　元丰改制,六部各正其职,刑部尚书,从二品[16]。职掌天下刑狱之政令,侍郎、郎中、员外郎分治其事。凡丽(符)于法者,审其轻重,平其枉直,而侍郎为之贰。应定夺、审覆、除雪、叙复、移放,则尚书专领之;制勘、体量、奏谳、纠察、录问,而郎中、员外郎分掌握其事。有司更定条法,则覆议其当否。凡听讼狱或轻重失中,有能驳正,则诏其赏罚。若颁赦宥,则纠官吏之稽违者。大祀,则尚书莅誓,荐熟则奉牲;大礼肆赦,则侍郎授赦书付有司宣读。

　　刑部尚书主要职能为司法,"凡丽(符)于法者,审其轻重,平其枉直",同时兼有议法之权,"有司更定条法,则覆议其当否"。但没有法律编纂权[9]22。

　　元丰五年(1082)初行新制,刑部尚书未除。而除刑部侍郎以掌刑法部之职。哲宗元祐元年(1086)七月命吏部侍郎苏颂为刑部尚书[7]卷三八三,第9327页。徽宗朝亦除刑法部尚书。南渡后,刑部尚书与侍郎互置一员[3]卷一六三《职官志》三,第3859页;孝宗隆兴后,尚书不常置,置刑部侍郎一员,刑部司郎中官二员[5]职官一五之二一,第3419页。

　　刑部尚书别称刑书、土、秋官、秋官卿、秋卿、大司寇、八座。

　　权刑部尚书正三品,位次试尚书,其俸禄依守尚六部侍郎,五十千。元丰官制施行之后,六部尚书从二品,地位崇重,"实亚执政,若才德兼茂,资望并隆,处之八座"。故不轻授,除吏部尚书外,余五部尚书皆付阙。"诸部之无长官,止命侍郎主行。"哲宗元祐三年(1088)闰十二二十八日敕:"置六曹尚书权官,俸赐依六曹侍郎守法。叙班在试尚书之下。"以安排资格未及、职事需要的新进之士[7]卷四一九,第10159页,丁卯(二十五日)除宝文阁直学士、知扬州谢景温为权刑法部尚书。直学士从三品,资望不够,主要是谢景温跟从王安石变法,招致士论异议:"今朝廷创为新意,特设权官,搢绅之间,极有异论,皆谓必将援引资浅望轻、不协舆议之人。"[7]卷四一九,第10159-10160页结果,新法派谢景温遭元祐党人言官频频论疏,于元祐四年(1089)八月缴回权刑部尚书告命。

　　然权尚书之设,并未因谢景温事件停摆。通常,权礼部尚书(正三品),过渡二年,再转正为尚书(从二品)。南宋绍兴八年(1138),"依元祐制,六曹皆置权尚书,以处未应资之人"[3]卷一六三《职官志》三,第3834页。绍兴后,权六部尚书正式列入《官品令》[3]卷一六八《职官志》八,第4014页。

　　刑部侍郎:北宋前期,刑部侍郎不司本职事,为文臣迁转寄禄本官阶。太祖乾德二年(964)六月,刑部侍郎、权知凤翔府刘熙古[7]卷五,第128页。刘熙古职务为权知府,所带刑部侍郎定其月俸五十五千。

　　元丰五年行新制,未除尚书,四月二十二日,而除崔台符为太中大夫、守刑部侍郎,主行刑部事[7]卷三二五,第7825页。侍郎正三品,与尚书通治制勘、体量、奏谳、纠察、录问等事。南宋,高宗朝,尚书与侍郎互置;孝宗隆兴起,常置刑部侍郎一员。侍郎别称刑侍、小司寇、贰宪部等。权刑部侍郎从四品,位次试尚书,哲宗元祐二年(1087)初置,禄赐比守谏议大夫,月四十千。《禄制》载"职钱"为:"元祐中,置于权六曹侍郎,奉给依谏议大夫。"[3]卷一七一《职官志》十一,第4113页 如未历给事中、中书舍人及待制以上之庶官,任六部侍郎者,皆带"权"字:

> (元祐二年七月癸丑)除诸行侍郎,如未历两省及待制以上职者,并带"权"字,叙班在诸行侍郎之下,杂压在太中大夫之上,禄赐比谏议大夫,仍不赐金带,候及二年取旨。[7]卷四〇三,第9800页

如元祐七年(1092)六月,国子祭酒丰稷除权刑部侍郎,因国子祭酒为从四品,正六部侍郎为从三品,又未曾带待制以上职,丰稷为庶官,以资浅未能迁正侍郎,而以权刑部侍郎过渡[7]卷四七四,第11311页。徽宗崇宁中罢[7]职官十六之二五,第3447页。南宋建炎四年(1130)五月,诏六部复置权侍郎,"满二年为真":

> 诏:复置权尚书六曹侍郎,如元祐故事,位太中大夫以上,请给视中书舍人。告谢日,即赐三品服,满足二年为真。补外者除待制,未满除修撰。[17]

建炎四年五月诏书六部侍郎俸禄视中书舍人,比北宋时视谏议大夫要高,《禄制》所载"职钱"为:"中书舍人,守四十五千。"[3]卷一七一《职官志》十一,第4113页

刑部司郎中、员外郎:刑部司郎中,始置于唐武德三年(620),尚书省刑部刑法部司员外郎,始置于隋文帝开皇六年(586)[18]。宋沿置。北宋前期,郎中、员外郎无职事,为文臣迁转本官阶。如太宗淳化二年(991)十一月,刑部郎中、知制诰范杲[7]卷三十二,第725页;真宗咸平二年(999)十月,河北转运使、兵部员外郎王扶[7]卷四十五,第967页。范杲与王扶实际职务分别为知制诰、河北转运使,所带郎中、员外郎,各定其月俸三十五千、三十千。

元丰改制,郎中(从六品)、员外郎(正七品)各二人,始行本司事,各为刑部司长贰。协助尚书掌天下刑狱之政令。刑部司分左、右厅治事。凡制勘、按劾、审录、奏谳、纠察、程督等详覆事,隶左厅;凡检察、定夺、除雪、叙复、移放等叙雪事,隶右厅。如《格》所不载事,则尚书或侍郎通领[5]职官一五之二五、六,第3410页。

南宋初,官司务从简省,"郎官总以二员为额,职无分异",刑部司郎中不复分左、右厅治事,绍兴时,仍依元丰旧制[19],即绍兴二十六年(1156)闰十月,诏从右司郎中汪应辰建言,复元丰官制——"刑部郎官依《元丰法》,分左、右厅治事"。汪应辰对宋初以来刑政予以精辟论述:

国家谨重用刑,是以参酌古谊,并建官师。在京之狱,曰开府(开封府狱)、曰御史(御史台狱),又置纠察司(纠察在京刑狱司)以讥其失。断其刑者曰大理寺、曰刑部,又置审刑院以决其平。鞫(审讯)之与谳(断案),各司其局,初不相关,是非可否,有以相济,无偏听独任之失。及赦令之行,其有罪者,许之叙复;无辜者,为之湔洗。内则命侍从、馆阁之臣,置司详定,而昔之鞫与谳者,皆无预焉。外之川、陕,去朝廷远,则委之转运、钤辖司,而提点刑法狱之官,亦无预焉。

及元丰更定官制,始以大理兼狱事,而刑部如故。然而大理少卿二人,一以治狱,一以断刑;刑部郎官四人,分为左右厅,或以详覆,或以叙雪,同僚而异事,犹不失祖宗分职之意。本朝比之前世,刑狱号为平者,盖其并建官师,所以防闲考覆,有此具也。中兴以来,务从简省,大理少卿止于一员,则治狱断刑皆出于一,然狱之有不得其情者,谁为之平反乎?刑部郎官或二员、或三员,而关掌职事初无分异,然则罚之有不当于理者,又将谁使为之追改乎?望诏执事刑部、大理寺之官,虽未能尽复祖宗之旧,亦当遵用元丰定制,庶几官各有守,人各有见,参而任之,反覆详尽,以称陛下钦恤之意,亦以为后世法①。

汪应辰对南宋初,为减省官吏而合并法官,致大理寺治狱与断狱合于一,刑部司左、右厅详覆与叙雪合于一,将同僚而异事、鞫与谳分开的法制传统破坏,提出了意见,建议重新恢复元丰官制。高宗采纳了他的意见,刑部左右司依《元丰法》,仍"分左、右厅治事"[3]卷一五三,《刑法志》二,4993。刑部郎中别称小秋。

都官司郎中、员外郎东汉司隶校尉属官有都官从事,掌中都(洛阳)官不法事,中都官,谓京师官。魏青龙二年(234),置尚书都官郎②。南朝宋都官尚书领都官曹(司)[3]卷三九《百官志》上,1235。官隋文帝开皇三年(583),改都官尚书为刑部尚书,属司都官司遂改为刑部司,置刑部司侍郎,掌簿录差役、罪人发配隶籍;六年(586),增置刑部司员外郎。炀帝大业三年(607),改侍郎为郎。唐高祖武德三年(620),郎字前加"中"字,为郎中。于是,尚书省刑部司郎中、员外郎之设,定型[20]。宋沿置。

北宋前期,都官郎中、员外郎不司职,置判都官司事一人,以无职事朝官充。凡

---

① [宋]李心传撰,胡坤点校:《建炎以来系年要录》卷一七五,高宗绍兴二十六年(1156)闰十月辛亥,第3353页。按:引文中"开府"为"开封"之误,《要录》非全文转引汪应辰上言,有删节,今据点校本《宋会要辑稿·职官》一五之二六《刑部·绍兴二十六年(1156)闰十月十三日诏》注文所引汪氏奏疏予以订补。

② [东汉]应劭撰,[清]孙星衍辑:《汉官仪》卷上,见[清]孙星衍辑,周天游点校:《汉官六种》,中华书局,1990年版,第149页;并参见[唐]杜佑:《通典》卷二十四《职官》五《刑部尚书·都官郎中》,第645页。按:于豪亮《云梦秦简所见职官述略》:"中央一级机关在京师的称为'中都官'。"内见《文史》第8辑,第23页。

俘隶簿录、给衣粮医药之事,分领于他司,本司无所掌[5]职官一五之四七,第3434页。郎中、员外郎为文臣差遣所带阶官。如太宗端拱元年(988)闰五月,都官郎中、知朗州李巨源;太宗淳化二年(991)六月,都官员外郎、侍御史知杂事张郁[7]卷二十九,第654页;卷三十二,第716页。李巨源、张郁职务分别为朗州知州、侍御史知杂事,而都官郎中、都官员外郎,各为所带寄禄本官阶,前者月俸三十五千、后者月俸三十千。

元丰官制,始行司职本司事。郎中,从六品;员外郎,正七品,为本司长贰,职掌徒流、配隶,即掌徒刑、流放犯人,与发配罪人隶边塞、军籍、工作、沙门岛之类,《配格》中有情重刺面、次重者刺额角、次稍轻不刺面、最轻不发配而居役(就地服劳役)等;并掌吏籍事,即凡天下差役人与在京百司吏职皆有籍,以考其役放及增损废置之数,若定差进武副尉、进义副尉以下(旧军将、大将),则计其所历,而以差役之轻重均其劳逸,给印纸书其功过,展减麻在勘岁月。哲宗元祐八年(1093),曾以纲运差使阙,由刑部拨归吏部,减省进武副尉、进义副尉(无品小武臣)三百员。绍圣间,又复《元丰押纲法》,纲运差使仍归都官司管,复副尉三百员额[3]卷一六三《都官郎中员外郎》,第3860页。

元丰官制,都官司分案四,有军大将案、吏籍案、配隶案、知杂案[21]。南宋孝宗隆兴元年(1163),都官司与比部司共置一员郎官,此后,都官兼比部、司门司之事。

南宋分案五:定差案——掌进武、进义副尉以下无品小武臣(属吏籍)定差纲运、监当等劳役,及轻重均其劳逸等事。在徽宗政和二年(1112)改武选官名之前,为大将、军将,属衙司管理的衙役武吏,人数众多,熙宁七年(1074)就有大将、军将1 500名额[5]食货五六之,第7288页。磨勘案——掌差役吏籍,及给差役吏印纸,书其功过,以定延长或减少磨勘年月。吏籍案——掌无选限吏人及内外役人废置、增减、勘当出职等事。哲宗元祐四年(1089)五月九日罢,徽宗崇宁二年(1103)二月二十九日复置:"看详元丰官制,立都官吏籍案、配隶案……至五月元祐四年修立到《吏额指挥》内,又将配隶案注籍拨入刑部,随时拨却行案、不行案各一人,吏籍案全行废罢,人吏亦行销减。其所掌无选限吏人及内外役人废置、增减、勘当出职等事,止随处行遣……所有都官吏籍案、配隶案及人额合改正,依《元丰官制格目》外,其移放、编配罪人及拨过吏人,欲乞依元丰七年已进呈条格,依旧归刑部。"[5]职官一五之一五,第3415-3416页编配案——掌犯罪官员编管、羁管,发配罪人隶籍,受理词讼、点检移放犯由等事。哲宗元祐四年五月九日罢,并入刑部举叙案。徽宗崇宁二年(1103)二月二十九日,仍依《元丰官制格目》,归属都官司[5]职官一五之一五,第3415-3416页。知杂案——掌本司日常文书出纳及杂事,为综合办公室。

孝宗隆兴元年(1163),置吏十二人;淳熙十三年(1186),裁减三人,保留九人[3]卷一六三《职官志》三,第386页。刑部都官司所掌徒流、配隶,实际上是执行犯人流放、隶籍服苦役等职事。《宋史·刑法志》载:"凡应配役者傅军籍,用重典者黥其面。"[3]卷二〇一《刑法志》三,第5015页美国学者马伯良对此作了阐释:在多数情况下,宋代编配模式是将犯人在州军队(厢军)特定单位的花名册上注册,从判刑地迁移一定距离,被评为强制提供一定期限的劳动,此外,他必须住在有人看守的兵营,并有可能被施黥刑。犯人的命运掌握在都官司官吏手中,因徒流、配隶有轻重等级之分:配隶重者,如贷死者,多发配登州沙门岛,一海上孤岛,条件极恶劣,"至者多死"[14]394;其次岭南广东、海南;再次,三千里至邻州;稍轻者,编管;最轻者,迁乡[3]。吏人往往以权谋私,上下其手,藉以从犯人身上渔利。南宋时刑狱日众,刑法部四司吏胥因此发财,吏辈为之语道:"刑、都、比、门,人肉馄饨。"[22]讽刺都官司等刑部吏胥心黑,吃的是人肉。都官司别称都隶,都官司郎官别称典隶。

比部司郎中、员外郎曹魏尚书有比部曹,南朝宋比部曹尚书隶吏部尚书,主法制。北齐比部曹尚书掌诏书、律令、钩稽等事。隋文帝开皇六年(586),刑部四司置侍郎、员外郎;炀帝大业三年(607),改侍郎为郎。唐高祖武德三年(620),郎字后加"中"字,为郎中,至此,尚书省刑部比部司郎中、员外郎之名号定型[23]。宋沿置。

北宋前期,比部司郎中、员外郎无职事,另选无职事朝官一员判比部司事。凡勾会内外赋敛、经费出纳、逋欠之政,皆归于三司勾院、磨勘理欠司,和提举帐司,本司无所掌[5]职官一五之四七,第3434页。比部郎中、员外郎为文臣差遣所带寄禄本官阶,如:仁宗嘉祐三年(1058)六月,比部郎中、知虔州杜植[7]卷一八七,第4515页;比部员外郎、知制诰陈知微[7]卷八三,第1899页。杜植、陈知微实际职务分别为知虔州、知制诰,其所带比部郎中、员外郎皆为寄禄本官阶,月俸各为三十五千、三十千。元丰官制,比部郎中、员外郎始行本司事。初除比部员外郎宇文昌龄。比部基本上是北宋后期的中央复审机构[24]。比部司掌勾覆中外帐籍。凡场务、仓库收支出纳官府财物,皆按月统计、按季稽考、年终会总,申所隶监司检察,以上比部驱磨审覆账目、文历、凭由,其多寡增减之数,有陷失,则追索理纳(理赔)。钩考百司经费,有隐瞒,则会问异同,而理其侵负。点检府界提点司、诸路转运司经勾文帐等事。如无隐昧,则由比部勾销除破。凡所掌职务,比部郎中、员外郎通掌,过尚书、侍郎后施行[3]卷一六三《职官志》三,第3861页。

从总体上看,"比部的审计范围,对内则是中央各部门出纳之物,对外主要是地方政府的会计报告。"[25]分案五:勾覆案、磨勘案、理欠案、凭由案、知杂案。置吏一百零一人[26]。南渡建炎以后,比部或不单独置郎官,而以都官郎官兼[3]卷一六三《刑部·比部郎中员外郎》,第3861页。比部别称比盘、勾司。宋代刑部比部司职在钩稽财货,是中央一级审计机构,对监察国家财政管理发挥着不可或缺的重要的作用。如徽宗朝比部员外郎梅执礼,在任期间,恪于职守,明察秋毫。比部司吏胥,利用本司"文牍山委,率不暇经目"的状况,鱼目混珠,以假充真,报假票、假据以攫取国库钱财。有一苑吏持茶券报三百万钱账,给梅比部审出。经追查,幕后黑手乃"六贼"之一杨戬,胥吏是受其旨意向比部报账。执礼欲上闻,刑部长贰不敢碰,遂独自上奏,终于截下这笔巨款的流失[3]卷三五七《梅执礼传》,第1123页。

比部司隶属于刑部,而不隶属于掌财政大权的户部,也颇有深意,财物管理上的违法乱纪,多触犯贪赃刑律,比部隶属刑法部,更具威慑力,这是一;其次,隶刑部,使比部对财政管理拥有的审计权具有独立性。元祐元年(1086)七月,宰相司马光曾将比部之勾覆中外帐籍权,划归户部所属仓部,欲财权归一于户部。过不了二年,元祐三年(1088),朝廷厘正仓部,"勾覆、理欠、凭由案及印发钞引事归比部"。财政审计权,又从户部仓部划归刑部比部。比部本身不掌管财政财物,与审计对象的联系不紧,因而财、审分离,比部实施外部审计,具有较大的独立性[24]。汪圣铎在《两宋财政史》中评论道:

> 比部隶于刑部而不隶户部,这较之三司勾院、磨勘司为三司之属相对独立性较大,具有监财与掌财分立的特征,这是有积极意义的。但元丰改制后,宰相直接握有财权,作为宰相下属的比部郎中,仍然难以较完整地履行其监督察职责。[27]

司门司郎中、员外郎:司门之官始见于《周礼·地官》:"司门掌授管键,以启闭国门;几(察)出入不物者,正(征)其货贿。"[28]是唐、宋司门职官之祖。隋置尚书省刑部司门郎、员外郎,唐武德三年,"郎"改为"郎中"[29]。宋沿置。

北宋前期,司门郎中、员外郎不司本职,置判司门司一人,以无职事朝官充。凡门关之政令,晓昏启闭,发钥纳锁,令行于皇城司;道路、桥梁,归州县,本司无所掌[5]职官一五之四七,第3434页。郎中、员外郎为文臣所迁本官阶。如神宗熙宁四年(1071)八月,权发遣户部判官、司门郎中张觌[7]卷二二六,第5500页,太宗太平兴国四年(979)正月,同判刑部、司门员外郎江直木[7]卷二十,第444页,张觌、江直木的实际职务分别为权发遣户部判官、同判刑部事,而所带司门郎中、司门员外郎,即各为其所定月俸三十五千、三十千。

元丰新官制,司门司郎中(从六品)、员外郎(正七品)始行本司事,职掌诸门关、津梁、道路之禁令;桥梁废置,移复道路、京城门锁,官吏过所、军民、辇道商贩出入讥察其诈伪、违纵;诸门启闭之节及关梁余禁[3]卷一六三《职官志》三,第3861页。分案二,置吏五。南宋时,以都官司郎官兼司门事。司门郎官罕除。南宋人撰编的《群书考索》《古今合璧事类》《新编翰苑群书》《记纂渊海》等,在"刑部"门,均略去"司门司"不载,说明该司在南宋名存实亡。

事实正是如此。刑部司门司名为掌"门关、津梁、道路"之禁令,包括掌"京城门锁",实际上却管不了。如孝宗乾道六年(1170),临安府城十八把门锁。因使用年久,启闭不灵。权发遣临安府事姚宪,打造了十八把新锁,上奏:"欲分发给府城十八门,定于四月八日施用。"很快得到朝廷批准。然而,十八把锁,却交大内锁匙库掌管,每天晚上"日休时",由大内锁匙库内侍,付诸门把守官吏启闭。全与司门司不相干[5]方城一三之三一,第9549页。

刑部与大理寺,自隋、唐以来为中央刑法机构,宋代未曾偏废。在地方刑狱机构,诸州有司录参军、司法参军、司理参军,统管于诸路提点刑狱公事。地方刑狱机构审理案件,需上报刑部、大理寺审覆,有疑难重案,御史台覆议,大臣审谳。此亦可见宋代对刑政之重视。刑部之比部司,沿唐制,担负中央财政国库审计任务,独立于户部之外。宋代国家财赋皆入左藏库,太府寺负责四时将左藏库钱帛出入之数报于刑部比部司,比部司则三月一审核,覆核其出入之数有无漏洞,对逋欠亏损予以追责。刑部之制,体现了省刑罚、薄赋敛之治国理念。

参考文献

[1] 李林甫.唐六典:卷六《刑部尚书》[M].陈仲夫,点校.北京:中华书局,1992:179.

[2] 郭东旭,高楠,王晓薇,等.宋代民间法律生活研究[M].北京:人民出版社,2012:81.

[3] 脱脱.宋史[M].北京:中华书局,1977.

[4] 吕陶.净德集:卷二:奏为乞复置纠察在京刑狱司并审刑院状[M]//全宋文:第73册.上海:上海辞书出版社/合肥:安徽教育出版社,2006:1589.

[5] 徐松.宋会要辑稿[M].刘琳,刁忠民,舒大刚,等校点.上海:上海古籍出版社,1914.

[6] 郭东旭.宋代法制研究[M].保定:河北大学出版社,2000:540.

[7] 李焘.续资治通鉴长编[M].北京:中华书局,2004.

[8] 王云海.宋代司法制度[M].开封:河南大学出版社,1982:29.

[9] 戴建国.宋代刑法史研究[M].上海:上海人民出版社,2008:19.

[10] 黎靖德.朱子语类[M].北京:中华书局,1986.

[11] 张兆凯.中国古代司法制度史[M].长沙:岳麓书社,2005:35.

[12] 张晋藩.中国古代法律制度[M].北京:中国广播电视出版社,1992:564.

[13] 佚名.宋史全文:卷二十中《宋高宗》[M].汪圣铎,点校.北京:中华书局,2016:1547-1548.

[14] 马伯良.宋代的法律与秩序[M].杨昂,胡雯姬,译.北京:中国政法大学出版社,2010:463.

[15] 陈襄.州县提纲:卷二[M]//四部丛刊初编.中华书局景印本.北京:中华书局,1985:17.

[16] 孙逢吉.职官分纪:卷一一:刑部尚书[M].中华书局影印本.北京:中华书局,1988:277.

[17] 李心传.建炎以来系年要录:卷三十三[M].胡坤,点校.北京:中华书局,1956:764.

[18] 刘昫.旧唐书:卷四十三:职官志二《刑部尚书·郎中》[M].北京:中华书局,1837.

[19] 张躭.元丰官志:刑部郎中员外郎[M].杭州:浙江古籍出版社,1985:74.

[20] 魏徵.隋书:卷二十八:百官志[M].北京:中华书局,1973:792.

[21] 章如愚.群书考索·后集:卷八:宋都官判司事[M].四库类书丛刊本.上海:上海古籍出版社,1992:117.

[22] 陆游.老学庵笔记:卷六[M].李剑雄,刘德权,点校.北京:中华书局,1979:83.

[23] 杜佑.通典:卷二十三:职官五:比部郎中员外郎[M]王文锦,王永兴,刘俊文,等点校.北京:中华书局,1988:645.

[24] 肖建新.宋代审计机构的演变[M]//宋代法制文明研究.合肥:安徽人民出版社,2008:27.

[25] 黄天华.中国税收制度史[M].上海:华东师范大学出版社,2007:422.

[26] 谢维新.古今合璧事类·后集:卷三十一:比部郎中[M].北京:北京图书馆出版社,2006:62.

[27] 汪圣铎.两宋财政司:下册[M].北京:中华书局,1995:649.

[28] 周礼注疏:卷十五:地官司徒·司门[M]//十三经注疏:上册.郑玄,注.贾公彦,疏.北京:中华书局,1980:738.

[29] 马端临.文献通考:卷五十二:职官六[M].北京:中华书局,1986:481.

宋代生产力在世界历史中的地位

姜锡东

(河北大学 宋史研究中心,河北 保定 071002)

[摘 要] 全球生产力的发展状况可分为四个阶段:第一阶段最发达的是中东地区;第二阶段欧洲南部、印度和中国赶了上来,各有优势特色,难分伯仲;第三阶段的优势在东方,中国宋朝最发达,无与伦比;第四阶段的优势在欧美。没有任何一个国家或地区,能够始终领先于全球。各国各地区各有自己的优势特色产业,但早期先进,并不意味着可以一直发达,不乏后来居上的情况,技术的发明、提高和普及同样重要。推动欧洲率先发生"工业革命"和近代化的诸多因素中,唐宋时期的火药、指南针和印刷术三大发明发挥了重要作用。

[关键词] 生产力;宋代;全球;地位

如果想研究了解一个国家和地区的社会历史,首先应该研究了解它的经济基础。在经济基础构成中,第一位的是生产力。在宋代经济史的研究领域,进行全面开创性研究论述的是漆侠先生,其代表作是《宋代经济史》[1]。如想进一步研究了解宋代生产力和社会经济的地位和特点,就需要进行前后左右的比较。前后的比较,即与宋代之前、之后的中国古代有关朝代的比较。对此,漆侠先生发表《宋代社会生产力的发展及其在中国古代经济发展过程中的地位》[2]一文,已作开创性论

[基金项目] 国家社会科学基金重点研究项目"生产力发展与'唐宋中国变革'研究"(19AZS006)

[作者简介] 姜锡东(1961—),男,山东青岛平渡市人,历史学博士,河北大学宋史研究中心教授、博士生导师,主要研究方向:宋史。

述。但左右的比较,即把宋代生产力与古代海外各国、各地区进行专门比较,还属空白。因此,本文试作简要探讨。不当之处,敬请指正。

一、相关研究成果回顾

综合来看,虽然专门的直接研究成果尚未见到,但相关的间接研究成果还不算少。在相关的间接研究成果中,引起我们特别关注的是如下三类研究成果:一是世界古代技术史,以查尔斯·辛格、李约瑟和卢嘉锡为代表;二是古代中外交流史,以沈福伟和S.A.M阿谢德为代表;三是古代世界经济史和文明史,以马克垚、朱寰、侯建新、安格斯·麦迪森和斯塔夫里阿诺斯为代表。

生产力由生产技术、生产对象和生产工具三大要素组成。生产对象和生产工具比较直观,但支撑它们的基础因素还是生产技术。在生产技术史研究领域,最早也最有代表性的著作是由英国著名学者查尔斯·辛格等主编、陈昌曙主持翻译的六卷本《技术史》[3]。其研究论述时间范围,是从旧石器时代到20世纪中期。其第Ⅰ、Ⅱ卷论述了远古旧石器时代至1500年的世界技术史,重点是非洲、西亚、中亚、南亚和欧洲,对中国涉及不多。为了弥补这一缺陷,第Ⅱ卷引录(稍加扩充)了英国著名的中国科技史专家李约瑟的《中国的科学与文明》(又译作《中国科学技术史》),第Ⅰ卷中的《中国向西方传播的一些技术》表,简明扼要地补充论述了中国古代的部分先进技术及其传入欧洲的时间。在李约瑟之后,经过多方面的努力,中国学者写出了三十卷本的《中国科学技术史》[4](卢嘉锡总主编)。上述代表性皇皇巨著,为我们了解古代世界主要国家和地区的农业、手工业等技术发展情况,并进而观察、比较宋代生产技术在古代世界中的地位和特点,奠定了最重要的基础。同时值得参考的还有其他许多相关研究论著,其中特别需要参考的是矿冶业方面的论著。这是因为,在石器时代之后和"工业革命"之前的数千年中,矿冶技术是基础性、革命性技术。在此方面,华觉明先生编译的《世界冶金发展史》[5]等论著,尤其便于中外比较。

中外交流史,特别是其中的商品和技术交流,对研判中外生产力发展水平的高低具有重要价值。一般规律是,输出方的商品和技术优于输入方。这方面的研究论著很多,而其中代表性著作是沈福伟先生的《中西文化交流史》[6]。该书是修订版,对新石器时代至1937年(部分内容延长到2017年)的中西各方面的交流,作了较早、较系统的论述。书中的"西",指中国以西诸国家和地区,并非仅限于欧洲。还有一部很重要的著作,是美国学者S.A.M阿谢德撰写的《中国在世界历史之中

(公元前 200 年—公元 1976 年)》[7]。该书分阶段论述中国与欧亚大陆、非洲、美洲以及将要形成的世界体系或先进文明中心的关系;在每一章中首先论述中国各个历史阶段的社会状况和特点,以便与同期的其他主要文明中心进行比较,然后论述中外在生态、商品、技术、思想文化等各方面的交流和中国发挥的影响。就作者研究的这个时段来说,其论述是一种罕见的全方位分门别类的中外比较,当然也包括我们重点关注的生产力中外比较。

经济史研究成果丰硕,大多数是个案研究和专题研究。综合性较强、重视中外比较研究的是如下的专家及其相关著作。(1)马克垚的《西欧封建经济形态研究》[8]《中西封建社会比较研究》[9]。前书是独著,专门研究西欧的封建经济形态,但也开始注意与中国进行比较。后书是集体撰写,进一步扩大了比较范围。(2)朱寰主编的《亚欧封建经济形态比较研究》[10]。该书对亚洲的中国和日本、欧洲的英国和俄国四国的封建经济形态进行专门的比较研究。在此一并指出的是,前述三部著作,对生产力的关注都不太多。(3)侯建新的《现代化第一基石——农民个人力量与中世纪晚期社会变迁》[11]《社会转型时期的西欧与中国》[12]。前书对英国中世纪晚期与中国明清时期农民的经济情况进行比较研究,后书扩大了研究范围,对西欧中世纪晚期与中国明清时期的社会转变进行比较研究,两书都多少不等地涉及宋代的生产状况。(4)英国著名国际经济史学家安格斯·麦迪森的《世界经济千年史》[13]。在国际上和中国,现在一般都使用 GDP(国内生产总值)来统计和衡量一个国家或地区的经济实力状况水平。麦迪森在这部著作中,对 1000 年到 20 世纪末(1998 年或 1999 年)这一千年中世界各主要国家和地区的经济发展状况作了概述,尤其难得的是第一次从 GDP 角度进行概述。其研究论述的时间起点,恰值中国的宋代。众所周知,时代越古老,史料越少、越欠精确。麦氏的许多早期历史数据都源于估计和推测,肯定存在一定的可质疑之处,但其立足于 GDP 统计、比较和论述,毕竟是有胜于无,为我们提供了一个长时间的全球性的可资比较的经济视角,也为我们观察、估计宋代生产力在世界史上的水平和地位提供了重要参考。(5)三种《全球通史》。一是由[美]斯塔夫里阿诺斯撰写[14],从远古写到 21 世纪;二是由[美]海斯等著[15],从远古写到 1945 年"二战"结束;三是由[英]韦尔斯著[16],从远古写到 2017 年。这三种书其实是综合性的全球文明史,也多多少少地涉及宋代文明,有助于从更加宽广的视野来观察宋代生产力的地位和影响。

当我们把宋代生产力与相关的海外各主要国家和地区进行比较时,已刊布的诸多研究成果,特别是上述专门提到的著作,各有优点,都值得参考。不过,需要过滤掉那些与本题目关系不大的众多内容信息。

全球五大洲中,在 1492 年哥伦布发现美洲新大陆之前,美洲和大洋洲大部分地区还处在石器时代,生产力非常落后,与宋朝没有直接关系,暂不多涉及。在此主要探讨的是非洲、欧洲和亚洲。探讨的时间,主要是古代,兼及近现代。为观察和讨论方便,把全球史分为四个阶段:第一阶段远古—前 1000 年,第二阶段前 1000 年—500 年,第三阶段 500 年—1500 年,第四阶段 1500 年至今。在探讨的时候,主要围绕不同阶段的标志物展开,忽略那些不太直接相关的内容。

二、第一阶段的焦点在中东地区

中东地区包括北非和西亚中亚。其中,非洲是全世界公认的人类起源地。当然,也有学者反对人类单一起源论,主张多起源论。谢飞认为:河北省阳原县泥河湾的考古发现证明,早在 100 万年前,当地极可能已经有人类活动,中国极可能是人类发祥地之一[17]。另一种观点认为,人类的祖先极可能来自亚非欧三洲的不同地点,人类最早起源于德国的"尼安德特人"[16]34-35。人类社会发展演变的普遍规律是,通过漫长的旧石器时代,先后进入新石器时代,再进入更加高级的铜石并用时代。率先进入铜石并用时代的是西亚的安纳托利亚半岛(又称小亚细亚半岛),时间在前 7000 年—前 4000 年[18]322-331。

青铜技术和铁器技术发展最迅猛的是非洲。古代非洲的中南部一直比较落后,虽然盛产黄金,但是开采技术长期停留在比较原始落后的露天开采阶段,各方面的生产和社会都比较落后[19]72。比较发达、耀眼夺目的是古代非洲的北部,即尼罗河流域的古埃及,是"四大文明古国"之首。创建于 4 000 多年前的名闻遐迩的金字塔至今令人惊叹;发明于 4 000 年前的玻璃制造技术影响深远,至今有用;发明于 5 000 多年前的纸莎草纸是世界上最早的人造纸;古埃及饰珠数量之多、形状之丰富、加工之精美也是古代翘楚[20]3-10。这四种物品,标志着古埃及的生产力发展水平在当时的世界上无与伦比,雄居榜首。其中的玻璃制造技术,作用尤其广大。玻璃不仅用于日常生活,而且"始终是技术和实验科学发展中最重要的材料之一,即使在现在也很难被塑料所取代,甚至不管在任何情况下都不会被取代。从早期埃及人逐渐发展起来的玻璃制作技术,是一项伟大的成就"[21]223。支持古埃及生产力和社会文明领先发展的物质技术基础,是先进的冶炼技术。虽然金属冶炼技术起源于中亚地区,但是,至迟在前 1500 年,古埃及的青铜冶炼鼓风加温技术,已经从原始的陶管口吹风率先发展到先进的脚踏皮囊鼓风机[22]388-389。对神奇的古埃及金字塔,古往今来的学者们多注意于探讨其数量惊人的石材搬运和高超的砌筑技术,最早对此加以探讨、记录的是古希腊《希罗多德历史》[23]165-167。其实,不可忽视其基础性的石材开采、切割、加工工具。有学者列出钢、紫铜两种可能的材质工具,但又不敢确定[22]321-322。从埃及金字塔发现的铁器遗存、相关刻图,再结合西亚早期熟铁"钢化"历史来看,当时完全有可能已经大规模使用了铁凿——淬火处理过的铁凿[22]323,3892。从后来的中国青铜器与砖材并行、铁器与石材并行这一历史事实两相对比来看,古埃及 4 000 年前开始建造金字塔时已经进入铁器时代,其铁器普及程度是当时全球之最。从约前 1200 年开始,古埃及的生产力和社会经济发展缓慢下来,缺乏新的发明创造。

居第二位的是中亚西亚,尤以两河流域苏美尔文明为代表。第一,该地区是世界冶金业的发源地,冶铜至迟开始于前 3800—前 3500 年、冶铁约始于前 3000—前 2000 年①。第二,约于前 1776 年颁布的《汉穆拉比法典》,是迄今为止发现的最早的石刻法典。第三,最先进的城市建筑。以砖为主、砖石兼用,使用沥青作黏合剂,设计复杂,建筑雄伟,率先使用马赛克装饰[22]307-316。第四,发明泥板楔形文字,成熟于约前 3000 年。第五,率先种植小麦和大麦。该地区领先于世的发明最多,但比起古埃及金字塔所体现的那种惊人的生产力似稍逊一等。

仅次于上述两个地区的是古印度文明和古中国文明。大约在前 3000 年,中东地区的冶金等文明传入古印度北部,自己发展起世界上最早的棉花种植,石料生产也很发达,与中东地区的商品交换贸易颇为繁荣[24]7-26。约前 2700 年,西亚中亚的青铜文明传入黄河流域。到前 15—前 11 世纪,从河南省安阳市"殷墟"考古发掘出的青铜器和成熟的甲骨文来看,从四川省广汉市三星堆出土的青铜器等文物来看,已经显示出后来居上的强劲势头。与上述四大文明古国地区相比,欧洲黯然失色,几乎没有重大的值得称道之处。

关于此阶段的中外交流,因为资料稀少,学者们只能推测。学术界存在两种观点,一是早期中华文明西来说,二是中华文明独立起源发展说。[25]1-12 本文认为:从考古发现的相关研究成果来看,冶金技术(主要是冶铜技术)和麦作技术西来的可能性较大②;陶器制作和黍、稻种植技术独立起源发展的可能性较大。

总之,在前 1000 年之前的第一阶段,生产力和人类文明最发达之地区是中东。

---

① 华觉明等编译:《世界冶金发展史》,科学技术文献出版社,1985 年版,第 13~15、102 页;[英]查尔斯·辛格等主编:《技术史》第Ⅰ卷,上海科技教育出版社,2004 年版,第 394、398 页。

② [英]查尔斯·辛格等主编:《技术史》第Ⅰ卷,上海科技教育出版社,2004 年版,第 243~246 页;[美]埃尔顿·丹尼尔著,李铁匠译:《伊朗史》第二章,东方出版中心,2016 年版,第 24~25 页。

"在公元前3世纪中叶——苏美尔进入辉煌的英雄时代,文学作品出现,尚武思想及装饰艺术兴起,埃及古王国兴旺发达,是伟大的金字塔建造者的时代,是技艺高超的艺术家的时代——安纳托利亚也诞生了灿烂文明。"[18]124 从石器向青铜器时代的发展,"是人类发展史上决定性的、革命性的变革"[18]317,使亚非欧大陆大踏步前进。冶铁技术的发明,影响更加深远。有证据表明,古埃及率先普及了铁工具。

三、各具优势特色的第二阶段

在第二阶段即前1000年—500年,亚欧大陆和北非都是青铜器和铁器兼用。就生产工具来看,逐渐从青铜工具过渡到铁工具。其中,古波斯、古希腊、古罗马和秦汉帝国的生产力文明最有代表性,各具优势与特色。

首先,从希波战争看波斯帝国生产力的发达。记录这场战争的是希罗多德(前484—430/420)及其《希罗多德历史》。当时的波斯帝国地域辽阔,除西亚中亚外,还包括北非、印度和东南欧部分地区。该书[23]125 记载埃及的发达情况时说:"没有任何一个国家有这样多的令人惊异的事物,没有任何一个国家有这样多的非笔墨所能形容的巨大业绩。"[23]125 其他农业区也很发达,"巴比伦的全境,和埃及一样,它到处是水渠纵横交错的"[23]97,土地肥沃,农业发达。在利比亚的库列温地区,"极其令人惊叹的地方是它有三个收获的季节"[23]342。中东地区石油的浅表储存非常丰富,早就加以开采利用[22]165-169。据希氏所见,该地区已掌握沥青、盐和油的分离技术[23]452。波斯帝国征伐希腊出动的军队人数高达264万多,再加上杂务和运输人员,共有528万多人,其食品生产和供应能力非常巨大①。出动的船只至少有3 000多艘[23]539,说明其造船业非常发达。从其武器装备来看,青铜和铁器并用[23]492-540,说明其金属业和制造业都很先进。

古希腊(前800年—146年)之所以能够击退古代罕见规模的波斯大军的进攻,除了地理和天气原因外,仅次于波斯帝国的发达的生产力水平也是决定性原因之一。古希腊与古波斯帝国相比,农业并不发达,只盛产橄榄油和葡萄酒,但商业发达,创造出影响深远的城市文明。其冠绝一时的精美的人性化石头雕塑、先进的科学技术,表明其手工业已达到很高水平。在伯罗奔尼撒战争中,已经使用煤炭作燃烧剂,使用巨大的鼓风机[26]。紧接古希腊的古罗马文明,其高超的生产技术,首先体现在遗留至今的雄伟的罗马城市广场和斗兽场,大规模使用了相当先进的水

---

① 希罗多德著,王以铸译:《希罗多德历史》,商务印书馆,1997年版,第540页;另参考李零著:《波斯笔记》,生活·读书·新知三联书店,2019年版。

泥材料——"罗马砂浆"。古希腊和古罗马的生产技术及其辉煌灿烂的文明,欧洲的其他地区的技术和文明,众所周知,大量地吸收了古埃及、古中亚西亚南亚的技术和文明①。例如,最早的水泥技术起源于古埃及,但古罗马吸收并加以改进,后来居上。古希腊、古罗马的采矿业曾经发展到比较高的水平,矿井深度超过 100 米,并使用了比较先进的梯级排水设备②。古希腊、古罗马文明,是近代欧洲文明的直接来源。

古印度因为交通便利,很早就与中东地区和欧洲有交流。在此阶段,雅利安人等多次入侵印度,带来许多先进技术。这一时期,古印度的水稻、棉花、制糖生产率先发展起来,铁器逐渐普及,境内外贸易都比较发达。在生产力发展的基础上,佛教建筑也广泛兴起。以犍陀罗为代表的石刻艺术,可与古希腊媲美。古印度还率先发明了抛石机[24]27-110。另外,被视为古代最优质的钢铁——镔铁,也可能起源于此期的印度北部[27]。古印度在棉花、制糖等方面的优势,相当突出,在唐宋时期传播到中国。

在第二阶段的前半期,相当于中国的周朝,除了青铜器生产力外,以石头和水泥为材料的城市建筑和城市规模、整体科学技术,明显落后于中东地区和古希腊、古罗马。但到后半期,特别是到秦汉时期,发展迅速,在一些重要领域居于领先地位。秦汉帝国的城市建筑、陵墓建筑,其规模都超过罗马帝国和其他地区。与农业生产密切相关的巨大水利工程都江堰和郑国渠,"二牛抬杠"犁耕,超过 5 000 万的人口,表明秦汉帝国的农业生产力超过上述各地区。丝绸技术遥遥领先,在张骞通西域后持续向西出口。汉代发明的造纸术,为中国古代"四大发明"之首,逐步传播、影响全球。在商周时期就已非常成熟的青铜技术的基础上,更重要的冶铁技术后来居上。冶铁技术虽然最早出现于中东地区,但中东地区和欧洲生产的铁是熟铁,又叫块炼铁,必须经过反复加热锻打才能制成工具或武器,费时费力。"中国至迟到春秋晚期已发明生铁冶铸技术……至迟在战国早期已创造铸铁柔化处理技术……至少到前 1 世纪的西汉后期,中国人民就创造了生铁炒炼成熟铁或钢的技术"③。中国古代这些技术省时省力,有利于铁器推广,比欧洲先进 2000 年左右。

① 详细论述可参考 M. M. 波斯坦等主编,钟和等译:《剑桥欧洲经济史》第二卷第 1~3 章,经济科学出版社,2004 年版。

② [英]查尔斯·辛格等主编,潜伟主译:《技术史》第Ⅱ卷第 1 章,上海科技教育出版社,2004 年版,第 2、4~5 页。M. M. 波斯坦等主编,钟和等译:《剑桥欧洲经济史》第二卷第 10 章,经济科学出版社,2004 年版,第 581、601 页。

③ 杨宽著:《中国古代冶铁技术发展史》序言,上海人民出版社,1982 年版,第 1~2 页。另可参考 S. A. M 阿谢德在《中国在世界历史之中》第 1 章第 10~11 页对汉代与西方钢铁技术的比较。

秦汉帝国的铺石路(2.2万英里)不如罗马帝国(4万多英里)①,说明了罗马帝国的整体生产力仍然比较高。中东地区和欧洲的玻璃制造技术也远远超过秦汉时期的中国。

在第二阶段的中国,存在一个重要的也许是规律性的现象:在使用青铜器的时代,人们只能够加工土壤以烧砖、制瓦、制陶、夯土筑墙,呈现铜砖并行的特点;在使用铁器的时代,人们才能够切割石材并刻字雕塑,呈现铁石并行的特点。因为铁器易蚀不易保存,通过考古学来寻找人类早期铁器遗物非常困难,而石刻品可长期保存。由此来判断人类早期各地区从青铜器时代向铁器时代的转折点,不失为一个可行的参照物坐标。

在第二阶段,亚欧大陆和北非各国各地区的生产力,各有自己的优势和特色,没有谁能够全面覆盖、全面领先。

四、第三阶段的优势在东方

第三阶段(500—1500),可分为三个时期:即早期(500—960)、中期(960—1300)、晚期(1300—1500)。

在本阶段早期,欧洲进入"黑暗时代",生产力和社会经济总体上发展缓慢,甚至倒退。"从很早的时候起,西欧就已经有采矿业了:青铜文化繁荣于公元前2000年,而采铁业从公元前九世纪就已开始。"[28]347 然而,"中世纪早期,由于罗马帝国灭亡后西欧一般经济发展条件的影响,采矿业衰落下去。许多矿山成了荒山"[28]347。"几乎没有什么技术进步。"[21]7 从8—9世纪起,西欧的采矿业开始复苏,但采矿技术水平还非常低,"露天开采相当普遍,当人们只表面地和掠夺性地利用了一部分矿藏之后,矿山经常就被抛弃不顾。仅仅在某些地方才建立了有坑道的甚至有10公尺(米)深的浅矿井的名副其实的矿坑"[28]375。"6世纪末期直到10世纪末期的矿井远不如古代那样深。用的方法更加原始。"[29]581 排水和通风问题,也没有解决[29]601-602。此期欧洲的生产力和社会经济,呈现全面衰退与停滞状态[13]38-39。其原因与蛮族入侵和瘟疫大流行有直接关系。不过,起源于希腊的燃油喷射技术——"希腊火",早于中国。

从杜环《经行记》的记述来看,8世纪的罗马帝国和阿拉伯帝国的城市经济繁

① 安格斯·麦迪森著,伍晓鹰等译:《世界经济千年史》,北京大学出版社,2003年版,第38页。另可参考S. A. M 阿谢德《中国在世界历史之中》第1章第16页。

荣发达,玻璃生产领先于世,"天下莫比"[29]。但另一方面,"是乡村的贫困和人口的锐减及能源特别是木材、技术、体制与知识的停滞不前"[7]16。印度的农业生产有所进步,丝绸生产也成熟起来,但"城市文明和商品经济开始衰退"[24]111,科技方面也缺乏创新。

在中国,汉代灭亡后陷入几百年的战乱,最发达的北方经济衰退,商品货币交换倒退至以物易物状态。但唐帝国建立后,中国成为一个经济发达、影响力空前的国家。此期的一个显而易见的特点是,以佛教为代表的印度和波斯文明成果大规模进入中国。另一个更加重要的特点是,生产技术上有一系列重要新发明:以生铁水灌注熟铁的"灌钢"冶炼法、瓷器技术、雕版印刷技术、茶叶栽培加工技术、火药、指南针等,盛况空前,与欧洲、中东和印度的停滞不前形成鲜明的对比。但除了瓷器、茶叶技术之外,其他新技术尚处于初创期,还没有推广普及。

在本阶段中期,欧洲发起了 9 次、持续近 200 年的"十字军东征"。这在一定程度上证明了欧洲已经开始走出"黑暗时代",生产力发展开始超过中东地区。同时,通过这次东征,欧洲从中东地区更加全面地学习吸收了一些先进的科技文明成果。印度北方地区仍处于割据、混乱、停滞状态,南印度则比较兴旺发达。无论是印度、中东,还是欧洲,科技创新方面都乏善可陈。不过,从《马可波罗行纪》的记述来看,中东地区和印度的城市仍然比较繁华,商品经济比较活跃,有些技术和行业(如石油、毛纺织、棉花)领先于宋元。马可波罗记载说:在两河流域南部一个名叫"忽必南"的大城市,"出产铁、钢、翁苔尼克(一种高级精品钢),甚多,而制造钢镜极巨丽"[31]。这种"钢镜"技术和产品,举世无双。

中国正值宋朝——这是一个军事上比较软弱但经济和教科文非常先进、耀眼夺目的朝代。根据安格斯·麦迪森的研究估计:在 1000 年,亚洲(不包括日本)的GDP 规模是 821 亿元(1990 年国际元),亚洲(不包括日本)的人均 GDP 是 450 元(1990 年国际元),全球最高[13]16;"在宋朝的末期,中国无疑是这个世界上的领先经济"[13]中文版前言。首先是农业发达,水利设施繁多,农具齐全而先进,水稻种植和稻麦复种技术先进,人口规模在北宋末年(12 世纪初)突破 1 亿大关。经济作物种植和加工发展迅速,茶叶在全国普及并大量出口。手工业生产,成就更加辉煌。矿冶业和金属制品的技术、质量、产量都领先于世。煤炭已在北方得到空前规模的开采和使用。率先利用火药制造出热兵器,率先把指南针用于航海,率先发明出"卓筒井"(盐井深钻和汲水),在普及雕版印刷术的基础上率先发明活字印刷术,率先制造出古代最复杂的机械天文钟("水运仪象台"),率先发明并大规模使用纸币,在宋末元初率先发明"水转大纺车"。丝绸和瓷器生产技术继续领先并大量出口。宋代大城市的规模和中心城市的密度,举世无双①。宋代出口的大多是科技含量比较高的瓷器、铜钱、茶叶、丝织品和图书等制成品,进口的大多是科技含量比较低的香料、矿石和动物等原材料②。斯塔夫里阿诺斯据此认为:"当时,中国的经济居主导地位。"[14]261 "占城稻"和棉花的引进和扩展,对宋元生产力的发展具有一定的直接推动作用。

值得注意的是,宋元的玻璃制造业仍无起色,欧洲在关键领域正在赶上来。欧洲此时的采矿深度虽然远远落后于中国,使用的挖掘工具和技术也相同,但欧洲从11世纪开始越来越多地用煤冶铁、锻铁[21]47-48,在排水和粉碎矿石时已经开始采用比较先进的绞盘和马曳、水力了[28]375-376。"西方矿业历史上第一次大规模开采期开始于1170年左右。"[29]583 欧洲的冶炼炉长期矮小落后,只有1.5米高,没有专门的鼓风设备,温度很低,出铁率和品质都很差。但从11世纪开始,欧洲的冶炼炉已经配备了水力水轮鼓风机[21]48。从13世纪开始,欧洲冶炼炉高度进步很快,从3.5米高的"斯托克炉",很快发展到了5~6米高的"白劳炉",并且配备了水力水轮风箱[28]376。这些技术和设备,都开始超过中国。在矿冶业迅速发展的基础上,欧洲13世纪就发明创造出了"铁磨"[21]48;但欧洲的整体生产力水平还明显落后于中国宋朝。

在本阶段晚期,即1300—1500年,从《伊本·白图泰游记》的记述来看,中东地区和印度的城市、商品贸易、学校等仍很发达,在玻璃、石油、毛棉纺织等方面仍处于领先地位。但他认为中国元朝的农业、城市、造船业、煤炭业、瓷器和纸币是最发达的,"世界上没有比中国人更富有的了"[32]357。值得我们倍加注意的是,欧洲在一些重要技术和探险方面开始领先。欧洲的火炮和金属铸造加工技术后来居上,在14世纪中叶就超过中国了。又在15世纪发明创造出钻空车床、旋床、磨床、螺丝旋床,远超中国[28]377-379。11世纪的时候,宋朝的铁产量远远超过欧洲,大量用煤作为工业燃料也远远超过欧洲[29]587-588。但是,从南宋(12世纪)开始,中国的冶金业发展速度明显缓慢下来。有学者认为,欧洲中世纪第一次"技术革命"发生在12和13世纪,14世纪是技术的适应时期,15世纪后期,"技术进步又重新出现了,并且更具活力"[21]463。相比较来看,中国在宋代也可以说是发生了继秦汉之后的又一次"技术革命",但后来的几百年没有出现欧洲那样的再跃进、再革命。

① 以上内容,参考漆侠的《宋代经济史》和卢嘉锡总主编的《中国科学技术史》等。
② 参考陈高华、吴泰著:《宋元时期的海外贸易》第二章第三节,天津人民出版社,1981年版;漆侠著:《宋代经济史》下册,上海人民出版社,1988年版;黄纯艳著:《宋代海外贸易》,社会科学文献出版社,2003年版。

除了最重要的矿冶业外,中世纪末期的欧洲在其他生产领域也有值得注意的发展。从古埃及很早就已经传到欧洲的玻璃制造技术,此时也有一定的进步[21]223-244。欧洲中世纪的一些耕犁,明显大于同时期的中国耕犁,这就需要比较大的牵引力。在 11 世纪末期,"四头耕牛拉犁在温带欧洲相当普遍,而且在整个中世纪一直如此,虽然使用更少耕牛的犁也在继续使用着"[21]66。这说明欧洲畜牧业和畜力使用,明显超过宋朝;也意味着欧洲农民的劳动强度明显低于宋朝而劳动生产率明显高于宋朝,欧洲人有更多时间用于探索新事物。14 世纪在意大利开始出现的"文艺复兴"运动和资本主义萌芽,1492 年哥伦布发现美洲新大陆,标志着在本阶段末,欧洲开启了全面的强劲的崛起之路。不过,哥伦布等著名探险家的最终目的地是中国和印度,他们认为那里才是世界上最富有、最发达的地方。

在 14 世纪之前,欧洲罕见值得称道的科技发明,其科学技术水平在大多数领域都落后于中国[21]549-552。在前 700 年—1500 年的大多数时间内,"近东技艺和发明上胜过西方,而远东可能较前两者更胜一筹"[21]538。这里的"远东",主要是指中国。与同时期的宋朝相比,欧洲在玻璃制造技术、水泥技术、牛耕和农民劳动生产率三个领域优势明显,冶金业刚刚开始超越。欧洲之所以能够在 14 世纪之后的几百年生产力飞速发展,后来居上,与广泛吸收非洲和亚洲的科技成果有莫大的关系。

五、第四阶段的优势在欧美

1500—1900 年,欧洲生产力和社会经济的发展,一马当先,迅速地明显地领先于其他地区。明清时期的中国虽然在外贸规模上仍有优势,但技术发明和创新明显落后。欧洲率先爆发了以蒸汽机为标志的"工业革命",率先建立起系统的前所未有的近代科技,率先向美洲、非洲和亚洲等地殖民,建立起以欧洲资产阶级为主导的真正的世界贸易体系。据安格斯·麦迪森研究估计:1820 年,西欧的 GDP 是 1 637 亿元(1990 年国际元),在经济总量上不占优势,但其人均 GDP 高达 1 232 元,高居榜首,远远高于亚非拉地区;到 1998 年,西欧及其西方衍生国 GDP 高达 154 270 亿元(1990 年国际元)、人均 GDP 高达 22 033.5 美元,整体优势非常显著,为全球最富有、最发达地区。[13]16 在 20 世纪,全球生产力和社会经济的领头羊是美国。中国在近几十年发展非常迅猛,令人瞠目结舌,但人均 GDP 还相当落后。2013 年,欧美诸国的人均 GDP 是 3 万多美元,多者是 10 万多美元,而中国只有 0.674 7 万美元,"处于世界的第 81 位,可谓是中等收入。《全球经济史》将会告诉你,贫富差距起源于两百年前的工业革命"[33]。目前,从整体经济实力来看,优势还在欧美。

六、几点总结与看法

从上述考察过程中得到许多启发和看法,比较重要的是如下三点。

(一) 没有任何一个国家或地区能够始终保持第一

在石器时代,人类的生产力和社会经济状况差别不大。在金属时代(先是青铜器,后是铁器),因为进入金属时代时间的早晚、技艺和普及程度不同,各地区的生产力和社会经济拉开了距离。在第一阶段,即前1000年之前,位居第一的无疑是中东地区。在第二阶段,即前1000—500年,欧洲南部、印度和中国北部赶了上来,各有优势和特色,发展水平难分伯仲。在第三阶段,即500—1500年,整体优势在东方,宋朝的生产力和社会经济无疑是最先进、最发达的,无与伦比。在第四阶段,即1500年至今,整体优势在欧美地区。其中,一马当先的是欧洲南部的意大利,然后是西欧,最后是美国。

纵观中国在世界经济历史中的地位,安格斯·麦迪森认为:"在相当长的时期内,中国一直是世界数一数二的经济体,但是它发展的节奏同世界通常的模式有着截然的不同。"[13]这个"相当长的时期"究竟何指,麦氏没有解释。如果从前1000年左右算起,他的这个结论是基本正确的。如果认真观察前1000年之前的世界,就会发现,历史事实并非如此,那个时期中东地区的生产力比中国发达得多。近几十年来,海内外一些学者把明清时期中国的经济水平看得很发达,其实是片面性地重视了外贸和GDP规模,严重忽视了科技含量和人均GDP。从科技含量、GDP规模及其人均来看,在1500年之前,确实领先、确实第一位的唯有宋朝。当然,还可以扩大一下,是唐宋元。不过,宋朝的生产技术并非处处领先,宋朝和整个中国古代的玻璃技术、水泥技术等落后于中东地区和欧洲。

(二) 各国各地区各有自己的优势特色产业

农业和畜牧业,受到自然环境的严重制约。生产力越是低下,受到的制约越严重。自古到今,农业发达地区一般都是地势平坦、水源充沛、土地肥沃的地区。草原地区农业不发达,畜牧业比较发达。纯粹从事农业或畜牧业的地区,社会经济发展前途往往不如复合经济区。曾雄生认为,中国古代农业结构是农桑结合,生产成本较高,欧洲是农牧结合,更有其合理性[34]896-903。中东地区和欧洲的粮食作物主要是小麦,中国北方早期主要是黍米(小米),汉代以后才逐渐改种小麦。S. A. M 阿谢德认为,汉代的小米产量是西罗马帝国小麦的两倍[7]8。但难以解释为什么汉代以后逐渐改种小麦。中国南方和东南亚、印度一直以稻米为主。美洲原来以玉米为主,欧洲人入侵以后才推广小麦等。在经济作物中,印度的棉花和糖蔗,中国的桑蚕和茶叶,东南亚和印度的香料,中东和欧洲的葡萄、橄榄,在古代长期占据优势地位并深刻地推动了各自手工业的特色发展。在古代,农业比较发达的是北非,亚洲的两河流域、印度、中国,美洲。但是,近代"工业革命"不是爆发于这些地区,关键在于手工业和近代工业。

最早领先全球的是以众多巨大金字塔为标志的古埃及建筑业,其技术支撑实为金属业。后来,建筑业尤其是石刻技术的重心依次转移到中亚西亚、南欧、印度和中国。技术发明非常重要,但提高和普及同样重要。发明早,并不意味着一直领先。玻璃制造技术起源于埃及,欧洲在后来突飞猛进,反超埃及。初期的水泥技术起源于埃及,但发扬光大的是欧洲,目前重心在中国。丝织业的重心始终在中国,但该产品不利于大众化。棉织业起源于印度,到 13 世纪以后逐渐推广到中国和美洲等地。食糖制造业起源于印度,7 世纪推广到中国等地。茶叶加工技术起源于中国,但近代以来印度也颇有竞争力。瓷器技术起源于中国,中国始终是生产大国,但可能因此而严重阻碍了玻璃技术的引进和发展。石油的开采和利用起源于中东地区,至今其仍是产油重心,这与自然禀赋有关。这些优势特色成果,都是以"工业革命"为开端的近现代文明的不可或缺的生产力物质基础。不过,还不是关键基础。

(三)宋朝生产力的特殊地位和作用

英国近代著名哲学家弗兰西斯·培根指出:印刷、火药和磁石"这三种发明已经在世界范围内把事物的全部面貌和情况都改变了:第一种是在学术方面,第二种是在战事方面,第三种是在航行方面;并由此又引起难以数计的变化来;竟至任何帝国、任何教派、任何星辰对人类事物的力量和影响都仿佛无过于这些机械性的发现了"[35]114。他自己明确说,他不清楚这三大发明的来源。后来,最著名的革命理论家马克思又进一步指出:"火药、指南针、印刷术——这是预告资产阶级社会到来的三大发明。火药把骑士阶层炸得粉碎,指南针打开了世界市场并建立了殖民地,而印刷术则变成新教的工具,总的来说变成科学复兴的手段,变成对精神发展创造必要前提的最强大的杠杆。"[36]67 马克思也没有讲这三大发明的来源。众所周知,这三大发明来自中国;更准确具体地说,来自中国的唐宋。培根和马克思最早看到并精辟论述了中国唐宋时期的这三大发明，及其对欧洲从旧的封建社会向新的资本主义社会转变中发挥的特殊巨大作用。当然，这一重大转变的推力，并不是仅有这三大发明，至少还有宋朝发明的纸币、古埃及发明的玻璃和水泥技术、古印度的棉花纺织技术等，更离不开各个国家和地区长期积累起来的科学研究成果。霍奇森在《重新思考世界历史》中指出："现代大转变是以发源于一些已经提到的东半球的民族的无数发明、发现为前提的，有许多发现的更早基础不是欧洲提供的。"[37]50 宋代以后的明清时期，更具有革命性基础性的煤铁采冶和金属机械制造、热兵器制造等科学技术文明成果，中国开始逐渐落后于欧洲，欧洲的生产力和科技后来居上。对于中国来说，宋代也只有宋代的中国，生产力和社会经济占据全球最高峰。进入 21 世纪，中国重新呈现登顶之势，震惊全球。历史反复昭示我们，一个国家和民族能够保持先进地位，必须积极吸取其他所有国家和民族的先进科技文明成果，积极发展生产力。自然环境和政治、思想、宗教等因素当然也很重要，但毕竟是第二位第三位的。

参考文献

[1] 漆侠. 宋代经济史[M]. 上海：上海人民出版社，1987.

[2] 漆侠. 宋代社会生产力的发展及其在中国古代经济发展过程中的地位[J]. 中国经济史研究，1986（1）：29-52.

[3] 辛格. 技术史[M]. 陈昌曙，译. 上海：上海科技教育出版社，2004.

[4] 卢嘉锡. 中国科学技术史[M]. 北京：科学出版社，2016.

[5] 华觉明. 世界冶金发展史[M]. 北京：科学技术文献出版社，1985.

[6] 沈福伟. 中西文化交流史[M]. 上海：上海人民出版社，2017.

[7] 阿谢德. 中国在世界历史之中（公元前 200 年—公元 1976 年）[M]. 任菁，雁南，刘左，译. 石家庄：河北教育出版社，1993.

[8] 马克垚. 西欧封建经济形态研究[M]. 北京：人民出版社 1985.

[9] 马克垚. 中西封建社会比较研究[M]. 上海：学林出版社，1997.

[10] 朱寰. 亚欧封建经济形态比较研究[M]. 长春：东北师范大学出版社，1996.

[11] 侯建新. 现代化第一基石：农民个人力量与中世纪晚期社会变迁[M]. 天津：天津社会科学院出版社，1991.

[12] 侯建新. 社会转型时期的西欧与中国[M]. 济南：济南出版社，2001.

[13] 麦迪森. 世界经济千年史[M]. 伍晓鹰，许宪春，叶燕斐，等译. 北京：北京大学出版社，2003.

[14] 斯塔夫里阿诺斯. 全球通史[M]. 吴象婴，梁赤民，译. 北京：北京大学出版社，2020.

[15] 海斯，穆恩，韦兰. 全球通史[M]. 吴文藻，等译. 天津：天津人民出版社，2018.

[16] 韦尔斯. 全球通史[M]. 桂金，译. 北京：民主与建设出版社，2016.

[17] 谢飞.泥河湾[M].北京:文物出版社,2007.

[18] 爱德华兹,嘉德,哈蒙德.剑桥古代史:第一卷第一分册[M].汪连兴,等译.北京:中国社会科学出版社,2020.

[19] 奥斯丁.非洲经济史:内部发展与外部依赖[M].赵亮宇,檀森,译.上海:上海社会科学院出版社,2019.

[20] 夏鼐.埃及古珠考[M].颜海英,田天,刘子信,译.北京:社会科学文献出版社,2020.

[21] 辛格,霍姆亚德,霍尔,等.技术史:第Ⅱ卷 地中海文明与中世纪[M].潜伟,译.上海:上海科技教育出版社,2004.

[22] 辛格,霍姆亚德,霍尔.技术史:第Ⅰ卷 远古至古代帝国衰落[M].王前,李英杰,孙希忠,译.上海:上海科技教育出版社,2004.

[23] 希罗多德.希罗多德历史[M].王以铸,译.北京:商务印书馆,1997.

[24] 刘欣如.印度古代社会史[M].北京:商务印书馆,2017.

[25] 沈福伟.中西文化交流史[M].上海:上海人民出版社,2017.

[26] 修昔底德.伯罗奔尼撒战争史[M].谢德风,译.北京:商务印书馆,2018.

[27] 潜伟."镔铁"新考[J].自然科学史研究,2007(2):165-191.

[28] 波梁斯基.外国经济史(封建主义时代)[M].北京大学经济史经济学说史教研室,译.北京:生活·读书·新知三联书店,1958.

[29] 波斯坦,米勒.剑桥欧洲经济史:第二卷[M].钟和,张四齐,晏波,等译.北京:经济科学出版社,2004.

[30] 杜环.经行记笺注[M].张一纯,笺注.北京:华文出版社,2017.

[31] 沙海昂.马可波罗行纪[M].冯承钧,译.北京:中华书局,2004:109.

[32] 白图泰.伊本·白图泰游记[M].马金鹏,译.北京:华文出版社,2015.

[33] 艾伦.全球经济史[M].陆赟,译.南京:译林出版社,2015.

[34] 曾雄生.中国农业通史·宋辽夏金元卷[M].北京:中国农业出版社,2014.

[35] 培根.新工具[M].许宝骙,译.北京:商务印书馆,2020.

[36] 马克思.机器。自然力和科学的应用[M].北京:人民出版社,1978.

[37] 兰克.白银资本:重视经济全球化中的东方[M].刘北成,译.北京:中央编译出版社,2001.

辽朝皇帝庙号三题

肖爱民

（河北大学 宋史研究中心，河北 保定 071002；河北大学 燕赵文化高等研究院，河北 保定 071002）

[摘　要]　关于辽朝皇帝实行庙号制度的时间有多种记载，结合宋人和辽代碑刻中的记载，可以确定辽朝的庙号制度当是在耶律隆绪即位后才得到完善；《驸马赠卫国王沙姑墓志》"赞"中的"太祖"是撰者焦习为了骈体文写作的需要，根据中原儒家文化传统而使用的词语，并不表示此时耶律阿保机已经有了庙号"太祖"；辽朝所谓的"太庙"不是严格意义上中原王朝的太庙，只是已故皇帝的"先庙"或"祖庙"，追尊皇帝并不供奉其中，皇后死后也不配享在相应皇帝的庙中，身穿红色锦衣的皇后神主木人是与契丹人传说女始祖赤娘子一同被供奉在木叶山庙中的。辽朝所谓的"太庙"不是固定建筑物，而是由毡帐和毡车组成的，前面置纛，处于草莽中，跟随皇帝四时捺钵。

[关键词]　辽朝；皇帝；庙号；太祖；太庙

在古代中原王朝，皇帝死后，要升祔太庙中立室进行奉祀，为确定其在庙中的位置而特地起了个牌位名号，此即"庙号"，为封建宗法祭祀制度中专有称号之一。一般认为庙号制度起源于商朝，汉代以后的历代中原王朝都继承了这一制度。辽

[基金项目]　河北大学燕赵文化高等研究院经费资助委托项目"燕赵历史文献专题整理与研究"（2020W02）

[作者简介]　肖爱民（1966—　），男，蒙古族，内蒙古赤峰人，博士，河北大学宋史研究中心/燕赵文化高等研究院教授、博士生导师，主要研究方向：辽金史、北方民族史。

朝是契丹迭剌部贵族耶律阿保机在北迁汉人的帮助下,于 10 世纪初在中国北方建立的政权。其显著特点用宋神宗赵顼的话是"有城国,有行国"[1]7899-7900。为了统治游牧和农耕两大区域,契丹统治者实行"以国制治契丹,以汉制待汉人"[2]685 的统治政策,对于属于中原汉制的庙号制度也予以吸收和借鉴。因此,辽朝皇帝除了末帝天祚帝耶律延禧以外,从开国皇帝耶律阿保机至耶律洪基都有庙号。关于辽朝皇帝的庙号及其相关问题,目前还没有人研究,下面就三个问题试作探讨。

一、辽朝庙号制度实行的时间

根据《辽史》的记载,从开国皇帝耶律阿保机开始,至耶律洪基的辽朝诸帝都有庙号。按照诸帝在位时间的先后顺序,现将诸帝的庙号及上庙号的时间列表(表1)。

表1 辽朝皇帝庙号简表

皇帝	庙号	上庙号时间
耶律阿保机	太祖	天显元年(926)九月
耶律德光	太宗	天禄元年(947)九月
耶律兀欲	世宗	应历二年(952)
耶律璟	穆宗	保宁元年(969)①
耶律贤	景宗	统和元年(983)正月
耶律隆绪	圣宗	景福元年(1031)闰十月
耶律宗真	兴宗	清宁元年(1055)十月
耶律洪基	道宗	乾统元年(1101)六月

根据表1可以看出,辽朝诸帝在死后不久都有了庙号,这说明在开国皇帝耶律阿保机死后,即天显元年辽朝就借鉴了中原王朝的庙号制度,具体就是在述律平称制时期[2]23。此后这一制度一直延续下来,辽末乱世在南京(今北京)建立"北辽"的耶律淳死后也有庙号"宣宗"[2]353,西迁中亚建立"西辽"(哈喇契丹)的耶律大石父子也继承了此制,大石的庙号为"德宗",其子夷列的庙号为"仁宗"[2]357。

辽朝在耶律阿保机死后借鉴了中原王朝的庙号制度,从被视为由元朝坊肆书

---

① 根据《辽史》中"穆宗本纪"的记载,"帝遇弑,年三十九。庙号穆宗",并不确定是景宗即位后就给其上庙号,因为在景宗本纪中未见给其上谥号、庙号的记载。这里就按照其中的行文方式,暂且算作是景宗保宁元年上庙号。

贾伪造①的《契丹国志》中也可以得到印证,如"葬太祖(耶律阿保机)于木叶山……庙号太祖"[3]9"明年八月,葬(耶律德光)于木叶山……庙号太宗"[3]46"世宗(耶律兀欲)在位凡五年崩,庙号世宗"[3]55"帝(耶律璟)在位凡十九年……庙号穆宗"[3]62"帝(耶律贤)崩……庙号景宗"[3]69"(耶律隆绪)葬上京西北二百里赤山……庙号圣宗"[3]83"国主(耶律宗真)崩……庙号兴宗"[3]94"帝(耶律洪基)崩……庙号道宗"[3]106。但是,令人疑惑不解的是宋人还有与《辽史》《契丹国志》不同的记载。

如《新五代史》中记载:"永康王兀欲立,谥德光为嗣圣皇帝,号阿保机为太祖,德光为太宗。"[4]899 辽朝是在耶律兀欲即位后,才追上已故的耶律阿保机和耶律德光的庙号,也就是说耶律兀欲即位后,辽朝皇帝才实行了庙号制度。《文献通考》②中的记载与之相同[5]9576。

《续资治通鉴长编》(以下简称《长编》)中记载,宋太祖开宝二年(辽穆宗应历十九年、辽景宗保宁元年、969),"是岁,契丹主明(指耶律璟——引者注)为帐下所弑。……明立凡十九年,谥穆宗,号天顺皇帝"[1]237。这里暂且不论将庙号"穆宗"误作谥号,根据行文可确定在耶律璟死后即有庙号"穆宗",说明此时辽朝已经实行庙号制度。可是,宋真宗大中祥符元年(辽圣宗统和二十六年、1008)又载,"契丹主(指耶律隆绪——引者注)追尊阿保机庙曰太祖,德光曰太宗,阮曰世宗,明曰穆宗,贤曰景宗。又赠东丹人皇王倍为让国皇帝,自在太子阮为恭顺皇帝"[1]1583。耶律隆绪在统和二十六年才追上耶律阿保机的庙号为太祖、耶律德光为太宗、耶律兀欲为世宗、耶律璟为穆宗、耶律贤为景宗。在统和二十六年以前,辽朝已故的诸帝是没有庙号的,与前述的记载相矛盾。也就是说,在同一部典籍中,关于辽朝皇帝庙号实行的时间就存在应历十九年耶律璟死后和统和二十六年耶律隆绪追上两种不同记载。

《宋会要辑稿》(以下简称《宋会要》)中又记载,"(耶律阿保机)后唐天成元年(926)卒,伪谥大圣皇帝""(耶律德光)死,伪谥嗣圣皇帝""(耶律兀欲)号天授皇帝""(耶律璟)号天顺皇帝"[6]9711。宋太宗太平兴国七年(982),明记(指耶律贤——引者注)病死,"上谥号景宗孝成皇帝"[6]9716。其中耶律贤的谥号是把庙号"景宗"混在一起了。因为此前诸帝只有谥号或尊号,未见有庙号,故就辽朝皇帝

---

① 关于《契丹国志》,已故的刘浦江先生认为此书乃是元代坊肆书贾为了赢利,杂抄宋人的记载,伪托南宋叶隆礼而编纂的伪书,因取材于宋人的记载,且成书早于《辽史》,故还有重要的参考价值(参见刘浦江:《关于〈契丹国志〉的若干问题》;见刘浦江:《辽金史论》,辽宁大学出版社,1999年版,第323~334页)。

② 尽管《文献通考》作者马端临是宋末元初人,但其所撰辽朝的内容基本上取材于宋人的记载,故这里还是把《文献通考》中关于辽朝的观点视为宋人的。

的庙号而言,当是从耶律贤死后才开始有的。这里暂且不论包括前引《契丹国志》在内的宋人所记上述辽朝诸帝尊号与谥号的错讹问题①,仅就辽朝皇帝庙号制度实行时间的先后顺序而言,因《契丹国志》是元朝人的伪书,可以忽略不计,宋人就有四种记载:一是以《新五代史》《文献通考》为代表的,认为耶律兀欲即位后,给耶律阿保机和耶律德光上了庙号,辽朝实行庙号制度是从耶律兀欲即位后也就是天禄元年(947)开始的;二是以《长编》为代表的,认为耶律璟死后,耶律贤即位就给其上庙号"穆宗",即从耶律贤即位,也就是保宁元年(969)开始实行的;三是以《宋会要》为代表,认为从耶律贤死后,开始有庙号,即辽朝的庙号制度是从圣宗耶律隆绪即位后开始实行的;四还是《长编》中的记载,耶律隆绪于统和二十六年(1008)对已故诸帝追上庙号,说明辽朝的庙号制度是从耶律隆绪统和二十六年才开始实行的。

那么,对于宋人的这四种与《辽史》完全不同的记载,如何理解呢?

第一,从辽朝方面来说,由于辽朝初年,并没有类似于中原王朝那样的史官制度,因此导致辽初五帝的记载十分简略,多数来自口耳相传。而作为《辽史》底本之一的耶律俨《皇朝实录》修撰于辽末,对辽初的史事是追记和补修的,而且还非常简略。加之,《辽史》是元朝史臣在不足一年的时间内仓促修成的,最大缺点是内容贫乏,记事不完备,导致辽朝很多史事模糊不清,尤以辽初为甚。以《辽史》中的30卷"本纪"为例,耶律阿保机至耶律贤五帝的统治长达77年,才有9卷。因此,尽管从《辽史》的记载来看,辽朝皇帝实行庙号制度好像是在耶律阿保机死后就实行了,但仔细斟酌后会发现其中还是有疑点的。如耶律兀欲和耶律璟上庙号的时间没有具体月份,尤其是耶律璟的庙号,根据记载很难确定具体的年月。还有在中原王朝,谥号一般是与庙号相配套使用的,可是在辽初谥号制度就没有很好地实行,耶律德光和耶律璟父子在死后并没有谥号。德光是在耶律隆绪在位的统和二十六年才上谥号,距离其死已经长达61年;耶律璟是至耶律宗真在位的重熙二十一年(1052)才上谥号,距离其死已经长达83年。仅从上述这两件事来看,在耶律阿保机死后,辽朝就实行庙号制度是大有疑问的。

第二,从宋朝方面来看,由于辽宋南北对峙,双方互视为对手而加以防御,以辽统和二十二年(宋真宗景德元年、1004)签订"澶渊之盟"为界,前期双方有战有和,

---

① 参见肖爱民:《辽太宗耶律德光的尊号与谥号探析》,《内蒙古社会科学》,2016年第5期;《辽代碑刻中"文成皇帝"与宋人所记辽"文成皇帝"辨析》,《辽金史论集第十五辑》,科学出版社,2017年版;《辽圣宗耶律隆绪的尊号与谥号辨析》,《河北大学学报(哲学社会科学版)》,2017年第1期。

后期实现和平,互派使节,吉庆凶吊。因此,宋人关注辽朝情况并留有记载是正常的,也具有相当高的可信度。如《宋大诏令集》中记载耶律隆绪的尊号为"睿文英武宗道至德崇仁广孝功成治定启元昭圣神赞天辅皇帝"[7]882,与《辽史》中耶律隆绪太平元年(1021)的尊号[2]189 有异,但与庆陵出土的《圣宗皇帝哀册》[8]193-194 相同,说明有些宋人的记载可补《辽史》之不足。

第三,把《辽史》、宋人所记与辽代碑刻中的记载结合来分析。据《辽史》记载,耶律兀欲在天禄元年九月,行柴册礼后,追谥皇考耶律倍为"让国皇帝"[2]64,未见有《文献通考》中所载追上阿保机和德光的庙号之事。耶律贤死后,《辽史》记载耶律隆绪即位,上谥号和庙号,与《宋会要》所载相同。《辽史》记载,耶律隆绪在统和二十六年"秋七月,增太祖、太宗、让国皇帝、世宗谥,仍谥皇太弟李胡曰恭(钦)顺皇帝"[2]162-166,与《长编》中所载追上阿保机等五帝庙号,追尊耶律倍、李胡为皇帝不同。由于《辽史》《长编》《宋会要》都是后人修撰的史书,非实录,其中有些记载肯定有后人增补和修改的内容,因此上述三种宋人的记载很难因与《辽史》相同就肯定其正确,或因与《辽史》矛盾就遽下结论说都是错误的。面世的辽代碑刻是辽人留下来的珍贵一手资料,检索其中辽朝诸帝庙号出现的时间,也许会对认识宋人的记载提供有益的帮助。

通过检索辽代碑刻,我们发现耶律阿保机的庙号"太祖"最早始见于穆宗应历九年(959)的《驸马赠卫国王沙姑墓志》[8]27-28(以下简称《沙姑墓志》)中,此后直到兴宗重熙十四年(1045)的《秦国太妃墓志》[9]90-92 以后就频繁地出现;耶律德光的庙号"太宗"最早见于兴宗重熙十五年(1046)的《秦晋国大长公主墓志》[8]248-251 中,之后频繁出现;而耶律兀欲的庙号"世宗",只见于道宗咸雍元年(1065)的《耶律宗允墓志》[8]319-322 中;耶律璟的庙号"穆宗",则分别见于圣宗太平二年(1022)《韩绍娣墓志》[9]63-64、天祚帝乾统元年(1101)的《梁援墓志》[8]519-523 和十年(1110)的《高泽墓志》[8]611-612 中;耶律贤的庙号"景宗",最早见于统和四年(986)的《耶律延宁墓志》[8]85-86 中,此后频繁出现;耶律隆绪的庙号"圣宗",最早见于太平十一年(1031)《圣宗皇帝哀册》[8]193-195 中,之后频繁出现;耶律宗真的庙号"兴宗",最早出现于道宗清宁四年(1058)《萧旻墓志》[9]113-114 中,此后亦频繁出现;耶律洪基的庙号"道宗",最早出现于天祚帝乾统元年《道宗皇帝哀册》[8]513-515 中,之后亦多次出现。在上述检索的结果中,有两个现象值得注意:一个是耶律阿保机的庙号"太祖"在应历九年的《沙姑墓志》中首次出现后,直至重熙十四年才开始再次出现于碑刻中,间隔时间竟然长达 86 年之久;二是除了"太祖"庙号外,耶律贤的庙号"景宗"是见诸碑刻最早的,为统和四年(986),之后频繁出现,其后的耶律隆绪、耶律宗真和耶律洪基的庙号,在死后都频繁出现在碑刻中。

第四,从耶律兀欲的庙号"世宗"来分析,辽朝实行庙号制度当是在耶律贤即位后。从开国皇帝耶律阿保机、耶律德光父子的庙号"太祖""太宗"很难确定辽朝是何时实行庙号制度的,但从耶律兀欲的庙号"世宗"可以推测出实行的大致时间。"世宗"一词,除了有文治武功为一世之宗的意思外,还有一个重要意思就是另开统绪,实现帝系在皇族内部的转移。如汉武帝刘彻的庙号为"世宗",其为汉景帝的"中子",在嫡长子皇太子刘荣被废后,被立为皇太子后即位[10]144,故其庙号"世宗"就有帝系转移的意思。五代后周的"世宗"柴荣,本为后周太祖郭威的妻侄,被收为养子[11]1583,后即位,其庙号含有帝系由郭氏转入柴氏之意。耶律兀欲的庙号为"世宗",也说明辽朝的帝系由其开始发生了转移,即由太宗耶律德光一支转移到耶律倍一支,故此庙号不可能是耶律兀欲死后,耶律璟在位期间所上,只能是其后裔即包括耶律贤在内的以后诸帝所上。

因此,综合起来可以确定,尽管辽朝借鉴了汉制中的皇帝庙号制度,但在耶律贤死后,耶律隆绪即于统和元年(983)给耶律贤上谥号庙号,辽朝才开始初步实行庙号制度,而真正地完善起来则是在统和二十六年(1008),此年七月耶律隆绪下诏正式给耶律阿保机至耶律贤等诸帝上庙号。这样看来,《宋会要》中"太宗太平兴国七年(982)"的记载是按照中原礼制习俗来记述的,相对来说较为准确,而宋人的其他记载则存在讹误。如根据辽乾亨三年(981)《张正嵩墓志》[8]68-69的记载,其时耶律倍已经有"让国皇帝"谥号。根据统和四年的《耶律延宁墓志》的记载,耶律贤已经有"景宗"庙号。这说明《长编》"真宗大中祥符元年(1008)"的记载是有一定讹误的,但结合《辽史》统和二十六年七月的记载,可以证明在这一年辽朝确实有完善皇帝庙号与谥号制度之举措,《长编》和《辽史》中的不同记载则是后世修撰者为了避免前后矛盾而分别进行修改的结果。

二、关于《驸马赠卫国王沙姑墓志》中的"太祖"辨析

如上所述,耶律阿保机的庙号"太祖"最早始见于穆宗耶律璟应历九年(959)的《沙姑墓志》中,撰写者为"随帐郎中焦习"。关于"随帐郎中",罗继祖先生认为是指跟随契丹皇帝牙帐四时捺钵的辽朝汉官中省(尚书省)、部(六部)的属官[12]。焦习既然是官居辽朝中央政府的郎中一职,说明他不是普通的汉人,应该是具有很高文化水平的士人。

　　墓志铭作为中国古代的一种特殊文体,一般是由"志"和"铭"两部分组成的。其中:"志"是墓志的正文,多为散文,叙述逝者的姓名、籍贯、世系、官爵、生平和后裔等;"铭"在墓志的最后,是对"志"的高度概括,多为讲究用典、韵律和对仗的骈体文。在《沙姑墓志》的"志"中,称耶律阿保机为"大圣皇帝",用的是其神册元年(916)尊号"大圣大明天皇帝"[2]10 的略称,庙号"太祖"则见于墓志最后的"赞"中。此"赞"与"铭"的性质一样,是用来悼念和褒扬墓主人的特殊文体,在有的辽代墓志中又作"词"或"辞",如《耶律羽之墓志》[9]3-4 和《韩匡嗣墓志》[9]23-25 后面为"铭",《赵德钧妻种氏墓志》[8]21-23 和《耶律仁先墓志》[8]352-354 后面为"词",《张匡正墓志》[9]214-215 和《刘贡墓志》[9]252 后面为"辞"等。《沙姑墓志》最后的"赞"内容如下:

　　　累代垂休,超商越周。功名远著,德行方流。风行万国,咸服千侯。太祖兴霸,化及明幽。爰及驸马,承上勋庸。允文允武,能忠能孝。超群妙略,盖代神功。卷舒夷夏,摄伏顽凶。敕为功高,□□□□。上连帝戚,下接权豪。以恩及众,使民忘劳。匡弼为国,道继唐尧。庶汇茫茫,冬雪秋霜。坚贞松柏,寒岁调伤。玉石俱烬,火炎昆岗。八节更换,万物兴亡。广振殊勋,身殁名存。尧伤八凯,武叹十人。坟藏金体,祭飨明神。一扃棺椁,万万冬春。[8]27-28

　　看来此"赞"是一篇典型的四字一句讲究韵律的骈体文,从其中引用了诸多的中原历史与文学典故,如"超商越周""风行万国""允文允武""唐尧""玉石俱烬,火炎昆岗""身殁名存""尧伤八凯""武叹十人"等,由此来看,撰者焦习确实是一位在朝廷为官的饱读诗书的汉族士人。在中原地区,根据《春秋谷梁传》僖公十五年(前645)乙卯:"故德厚者流光,德薄者流卑。是以贵始,德之本也。始封必为祖。"[13]173 按照"祖有功而宗有德"[14]67 的庙号标准,开国之君或国家奠基者的庙号一般被称或追上为"祖",如刘邦为"汉高祖"、司马昭为西晋"太祖"、拓跋珪为北魏"太祖"、宇文泰为后周"太祖"、杨坚为"隋高祖"、李渊为"唐高祖"、朱温为后梁"太祖"、李克用为后唐"太祖"、石敬瑭为后晋"高祖"、刘知远为后汉"高祖"、郭威为后周"太祖"等。耶律阿保机是辽朝的开国皇帝,焦习谙熟儒家文化经典,在其意识中耶律阿保机自然就是辽朝的"太祖"。所以据此墓志"赞"中的"太祖"一词,还不能完全确定在耶律德光、耶律兀欲和耶律璟三位皇帝在位期间,阿保机就已经有了庙号。因为在此后长达86年的碑刻中,在涉及耶律阿保机时竟然无一例使用庙号"太祖"一词,这说明《沙姑墓志》"赞"中的"太祖"很有可能不是中原礼法中那种真正意义上的庙号,而是骈体文写作中因运用典故需要所使用的汉语词汇。

　　如上述分析不误的话,那么,辽朝皇帝实行庙号制度当是从耶律隆绪即位后开始的,即耶律阿保机、耶律德光、耶律兀欲和耶律璟的庙号应是其即位以后追加上的,由张俭撰写的《圣宗皇帝哀册》中"奉先思孝,谒陵而追册祖宗"[8]193-195 的记载也证明了上述观点。这反映了辽朝初年对于属于汉制中的庙号制度并没有马上吸收和借鉴,至中期以后,随着对汉制吸收和借鉴程度的加大才开始实行,说明宋人对辽朝皇帝实行庙号制度的时间有不同记载也并非空穴来风。

三、辽朝的"太庙"

因为庙号是已故皇帝供奉在太庙中的牌位与名号,因此与契丹皇帝庙号密切相关的问题就是辽朝有无太庙。关于辽朝的"太庙",目前尚无学者进行研究。按照中原王朝的制度,太庙是皇帝的宗庙,为统治者供奉与祭祀祖先的重要场所,是一个王朝正统性和政权合法性的权威象征,故"灭人国者,皆毁其宗庙,迁其社稷"[15]224。据《春秋谷梁传》僖公十五年(前 645)乙卯:"天子至于士皆有庙。天子七庙,诸侯五,大夫三,士二。"[13]173 周代天子的太庙有七庙,即《礼记》中载:"天子七庙,三昭三穆,与大祖之庙而七。"[16]448 因此,"天子七庙"成为后世普遍接受的观念。历代中原王朝的开国皇帝在登基后为了显示自己皇位的合法性和政权的正统性,在立国之初就建立太庙,向上追封祖先为皇帝、建有庙号。如隋朝开国皇帝文帝杨坚[17]13、唐朝开国皇帝高祖李渊[18]7、五代后梁开国皇帝太祖朱温[19]14、沙陀人后唐庄宗李存勖[20]8884、沙陀人后晋开国皇帝高祖石敬瑭[18]81、沙陀人后汉开国皇帝高祖刘知远[18]102、后周开国皇帝太祖郭威[18]112-113、北宋开国皇帝太祖赵匡胤[21]7 等。因为辽朝开国皇帝耶律阿保机不论是在后梁开平元年(907)取代遥辇氏,称"天皇帝"(又作"天皇王",即契丹语"天可汗"),成为契丹首领,还是于神册元年(916)依汉制建元称帝,都没有追封祖先为皇帝的举措,故辽初并没有中原汉制的"太庙"。

在《辽史》中唯一一次出现"太庙"的记载是耶律隆绪在统和元年(983)六月,"辛卯,有事于太庙"[2]111。接下来其便率群臣给母后萧绰上尊号,然后群臣又给其上尊号,大赦,改元统和。看来其是因要接受尊号、改元而拜谒太庙的。但是因为此时辽朝皇帝仍没有追封开国皇帝耶律阿保机的祖先,所以此时所谓的"太庙"不过是耶律阿保机至耶律贤五位皇帝的庙,并非中原汉制天子有七庙的太庙。或者也有可能是《辽史》的此句话有漏字,当在"太"和"庙"之间漏掉了"祖",因为在《辽史》中,从"太宗本纪"至"天祚皇帝本纪"屡见契丹皇帝"有事于太祖庙""荐时果于太祖庙""谒太祖庙""荐新于太祖庙""享太祖庙""告太祖庙""祭太祖庙"和

"致奠太祖庙"等的记载,"告庙仪"中也是"诣太祖庙"[2]837,由此看来《辽史》中唯一一次"太庙"的记载还值得进一步推敲,同时也说明辽朝在圣宗耶律隆绪在位期间仍没有中原汉制意义上的太庙。

至兴宗耶律宗真在位时,辽朝才于重熙二十一年(1052)七月,追封耶律阿保机父亲撒剌的为德祖、祖父匀德实为玄祖[2]244-245,但也没有达到所谓的"天子七庙"的标准。而且据《辽史》记载,清宁四年(1058)十一月,耶律洪基行再生礼和柴册礼时,拜谒了耶律阿保机及诸帝宫,祠木叶山[2]257。耶律洪基只是拜谒了耶律阿保机以来已经去世的七位皇帝的宫,并不是"太庙"。参加这一典礼的宋人王易也留下了记载:"先望日四拜,次拜七祖殿、木叶山神,次拜金神,次拜太后,次拜赤娘子,次拜七祖眷属,次上柴笼受册,次入黑龙殿受贺""七祖者太祖、太宗、世宗、穆宗、景宗、圣宗、兴宗也"[22]283。看来《辽史》中的耶律阿保机及诸帝宫就是"七祖殿",即供奉已故的耶律阿保机至耶律宗真七位皇帝"神主"的"七庙"[2]836,又作"诸先帝宫庙"[2]845,在《兴宗仁懿皇后哀册》[8]375-376 和《道宗皇帝哀册》[8]513-515 中称"先庙",并不是中原的所谓包括供奉太祖及其祖先在内的"太庙",也就是说至耶律洪基在位时的辽朝后期,严格中原意义上的"太庙"在辽朝仍不存在。可能是因为此时已故辽朝皇帝的庙已经具备了七个,所以宋人沈括把耶律洪基在永安山夏捺钵中的祖先庙称"太庙","又东毡庐一,旁驻毡车六,前植纛,曰太庙,皆草莽之中"[23]122-169。可是,在撰写于道宗大康七年(1081)《圣宗仁德皇后哀册》的"词"中有"列太庙之遗像兮,婉尔其质;存曲台之旧册兮,焕乎其辞"[8]393-394,其中的"太庙"一词如何理解?如前所述,此哀册中的"词"与《沙姑墓志》的"赞"一样,与墓志铭中的"铭"性质相同,为讲究韵律和用典的骈体文。该句中的"太庙"与"曲台"对仗,而"曲台"为汉代都城长安的宫殿名称,同时也是校书著记的地方[10]3600-3614,辽朝没发现有此名称的宫殿,故此"太庙"与"曲台"都是骈体文写作需要而借用中原的典故,并不表明辽朝已经有了中原王朝意义上的"太庙"。刘凤翥先生释读契丹小字《兴宗皇帝哀册》中的"太庙"[24]177 亦应如此理解。

至辽朝末帝天祚皇帝在位时,才于乾统三年(1103)十一月,追封了太祖的曾祖萨剌德为懿祖、高祖耨里思为肃祖[2]320,完成了仿效唐初制度,追尊开国皇帝太祖的四代祖先为皇帝[2]1449。但是还不够中原王朝所谓的"天子七庙,三昭三穆,与大祖之庙而七"的标准。在辽末,耶律章奴反叛天祚皇帝,被捉后"缚送行在,腰斩于市,剖其心以献祖庙"[2]333,说明在天祚皇帝冬捺钵中的庙是祖庙,非严格中原王朝意义上的"太庙"。

前引王易《重编燕北录》还记载:"七祖眷属七人,俱是木人,着红锦衣,亦于木叶山庙内取到。"[22]283 即耶律阿保机至耶律宗真七位已故皇帝眷属的木人即皇后的"神主",也不配享在捺钵中对应皇帝的庙中,而是被供奉在木叶山庙内。可《辽史》中"蒸节仪"的记载与此不同:"及帝崩……穹庐中置小毡殿,帝及后妃皆铸金像纳焉。节辰、忌日、朔望,皆致祭于穹庐之前。"[2]838 那么,《重编燕北录》和《辽史》上述的记载哪个有误呢? 从《辽史》中的"瑟瑟仪""柴册仪""皇帝纳后之仪""贺生皇子仪""贺平难仪""立春仪""再生仪"等辽朝皇帝参加的各种仪式中,都是拜祭"先帝御容""诸帝御容",而不是拜见先帝与后的御容,说明《辽史》的记载可能有误。当然还有一种可能就是《辽史》所记的是在皇帝直属的诸宫卫中设有穹庐,内置小毡殿供奉着宫卫主人及后妃的金像。通过王易的记载,我们知道在契丹人圣山木叶山的始祖庙中,辽朝已故诸帝皇后的神主木人,身穿红色锦衣,与传说中契丹人女始祖赤娘子①一同被供奉着。

总之,辽朝所谓的"太庙"并不是严格按照中原传统政治文化的规定而建立的天子宗庙,而是供奉已故皇帝的庙。但是,到辽朝中后期,由于受正统观念的影响,辽朝开始仿效唐朝追尊四世祖先为皇帝,耶律宗真追尊了开国皇帝耶律阿保机的父、祖为皇帝,上有庙号,天祚帝耶律延禧追尊了阿保机的曾祖和高祖,上有庙号,至此辽朝也只是在形式上具备了所谓的"四亲"庙,高祖的父和祖父的二桃庙还是没有具备,没有达到所谓的"天子七庙"的标准。包括义宗耶律倍、顺宗耶律濬和章肃皇帝耶律李胡以及开国皇帝耶律阿保机祖先等在内的追尊皇帝,不论有无庙号都没有供奉在所谓的"太庙"中,已故皇后的神主也不配享在相应皇帝的庙中,而是与传说中女始祖赤娘子一同供奉于木叶山庙中。因此,尽管辽朝吸收和借鉴了中原的太庙制度,但非全盘照搬。严格意义上说,辽朝所谓的"太庙"只是曾经在位的已故诸帝的"先庙"或"祖庙",而且还是由可拆卸的毡帐和可移动的毡车组成的,前面放置䗍,处于草莽之中,跟随皇帝四时捺钵,与中原王朝的太庙为固定建筑物有别。

综上所述,皇帝死后立有庙号在太庙中进行奉祭,为中原王朝的封建宗法祭祀制度之一,辽朝吸收和借鉴这一制度是在耶律隆绪即位后,统和二十六年(1008)始臻完善。由"随帐郎中"焦习撰写于辽穆宗应历九年(959)的《沙姑墓志》"赞"中

---

① "赤娘子者,番语谓之掠胡奥,俗传是阴山七骑所得黄河中流下一妇人,因生其族类。其形木雕彩装,常时于木叶山庙内安置,每一新戎主行柴册礼时,于庙内取来作仪注,第三日送归本庙",参见王易:《重编燕北录》,《中国野史集成(先秦—清末)》第十册,巴蜀书社,1993年版。

的"太祖",并不表明开国皇帝耶律阿保机在穆宗时已经有了庙号,而是因骈体文写作需要,根据中原儒家文化传统而使用的词语。辽朝皇帝尽管在耶律隆绪在位期间实行了庙号制度,但一直没有严格意义上中原王朝"天子七庙"标准的太庙,只有供奉以开国皇帝耶律阿保机为首的已故皇帝的"先庙"或"祖庙",耶律阿保机祖先、耶律倍、耶律李胡和耶律璟等被追尊的皇帝不供奉其中,已故皇后也不配享其中,身披红色锦衣的已故皇后神主木人是与契丹人传说女始祖赤娘子一同被供奉在木叶山庙中。辽朝的"先庙"或"祖庙"是由毡帐和毡车组成的,跟随皇帝四时捺钵。由于辽道宗时出使辽朝的沈括见到了在夏捺钵中供奉着耶律阿保机以来的七位皇帝的"七祖殿"——先庙或祖庙,于是便以中原人的观点认为是辽朝的"太庙"。辽朝的先庙或祖庙之所以会与中原王朝太庙有如此大的差异,是由辽朝实行"以国制治契丹,以汉制待汉人"的"因俗而治"[2]685统治政策所导致的,因此,辽朝的庙号及先庙或祖庙制度也是其蕃汉杂糅特殊社会面貌的体现。

参考文献

[1] 李焘. 续资治通鉴长编[M]. 上海师范大学古籍整理研究所,华东师范大学古籍整理研究所,点校. 北京:中华书局,1992.

[2] 脱脱. 辽史[M]. 北京:中华书局,1975.

[3] 叶隆礼. 契丹国志[M]. 贾敬颜,林荣贵,点校. 北京:中华书局,2014.

[4] 欧阳修. 新五代史[M]. 北京:中华书局,1974.

[5] 马端临. 文献通考[M]. 北京:中华书局,1986.

[6] 徐松. 宋会要辑稿[M]. 刘琳,刁忠民,舒大刚,校点. 上海:上海古籍出版社,2014.

[7] 宋大诏令集[M]. 北京:中华书局,1962.

[8] 向南. 辽代石刻文编[M]. 石家庄:河北教育出版社,1995.

[9] 向南,张国庆,李宇峰. 辽代石刻文续编[M]. 沈阳:辽宁人民出版社,2010.

[10] 班固. 汉书[M]. 北京:中华书局,1962.

[11] 薛居正. 旧五代史[M]. 北京:中华书局,1976.

[12] 罗继祖. 辽国驸马赠卫国王墓志铭考证商榷[J]. 吉林大学社会科学学报,1963(1):51-54.

[13] 杜预. 春秋三传[M]. 上海:上海古籍出版社,1987.

[14] 程千帆. 史通笺记[M]. 北京:中华书局,1980.

[15] 左丘明. 春秋左传正义[M]//李学勤. 十三经注疏. 杜预,注. 孔颖达,疏. 北京:北京大学出版社,1999.

[16] 礼记正义[M]//李学勤. 十三经注疏. 郑玄,注. 孔颖达,疏. 龚抗云,整理. 北京:北京大学出版社,1999.

[17] 魏徵. 隋书[M]. 北京:中华书局,1973.

[18] 欧阳修,宋祁. 新唐书[M]. 北京:中华书局,1975.

[19] 欧阳修. 新五代史[M]. 北京:中华书局,1974.

[20] 司马光. 资治通鉴[M]. 北京:中华书局,1956.

[21] 脱脱. 宋史[M]. 北京:中华书局,1985.

[22] 王易. 重编燕北录[C]//《中国野史集成》编委会,四川大学图书馆. 中国野史集成(先秦—清末):第十册. 成都:巴蜀书社,1993.

[23] 沈括. 熙宁使契丹图抄[C]//贾敬颜. 五代宋金元人边疆行记十三种疏证稿. 北京:中华书局,2004.

[24] 刘凤翥,唐彩兰,青格勒. 辽上京地区出土的辽代碑刻汇辑[M]. 北京:社会科学文献出版社,2009.

南宋江防体系的构成及职能

黄纯艳

(云南大学 历史与档案学院,云南 昆明 650091)

[摘 要] 南宋立国江南,江防成为事关国家存亡的要务。南宋构建了以江防为根本、川陕荆襄为屏障、淮防为藩篱、海防为辅助的对金防御体系,建立了专门的江防水军和多层次的江防要塞体系。在对金防御和弹压水贼中,南宋的江防体系发挥了有效的作用,但其轻上游、重下游的缺陷导致蒙古军队从鄂州突破江防,加速了南宋的灭亡。

[关键词] 南宋;江防体系;构成

南宋边防重心由北宋沿边三路转变为川陕和江淮。在宋金对峙中,南宋有效地在川陕边界遏制住了金军的进攻,双方形成了淮河—大散关一线的对峙局面。但宋金双方都未把淮河视为决胜的攻防线,长江防线才是事关胜负的根本。南宋依靠江防有效地阻滞了金朝的进攻,使南宋得以偏安江南,而最后蒙古军队在几十年对抗后最终正是从鄂州突破了南宋江防,几年内势如破竹地灭亡了南宋。南宋把江防体系的构建作为立国的保障,充分论证,精密部署,构建了严密的江防体系。学界对南宋川陕防御体系有比较充分的研究,对江淮抗金中的山水寨问题、南宋海

[作者简介] 黄纯艳(1967—),男,湖南永顺人,云南大学历史与档案学院教授、博士生导师,主要研究方向:宋史及中国经济史。

防等作了深入讨论①,尚未有以南宋江防体系作为独立问题的研究。本文拟对此作一系统的考察。

一、南宋江防形势

江淮防和海防对于北宋国防尚无实际意义,即"夫舟师,东南之长技也,国于西北者而用舟师,非其所长也,亦非其所恃也"[1]后集卷四五《总论舟师》。而对于南宋,江淮防和海防则成为事关国家安危的要务,如时人所说"车驾驻跸于此(指临安),边江接海,舟楫之利最为紧急"[2]卷一五《乞修战船札子》。如果以江防为中心来看南宋的边防体系,则西有川陕和荆襄防御,东有海防,北有淮防,共同构成了南宋的国防体系。魏了翁说南宋国防最重要的是荆蜀防御、江防和海防三个方面,江防而外,"西则蜀道,东则海道耳","万一敌人先得蜀口,驱沿江战舰舳舻衔尾而下,虽有百万劲卒临江列戍,栉比持满,当其风利水急,拱手睍视,技无所施","又或以偏师扰我江面,缀我舟师,而阴用出其山东所造之舟,自胶西入海道,一得顺风,直抵淮东、浙西,而畿甸震矣"[3]卷三〇《缴奏奉使复命十事》。占领长江上游,顺江东下,图谋江南,晋灭吴、隋灭陈、宋灭南唐莫不如此。这是破解江防的最有效之术,蒙古灭宋也用此法。南宋以江防为正面,荆蜀和海防为两翼,特别是将荆蜀和江防作为国防的重中之重。

陈元晋所献国防二策中将防上流置于首要,"其一曰严上流之备,其二曰审防江之势",称"荆蜀上流苟有阻绝,则江南不能以奠枕"[4]卷四《上曾知院书(丙申三月)》。李纲也指出"自昔侵犯东南,未有不由上流者。舳舻相接,顺流乘风,自川江而下,日数百里,不旬月间可至江浙",故上流之地必屯重兵。他还特别强调了襄汉地区"襟带荆蜀,控引江淮,下瞰畿甸,真形胜必争之地,宜命大帅统重兵以镇襄阳"[5]卷一〇三《与宰相论捍贼札子》。宋朝能与金朝抗衡百年,一个关键的因素就是在川陕沿边有效阻挡了金朝的进攻,令其不能突破四川,占据荆襄。但南宋的上游防务也存在致命缺陷。张浚曾说"襄汉下彻武昌,粮运可出"[6]卷三三二《张浚论江淮形势奏》,襄阳为江防的重要保障,但蒙古正是在围攻襄阳时造万艘战船,练数万水兵,顺汉水而下,从鄂州突破了南宋江防。李椿又说"荆南屯军宜徙江之南,以备吕蒙取关羽之故智"[7]卷一一六《李侍郎(椿)传》,蒙古取鄂州后,循吕蒙故伎,逆江而上,轻取荆州,与四川连

---

① 粟品孝等的《南宋军事史》(上海古籍出版社,2008)和何玉红的《南宋川陕边防行政运行体制研究》(上海古籍出版社,2012)讨论了南宋军事体制、防御策略、重要军事进程,对川陕防御体系作了较深入的论述。黄宽重的《南宋地方武力——地方军与民间自卫武力的探讨》(国家图书馆出版社,2009)讨论了江淮山水寨的抗金作用。王青松的《南宋海防初探》(《中国边疆史地研究》,2004年第3期)探讨了南宋海防机构、水军、海防策略等问题。

为一气[8]。

南宋在江淮及两浙布防强大水军和战船,也牵制了金人和伪齐,分减了上游的压力。胡松年条奏"战舰四利":"一曰张朝廷深入之军势,二曰固山东欲归之民心,三曰震叠强敌,使不敢窥江、浙,四曰牵制刘豫不暇营襄、汉。"[9]卷三七九《胡松年传》,第11698页江防与川陕、荆襄防御是相互呼应的。宋朝凭借舟楫之利,在长江和海上多次打败金朝,得以立国江南。蒙古自四川南下时,孟珙"条上流备御宜为藩篱三层:乞创制副司及移关外都统一军于夔,任涪南以下江面之责,为第一层;备鼎、澧为第二层;备辰、沅、靖、桂为第三层"[9]卷四一二《孟珙传》,第12377页。这是抵御蒙古自川江东下和自大理斡腹之策。正应了宋人所说:"自吴以来立国江南者莫不恃江以为固。江又恃人以为固。人谋善而武事修,则江为我之江,否则与敌共尔。"[10]卷三八《武卫志一》由此可见,四川和荆襄都是江防的保障。

南宋以通江带海的临安为行在,因而十分重视海防。建炎三年(1129)所作的江防和海防的分界划分是自池州至荆南府为江防,自太平州至杭州为海防[11]卷二〇建炎三年二月庚申,第464页。但随后宋高宗朝江、海防分界已有新的划分。绍兴三十年(1160)高宗令镇江抽调水军戍防昆山黄鱼垛,而镇江御前诸军都统制刘宝"不奉诏",朝廷只能从明州调水军三百人到昆山[11]卷一八五绍兴三十年七月戊寅,第3586页。镇江属于江防范围,而昆山属于海防范围,可以不奉诏,朝廷只能从负责海防的明州调兵。宋孝宗朝以后基本稳定为浙西路常州及其以东划为海防,浙西路镇江府及其以西则划为江防①。南宋在西起常州,沿浙西海岸南到明州,设置兵寨,布防水军,构建了严密的海防体系,且形成了福建和浙东民间船户分番征调,到浙西沿海和明州防海的稳定制度。

在江防、淮防和海防的格局中,江防是根本,海防和淮防为辅助。南宋人认为,对国家安全而言江防重于海防,廖刚称与敌人"转战于鲸波之上""自古未有此也","朝廷方经营于海上,为苟且之计。内失民望,外取轻于强敌"[12]卷一《乞罢造海船札子》。把朝廷经营海防视为苟且之计,意即只有用心于江淮防才是积极的边防政策。所以南宋江防军不用于海防,而海防军用于江防则有之。负责海防的许浦水军就"累蒙朝廷调遣本司兵船前去建康,直至江、池、鄂渚应援,防护江面"[13]卷五《御前许浦水军寨》。开禧二年(1206)曾调许浦都统司、温州、福州海船四十五

---

① 周应合:《景定建康志》卷二五《制置司》,《宋元方志丛刊》本,中华书局,1990年版,第1734页。王应麟《玉海》卷一三二《绍兴制置使大使》载同事称"总建康至鄂渚舟师"(第2445页)。《宋史》卷三四《孝宗二》称,知建康府史正志兼沿江水军制置使"自盐官至鄂州沿江南北及沿海十五州水军悉隶之",江苏古籍出版社,1987年版,第641页。今从《景定建康志》及《玉海》。

只及客船二十七只,梢碇水手八百余人连同水军共二千四百八十余人到镇江焦山、金山一带"防捍江面"[14]卷一〇《防江军》。而且由于金人不擅驾船和水战,完全不具备与南宋海上争锋的实力,两军仅有的两次海战,即建炎四年(1130)明州海战和绍兴三十二年(1162)胶西海战都说明宋金海上力量有天壤之别,金朝更无力如魏了翁所言从海上长途奔袭南宋。所以,南宋围绕拱卫临安建立的严密的海防体系的主要作用是打击海盗,对金仅起到了战略防御的作用。

淮防是南宋对金正面防御的最前线。李椿曾说"保淮之地有八:曰楚、曰盱眙、曰昭信、曰濠、曰涡口、曰花靥、曰正阳、曰光"[7]卷一一六《李侍郎(椿)传》,第4456页。而据于运河入口的楚州最为淮防关键,淮河支流主要自北而来,除淮南运河外无支流可通长江,即"河道通北方者五:清、汴、涡、颍、蔡是也;通南方以入江者,惟楚州运河耳。北人舟舰自五河而下,将谋渡江,非得楚州运河,无缘自达"。因而"楚州为南北襟喉"[9]卷四〇二《陈敏传》,第12183页。金朝若突破楚州,即可沿运河南下,"舟楫随进,迫真阳之闸。与我争长江之利,无粮道之忧"[15]卷一《上皇帝书》。中部则庐州(合肥)战略地位最为重要,如张浚所论:楚州"北通清河,舟行甚便,其在形势最为要冲","合肥旁通大湖,自湖抵江,轻舟所行,则又次之"[6]卷三三二《张浚论江淮形势奏》。因为"淮西诸水不通淮河,由焦湖而北可至庐州之境。庐州不宜置船,恐万一资敌。若得舟楫于庐州,则可由焦湖而入于江","敌人每来,由巢县和州一带径至江上,最为要害。其次方到六合扬州"[16]卷七《乞招抚司与江东帅司措置建康楼船奏议》《论两淮镇戍要害奏议》,即淮西路无连接江淮的水路,若敌人突破淮河,占领庐州,则可由巢湖乘船入江。巢湖南端的巢县也是军防重地:"巢县正当要害之冲,北据焦湖,南扼濡坞,跨联合肥、和阳、无为三郡。"[10]卷三八《武卫志一》

南宋人也认识到"若保淮之计,今之事力或未能及,则保江之计在所必守"[7]卷一一六《李侍郎(椿)传》,第4456页。所以在讨论南宋定都或驻跸时,宋人指出"保淮甸,然后可以驻跸建康,经理中原"[11]卷八七绍兴五年三月癸卯,第1681页。如果"力可以保淮南,则以淮南为屏蔽,权都建康,渐图恢复。力未可以保淮南,则因长江为险阻,权都吴会,以养国力"。南宋"于是移跸临安"[9]卷三八〇《楼照传》,第11715页。南宋的基本认识是淮河难以必守,长江是必守的底线,即"戍淮不可必而守江","至于保江则尽矣。江若不必守,则后何以继乎"[6]卷三三四叶梦得《又论防江利害札子》。甚至有人提出"防淮难,防江易,是防淮不若防江也"[17]卷一《上边事备御十策》。"淮水殊不足恃。"[16]卷七《论两淮镇戍要害奏议》倪朴还向宋高宗建议"陛下当敛江淮之兵,列江而守,虚两淮之地以待之"[18]。主张放弃淮河,诱敌深入,坚守长江。南宋后期出现"轻淮而重江"的倾向,"楚州不复建阃",

"改楚州名淮安军","视之若羁縻州然"[9]卷四七七《李全传下》,第13837页。淮东本有"新旧战舰犹有千艘可用","敌人虽来未容遽渡"。端平元年(1234)"淮东抽取战舰,久而不返。此又闻沿淮舟师已为沿江抽回"[3]卷一九《被召除授礼部尚书内引奏事》、卷二〇《乙未秋七月特班奏事》。

但南宋也有人充分认识到淮防的重要性:"两淮不可保,则大江决不可守。大江不可守,则江、浙决不可安。"[19]卷二《上孝宗封事》他们将江防比喻为门户,淮防比喻为藩篱,"立国于东南,无百二山河,唯曰长江为户庭,两淮为藩篱尔"[20]卷五《江淮形势》。"淮东以楚、泗、广陵为表,则京口、秣陵得以蔽遮。淮西以卢、寿、历阳为表,则建康、姑熟得以襟带"[1]别集卷二三《边防门》。他们还认为,淮河易于突破,淮防重点在于陆防,而长江防御重点在于水防,即"修战舰,阅水军,此防江上之秋也。敛淮东戍,厚淮屯,募土豪,训义甲,此防淮堧之秋也"[6]卷三三九《吴昌裔又论三边防秋状》。淮南路防卫的作用就是坚守据点,待敌深入,配合江防,夹击敌人,即"淮甸郡县不必尽守故城,各随所在择险据要,置寨栅,守以偏将。敌来仰攻,固非其利,若长驱深入,则我缀其后。二三大将浮江上下,为之声援。敌之进退落吾计中,万全之策也"[10]卷三八《武卫志一》,第1961页。他们批评轻淮重江者"徒知备江,不知保淮,置重兵于江南,委空城于淮上"[9]卷三八九《袁枢传》,第11935页。南宋正面边防以江防为根本。从江防的角度看,西以荆襄为屏障,北以淮河为藩篱,东以海防为辅助,构成一个防御体系。在对金的防御中,这个防御体系发挥了很好的作用。南宋有效地守住了川陕和荆襄,金人海陵王南下时虽轻易突破淮河,却殒命于江北。南宋依靠强大和严密的海上防卫使金朝不能有海上之谋。这一战略构想和防御体系在抵御金朝从淮南正面进攻时取得了成功。但蒙古军队沿长江东下,首先击溃南宋江防,这个战略构想就失败了。

二、南宋江防水军设置与要塞布局

(一)南宋江防水军设置

北宋初期曾在长江建立数量可观的水军。宋太祖朝在京城设立神卫水军,宋真宗又置虎翼水军[21]卷一〇《神卫水军》《虎翼水军》。由宋太祖朝在平定江南过程中的长江水战战绩可知,宋朝有可观的水军力量。曹彬在铜陵之战中俘获南唐战舰三百余艘、水军八百余人;后宋朝又收编泰宁节度使李从善麾下及江南水军一千三百余人;宋知汉阳军李恕败江南鄂州水军三千余人,获战舰四十余艘;曹彬在新林寨败江南兵数千人,获战舰三十艘;宋汉阳军兵马监押宁光祚败鄂州水军三千余人;曹彬等破江南兵于新林港口,斩首二千级,焚战舰六十余艘;曹彬等败江南兵万余众于白鹭洲,斩首五千余级,擒百余人,获战舰五十艘;王明言破江南万余众于武昌,夺战舰五百艘;曹彬言败江南兵二万余众于其城下,夺战舰数千艘;王明言败江南兵万余人于湖口,获战舰五百艘等[1]后集卷四五《兵门》。宋太宗在京城凿金明池,每年三月初命神卫水军和虎翼水军教舟楫,习水嬉,并多次到金明池观水战[22]卷一四七《太平兴国金明池习水战》,第2707页。但南方诸国平定后,长江成为内河,"戈棹之战南方所利,今万邦平定,无所施用,但习之不忘武功尔"[1]后集卷四五《总论舟师》,金明池习水战已成为纯粹的仪式。

南宋建炎初因李纲奏请,"于沿江、淮、河帅府置水兵二军,要郡别置水兵一军,次要郡别置中军,招善舟楫者充,立军号曰凌波、楼船军"[9]卷一八七《兵一》,第4583页。江防水军称"江上水军",与许浦水军、沿海水军并称[9]卷一九五《兵九》,第4870页,最初数量不多。建炎初,诏"沧、滨及江、淮沿流州军,募善没水经时伏藏者,以五千为额"。建炎三年(1129)负责沿江防托的郑资之招募水军五千四百人[23]兵二九。湖南初无水军,绍兴二年(1132)李纲"乃拘集沿江鱼网户,得三千人,屯潭州"[11]卷六〇绍兴二年十一月甲戌,第1202页。绍兴四年(1134)再诏"沿江招置水军,备战舰,募东南诸水者充,每指挥以五百为额"[9]卷一九三《兵七》,第4819页,江东安抚司招水军千五百人,江、浙、荆湖十四郡各募水军五百人,名横江军[9]卷二七《高宗四》,第511-514页。次年湖南现有水军及周伦等所部置十指挥五千人并于手背上刺"横江水军"四字[11]卷九二绍兴五年八月癸亥,第1777页。该年宋高宗诏令"江东大使司水军统制张崇、耿进所部兵七千人、舟千五百权隶韩世忠"[11]卷五五绍兴二年六月丙辰,第1135页。宋孝宗朝前期建康水军有大小船只千艘、车战船四百七十余只,规模"前所未有"[16]卷七《论和议奏议》。可见江上水军人数已不少。

宋理宗后期,蒙古压境,更加重视水军建设,江上水军又发展到一个高潮。淳祐年间,理宗"诏沿海、沿江州郡申严水军之制","沿江、湖南、江西、湖广、两浙制、帅、漕司及许浦水军司,共造轻捷战船千艘,置游击军壮士三万人,分备捍御"。游击军"水、步各半",水军称游击水军,如"池州游击水军"。且下诏"申儆江防,每岁以葺战舰、练舟师勤惰为殿最赏罚"[9]卷四三《理宗三》,第833-846页。淳祐末,沿江制置使王野巡江,大阅水军,"舳舻相衔几三十里""创游击军万二千,蒙冲万艘"[9]卷四二〇《王埜传》,第12576页。景定四年(1263)创宁江新军,分宁江前、后军,以六千二百八十人为额,建康、太平一十五屯为宁江前军,池州一十四屯为宁江后军。每宁江军一千人以二百人为骑军。其中,建康府八屯派拨九百二十人,太平州七屯派拨二千三百六十人,池州十四屯派拨三千人[10]卷三八《武卫志一》,第1964-1966页。此时水军规模较南宋前期更为壮大。

《建炎以来朝野杂记》称"镇江、建康府、池州、鄂州御前诸帅亦各有水军,多者数千人,少者千余人"[24]甲集卷一八《平江许浦水军(江阴、左翼、推锋、延祥、江上水军)》。史籍具体所见沿江各地水军人数中江州水军淳熙二年(1175)为一千人;池州都统司水军淳熙元年(1174)为一千人,嘉定中增至三千人;太平州采石水军嘉定十四年(1221)为五千人;池州清溪雁汊控海水军建炎四年(1130)为一百五十人;绍兴八年(1138)镇江府有横江军一千人,淳熙五年(1178)增招御前水军千五百人[9]卷一八八《兵志二》卷二九《高宗六》,第4632-4634页,开禧二年(1206)镇江府招募防江水军一千六百人,梢、碇、水手八百余人,通计二千四百八十余人,次年五月诏以二千人为额[14]卷一〇《兵防》,第2390页。鄂州、建康等地水军人数都应载一千至数千。就南宋长江沿线兵力部署而言,江防总体上是重下游、轻上游。乾道末各州有都统司领兵:建康五万,池州一万二千,镇江四万七千,鄂州四万九千,荆南二万[9]卷一八七《兵一》,第4583页。相应的水军配置也大致如此。

江上水军除各州管辖外,设有专门机构即沿江制置司。建炎元年(1127)六月宋朝设置了沿江制置司,设沿江制置使、副使,职责是"专一措置水军海船","自建康至鄂渚舟师并令总之"[10]卷二五《制置司》,第1734页。沿江制置司治所在建康和鄂州两地变化。初置于建康,绍兴四年迁于鄂州,乾道三年(1167)再移建康,嘉定十四年(1221)又移司鄂州[22]卷一三二《绍兴制置使大使》,第2445页。淳祐末,王野迁江东安抚使兼沿江制置使[9]卷四二〇《王野传》,第12576页,则又移司建康。沿江各路安抚司同时兼沿江水军制置司职事,如江东安抚司又称"江东安抚司沿江水军制置司"[23]职官四〇,第3994页。各州水军则由安抚司管辖。其下还在多个江防要地设置巡检。峡州设有蜀江、沿江巡检二员及归、峡州、荆门军都巡检使一员。乾道四年(1168)移"蜀江巡检一员于荆南沙市置寨""移江陵、公安两县巡检并土军于公安县置寨,与石首、监利、潜江三县巡检接连"。自监利县鲁家洑至汉阳军通济口一段七百余里为沌河,"正蜀中纲运及上下客旅经由之处",本无巡检,该年于沌内新滩置巡检一所[23]方域一九,第9665页。

江防体系中除了军队防御体系外,还有沿江民众。南宋的沿江守臣"团结民兵,于无官兵处声势相望,各守江岸,以护乡井"[25]卷一〇《十月末乞备御白札子》。宋高宗曾下令:"沿江州军,上自荆南府、岳州、鄂州、兴国军、临江军、江州、池州、南康军、太平州、江宁府、镇江府、常州、江阴军、平江府,委自通、知、令、佐,按户籍丁产簿逐一点集,选有物力众所推服之人充队长,各认地分。其防托处,务为便利。"并设官措置督促:"自池州以下,令陈彦文分认地分。其江州向上地方,可别差制置官一员。"[23]兵二九,第9254页唐璘任察访使,分巡建康、太平、池州、江西等地,"戒土豪团结渔业水手、茶盐舟夫、芦丁,悉备燎舟之具""选将总二州兵舟以耀敌"[9]卷四〇九《唐璘传》,第12333页。叶梦得任建康留守时也"团结沿江民兵数万""分据江津"[9]卷四四五《叶梦得传》,第13135页。魏了翁还曾建议"沿江州郡聚集渔船,以助水军防扼"[3]卷二六《奏随宜区处十事》。由军民共同构筑成江防体系。

南宋长江长期无战事,江防水军管理松弛。有人说:"防江之夫岂素练之兵,率游手乌合耳。无事冗食,有事散去为盗,与靖康防河无异也。"[26]卷一一《与郑至刚枢密书》蒙古自上游威胁江防,南宋想整顿江防时却临时只能强征百姓为水军。咸淳年间,"强刺平民",甚至"执民为兵。或甘言诳诱,或诈名贾舟,候负贩者群至,辄载之去;或购航船人,全船疾趋所隶;或令军妇冶容诱于路,尽涅刺之"[9]卷一九三《兵七》,第4822页。这样当然不能扭转江防荒废的局面。南宋末水军战船人数虽多,但江防已是"上流舟师素来疏略,非藉许浦、澉浦及下流兵船三二千人由江沂汉,上下往来,张耀声势"[27]卷一八《回奏经理事宜》。只有抽调浙西海防水军来防江,但不过起到虚张声势的作用而已。

(二) 南宋江防要塞布局

宋人曾说"长江之险,绵数千里,守备非一,苟制得其要,则用力少而见功多"[9]卷三七五《李郳传》,第11608页,需择紧要之处屯军把守。所谓"紧要之处",即"江北之河口一当守也,江中诸洲二当守也,江之南诸岸口三当守也"。江北河口可阻敌船入江,江中诸洲可使敌船不得近岸,江南岸口可以屯驻军队,停泊舟楫[4]卷四《上曾知院书(丙申三月)》。南宋在沿江要地屯兵筑城,设置水寨,"隆兴以后至于宝祐、景定间,江、淮沿流堡隘相望,守御益繁"[9]卷一八七《兵一》,形成了江防要塞体系。

江防要塞第一层次是建康、镇江、太平州、池州、九江(江州)、武昌(鄂州)等重镇。张孝祥列举的江防重镇有建康、镇江、九江和武昌[28]卷一七《画一利害》。王质所列"沿江之屯有四:一军驻鄂州,一军驻池州,一军驻建康,一军驻镇江"[15]卷三《论固本疏》。缺江州而举池州,实则江州和池州都是江防重镇。此外,从上引宁江新军的布防来看,太平州也是与建康和池州同等重要的重镇。长江上游则荆州为一重镇。

建康也是江东路帅府治所,在南宋江防上被认为是首要之地,"内屏畿甸,外控淮堧,实长江之要会。中兴以来任重臣,建大阃,用名将,宿重兵于此。上接荆鄂,下联海道,守卫至重,安危所关",号为"东南形势莫重于建康,实为中兴根本"[10]卷三八《武卫志一》,第1955-1956页。镇江是浙西帅府,位于长江与浙西运河的交汇处,对于拱卫浙西和临安的重要性不言而喻。九江(江州)是江西帅府,"豫章西江与鄱

阳之浸浩瀚吞纳,而汇于湓口,则九江为一都会"。鄂州是沿江制置司及湖北帅府,
"沅、湘众水合洞庭而输之江,则武昌为一都会"。荆州是长江出入三峡的交通枢
纽港,"经夔峡而抵荆楚,则江陵为一都会"[1]别集卷二三《边防门》。池州和太平州则北对
无为军及和州,合肥到巢湖入长江是北方之敌经淮西南侵最便捷的水路,池州和太
平州有防御淮西方向的重要作用。南宋初四大将分别屯戍在沿江重镇:淮西宣抚
刘光世屯太平州,江东宣抚张俊屯建康,湖北京西招讨岳飞在鄂州(另淮东宣抚韩
世忠驻楚州)[1]别集卷二三《边防门》。可见太平州的重要性。

江防要塞体系中的第二层次是沿江重要城市和重要渡口。吴表臣列举了长江
沿线最重要的七个渡口:"大江之南,上自荆、鄂,下至常、润,不过十郡,之间其要紧
处,不过七渡。上流最急者三:荆南之公安、石首,岳之北津;中流最紧者二:鄂之武
昌,太平之采石;下流最紧者二:建康之宣化,镇江之瓜洲是
也。"[11]卷五七绍兴二年八月辛丑,第1155页魏了翁指出"江面之虚实者,以宜都、枝江、公安、汉阳
及武昌、兴国诸处为忧"[3]卷三〇《缴奏奉使复命十事》,补充了宜都、枝江、汉阳和兴国。还有
人提出,建康至太平州江防"一百八十里,其隘可守者有六:曰江宁镇、曰磻砂夹、曰
采石、曰大信,其上则有芜湖、繁昌,皆与淮南对境。其余皆芦荻之场,或碛岸,水势
湍悍,难施舟楫"[9]卷三六三《李光传》,第11339-11340页。第二层次的要塞中太平州之采石渡历来
是重要江防要地。宋平南唐,就是在采石建浮桥渡江,南宋初金人也从采石渡江。
有人甚至建议"淮西水军当尽在建康、采石一带以壮长江之
势"[16]卷七《乞招抚司与江东帅司措置建康楼船奏议》。宣化渡实际不在建康府境,而属滁州全椒县,
与建康府靖安渡隔江相对,靖安渡也是有重要军事意义的渡口。瓜洲渡是著名古
渡,但不在镇江境,而属扬州,与镇江之京口渡隔江相对,是连接扬楚运河、长江和
浙西运河的重要渡口。建康境的马家渡也是江防要塞。南宋初这里也是金人突破
江防的渡江地。叶梦得任建康留守时团结沿江民兵数千人守马
家渡[1]别集卷二三《边防门》。

江防要塞体系第三层次是若干次要渡口和港口。太平州界内有获港渡、三山、
大信渡等,池州界内有丁家洲、杨山、清溪、李河、雁汊、赵屯港口等,"皆是自来置巡
检紧切守把",派驻土军把守。此外有"其余不置巡检犹有二三十所"。不可遍守,
择要会处屯戍[6]卷三三四叶梦得《又奏措画防江八事状》。太平州除获港、丁家洲巡检外,慈湖夹也
有巡检司[29]卷七《郴行录》。池州境内赵屯也有戍兵[31]。镇江的圌山设巡检司,管土军
一百八十人。常州小河寨,江阴军石牌寨、申港寨亦驻防江水军[14]卷一〇《兵防》。建康、
太平、池三郡一千七十一里江面还"建大小二十九屯。建康八屯,曰下蜀、曰马家

步、曰沙河、曰韩桥、曰王沙、曰新开河、曰下三山、曰汪蔡港。太平七屯,曰濮家圩、曰褐山、曰采石矶、曰白泥浦、曰上三山、曰板子矶、曰周家庄。池州十四屯,曰菖蒲山、曰大通、曰梅根、曰冗港、曰戚家沟、曰李王河、曰宝赛矶、曰黄石矶、曰吉阳湖、曰祝家矶、曰乌石矶、曰香口、曰双河"[10]卷三八《武卫志一》。这些屯基本是与上述要地不同的军队驻扎地。

以上要塞皆位于江南,反映了江南被动防御的基本策略,但是江北也有若干拱卫江防的要地。李椿说"保江之地有四:曰高邮、曰六合、曰巢湖口、曰北狭关",都是江北要地。此外,和州车家渡与建康马家渡相对,连通巢湖和长江的和州裕溪口也是防御要地[7]卷一一六《李侍郎(椿)传》,第4456页。由巢湖而下,"自和州可以出舟于大江者,止有一杨林河与采石河相对而已"[6]卷二三三《虞允文又论江上事宜奏》,杨林河口也是江防要地。濡须江通长江的无为军濡须为兵家必争之地,"巢湖之水上通焦湖,濡须正当其冲"。濡须江边的"东、西两关又从而左右辅翼之"。江州、池州及太平州水军皆有声援无为军之责,采石水军也有责任"往来巢湖,为必保濡须之计"①,可见此地之重要。中游"江西之镇浔阳(江州)为重,而舒、蕲实浔阳之表。湖北之镇武昌为紧,而齐、安实武昌之表"[1]别集卷二三《边防门》。江北要地有防卫江南要塞的作用。

三、南宋长江水贼与江防

北宋时在长江航道上常见遇盗的记载。宋太宗朝杨允恭任发运使时见"缘江多贼,命督江南水运,因捕寇党","自是江路无剽掠之患"[9]卷三〇九《杨允恭传》。但此后长江主干道上自荆南,下至江宁,仍见盗贼活动。李若谷知荆南,洞庭水贼为害长江,"数邀商人船,杀人辄投尸水中"。贼患久而不平,"若谷擒致之,磔于市。自是寇稍息"[9]卷二九一《李若谷传》。朱寿昌权知岳州,"州滨重湖,多水盗。籍民船,刻著名氏,使相伺察,出入必以告。盗发,验船所向穷讨之,盗为少弭,旁郡取以为法"[9]卷四五六《朱寿昌传》,第13404页。黄庭坚航行于池州江段,在大雷口沙夹遇盗,同行有刘三班善射,手杀三人[31]外集卷五《乙未移舟出口》。杨告通判江宁州时遇"盗杀商人,凿舟沉尸江中",抓获盗贼[9]卷三〇四《杨告传》,第10073页。由于北宋平定江南后即没有系统的江防,水贼事件只能由各段地方官处理。

南宋建立海防体系,对待水贼问题有了不同的机制。南宋海防体系除了对金

---

① 周应合:《景定建康志》卷三八《武卫志一》,《宋元方志丛刊》,中华书局,1990年版,第1961页;朱熹撰,刘永翔等点校:《晦庵先生朱文公文集》卷九四《敷文阁直学士李公(椿)墓志铭》,上海古籍出版社/安徽教育出版社,2010年版,第4329页。

朝的战略防御外,实际发挥的作用就是打击海盗。江防在宋金对峙时期也仅有建炎三年至四年(1129—1130)及绍兴三十二年(1162)两次长江水战,在宋蒙直接争战于长江以前,南宋江防对外也是战略防御,实际上发挥着弹压水贼的作用。这一过程也推动了江防的建设。

建炎年间及绍兴初年,宋朝江防水军初建,规模尚小,是南宋水贼最猖獗的时期。绍兴元年(1131)叛将邵青"自太平州乘船经由镇江府、江阴军,遂入平江之常熟县。所至劫掠。刘光世以枭将锐兵而不能应时擒制者,邵青所乘皆舟楫,而光世皆平陆之兵故也"。邵青盘踞在通州崇明沙,"拥舟数千艘,而朝廷未有舟师",对之束手无策[11]卷四六绍兴元年七月丁未、卷四七绍兴元年八月甲辰,第989页。绍兴初钟相、杨幺遍及洞庭湖流域,且波及枝江、公安、石首等长江中上游。平定杨幺军的过程也暴露了南宋初期水军的弱小,同时又是南宋水军获得巨大发展的契机。宋朝先后派遣李纲(绍兴二年)、程昌禹、王𤫙(绍兴三年、四年)、岳飞(绍兴五年)前往征讨杨幺。水战官军多败。最后岳飞用"以水寇讨水寇"之计取胜。最初宋朝水军在多个方面不如杨幺军。首先,战船不如杨幺军。王𤫙与杨幺军交战,"贼乘舟船高数丈……官军乘湖海船低小,用短兵接战不利"[11]卷六九绍兴三年冬十月甲辰,第1356页。"官舟浅小,而贼舟高大。贼矢石自上而下,而官军仰面攻之,见其舟而不见其人。"[32]卷六《行实编年三》崔增、吴全与杨幺军遭遇,"令(官军)湖海船倚梯而上(贼船)"。杨幺军所用为八车船,凭借高大体型,"将崔军人船大小数百只尽碾没入水"。崔增、吴全皆战死①。其次,造船技术不如杨幺军。直到杨幺军被平定后,江西船场造船,"豫章之工已取法于杨幺,诸郡之工复取式于豫章"[6]卷八七《虔州信丰县主簿吴伸上书》。再次,驾船技术不如杨幺军。当时京师之耆老皆认为,此寇"驾舟如飞,运柂如神,而我之舟师不及焉"。宋朝虽凭借舟师之长胜金兀术,而与杨幺军相比,水战能力则逊色得多。又次,水战经验不如杨幺军。官"所部皆西北人,不习水战",岳飞认识到"水战我短彼长",乃"以水寇攻水寇"[9]卷三六五《岳飞传》,第11383-11384页,最终反败为胜。岳飞军镇压杨幺军,不仅消灭了最大水上反抗势力,而且通过收编和新建(如李纲在湖南建水军),"获贼舟千余,鄂渚水军为沿江之冠"[9]卷三六五《岳飞传》,第11385页,拥有了诸军中力量最强的一支水军。而且整个南宋水军力量都得到很大增强。最典型的就是车船在长江中下游水军中推广运用。绍兴末,在宋军抗击完颜亮的采石之战中,车船发挥了巨大的作

---

① 《建炎以来系年要录》卷七〇绍兴三年十一月癸亥,中华书局,2013年版,第1363页;岳珂编、王曾瑜校注:《鄂国金佗稡编续编校注·鄂国金佗稡编续编》卷二六《鼎澧逸民叙述杨幺事迹二》,中华书局,1989年版,第1573页。

用。这种车船完全克服了黄天荡之战中韩世忠军用海船,遇无风不能动,不仅使金兀术军逃脱,而且反被其火攻的被动现象[33]。

绍兴初,不唯有杨么军这样的大股水贼,而且长江之中"江贼出没作祸,为往来商贾士庶之患","贼伙多是江中杀人劫盗"。如绍兴元年(1131)二月有"水贼张荣入通州",绍兴二年(1132)三月"水贼翟进袭汉阳军,杀守臣赵令懬"[9]卷二六《高宗三》、卷二七《高宗四》。绍兴中后期,特别是宋孝宗朝江上水军不断加强,江防体系不断完善,已不可能出现杨么军那样的水上势力,也不可能出现邵青那样凭借几千人即在长江上往来如无人之境的情况。大股水贼已销声匿迹。偶见淳熙七年(1180)建康府发生饥荒,江段有"水贼徐五窃发,号'静江大将军'",江东安抚使范成大出兵"捕而戮之"[9]卷三八六《范成大传》,第11870页。但这类记载并不多见了。与北宋相比,长江主干道上水贼之患有所改观。

但是长江上的一些地形复杂的江段和河湖地区仍有几个水贼盘踞。一是太平州繁昌县丁家洲,为江中之洲,出入便利,"为从来盗贼盘结之地。口岸被贼舟船多是昏夜见无伴独宿,乘不备以取之。如丁家洲往往白昼劫掠。每得一舟,必尽杀其人,取其财,沉舟水中。官司无从根究"。洲上本有巡检,"土兵全阙,亦无舟船","贼亦无所忌惮"。于是商人们结伴航行,"商贾行上水则自芜湖结甲而上,行下水则自江州湖口结甲而下,少者亦须十数舟而后敢行"。张守指出,治理丁家洲水贼的办法就是整顿巡检司,"轮差将官统一二百人及船十余只于丁家洲驻札,一月一替。既夺其巢穴,则无从盘结,又知大军屯戍,则不逞之辈自然销弭"[34]卷七《乞措置丁家洲札子》。在江防体系强大时,这样主航道上的水贼很难壮大。

二是监利县鲁家洑至汉阳军通济口的沌河也是一个盗区,初因"无巡检弹压,盗贼无以畏惮"。乾道四年(1168)于沌内新滩设置了巡检。陆游入蜀时也经过沌河,他看到"两岸皆葭苇弥望","平时行舟多于此遇盗。通济巡检持兵来警逻。不寐达旦"[30]卷三,第184页。虽有士兵巡逻,也通宵警戒,但仍不敢睡觉。范成大从四川东下,也经过沌河,见"两岸皆芦荻,时时有人家,但支港通诸小湖,故为盗区,客舟非结伴作气不可行"。特别是百里荒一段,"皆湖泺菱芦,不复人迹。巨盗之所出没"。范成大船过此,如临大敌,"月色如昼,将士甚武,彻夜鸣橹,弓弩上弦,击鼓鉦以行,至晓不止"[35]。但在长江主干道上并未见有沌河这样的"盗区"。

三是鄱阳湖南端,是武阳和余干两江入湖处,河汊众多,是水贼藏身之处。其中处于鄱阳湖尾的邬子口直到乾道年间仍"名为盗区,非便风张帆及有船伴不可过"[36]。鄱阳湖水贼北宋就存在了。北宋饶怀英"尝泛鄱江,夜泊荒浦,旁有游舟,

54

若行贾者,君潜察之意其贼也"。饶怀英用计杀五六人,生擒二人[37]。

水贼问题不仅长江存在,其他河湖地区也不同程度地存在。如太湖和钱塘江下游,这些地区水情复杂,水贼较为严重。"浙西亦多盗,群穴太湖中。"[9]卷四五〇《李芾传》,第13245页嘉定年间,吴县"有杀人于货挟其舟亡者",后"得贼太湖,与舟俱至"[9]卷四〇九《唐璘传》。太湖还有长年盘踞的水盗团伙,如长兴县荻浦之盗势力甚大,甚至"南荡塞卒与之交通,为之耳目,其商旅之实舟江浒,某舟某物此曹一一密探,及至波涛之冲,专以巡为名,如取诸怀。及有司捕之,则或纵或擒,皆在此曹之手"[38]。这些人"一出动是船数十只,众数百人,军器数百件,出没太湖,往来镇市,劫人财物"。宝祐二年(1254)宋朝调集了许浦、顾径、澉浦等地兵三千五百余人,水陆并进,生擒贼首陈超、陈洧、沈文海、沈文焕四凶等三百八十余人,缴获船二百余只[39]卷一《奏平获浦寇札子》。南宋初以后,其他内河地区不再见到如此规模的水贼。钱塘江下游也是一个盗区,"有白昼剽掠之风,客舟非数十为党不敢西上"。水贼多是当地的无赖子,"平时贩私违禁,其舟出没波涛白刃林立,卒然遇之,则姑以买物而争登客舟。若随其所索,委而与之,则幸而免。不然则掠而去之"。"严、婺之舟遭其劫者数十矣。"[38]卷二《与包宏斋》但是绍兴中期以后在江防体系严密的长江上不见如此猖獗的水贼。

四、结论

南宋国防形势与北宋一大区别就是江防成为国防要务。南宋将江防作为事关存亡的对金正面防御的最后和最重要防线,构建了以江防为根本,以扼守长江上游的川陕荆襄为屏障,以淮防为藩篱,以海防为辅助的对金防御体系。逐步建立了数量庞大的江防水军及其管理体系,形成了多层次的江防要塞体系。南宋江防体系及其策略,在对金防御中发挥了有效的作用,确保了南宋立国于江南。

南宋江防根本目的是防金,但南宋建立江防体系后,与金仅有绍兴三十二年(1162)采石水战和镇江江面的不战而胜,总体上是处于战略防御状态。对内则发挥了弹压水贼的作用。而且南宋水军的壮大与南宋初弹压水贼密切相关。绍兴中期以后长江主航道上水贼基本平息,但几个水情复杂的江段仍是水贼盘踞的"盗区"。抑制和消弭水贼并非长江防御的主要目的,而只是伴生的结果。

南宋以江防为根本的边防总体上是以防御而非进攻为导向的国防方针,是"以大兵及舟师固守江淮,控制要害,为不可动之计"[40]卷七《论未可用兵山东札子》。南宋虽认识到上游的重要屏障作用,但江防总体上重下游、轻上游。这一缺失导致蒙古在襄阳造船练兵,从鄂州轻易突破了南宋江防,使长江之险、舟楫之利与南宋共有之。双方在上游对抗几十年,而江防一破,数年间南宋便告灭亡。

参考文献

[1] 章如愚. 群书考索[M]. 文渊阁四库全书影印本,1990.

[2] 张纲. 华阳集[M]. 文渊阁四库全书影印本,1990.

[3] 魏了翁. 鹤山先生大全文集[M]. 四部丛刊初编本.

[4] 陈元晋. 渔墅类稿[M]. 文渊阁四库全书影印本,1990.

[5] 李纲. 李纲全集[M]. 王瑞明,点校. 长沙:岳麓书社,2004:983.

[6] 杨士奇. 历代名臣奏议[M]. 文渊阁四库全书影印本,1990.

[7] 杨万里. 杨万里集笺校[M]. 辛更儒,笺校. 北京:中华书局,2007:4456.

[8] 黄纯艳. 舟楫之利与南宋国运兴亡[J]. 思想战线,2016(3):120-127.

[9] 脱脱. 宋史[M]. 北京:中华书局,1977:11698.

[10] 周应合. 景定建康志[M]//宋元方志丛刊. 北京:中华书局,1990:1955.

[11] 李心传. 建炎以来系年要录[M]. 北京:中华书局,2014.

[12] 廖刚. 高峰文集[M]. 文渊阁四库全书影印本,1990.

[13] 范成大. 吴郡志[M]//宋元方志丛刊. 北京:中华书局,1990:722.

[14] 嘉定镇江志[M]//宋元方志丛刊. 北京:中华书局,1990:2390.

[15] 王质. 雪山集[M]. 文渊阁四库全书影印本,1990.

[16] 王之望. 汉滨集[M]. 文渊阁四库全书影印本,1990.

[17] 吕颐浩. 忠穆集[M]. 文渊阁四库全书影印本,1990.

[18] 倪朴. 倪石陵书·拟上高宗皇帝书[M]. 文渊阁四库全书影印本,1990.

[19] 胡铨. 澹庵文集[M]. 文渊阁四库全书影印本,1990.

[20] 程珌. 洺水集[M]. 文渊阁四库全书影印本,1990.

[21] 高承. 事物纪原[M]. 文渊阁四库全书影印本,1990.

[22] 王应麟. 玉海[M]. 扬州:广陵书社,2003:2707.

[23] 徐松. 宋会要辑稿[M]. 上海:上海古籍出版社,2014.

[24] 李心传. 建炎以来朝野杂记[M]. 北京:中华书局,2000:422.

[25] 韩元吉. 南涧甲乙稿[M]. 文渊阁四库全书影印本,1990.

[26] 孙觌. 鸿庆居士集[M]. 文渊阁四库全书影印本,1990.

[27] 李曾伯. 可斋杂稿[M]. 文渊阁四库全书影印本,1990.

[28] 张孝祥. 于湖居士文集[M]. 四部丛刊初编本.

[29] 张舜民. 画墁集[M]. 文渊阁四库全书影印本,1990.

[30] 陆游. 入蜀记[M]//《全宋笔记》第五编第八册. 郑州:大象出版社,2012:184.

[31] 黄庭坚. 黄庭坚全集[M]. 刘琳,等校点. 成都:四川大学出版社,2001:977.

[32] 岳珂. 鄂国金佗稡编续编校注[M]. 王曾瑜,校注. 北京:中华书局,1989:321.

[33] 黄纯艳. 再论南宋车船及其历史命运[J]. 学术月刊,2013(3):112-115.

[34] 张守. 毗陵集[M]. 文渊阁四库全书影印本,1990.

[35] 范成大. 吴船录[M]//全宋笔记第五编第七册. 郑州:大象出版社,2012:82.

[36] 范成大. 骖鸾录[M]//全宋笔记第五编第七册. 郑州:大象出版社,2012:36.

[37] 吕南公. 灌园集[M]. 文渊阁四库全书影印本,1990.

[38] 方逢辰. 蛟峰文集[M]. 文渊阁四库全书影印本,1990.

[39] 包恢. 敝帚稿略[M]. 文渊阁四库全书影印本,1990.

[40] 史浩. 鄮峰真隐漫录[M]. 文渊阁四库全书影印本,1990.

宋代地方豪民与政府的关系

贾芳芳

(河北大学 宋史研究中心,河北 保定 071002)

[摘　要]　地方豪民是宋代基层社会的特殊群体。他们以不同于普通百姓的财、权、势优势,成为影响基层社会的主导阶层。不仅普通百姓,甚而政府官员,都对他们俯首帖耳。那么,宋代地方豪民究竟是基层社会兴建私塾、救济穷苦的"长者",还是武断乡曲、左右地方官府政治的"豪横"?除了豪民自身的素质外,其与政府的关系成为重要因素。在高度中央集权的宋代,中央是不可能容忍地方出现对抗势力的,朝廷对其往往采取限制和镇压的政策。但地方政府与豪民的关系复杂,有勾结,有摩擦,也有镇压,与地方政府以勾结为主的关系,从根本上决定了宋代地方豪民以"豪横"为主的性质。

[关键词]　宋代;地方豪民;政府;关系

中唐以来,伴随着土地制度的变革,不少人可以以这样或那样的方式成为土地和财产的主人。到了两宋,由于"不抑兼并"国策的推行,民户贫富分化也呈加速

[基金项目]　教育部人文社会科学研究青年基金项目"宋代地方政权结构与运作研究"(12YJC770024);河北省高等学校社会科学研究青年基金项目"宋代地方豪民与政府关系研究"(SQ124001);河北大学历史学科系所科研项目"宋代地方政治"(K201215)

[作者简介]　贾芳芳(1972—　),女,内蒙古丰镇人,河北大学宋史研究中心讲师,主要研究方向:宋史。

之势。随着自身力量的增长,豪民以其不同于普通百姓的财、权、势优势①,逐渐成为影响基层社会的特殊群体。基层社会的政治、经济及社会生活等诸多事务,都在其参与下定格或发生变化。当然,无论豪民的财、权、势如何与众不同,从根本上决定其影响力与性质的,则是其与政府或合作或斗争的关系。

一、地方豪民的特征及在基层社会的影响力

宋代地方豪民的主体是形势户,即品官之家的官户和富裕的吏户。但其整体背景相当复杂,有的不属形势户,也算豪民。宋代地方豪民主要包括地主、地主兼商人、官宦、胥吏、讼师、一些经黥配之后的恶吏等。在宋代的文献中有称豪右、豪强、豪民、大姓和豪家的。豪民与普通百姓的区别主要在三个方面:一是豪民有政治背景,常以此在基层社会作威作福;二是豪民有经济实力,可以借此在基层社会施加影响;三是豪民有武力作威慑,他们豢养爪牙,用武力欺压良善。

(一)豪民的政治特征

宋代的地方豪民,相当一部分是官户或者富有的吏户,即使其本身并不为官,也常与官员有着千丝万缕的联系,有时甚至与皇族和后族有联系,故其在政治上有依靠。豪民的政治背景,是他们区别于普通百姓,并可以在基层社会实施影响力的有力凭借。

1.本身的政治影响力。豪民以钱捐买官位,步入政治舞台。景德年间,陈留县大豪卢澄,"常[尝]入粟得曹州助教,殖货射利,侵牟细民,颇结贵要,以是益横"[1]6657。南宋顺昌豪民官氏次子,用掠夺来的财富,"纳粟得官""任鄱阳西尉"[2]409。捐买官位,不仅提高了豪民的社会地位,也为豪民带来了经济财富。

还有一些豪民的政治影响力来自家族,如品官之家的官户或富裕的吏户。他们因家族的政治影响力,而豪横无忌。北宋时,浦城县"多世族,以请托胁持为常,令不能制"[3]10419。陈尧咨知长安府时,"长安多仕族子弟,恃荫纵横,二千石鲜能治之者"[4]134,睦州遂安县"有恃荫暴横闾巷间"者[5]202。对于有着超过自身政治权力的豪民,地方官对其只能姑息纵容。

豪民中的另一部分人是寄居地方的官员,他们凭借上下联通的政治影响,暴横

于基层社会。治平年间,寄居郓州的王逵"干挠州县,本路之人比之盗贼。但干有利,无不为者"[1]3860。不仅如此,王逵居乡还"持吏短长,求请贿谢如所欲"[3]10622。寄居者的政治影响力,令地方官对其"为害乡曲"[1]4045、持吏短长姑息迁就。政和年间,提举洪州玉隆万寿宫曾孝蕴居池州,"干扰州县,侵夺民田"[1]3927。开禧年间,宫观官项安世"阴险凶残",居家"武断一乡"[1]4062。

2. 与各级地方官员的关系网。不少豪民通过其家族和乡里官员,同地方官员建立联系。政治关系即政治背景。南宋时,新赣县豪民曾千龄,先利用知县韩元卿的贪欲,与之结识。后又"以孤遗侄女与元卿之子结婚"。自此通家出入,请求关节,武断乡曲,"官府不问,法令不加"[6]606-607。盘根错节的关系网,使豪民往往能得到地方官的庇护,"其上世有恩于我,我今居官,终不成以法相绳,遂宽释讼者遣之。斯人益肆其暴虐,邑民皆无所告诉"[7]2736。

凭借政治关系网,豪民的气焰更加嚣张。南宋中后期,有豪民"把持士人数辈,控胁本州官吏,形势之家侵害闾里"[6]603。东阳豪民蒋元广"在州则交结黥吏俞鉴等,以通腹心之谋,县吏望风惮之,罔不惟命。一方善良,吞声饮气,谁敢与之抗衡"[2]424。新赣县豪民曾千龄豪横乡里,"两乡几都之人,凡有膏腴之田地,富厚之财货","必多牵引","拥高赀,据大第,歌童舞女,美衣鲜食,以匹夫而享公侯之奉"[6]606-607。

3. 中央官员的靠山。还有一些豪民与中央官员有联系。与中央官员的交情,成为其肆虐基层的政治凭借。雍熙年间,秦州豪民李益"厚赂朝中权贵为庇护,故累年不败"。及秦州推官冯伉"屡表其事,又为邸吏所匿不得达"。后来因为其他的事,皇帝亲自下诏捕之,但"诏书未至,京师权贵已报益"[3]8949。真宗时曹州豪民赵谏,"多与士大夫郊游"[3]9871。在被捕系狱后,"搜其家,得朝士内职中贵所与书尺甚众,计赃巨万"[1]6584。豪民与官员的勾结,于辇毂之下完成。

对于此类豪民,地方官员往往不敢招惹。大中祥符年间,权知开封府刘综就说:"贵要交结富民,为之请求,或托为亲属,奏授试秩,缘此谒见官司,颇紊公政。"[3]9433 通天的政治背景,对于地方小官来说,是惧怕的。更有不少地方官直接攀附豪民门下。神宗时,郑膺寄居秀州华亭县,因其为吕惠卿的舅舅之故,一路监司"如王庭老之辈皆卑下之,而招弄权势,不复可数,至夺盐亭户百姓之地以为田"[8]6586。

(二)豪民的经济特征

除了在政治上有依靠外,豪民在经济上也有实力,是大地主、大地主兼商人,是非贫弱者。强大财力,成为豪民豪横乡里的凭借。真宗时,抚州豪民李甲、饶英,"恃财武断乡曲,县莫能制"[3]10076。王益为临江军判官,"军多诸豪大姓之家,以财力自肆,而二千石亦有所挟为不法"[9]599。南宋东阳豪民蒋元广,"骤致富强,称雄一方"[2]423。雄厚的经济实力,令地方官不敢小觑。就连地方政权也因此为"豪户控持"[6]636。

具体来讲,豪民因经济实力而在基层社会施加影响,大致有以下几个方面的主客观原因。

严重的财政压力,令地方官对经济实力雄厚的豪民,有着不得已的需求与依赖。绍兴二十三年(1153),温州布衣万春上书言:"乞将民间有利债欠,还息与未还息,及本与未及本者并除放,庶少抑豪右兼并之权,伸贫民不平之气。"高宗因顾虑"若止偿本,则上户不肯放债,反为细民害",只是部分采纳了万春的建言[10]260。宋高宗的顾虑更是地方官员的顾虑。黄榦《勉斋先生黄文肃公文集》卷三十《新淦申临江军及诸司乞申朝廷给下卖过职田钱就人户取回》中提到的新淦县的例子,更为典型:

> 照得江西诸县惟新淦最为难治,二十年间为知县者十政而九败,为人吏者朝补而夕配。推原其端,皆缘财赋窘乏,入少出多。通一年计之,常欠二万余缗。官吏无以为策,只有恳求上户预借官物,县道之柄从此倒持,豪强之家得以控扼。请求关节,残害细民。苟有不从,便生论诉。[6]633

有宋一代的财政紧张,导致地方财用不足。面对着政府运转的经济需求,地方官员对豪家大姓的经济支持是真心需要的。灾荒年间豪民对救济的参与,就是重要一例。经济实力是豪民赈济灾民、帮地方政府渡过难关的必要条件。

优厚的经济利诱,令地方官难抵诱惑。豪民的财富,往往来路不正。贿赂官吏,他们常舍得投资。天禧二年(1018),河北都转运使李士衡知青州,临淄麻氏"具粟千斛以献"[8]2103。在豪民直接的经济利诱下,除了少数修身自爱的廉洁之士外,大多数官吏都会受此污染。哲宗时,梅州"土豪缘进纳以入仕者,因持厚赀入京师,以求见(章)惇,犀珠磊落,贿及仆隶"[11]793。更有贪图钱财的官吏,因豪民的财货贿赂而与之勾结。豪民为非作歹,"而官司施行,每不能伤其毫毛,无他,豪断取财,不义致富,不吝钱、会,以结有求之吏,不惮殷勤,以结无识之士,不惜宝货,以结无耻之官"[2]392-393。

此外,豪民利用财力上下交结的"能量",也令地方小官畏惧。豪民"财力足以搬使鬼神,毁谤足以欺惑王公,是以世之贤士大夫,亦有畏之者"[2]392-393。在此情况下,地方官被动地对其迁就。

（三）豪民的武力威慑

豪民的武力威慑,是其区别于普通百姓武断乡曲的第三个特征。豪民武力威慑的来源之一,是蓄养的恶势力。徽宗时,青龙大姓陈瞳,"凭所持畜凶悍辈为厮仆"[5]203。豪民蓄养干仆为之爪牙,"日夜渔猎人家物产",豪强资干仆之力,干仆凭豪强之势[6]606。南宋时,豪民陈瑛"交结配隶,而济其恶,主把公事,拿攫民财"[2]400-401。豪民武力威慑的来源之二,是结成利益集团的宗族等同党。豪民"交结同党为羽翼,蓄养无赖为爪牙"[2]406,以武力威慑一方。嘉定时,溧阳县"大姓夤缘相庄以自结,势尤横,颐指气使,官吏莫能违"[12]772。武力威慑是豪民暴横于乡间的重要凭借。

（四）豪民在基层社会的影响力

地方豪民凭借上述不同于普通百姓的财、权、势优势,在基层社会的影响越来越大,逐渐发展为影响宋代地方政治、经济和社会生活的重要群体。概括来讲,豪民在宋代基层社会的影响,可分两大方面:

一是轻财重义、乐善好施的"长者"。一些豪民借"高资巨产雄视一乡"[13]卷一五《余彦诚墓志铭》的经济优势,"发廪、捐金、疗疾、赈贫、造桥、砌路,遗迹不湮"[14]750,惠及一方的善举使其赢得了乡里"长者"的美誉。

南宋前期,汉州长者李发轻财重义,"遇岁不登,辄为食以食饿者"。在乾道年间汉州灾荒时,民"就食李家者,日至三四万人"。为表彰李家在地方的贡献,"州郡及诸使者始上其事,孝宗皇帝嘉之,授初品官,其后孙寅仲登第,唱名第三世"[15]卷下《救荒报应》。在此美誉的基础上,豪民频繁参与基层事务的决策。衡州花药山崇胜寺法堂修建时,大家意见不一,"于是召州之大姓、长者相与谋"[16]卷七《花药山法堂碑》。凭借着道德宽厚公正等影响力,豪民也积极参与乡里关系的调停。南宋豪民刘允恭"赋性方直,气象深厚,后生辈为不义事,必诘之,厉然见于颜面。以是乡之士大夫推为长者","有争讼者或诣君求决,君则为之陈道理曲直、法令可不可,往往羞缩逊谢以去"[17]卷二〇《刘令君墓志铭》。"轻财重义",乡间"仁厚长者",[18]卷三六《王延嗣传》,是此类豪民的身份特征。

二是仗势欺人、武断乡曲的"豪横"。与"长者"形象不同,还有一些豪民凭借财、权、势的优势,在乡间欺凌弱小,打骂地方官吏,甚者因小过杀人害命,对抗地方官府。而就其违法犯禁的主要特点来看,地方豪民就是武断乡曲的宋代黑社会势力。

雍熙年间,秦州州民李益为长道县酒务官,"家饶于财,僮奴数千指,恣横持郡吏短长,长吏而下皆畏之",因推官冯伉不屈从于他的淫威,李益便遣奴数辈,趁冯伉在市中按行公务之际,"拽之下马,因毁辱之"[3]8949。由于地方官吏都不敢正视,豪民残虐细民就更无所顾忌了。宣和年间,朝奉大夫方郛夺同郡王之才"舍屋,怒其不从,又弯弓射其门"[1]3933。隆兴年间,潭州一张姓豪民"凶恶不可言。人只是平白地打杀不问。门前有一木桥,商贩者自桥上过,若以柱杖拄其桥,必捉来吊缚"[7]2657。势力膨胀的地方豪民,在基层社会以"豪横"的身份存在。

豪民是宋代基层社会的特殊群体。他们或以乡里兴建私塾、救济穷苦的"长者"形象,或以武断乡曲、左右地方政治的"豪横"形象,存在于基层社会。那么,豪民作为特殊的"民",其身份性质究竟以哪种为主?除了豪民自身的素质决定外,影响这个群体身份主流特征的还有哪些?

二、地方豪民与中央政府的关系

两千余年的中央集权,是不能容忍出现与中央对抗的地方势力的,朝廷对之往往采取限制和镇压的方针。

(一) 最高统治者的态度

宋太宗曾说:"朕今收拾天下遗利,以赡军国,以济穷困,若豪户猾民,望吾毫髪之惠,不可得也。"[8]814 他曾将江南"有大姓为民患者""尽令部送魁首及妻子赴阙,以三班职名羁縻之"[3]9416,并对惩治豪民的地方官进行褒奖。吉州有豪猾萧甲危害乡里,久为民患。知州梁鼎"暴其凶状,杖脊刺面徙远郡"后,得到太宗的赞赏,获"赐绯鱼",并"记其名于御屏"[3]10057。宋太宗的态度,代表了北宋时期最高统治者的态度。宣和七年(1125),尚书省条下条:"诸非见任官,有贪恣害民,干扰州县,而迹状显著者,监司按劾以闻。"这是专门针对官户中的豪横者,徽宗予以批准[1]6542。

南宋时,抑制豪民的政策继续延续。绍兴十年(1140),高宗说:"朕观自昔,守令能抑强振弱者,始号循良。今豪右稍不快意,必中伤之。自今州县吏有能称职而或诬以非辜者,须朝廷主张,庶使吏得自效,而民被其惠矣。"[19]725 淳熙四年(1177),寄居严州分水县的豪民王中实,率众闯入县衙,"围守三日",欲殴击知县王斌。事后知县王斌遭论罢。孝宗得知后说,"如此则守臣亦可肆其无礼矣","恐相仿效,不可不治"[1]3465。有宋一代,最高统治者的态度,决定了中央对地方豪民的政策。

(二) 中央限制豪民势力的禁约

为限制豪民势力的膨胀,中央制定了许多抑制措施。首先是政治方面的禁约。

限制豪民为官。咸平四年(1001)五月,真宗诏"自今三班使臣知县,不得以诸州衙吏及富民受职者充"[1]3468。天圣六年(1028)十月丁丑,仁宗诏"武臣毋得补富民为教练使"[8]2483。中央意图以此限制财雄闾里的豪民,在经济上有实力后,又在政治上雄踞一方。

禁止官员与豪民往来。为防止钱权交易,中央禁止官员与豪民往来。大中祥符六年(1013)三月,真宗诏:"富民得试衔官者,不得与州县官属使臣接见。"[8]1820官员如敢为豪民请托,更为中央所不容。绍熙年间,明州豪民厉雄欺凌乡民被查。主管建宁府武夷山冲佑观史弥正等人为厉雄求情于守臣高爆,被高爆弹劾于朝。光宗诏罢史弥正宫观之职[1]4023。中央也很明白,豪民与政治人物的交结,是豪民在拥有财富后,探求政治依靠的重要途径。

禁止官员卸任后,在曾任职地寄居。为防止地方官在曾经的任职地,利用政治影响扩大势力,中央制定了禁约。淳化二年(991)十二月,太宗诏:"岭南诸州幕职州县官等并许携妻孥之任,秩满不得寄寓于部内,违者罪之。"[1]6497-6498《庆元条法事类》中规定:"诸外任官罢任未及三年而于本处(谓州官于本州,县官于本县)寄居者,徒一年。"[20]111这对于限制官户在地方势力的发展,显然有益。

严行约束官员子弟。对于豪民中官员子弟的恶行,中央也深恶痛绝。宋太宗曾下诏:"中外臣庶之家,子弟或有乖检,甚为乡党所知,虽加戒励曾不悛改者,并许本家尊长具名闻,州县遣吏锢送阙下,当配隶诸处。敢有藏匿不以名闻者,异时丑状彰露,期功以上悉以其罪罪之。"[3]13547大中祥符四年(1011),真宗诏:"诸路州军县镇应文武官见居远任,家属寓止者,如其子孙弟侄无赖不干家业,即言行约束,苟不悛革,则并其交游之辈,劾罪以闻。"[1]6500中央希望通过来自政治上层的力量,来压制为非作歹的"官二代"。

除了政治上的禁约外,针对豪民的经济禁约更加细致,如限制豪民侵吞、垄断公共财物。太宗时,允许"客旅"向开封官仓出售粮食,但"所有食禄之家并形势人,并不得入中斛斗,及与人请求折纳"[1]5950。北宋后期的青苗钱借贷,规定"形势之家不当给"[1]4869。绍兴八年(1138),规定:"诸坊场以违碍人承买者,杖一百,诈隐者加一等。"这里的"违碍人"包括"见充吏人"[1]5248。

对于地方豪民仗势不纳租税的情况,中央也想了许多办法,如严惩不纳租税的豪民。太祖时,各县每年要造"形势门内户"的夏税账目[1]6371。

形势户输租违期,则"别立版簿",派专人依限督责[8]258。若还有不纳者,则重加处罚。"诸输税租违欠者,笞四十,递年违欠及形势户杖六十(州县职级、押录并户案吏人、乡书手加三等),品官之家杖一百。诸上三等户及形势之家,应输税租而出违省限,输纳不足者,转运司具姓名及所欠数目申尚书省取旨。"[20]626-627 减免租税时,对以形势户为主体的豪民从窄。南宋中期的《庆元条法事类》卷四十七《赋役门一·违欠税租》记载:诸上三等户及形势之家,"其未纳之数,虽遇赦降,不在除放之限"[20]627。

对于豪民欺凌小民,中央也有许多约束政令。大中祥符四年,真宗诏:"江湖间贫民捕鱼,豪户不得封占。"[8]1708 淳熙十六年(1189),户部郎中丰谊言,"沿江并海深水取鱼之处,乞许令众户舟楫往来,从便渔业,勿有所问,不得容令巨室妄作指占,仍旧勒取租钱","豪强尚敢违戾","择其首倡,重作惩戒",这得到孝宗批准[1]6557。此外,关于"形势之家"不得"辄置狱具",也有明文的禁约[20]805。

在高度重视中央集权的宋代,为限制豪民势力过度膨胀,中央制定了许多禁约,并对一些为非作歹的豪民进行镇压。这对打压地方豪民的非法行径、维护基层社会秩序显然有益。但具体对豪民的或扬或抑,临民最近的地方政府的态度,则更为重要。

三、地方豪民与地方政府的关系

与中央政府对豪民的态度不同,地方政府与豪民的关系复杂,有勾结,有摩擦,也有镇压。

(一)勾结

防范、限制和打击豪民势力过度膨胀,保护民众免遭其害,本属地方官府应尽之责,"受公朝委寄,观风问俗,锄奸卫良,乃其职守"[2]392。但在豪民的政治、经济利益诱惑和威势威慑之下,地方官府却与其勾结起来。对豪民的违法犯禁,地方官府岂止是睁一只眼闭一只眼,甚至是公然支持和庇护。

与地方官府的勾结,为豪民聚敛财富提供了便利。绍兴三十年(1160),臣僚言,临安府"钱塘南山士庶坟墓极多,往往与形势之家及诸军寨相邻,横遭包占、平夷,其子孙贫弱,不能认为己有"。豪民的兼并多由地方官吏"容情,擅行给佃"所致[1]6573。在地方官府的支持庇护下,大量的官田、私田被豪民所侵占。豪民拥有了土地,也拥有了土地带来的财富,经济实力更为膨胀。

与地方官府的勾结,为豪民霸占水利提供了便利。仁宗时,越州余姚县"陂湖三十一所","虽累有诏敕及敕令","官司因循请托,或致受纳赂遗,令形势豪强人户请射作田",致有"遂废水利去处"[1]4911-4912。治平三年(1066),都水监言,"诸处陂泽本是停蓄水潦"之所,"豪势人户耕犁高阜处,土木侵叠陂泽之地,为田于其间,官司并不检察","致每年大雨时行之际,陂泽填塞,无以容蓄,遂至泛滥"[1]4914。对于豪民霸占水利,地方官府或不闻不问,或公然支持帮助。

与地方官府的勾结,为豪民逃避赋役提供了便利。宋高宗时,荆湖南路一带实行科配,"其间形势官户、人吏,率皆不纳,承行人吏又于合纳人户,公然取受,更不催纳。其催纳者尽贫下户,因缘抑勒,情弊百端,民不聊生"[21]746-747。孝宗时,唐仲友上奏说:"催科既急,勾稽不明,形势鲜或谁何,下户重并追扰。"[22]3547赋税征收中贫富不均的状况,因豪民与地方官府的通同作弊而更加严重。

与地方官府的勾结,为豪民左右司法提供了便利。大中祥符七年(1014),洋州豪民李甲"兄死,迫嫂使嫁,因诬其子为他姓而专其赀,嫂屡诉官,甲辄赂吏掠服之,积十余年,诉不已"[8]1685。英宗时,长安大姓范伟"积产数巨万","出入公卿间,持府县短长,数犯法,至徒流,辄以赎去。长安人皆知伟罔冒,畏伟不敢言。吏受赇者,辄为伟蔽匿"[23]卷三五《故朝散大夫给事中集贤院学士权判南京留司御史台刘公行状》。在与地方官府的勾结下,豪民的势力更加膨胀。

(二) 摩擦和镇压

豪民违法吞并、恃势强占,甚至欺凌官吏、杀人害命的情况,在宋代的史料中多有记载。因此造成的赋税失陷、官弱民强,以及对基层社会安定的破坏,给地方的统治带来危害。作为中央派驻地方的代表,地方政府官员从维护统治集团和自身利益的角度,对势力膨胀的豪民进行压制打击。

对不纳租税的豪民的打击。真宗时,浮梁县"民臧有金者,素豪横,不肯出租,畜犬数头,里正近其门,辄噬之。绕垣密植橘柚,人不可入"。此前的县令"不肯禁",常是里正代其输租。胡顺之到任后,几番催督,但豪户仍拒不纳税。胡顺之"乃令里正聚藁,自抵其居,以藁塞门而焚之",情急之下豪户全家急忙逃逸。胡顺之"悉令掩捕,驱至县,其家男子年十六以上尽痛杖之",说:"胡顺之无道,既焚尔宅,又杖尔父子兄弟,尔可速诣府自讼矣。"但豪户并无一人敢诉,"自是臧氏租常为一县先"[4]109-110。

对蔑视地方官员的豪民的打压。豪民势力强大后,对地方官员的凌辱蔑视,引起了官员的反感。真宗时,鲜于偁摄治婺源,"奸民汪氏富而狠,横里中,因事抵法"。群吏罗拜说："汪族败前令不少,今不舍,后当诒患。"鲜于侁怒,立杖汪氏,恶类从此屏迹[3]10936。绍兴年间,静江府古县豪民秦琥武断乡曲,持吏短长,"邑大夫以下为其所屈"。高登知县后,"面数琥,声气俱厉,叱下,白郡及诸司置之法"。一贯为所欲为的秦琥"忿而死"[3]12130。

为了维护基层社会的安定,清正的官员对违法杀人害命的豪民,进行了坚决镇压。理宗时,高斯得为湖南提点刑狱,攸县富民陈衡老"以家丁、粮食资强贼,劫杀平民""恝其事者,首吏受赇而左右之"。高斯得发其奸,"黥配首吏","具白朝省,追毁衡老官资,簿录其家"[3]12325。一些正直官员出于扶弱抑强的公正理念,对豪民势力的抑制镇压,有利于其嚣张气焰的收敛,也能在一定程度上伸小民不平之气。

面对地方官员的打击与镇压,不甘示弱的豪民也会极力反抗,不少地方官甚至因此丢官罢职。仁宗初年,"中人用事者罗崇勋之徒,交通县豪,借之意气,以渔夺细民,吏不敢何"。陈留知县王冲,"以法绳之"。大姓田滋等因此制造流言蜚语,污蔑王冲。王冲被"坐除名,徙雷州"[24]782。宁宗时,瑞州大姓幸氏"贪徐氏田不可得,强取其禾,终不与,诬以杀婢,置徐狱"。徐氏诉其冤情,提点江西刑狱赵汝说"以反坐法",黥窜幸氏,籍没其家。幸氏逃走,并"告急于中宫",赵汝说被调湖南[3]12397。在利益的作用下,豪民与地方官府的摩擦也多有出现。

(三) 以勾结为主的关系,决定了其"豪横"的特征

在宋代黑暗腐败的地方官场中,事事处处以私利为先的地方官,根本不可能把抑强扶弱作为主要政务。在利益的需要下,与豪民的勾结,就成为地方官场公开的惯例,也成了其彼此关系的主流。

太宗时记载,"剑南诸州民,为州县长吏建生祠堂者","官吏有善政,部内豪民必相率建祠宇,刻碑颂,以是为名,因而措敛,小民患之"[1]6498。豪民通过巴结地方官吏,来达到武断乡曲的目的;而地方官则通过联络豪民,来达到其利用财、权、势为自己服务的目的。不少官员上任之后,都要先去拜访当地的豪民。"县官甫下车,则先诏问权要声援,往往循习诌媚,互相交结。"[1]6691而在相互利益的需要下,豪民与地方官府以勾结为主的关系,也从根本上决定了其以"豪横"为主的身份特征。

结语

豪民是宋代基层社会的特殊群体,他们以不同于普通百姓的财、权、势优势,成为影响基层社会的主导阶层。不仅普通百姓,甚而政府官员,都对他们俯首帖耳。

那么,宋代地方豪民究竟是基层社会兴建私塾、救济穷苦的"长者",还是武断乡曲、左右地方官府政治的"豪横"?除了豪民自身的素质外,其与政府的关系成为重要因素。当政府对其势力的发展进行合理引导、有效治理的时候,地方豪民的积极作用成为主流。当政府因私利受制于豪民,软弱无力不足以临民御民的时候,豪民的消极作用就成为主流。在宋代,由于地方政治的腐败,豪民与地方政府的勾结,成为彼此关系主流的态势,则从根本上决定了其以"豪横"为主的身份特征。

参考文献

[1] 徐松. 宋会要辑稿[M]. 北京:中华书局,1957.

[2] 佚名. 名公书判清明集[M]. 北京:中国社会科学出版社,2005.

[3] 脱脱. 宋史[M]. 北京:中华书局,1985.

[4] 司马光. 涑水记闻[M]. 北京:中华书局,1989.

[5] 李之仪. 姑溪居士后集[M]//宋集珍本丛刊:第27册. 北京:线装书局,2004.

[6] 黄榦. 勉斋先生黄文肃公文集[M]//北京图书馆古籍珍本丛刊:第90册. 北京:北京图书馆出版社,2008.

[7] 黎靖德. 朱子语类[M]. 王星贤,点校. 北京:中华书局,1994.

[8] 李焘. 续资治通鉴长编[M]. 北京:中华书局,2004.

[9] 曾巩. 曾巩集[M]. 北京:中华书局,1984.

[10] 马端临. 文献通考[M]. 北京:中华书局,1986.

[11] 朱熹. 朱子全书·三朝名臣言行录[M]. 上海:上海古籍出版社/合肥:安徽教育出版社,2002.

[12] 刘宰. 漫塘刘先生文前集[M]//宋集珍本丛刊:第71册. 北京:线装书局,2004.

[13] 郑刚中. 北山集[M]//景印文渊阁四库全书. 台北:台湾商务印书馆,1986.

[14] 方大琮. 宋忠惠铁庵方公文集[M]//北京图书馆古籍珍本丛刊:第89册. 北京:北京图书馆出版社,2008.

[15] 董煟. 救荒活民书[M]//丛书集成初编本. 北京:中华书局,1985.

[16] 沈辽. 云巢编[M]//景印文渊阁四库全书. 台北:台湾商务印书馆,1986.

[17] 韩元吉. 南涧甲乙稿[M]//景印文渊阁四库全书. 台北:台湾商务印书馆,1986.

[18] 范祖禹. 范太史集[M]//景印文渊阁四库全书. 台北:台湾商务印书馆,1986.

[19] 熊克. 中兴小纪[M]. 台北:文海出版社,1968.

[20] 谢深甫. 庆元条法事类[M]//中国珍稀法律典籍续编. 哈尔滨:黑龙江人民出版社,2002.

[21] 李纲. 李纲全集[M]. 王瑞明,点校. 长沙:岳麓书社,2004.

[22] 黄淮,杨士奇. 历代名臣奏议[M]. 上海:上海古籍出版社,1989.

[23] 刘攽. 彭城集[M]//景印文渊阁四库全书. 台北:台湾商务印书馆,1986.

[24] 刘敞. 公是集[M]//宋集珍本丛刊:第9册. 北京:线装书局,2004.

【宋代思想文化研究】

两宋之际理学的境遇和演变

杨国宜

（安徽师范大学 历史社会学院，安徽 芜湖 241000）

[摘　要]　长期以来,人们接受"宋明理学"一词的宣传效应,对两宋之际理学的地位、作用多有误解。理学仅是宋学中的一派,出现较晚。虽在元祐时期盛极一时,然而好景不长,即遭阻滞。其原因主要是:朋党互攻,纷争不已;空谈大话,无补实际;时势需要,讲求事功。由此诸多原因的掣肘,理学的发展在很长一段时间内,处于被打击、受限制,以及异化、转型的境地,出现了多种倾向:道貌岸然,虚伪混世者有之;白首书生,洁身退隐者有之;适时转型,倡导事功者有之;守伊洛之道统,集理学之大成者有之。

[关键词]　宋学;理学;道学;伪学;事功

理学,在宋代学术界的地位与作用究竟如何? 一般人并不十分清楚,仅凭后世颇为流行的"宋明理学"一词,便"想当然耳"地认为宋代理学的地位必然很高,作用必然很大。其实不然,稍加考察,便可发现实际情况并非如此,需要纠正。首先需要说明的是,过去不少人把宋代的学术思想概括为理学,就不够全面和准确。因为理学仅仅是宋学中的一派,出现较晚,起初在很长一段时间内,并未成为主流。

[作者简介]　杨国宜(1930—　　),男,四川南部人,安徽师范大学历史社会学院教授,主要研究方向:中国古代史。

在其前面的,就有范公学派,主持了"庆历新政";还有荆公学派,主持了"熙宁变法";以及温公学派,主持了"元祐更化"。其时间、地位和影响都比理学较早、较高和较大。人们对理学的建立、发展和盛行,多有不够确切的认识,需要探本溯源,加以澄清。

一、元祐时期理学盛极一时

周敦颐、张载和二程创建的理学,是在北宋中期,其发展有一个漫长、曲折的过程。他们创建理学的初心,是想对北宋"积贫积弱"的政局进行改革。宋神宗继位后,改元熙宁(1068),任用王安石为相,实行"新法"。初期,程颢曾是"条例司"的属官,还担任过"权监察御史里行",曾到各地视察"新法"的推行情况,发现不少"问题"后,便上《谏新法疏》,多次上言,未被采纳,乃以"亲老"为名,求为闲官,退居洛阳,与弟程颐讲学于家,"士之从学者不绝于馆,有不远千里而至者"[1]附录《门人朋友叙述并序》,第333页。其理学形成了比较完整的体系和人数众多的学派,在思想界崭露头角,受到社会的重视。他们集聚在司马光的周围,继承儒家传统文化,总结历史经验,著书立说,对日益败坏的"新法"颇有不满。神宗死后,哲宗即位,高太后临朝听政,任命司马光为相,废除"新法",改元"元祐"(1086),进行"更化"。不满"新法"的"旧臣"重新获得重用。理学创始人周敦颐和张载已去世。程颢被任命为宗正寺丞(未行,病卒),程颐被擢为"崇政殿说书",当上了皇帝的老师。他修立《太学条例》,兼判登闻鼓院,主持司马光的葬礼。又判西京国子监,当上了大学校长[1]附录《伊川先生年谱》,第340-345页。门生弟子遍天下,颇为风光。然而好景不长,理学便由于多种原因,随着时势的变迁,受到打击、限制,崇黜不常,陷入了漫长曲折的泥涂,出现了演变和分化。

二、好景不长遭遇阻滞

理学为何在两宋之际未能顺利发展下去而陷入困境呢?考其原因有三。

(一)朋党互攻,纷争不已

北宋末年,士大夫之间拉帮结派的现象很普遍,元祐时期出现了新、旧党争,起初还属于"改"与"如何改"的方法之争,不久便出现了意气用事的"一朝天子一朝臣"、人事进退的纷争。不仅有新、旧党之争,而且旧党之中又出现了程颐的洛党、苏轼的蜀党、刘挚的朔党之间的互争。元祐时期(1086—1093),理学虽然盛极一时,但随着高太后去世,哲宗亲政,改元绍圣(1094),有绍述"新政"之意,任命"新党"章惇为相,恢复"新法",包括程颐在内的元祐旧臣,便被"责降"。程颐被追毁出身以来文字,流放涪州编管[2]647。徽宗即位,最初改元建中靖国(1101),想走稳定社会的中间路线,程颐被追复原官,重新执长西京国子监。不久改元崇宁(1102),有崇尚熙宁新法之意,蔡京当权,立《元祐党人碑》,将宰执司马光、待制苏轼、余官程颐、内臣张士良、武臣王献可等120人,列为"元祐奸党",撤销官职。不得聚徒讲学。到崇宁五年(1106)蔡京罢相,解除党禁,程颐恢复自由,迁居嵩山讲学。但不久(1107),蔡京复相,恢复党禁,元祐党人再被排斥挤压。程颐在这种党争折腾、反复不已的环境中,身心俱疲,在当年九月,凄惨离世,病卒于家。其身边的四个学生只好把他草葬于其伊川白虎山的先茔之中。十多年后,北宋政权便在党争中被金人消灭了,理学仍然陷于困境,不能自拔。

(二)空谈大话,无补实际

理学家论为学之道,必先明诸心,知所养,然后力行以求志。强调的是先修身,而后齐家、治国、平天下。理论上似乎很完整,但实际上颇易陷于空谈大话,未能实践力行。程颐在元祐时期,主要就是开门办学,招授生徒,宣扬理学,参加实际政务的工作本来就不多。后被列为"元祐党人",更是远离政治,有意无意地被边缘化了。直到他临终时,"门人进曰:'先生平日所学,正今日要用'。先生力疾微视曰:'道著用便不是'"[1]附录《伊川先生年谱》,第345页。理学家自称继承儒家的道统,专谈天道性命之学,故又称道学。包罗万象,神乎其神。自然应该是有极大用处的。但为什么学生请老师拿出来使"用"时,却被回答说"著用便不是"呢? 不好理解。后来,《朱子语类》卷九十七记载,有学生问老师:"'说要用,便不是'。'此是如何'? 曰:'说要用,便是两心'"[3]卷九十七《程子之书三》,第2495页。仍然不好理解。大概是说"一心不可二用",要专心一志地"学",不要把心放到"用"上。可能还有别的什么解释,但不管怎么说,这种"学而不用"的"道学",究竟有什么好处呢? 长年累月地学,熟读儒家经典,固然可以成为"有学问"的人。如能身体力行,加强修身,举止端正,遵纪守法,更可视为"有修养"的人。如能讲学授徒,更可视为德高望重、吸来大批"粉丝"的好老师。但如果只是"坐而论道""用便不是",就难免受"空谈"的指责,使其"修齐治平"的美好理念,真正变成遥不可及的"大话"。不用的"学问",怎能走出困境呢?

(三)时势需要,讲求事功

两宋之际,统治危机十分严重,宋徽宗用蔡京为相,排除异己,施行"丰亨豫大"的政策,腐朽至极。不仅阶级矛盾高涨,出现了宋江、方腊等农民起义;而且民族矛盾激化,在金兵压境之下,导致了"靖康之耻",北宋灭亡。宋高宗在爱国军民的支持下,被迫南迁,偏安江左。如何解决燃眉之急,稳定局势,恢复旧业,成了那个时期最为重要的问题。显然,空谈是不能解决问题的,必须要有所作为,要有恢复之志,要有担当,有事业心,有建功立业思想的人是最为急需的。"事功思想"便应运而生。据《宋史》记载,徽宗就曾诏:"绍复先烈,当在今日……事功显著,优与推恩。"[4]卷九十五《河渠五》,第2374-2375页康王给李刚写信说:"方今生民之命,急于倒垂,谅非不世之才,何以协济事功。阁下学穷天人,忠贯金石,当投袂而起,以副苍生之望。"[4]卷三五八《李纲上》,第11250页高宗时大臣廖刚奏:"经费不支,盗贼不息,事功不立,命令不孚,及兵骄官冗之弊。"[4]卷三七四《廖刚传》,第11591页孝宗即位时,辛次膺奏:"陛下用贤必考核事功。"[4]卷三八三《辛次膺传》,第11803页事功,成了当时的热门话题,是衡量人才的标准和考核绩效的标尺。那时,只说大话空谈的人,是不吃香的。时势使然,谁说不应该呢!

三、理学发展过程中的多种倾向

正是由于以上主、客观原因的掣肘,理学的发展并不顺利,在很长一段时间内,处于被打击、受限制,以及异化、转型的境地。于是,理学的发展便出现了多种倾向。

(一)道貌岸然,虚伪混世

1127 年,宋高宗渡江,建立南宋时,理学的创始人周张二程都已去世,其门生弟子虽然众多,但影响却不是很大。理学的境遇和演变的实际情况究竟如何?当时,著名学者胡安国有篇《奏状》,可能说的是实话,很有史料价值。先摘录其原文于下:

> 而其间志于利禄者,托其说以自售,学者莫能别其真伪,而河洛之学几绝矣。……有仲并者言,伊川之学,近日盛行。臣语之曰:"伊川之学,不绝如线,可谓孤立,而以为盛行,何也? 岂以其说满门,人人传写,耳纳口出,而以为盛乎?"自是服儒冠者,以伊川门人妄自标榜,无以屈服士人之心,故众论汹汹,深加诋诮。夫有为伊、洛之学者,皆欲屏绝其徒,而乃上及于伊川……士大夫之学,宜以孔、孟为师,庶几言行相称,可济时用。……今欲使学者蹈中庸,师孔、孟,而禁使不得从颐之学,是入室而不由户也。不亦误乎? ……然则狂言怪语、淫说鄙论,岂其文也哉? ……然则幅巾大袖,高视阔步,岂其行也哉? ……

重以蔡京得政,曲加排抑,故有西山、东国之阨。其道不行,深可惜也。……下礼官讨论故事,以此四人加之封号,载在祀典,以见圣世……犹有崇儒重道、尊德乐义之意。[1]附录《奏状》,第34-349页

据以上文字可知:(1)有人认为"伊川之学,近日盛行",是不对的,实际情况并不如此。据他看来,当时"伊川之学,不绝如线,可谓孤立"。(2)所谓"盛行",不过是"其说满门,人人传写,耳纳口出"的表象而已,是某些人胡夸起来的宣传效应,并不真实。(3)其原因是"其间志于利禄者,托其说以自售",是某些并无真才实学的无耻文人,旨在利禄,冒充伊洛学人,以"伊川门人妄自标榜",穿着"幅巾大袖,高视阔步",口吐"狂言怪语、淫说鄙论"。看来道貌岸然,实则假冒伪装。言行不相称,难济时用。自然无法取得"士人之心,故众论汹汹,深加诋诮",真正"有为伊、洛之学者,皆欲屏绝其徒",要与他们划清界限。(4)其后果十分严重,真正的"学者莫能别其真伪,而河洛之学几绝矣。而乃上及于伊川",以致出现了"不得从颐之学"的"禁令"。(5)理学的本意,是"欲使学者蹈中庸,师孔、孟",却不让"从颐之学",确实"是入室而不由户也。不亦误乎"?因此他请求褒封伊洛理学的创始人。货真价实的理学是好的,并不坏。胡安国在《宋史》中列入"儒林传",未入"道学传",他不是二程的门人,无须只说好话,加以偏袒。但又与二程弟子颇多交往,自称"得益遗书者为多",不会丑化污蔑,进行攻击。应该是较为公正,符合事实的老实话。

理学在当时并不盛行,而且有不少"假道学"混迹其间,以致反对的人不少。遗憾的是,这种"假道学"在此后很长时间内仍然存在,招来许多非议。南宋末年的周密在《齐东野语》中说:"世又有一种浅陋之士,自视无堪以为进取之地,辄亦自附于道学之名。衰衣博带,危坐阔步。或抄节语录以资高谈,或闭眉合眼号为默识。而扣击其所学,则于古今无所闻知,考验其所行,则于义利无所分别。此圣门之大罪人,吾道之大不幸,而遂使小人得以借口为伪学之目,而君子受玉石俱焚之祸者也。"[5]卷十一《道学》,第202页以致真正的道学家也受到攻击,长期遭到压制,产生了非常坏的影响。

(二) 白首书生,洁身退隐

两宋之际的理学界,虽然混入了一些"假道学",但是坚守传统的伊洛门人,还是很不少的。其中,有的人饱读儒家经典,修身养性,懂得了不少修齐治平的"大道理",却没有切实可行、便于操作的具体方案,自己也感到有些"无用"的无奈。例如,据黄震看来,尹焞"恪守师训,惟事躬行,程门之传最得其正",但"天生人才,分

量各殊",素质不可能一样,"如先生者,实德有余,历死生患难不变,惟兢兢然,保其身于无过",固然还行。可是遇到时势巨变的艰难时期,其才干胆略可能就难以应对了。"南渡何时?忠臣勇将废置不用,坐观中原之倾覆而不救,一时大臣,方且连年趣迫,强致先生,以文太平,建武投戈讲艺之实,恐不其然,是岂先生之所乐闻哉!故其《第十五辞免状》有曰:'方今国步尚艰,中原未复,进退人才,当明缓急。今日之务,无非繁剧,宜先俊杰,以济艰难。白首书生,何益事功?'呜呼!此先生痛心之言,岂寻常辞免之云!读之令人太息。"[6]卷四十一《尹和靖文集》,第1476-1477页他很有自知之明,时局如此,要他出来参与大政,仅是口头说说,不会真能获得什么权力,他也真的没有"挽狂澜于既倒"的本事,既然做不出有益的"事功",就"辞免"了吧!甘于淡泊,洁身而退,确实是最好的选择。还有一些伊洛门人,例如浙东地区的"永嘉九先生",即周行己、许景衡、刘安节、刘安上、戴述、赵霄、张辉、沈躬行、蒋元中。《宋元学案》卷三十二对他们学术言行记载甚详。全祖望的"按语"说:"吾浙学之盛,实始于此。"[7]卷三十二《周许诸儒学案》,第1131页黄宗羲的儿子黄百家的"按语"也认为周行己对永嘉学派的影响很大,"伊洛之学,东南之士……惟许景衡、周行己亲见伊川,得其传以归"[7]卷三十二《周许诸儒学案》,第1133页。应该说,北宋末年永嘉地区的伊洛之学是盛极一时的。可是,两宋之际的思想界,伊洛之学颇受压抑,叶适感叹"章、蔡擅事,秦桧终成之,更五六十年,闭塞经史,灭绝理义,天下以佞谀鄙浅成俗,岂惟圣贤之常道隐,民彝并丧矣"[8]卷十二《归愚翁文集序》,第216页。全祖望也说:"方秦桧擅国,禁人为赵鼎、胡寅之学(即伊洛之学),而永嘉乃其寓里(桧曾于绍兴五年知温州),后进为所愚者尤多。故绍兴末,伊洛之学几息,九先生之绪言且将衰歇"[7]卷三十二《周许诸儒学案》,第1152-1153页。他们在这样的大环境之下,无力回天,不免彷徨,从而"隐而不显"。另据《宋史》卷四五九记载,谯定"闻伊川程颐讲道于洛,洁衣往见,弃其学而学焉,遂得闻精义",后归蜀,不知所终[4]卷四五九《谯定传》,第13460-13461页。刘勉之求伊洛之书读之深夜,闻谯定、杨时为程颐门人,遂师之请业。绍兴中,奉诏诣阙。秦桧不予引见,即谢病归[4]卷四五九《刘勉之传》,第13462-13463页。胡宪入太学,阴习伊洛之书,又从谯定学易。秦桧方用事,宪,家居不出[4]卷四五九《胡宪传》,第13463-13464页。郭雍,其父忠孝为伊洛门人,雍传其父学,隐居峡州[4]卷四五九《郭雍传》,第13465页。他们都是师承洛学,品德高尚的学者,但都由于各种不同的原因,隐居不仕,被列入《隐逸传》。

(三)适时转型,倡导事功

前面说过,理学的发展受阻,除客观原因外,主观方面确实也有保守的一面,不够完善,不能适应现实形势的需要,拿出应对的办法。"学而不用"是不能解决问题的。据说,郭忠孝在请程颐将平日所学"用于今日",遭到拒绝后,便退辞而出,后来连老师的葬礼也没有参加,因而受到同学尹某的责难。但另有记载,"郭忠孝,字立之,河南人。受易、中庸于小程子,以荫补官,第进士,不忍去亲侧,多仕于河南管库间。宣和中,为河东路提举,忤宰相王黼,免。靖康初,召为军器少监。入对,斥和议,陈追击之策,谓:'兵家忌深入,若不能击其归,他日安能御其来',复条上战守十余事,不用。改永兴军路提点刑狱,措置保甲。金人犯永兴,与经略使唐重分城而守,城陷,与重俱死之。赠太中大夫"[7]卷二十八《兼山学案》,第1026-1027页。看来,这个人应该说是学有所得、志在济世、勇于承担、不惧死难的真正的学人。郭忠孝对老师"学而不用"的态度有看法,是可以理解的,不应该受到责难。还有一些有识之士,开始考虑如何与时俱进,适应时势的需要,倡导"事功"。据《宋史》记载,"事功"一词达到30多次,成了那时的热门语词。那时,朝野上下谈论"事功"的人和事都很多。据《宋元学案》记载,"事功"凡三十一见。可见,当时有志于"事功"的学人很不少。

例如李纲(1083—1140),邵武人,政和二年(1112)进士,有《梁溪集》传世。他曾说:"臣本书生,进由庠序,以忠义自许,妄意事功,而性刚才拙,动辄多忤。"[9]卷四十三《辞免枢密院事札子》,第515页他是一个颇有事功思想且敢当重任的忠义之士。他直话直说、敢说敢干,不怕得罪人,因而也与世多忤。但在士林中颇获好评,称他"学穷天人,忠贯金石"[9]附录《李纲行状中》,第1717页。他在靖康初为兵部侍郎,力主抗金。高宗即位,首召为相,修内政,整边防,力图恢复。受到黄潜善等人的阻扰,仅70日而罢。绍兴十年(1140)去世,年仅58。其《梁溪集》大多为李纲的表章奏札,是研究其政治思想非常重要的资料,他直接使用"事功"一词超20处,值得仔细研究。

还有宗泽(1059—1128),义乌人,元祐六年(1091)进士,有文武之才,也是一位颇有事功思想的志士。他历任州县官,颇有政绩,获得良好的声誉。靖康时,金兵南侵,掳二帝北去,他以副元帅从磁州入援,屡战皆捷,徙知开封府,进东京留守。金人惮其威名,呼为"宗爷爷",不敢复犯东京。他是坚定的抗战派,敢于从磁州驰援东京,在战火纷飞的东京坚持固守,希望在抗战第一线率领军民建功立业,恢复故疆。他曾20多次向逃往南方的宋高宗奏请《乞回銮疏》,其"第十六疏"说:"河东、河北山寨义民,数遣人至臣处,乞出给牓旗,引领举踵,日望官兵之至,皆欲戮力协心,扫荡蕃寇。以几言之,则大宋中兴之盛,于是乎先见矣;以时言之,则金人灭亡之期,于是乎可必矣。惟在陛下见几乘时,早还华阙,与忠臣义士究图事功,则万举万全,可以灭金贼而成中兴也"[10]序《乞回銮疏》,第71页。他希望宋高宗早日回到东京,领导军民抗战,"究图事功",完成"中兴"大业。可见其事功思想的明确和坚定。非常遗憾的是,宋高宗不仅没有接受他的奏疏,而且由于多种原因,他的事功思想几乎被人遗忘。据《四库全书总目提要》记载:"宗忠简集八卷,宋宗泽撰。……泽孤忠耿耿,精贯三光。其奏札规划时势,详明恳切。当时狃于和议、不用其言、亦竟无收拾其文者。至宁宗嘉定间,四明楼昉乃缀辑散佚、以成是集。然陈振孙《书录解题》竟不著录。是宋末已不甚行。盖理宗以后,天下趋朝廷风旨,道学日兴,谈心性者谓之真儒,讲事功者谓之杂霸,人情所竞、在彼而不在此。其沉晦不彰,固其所也。"[11] 卷一五六《别集类九》,第1344页

一是由于他当时主战,受到主和派的阻扰,没有人敢收罗他的文章编文集。二是后来虽然有人给他编出了文集,但时间已晚,散失颇多,很不完整。特别是当时"道学"受到官方的提倡,成了"主流",讲"心性"者被尊为"真儒";讲"事功"者被视为"杂霸",沦为异类。提倡"事功"的书,入不了书目。他的"事功"思想也就无人知晓了。

特别是川湘地区和浙东地区的不少理学门人,都逐步认识到救亡图存,必须讲求事功。学术界较早对浙东地区文献资料进行整理,取得了丰硕的成果。他们清楚地看到,在理学艰难发展的过程中,这里已经出现了事功学派。其中,以吕祖谦为代表的金华学派,具有从理学向事功之学转变的过渡性质;以陈亮为代表的永康学派,和以薛季宣、陈傅良、叶适为代表的永嘉学派,则都入经出史,实学实干,面对社会实际,强调建功立业,体现出宋初范仲淹学派以来通经致用的优良学风和盎然生机。不过,目前学术界对上述事功学派的研究,大都属于南宋中期,局限于浙东,学派的传承演变也不够清楚。近年,笔者通过对陈傅良、王十朋、郑伯熊等人思想的研究,得出:"浙学之始,应该是王开祖、林石和丁昌期;浙学之盛,应该是永嘉九先生;浙学的转向,应该是吴松年、王十朋和郑伯熊;事功学派的最后形成,则是薛、傅、叶三先生"①。算是把浙东地区理学向事功之学传承演变的轨迹搞清楚了。但为什么会发生这样的转变? 其学术渊源、师承关系又是如何呢? 则还需要拿出过硬的原始资料来证明。经研究发现,吴松年和王十朋都是张浚的"门人",他们的事功思想可能是从张浚那里传承来的。

于是我从张浚的生平和著作中,反复耙梳,终于发现他确实有许多"事功"思

---

① 杨国宜:《略论陈傅良的学派、思想和风格》,温州《陈傅良学术讨论会论文集》,2007 年,《求索集》,第 226 页;杨国宜:《略论王十朋的理学思想和永嘉学派的传承演变》,《开封与宋学·第二届宋学国际学术研讨会论文集》,第 217 页;《求索集续编》,709 页;杨国宜:《郑伯熊学术思想的特点和永嘉学派的传承演变》,杭州南宋史国际学术研讨会,《求索集续编》,第 726 页。

想的言论和行事,而且竟然还是学术界没人使用过的"原封货"①。张浚的《紫岩易传》中,使用"事功"一词10次之多。他认为:(1)"方天下屯,孰无趋赴事功之志?"当天下遭遇时运艰难的时候,谁没有趋赴事功、救亡图存的志气呢?这是不成问题的问题,是理所当然的事情,是人所共趋的潮流。(2)他认为堪称社会精英的"君子"们,"君子居屯(时运艰难),生养天下心,未尝一日忘之",在国难当头的时候,一定会是时刻不忘,都会想方设法去拯救天下的[12]卷一,第15页。(3)当然也会有一些小人恶棍,伤天害理,丧失人性,不肯救亡图存,却去谋一己之私,干坏事。但他们一定不可能建立"事功",干成"生利万物"的好事,必然会"获罪于天下",落下骂名,因而"后世耻之"[12]卷一,第15页。(4)他认为建立事功,需要团结一心。"众贤协归,则上可安宗庙,次可安百姓,下可安吾身。"如果"疑心一生,合者将离,尚可以致天下之豫(安乐)"吗?只有"尽其在我之诚,使无愧于天地,无欺于幽明,若雷动而奋,仁德以行,天下之贤其将合志同心,以赴事功之会",就可以取得成功,"而我之德业,永永无穷矣!岂不美夫!"[12]卷二,第57页(5)当然,还要看其领导人的素质如何,道路是否正确。如果"随非其正",那就要出大问题,"在我则德损,在事功则必不能建立,在天下则必不能惠利",领导人不好,路线不对,哪能建功立业呢[12]卷二,第59页?如果领导人"德积于中,出而交物,物莫不服从其中正,而事功以建",就会有好的结果[12]卷三,第95页。(6)如果领导人才学不够,缺乏办事能力,那就很难得到君、民的支持和拥护,更难在事功方面有所收获了。(7)特别是已经掌握权力的领导人,如果举措失正,傲然盲动,不按正确的规律行事,也会"事功不立"的[12]卷四,第103-104页。他们既然居于"上位",就应该具有坚定的意志,不能动辄"失常",摇摆不定。他还说,建立事功,必须"节之在礼,守之在中"[12]卷五,第168页。不是想干什么就干什么,必须合理适中。单靠一时的热情冲动,是不能持久的。(8)还要注意处理好君臣关系。英才遇时,得到皇帝的信任,更要"谨礼揆中",不能如贾生那样,不遵守理法,不合时宜地乱改一气,事功也是无法建立起来的[12]卷五,第168页。必须依据时代发展的需要进行,"动以趋时,动不妄动","应初而动,上下进退,惟恐失时"。还要以道德思想作指导,"勉德业之为,趋事功之会",才能取得好的效果[13]卷十,第253页。从以上介绍中,不难看出张浚的事功思想,确实是观点明确,内容丰富,而且态度鲜明,有坚定的立场和可行的方案,因而在当时曾获得过广泛的社会声誉和军民支持,并两次出任右相和枢密使,亲赴前线,颇有战功。但时间不长,便

---

① 杨国宜:《儒学世家、抗金名帅张浚的事功思想》,《月读》,2017年第11期,第53~59页;杨国宜:《张浚、张栻的生平、学派和思想特点》,《南昌大学学报》,2018年第4期,第15~23页。

受到主和派的干扰,被罢相。他的"事功"思想未能实现。

所幸其子张栻(1133—1180),自幼随侍张浚身边,不仅读书学习,受其亲自教导;而且为人处世,也耳濡目染,影响颇深。家学渊源、共同的社会环境和入世经历,使他们父子的思想颇为一致。宋孝宗即位后,朝廷启用张浚,开府治戎,其参佐皆极一时之选。张栻这时已年满30,学业有成,见识颇广,亦得以荫补官,辟为宣抚司都督府,书写机宜文字。他"慨然以奋伐仇虏,克复神州为己任"[13]卷一一五《张左司传》,第4434页。"内赞密谋,外参庶务,幕府诸人皆自以为不及。"张栻向皇帝进言:"陛下上念宗社之仇耻,下闵中原之涂炭……愿益加省察,而稽古亲贤以自辅,无使其或少息,则今日之功可以必成。"[13]卷一一五《张左司传》,第4434-4435页孝宗对张浚、张栻父子都非常信任,在他们的周围聚集了大批具有事功思想的志士,浙东的吴松年、王十朋等人就是在这时成了他们的"门人"和"讲友"的。不幸的是"符离兵败",主和派势力抬头,张浚和张栻被排挤出朝。在回湖南的途中,张浚去世,张栻护丧回湖南后,长期在长沙的城南书院、岳麓书院等地授徒讲学。时间长达十余年,著述颇多。他与朱熹、吕祖谦等学人多次聚会。他继承其父的思想,出入理学,与朱熹专谈心性、排斥事功的思想不同。其《南轩集》《南轩易说》和《孟子说》等书中,"事功"一词约13条,他认为"事功固有所当为",与吕祖谦较为接近。其时湖湘之学大兴,门人众多,影响不小。《宋元学案》明确记载,浙东的吴松年、王十朋和郑伯熊,都是他们的"门人"[7]卷三十二《周许诸儒学案》,第1127页,可以肯定这三人是浙东理学向事功转变的关键人物,是浙东事功学派的先驱。

(四) 守伊洛之道统,集理学之大成

《宋史》的编者认为,理学在宋代学术思想中最为突出,于是打破"正史"的传统惯例,在《儒林传》之外,新立《道学传》,入选者达24人之多。其中:周敦颐著《通书》《太极图说》,提出"诚者,圣人之本"[14]卷二《通书》,第12页,主张"立诚""主静",从而"立人极"达到人类的最高准则。张载著《正蒙》《易说等书》,提出"太虚无形,气之本体"[15]《正蒙》,第7页,"天地变化,二端而已"[15]《正蒙》,第10页。邵雍著《皇极经世书》,提出"万化万物生于心也"[16]卷五十三《杨济道纯斋集序》,第1172册,第599页,"心为太极"[17]卷十四《观物外篇下》,第522页,为宇宙的本源。程颢、程颐兄弟著有《二程遗书》,提出"天理"说,"天者,理也"。理是宇宙的本原,"天下物皆可以理照"[1]卷十八《伊川先生语四》,第193页。他们特别推崇《大学》和《中庸》,说"《大学》,孔氏之遗书,而初学入德之门也"[18]《大学章句》,第3页。又说"不偏之谓中,不易之谓庸,中者,天下之正道,庸者,天下之定理"[18]《中庸章句》,第17页。是放之四海而皆准的真理,要人好好

学习,"终身用之,有不能尽者矣"[18]《中庸章句》,第17页。他们皆是坚守儒家道统的饱学之士,是学术界公认的理学创始人,其学术地位很高,受人尊敬。后面的其他诸人如张戬、刘绚、李吁、谢良佐、游酢、张绎、苏昞、尹焞、杨时、罗从彦、李侗等,都是周张二程直接、间接的门人,朱熹更是门人的门人;他们都能传承师说,对理学的发展各有贡献。特别是朱熹,更是能与时俱进,兼容并包,不断完善前人的不足,"集理学之大成",贡献更大,后来居上,地位更高。南宋时期,经过程门弟子的努力,理学的影响确实是在不断扩大的。事实俱在,无须否认。不过应当注意的是,如前所述,当时混入理学的"伪道学"很多,败坏了理学的名声,使真正的理学家,遭到攻击和压抑。据《宋史纪事本末》卷二十一《道学崇黜》记载:"(高宗绍兴)六年(1136)十二月,左司谏陈公辅请禁程氏学……孝宗淳熙五年(1178)春正月,侍御史谢廓然乞戒有司,毋以程颐、王安石之说取士。……十年(1183)六月,监察御史陈贾请禁道学。……十五年(1188)六月,除朱熹为兵部郎官。……宁宗庆元元年(1195)六月,右正言刘德秀请考核道学真伪。……二年(1196)二月,以端明殿学士叶翥知贡举,翥与刘德秀奏言:'伪学之魁。'……八月,申严道学之禁。……十二月,削秘阁修撰朱熹官。三年(1197)十一月,知绵州王沇上疏:'乞置伪学之籍'……共五十九人。……六年(1200)三月,朱熹卒。将葬,右正言施康年言:'四方伪徒,聚于信上,欲送伪师之葬,会聚之间,非妄谈时人短长,则谬议时政得失。乞下守臣约束。'从之。"[19]卷八十《道学崇黜》,第867-877页

可见,从南宋建国之初(1127)到朱熹之卒(1200)的近 80 年间,理学虽有所发展,但一直在政坛上是受压制、受限制的,没有占据学术思想的主导地位。其间崇黜不常,有盛有衰。据叶适说,理学"百年之间,更盛衰者再三焉。乾道五六年(1169—1170),始复大振。讲说者被闽、浙,蔽江、湖,士争出山谷,弃家巷,赁馆贷食,庶几闻之"[8]卷十三《郭府君墓志铭》,第246页。来听讲的人很多,似乎理学很盛,实际上并没有赢得学术界的共识。据陈亮说,那时,"新安朱熹元晦讲之武夷,而强立不反,其说遂以行而不可遏止"。完全是靠他引经据典,能说会道,"齿牙所至,嘘枯吹生"取得的效果,以致"天下之学士大夫贤不肖,往往系其意之所向背,虽心诚不乐,而亦阳相应和"。当时"广汉张栻敬夫,东莱吕祖谦伯恭,相与上下其论,而皆有列于朝"[20]卷三十一《钱叔因墓碣铭》,第483页。就与朱熹的理论颇有不同,实为"鼎足三分",并未"一统天下"。朱熹尽毕生的精力,致力于理学的传播与实践,专心治学,严于修身,忠心执政,爱国爱民,是一个非常标准的好官员。但是,他"登第五十年,仕于外者仅九考,立朝才四十日"[4]卷四二九《朱熹传》,第12767页。50 年的仕宦生涯中,仅仅当了 9 年地方

官,立在朝廷能与皇帝说话的日子只有 40 天。其他的 40 年,都是休闲在家,读书治学,在编书、讲学中度过的。因而,著作等身、桃李满天下,其成就不可谓不大。但其有生之年,并不风光。

朱熹死后,他的门人很多,后来载入"道学传"的,即有黄榦、李燔、张洽、陈淳、李方子、黄灏等人,他们大力宣传朱熹的理学思想,扩大影响。直到嘉泰二年(1202)朝廷终于弛"伪学"之禁。到嘉定十三年(1220),又追谥周敦颐,理学的地位有所提高。到宝庆三年(1227),宋理宗在观看朱熹"集注"的《大学》《论语》《孟子》《中庸》时,见其"发挥圣贤蕴奥,有补治道",符合自己"励志讲学,缅怀典刑"的需要,因此特赠朱熹为太师,追封为信国公[4]卷四十一《理宗一》,第789页。理学在这时才获得官方的认可,可说是真正的翻身,不过这已是朱熹死后 27 年的事了。这时,南宋政权的统治已经进入末期,内部腐败不堪,外部强敌压境。成吉思汗的蒙古大军,已经西破临洮和西宁,东至山东和河南,形势十分严峻。依靠理学救国的想法,很难如愿获得成功。南宋政权已经病入膏肓,理学家们拿不出任何救亡图存的办法。50 年后的 1279 年,陆秀夫只好背着小皇帝跳海,上演了一场正义的悲剧,让人唏嘘不已。理学,在宋代并没有派上实际的用场,其作用也就难以用事实证明了。

参考文献

[1] 程颢,程颐. 二程集·河南程氏遗书[M]. 王孝鱼,点校. 北京:中华书局,2004.

[2] 余浩. 宋明理学家年谱[M]//伊川先生年谱:卷六. 北京:北京图书馆出版社,2005.

[3] 黎靖德. 朱子语类[M]. 王星贤,点校. 北京:中华书局,1986.

[4] 脱脱. 宋史[M]. 北京:中华书局,1977.

[5] 周密. 齐东野语[M]. 张茂鹏,点校. 北京:中华书局,1983.

[6] 黄震. 黄震全集·黄氏日抄[M]. 张伟,何忠礼,点校. 杭州:浙江大学出版社,2013.

[7] 黄宗羲. 宋元学案[M]. 全祖望,补修. 陈金生,梁运华,点校. 北京:中华书局,1986.

[8] 叶适. 叶适集[M]. 刘公纯,王孝鱼,李哲夫,点校. 北京:中华书局,1961.

[9] 李纲. 李纲全集[M]. 王瑞明,点校. 长沙:岳麓出版社,2004.

[10] 宗泽. 宗泽集[M]. 黄碧华,徐和雍,编校. 杭州:浙江古籍出版社,2012.

[11] 永瑢. 四库全书总目[M]. 北京:中华书局,1965.

[12] 张浚. 紫岩易传[M]. 景印文渊阁四库全书. 台北:台湾商务印书馆,1986.

[13] 杨万里. 杨万里集笺校[M]. 辛更儒,笺校. 北京:中华书局,2007.

[14] 周敦颐. 周敦颐集[M]. 陈克明,点校. 北京:中华书局,1990.

[15] 张载. 张载集[M]. 章锡琛,点校. 北京:中华书局,1978.

[16] 魏了翁. 鹤山集[M]. 景印文渊阁四库全书. 台北:台湾商务印书馆,1986.

[17] 邵雍. 皇极经世书[M]. 郑州:中州古籍出版社,2007.

[18] 朱熹. 四书章句集注[M]. 北京:中华书局,1983.

[19] 陈邦瞻. 宋史纪事本末[M]. 北京:中华书局,2015.

[20] 陈亮. 陈亮集[M]. 邓广铭,点校. 北京:中华书局,1987.

陆九渊的思想与生活实践

许怀林

(江西师范大学 历史系,江西 南昌 330022)

[摘　要]　陆九渊是中国古代杰出的思想家,是言行一致的实干家、教育家。他从小志向远大,重视生活实际;他关注民生疾苦,勤勉施政;他在象山精舍讲学,成为民办书院的典范。把陆九渊说成"主观唯心主义"是不符合事实的。朱陆异同之争,正是陆九渊学术竞争力巨大的反映,亦是其学术影响巨大不可磨灭的证明。

[关键词]　南宋;陆九渊;象山精舍;象山书院;发明本心

陆九渊是中国历史上著名的思想家、教育家,后世尊之为"百世大儒"。他主张的"心学"思想,简易直接,别具说服力。在他生前身后,士人对"心学"的解读久盛不衰,不同意见之间的论争时有发生,经常成为舆论关注的热点,任人品评,常说常新。传统文化领域中的先贤精神遗产,像陆九渊心学思想的这种境遇,实不多见。存在这个历史老话题的缘由,窃以为不在"心学"思想不精粹,而是阅读者心中各有趋向与取舍。笔者仅以其比较突出的言论与行事,谈一些感想体会,就正于大家。

一、远大的人生志向与对生活实际的重视

陆九渊(1139—1192),生活在八百多年前的南宋前期,当时社会既有朝廷与金

[作者简介]　许怀林(1937—　　),男,江西宜春人,江西师范大学历史系教授,江西省政府文史研究馆馆员,主要研究方向:宋史。

朝对抗的忧患,又呈现出书院兴盛、理学文化活跃的气象。陆的家乡远离宋金对抗前线,坐落在江南西路的抚州金溪县,是水稻农业兴旺、书院教育比较发达的地区。陆家几代无显宦大官,然而其不在穷苦劳作者群中,自家有田,兼开药店,男丁能致力读书习文。九渊之父陆贺,"究心典籍",斟酌先儒礼仪在家践行,"家道整肃,著闻于州里"。陆贺有6个男孩:长子九思,获乡举,主持家政,制定家训;次子九叙,善于治生,经营药店;三子九皋,乡举之后授修职郎,称"庸斋先生";四子九韶,对科举冷淡,在梭山教学,称"梭山先生";五子九龄,中进士,曾任桂阳军、全州教授,称"复斋先生",谥"文达"[1];六子九渊,从小以父兄为师友,耳濡目染诗书经史,遇事好问,头脑灵敏,勤于考索,乾道八年(1172)中进士,时已38岁,是功名晚来,而其见解独到的睿智,早已惊人。

陆九渊13岁时,解释"宇宙"字义,写出卓尔不群的志向:

> 宇宙内事乃己分内事,己分内事乃宇宙内事……宇宙便是吾心,吾心即是宇宙。东海有圣人出焉,此心同也,此理同也……千百世之上至千百世之下,有圣人出焉,此心此理,亦莫不同也。[2]卷三十六年谱,第483页

13岁,相当于现在小学毕业的年纪,已有如此志向见解,令人惊叹佩服。把宇宙内事当作个人分内表明胸怀之无限宽广。有了以天下为己任的志向,"宇宙"和"吾心"统一,即是"天人合一"的意境。超越小我的局限,精神境界高超开阔,是为普天之下"圣人"共有的特性。他这里所说"宇宙"的实际内涵,即是南宋国家社会;景仰的"圣人",就是经史中的尧舜孔孟。将其志向置于现实社会环境中考察,便是励志图强,唾弃苟且,追求大一统。顺着其"千百世之下"的思绪看今天的"地球村"时势,尤其需要接班人具有全球战略抱负。少年陆九渊,毫不隐讳地宣示自我人生追求,如站立山巅呼号,将个人心灵状态普遍化为"圣人"的共性,真乃振聋发聩,鼓舞人心[3]。

当然,陆九渊此时的宇宙与吾心之言,不免有轻狂之嫌,这属于少不更事,含蓄不够。却正是因为初生之犊,没有顾虑,不知忌讳,遂能直率地表达胸臆,心口一致。追寻陆九渊的生活脚印,就会发现随着年龄增长,他知识日益广博,社会阅历加深,论说遂由空泛转为踏实,高远的志向不断和切近的实际相连接,于日常生活中践行。

陆九渊24岁举乡试,为第4名。他向荐举官员表态:"某少而慕古,长欲穷源……忘己意之弗及,引重任以自强,谓先哲同是人,而往训岂欺我。"又对人说:"吾自应举,未尝以得失为念。场屋之文,只是直写胸襟。"从小追慕古昔圣贤,熟

读经典,精思含义,应考时写心中真实想法,不考虑对考试成败有何种影响。这是陆九渊"与圣贤同归"的实际表现。

他没有停止在读书层面,看重把功夫下沉到生活之中。五哥九龄曾问:"在何处做功夫?"他答:"在人情、事势、物理上做功夫。"他告诉友人:"吾家合族而食,每轮差子弟掌库二年,某适当其职,所学大进,这方是'执事敬'。"[2]卷三十六年谱,第483页"执事敬",是孔子的教导,意为承担工作要敬慎负责,认真地把事情做好。陆九渊说自己经过两年执掌家族财务保管,才懂得"执事敬"的深刻含意。

陆九渊自觉以实践圣贤教导的心态,虔诚地做具体事务,把握实情,积累经验,加深对经典的理解。这是一个知与行、理论与实践反复促进的认识过程。门人严松年记录的一则事例是一个生动的例证。

> 先生言:"吾家治田,每用长大镬头,两次锄至二尺许深,一尺半许外,方容秧一头。久旱时,田肉深,独得不旱。以他处禾穗数之,每穗谷多不过八九十粒,少者三五十粒而已。以此中禾穗数之,每穗少者尚百二十粒,多者至二百余粒。每一亩所收,比他处一亩不啻数倍。盖深耕易耨之法如此,凡事独不然乎?"时因论及士人专事速化不根之文,故及之。[2]卷三十四《语录上》,第424页

陆对门人的这次谈话有两点值得注意:

一是启发式教学,通过生产实例,诱导生徒掌握一个高层次的普遍原理。学人不可写"速化不根之文",要下真功夫、苦功夫做原创性学问。为求生徒感受深切,他以稻田耕作实例,列举禾穗谷粒数据,给予具体说明。没有艰苦劳动的付出,不可能有丰厚的收成。从耕作经验上升为工作普遍原理,确是循循善诱,合情合理。

二是陆九渊如此熟悉稻田耕作,尤其值得赞赏。他一介书生,知道深耕的尺寸,稻穗的谷粒数量,"深耕易耨"对亩产量的巨大影响,九百年前江南水稻生产水平的资料,没有比这更具体的了。这些数据如果出自农学家之口,不必惊诧。然而陆是笔耕士人,若是罔顾"执事敬"的教导,不放下身段,去与农夫交朋友,细心体察水田劳作,就不可能明了水稻生长过程,顶多只能夸谈大空话。由此可知,他的"宇宙内事乃己分内事"没有排斥农耕,心目中的"人情、事势、物理"包含了农民这个底层群体。他遵循"学以为己"的教导,进入社会生活,吸取思想营养,反馈认识,提高精神境界。

二、关注民生疾苦,勤勉施政,制事以义

陆九渊在社会生活实践中,始终坚守关注民生疾苦,勤勉施政,制事以义,表现

突出。淳熙二年(1175)四月,吕祖谦鉴于朱陆论说有异,邀约陆九龄、九渊兄弟与朱熹聚会于铅山县鹅湖寺,论及教人,朱熹主张"道问学",二陆主张"尊德性",先发明人之本心,而后使之博览。聚会增进了彼此认识,却未能归一。淳熙八年(1181),陆应朱熹之请,向白鹿洞书院师生讲"君子喻于义,小人喻于利",抨击仕绅读圣贤之书,却违背圣贤教导做事,"惟官资崇卑,禄廪厚薄是计"。他呼吁要"心乎国,心乎民,而不为身计",要"悉心力于国事民隐"[2]卷二十三《白鹿洞书院论语讲义》,第276页。朱熹听后写道:陆所讲"切中学者隐微深锢之病,盖听者莫不悚然动心焉",并请陆写下讲稿收藏,告诫说:"凡我同志,于此反身而深察之,则庶乎其可以不迷于入德之方矣。"[4]可见朱陆学术见解的主导方面是一致的。

陆九渊既倡言义利之辨,用心于国事民隐,也在身体力行,落实于自己的社会生活之中。他注意了解民生疾苦,并坦率向官府陈述,期待有所改善。

他揭露州县宿弊:"今时郡县能以民为心者绝少,民之穷困日甚一日。"关涉民户的赋税之事,"凡所谓积欠者,皆有名无实,徒为吏胥骚扰之端"。他直言:"今日为民之蠹者吏也,民之困穷甚矣,而吏日以横。"[2]卷七《与陈倅》,第98-99页吏人之所以坏,因官府不给薪俸,依赖平日办事之时敲诈勒索,是不合理的制度所造成的:"吏人自食而办公事,且乐为之,争为之者,利在焉故也。故吏人之无良心,无公心,亦势使之然也。"[2]卷八《与赵推》,第112页

所谓"积欠"之外,额定的秋苗(田赋)一增再增。陆九渊告诉抚州官员,当地田赋原额是一斛,绍兴末年"每硕加五斗",十余年之后"更于五斗之上加五升"。由于征敛的名目多了,兼有"取之无艺",所以"取之过者皆倍不啻"[2]卷八《与张春卿》,第106页,超过定额一倍余。他向江南西路长官反映说:金溪县"自建炎、绍兴以来,寖不如旧,民日益贫,俗日益弊","郡县积负,日加岁增",而"吏胥睢盱其间,转相并缘以济其奸",借征收积欠钱粮之机私吞,致使名目繁多,"今常赋之外,奇名异类以取于民,如所谓月桩者,不可悉数"[2]卷八《与宋漕》,第107页。

除了田赋之害外,还有卖没官田之害。官府出卖没官、绝户田,起源于新淦、奉新、崇仁三县佃户因租课太重而"贿吏胥以图苟免",导致"侵耕冒佃之讼益繁",遂有收回这类官田,降低租额再出租的举措。可是,各地官员在执行时对"官田"不加区分,"一概责刮"出卖,非常鲁莽。其中的"系省额屯田"截然不同,佃户力作,"租课之输,逋负绝少,郡县供亿,所赖为多"。若收回再出卖,"是无故而使之再出买田之价,岂不困哉,岂不冤哉"。造成"夺良农固有熟耕之田以资兼并豪植之家,

而使之流离困穷,衔冤茹痛"。陆九渊郑重建议州县"深究其本末",上报朝廷停止执行,"以便邦计,以安民心"[2]卷八《与苏宰》,第113-115页。

事实证明,陆九渊并非不谙世事、轻视实践的迂腐儒生。他有炽热的政治情怀,把国事当分内事,勇于据实论辩,在唯理是求的自觉意识中,抨击州县行政管理中的诸多积弊,"以便邦计,以安民心",尽匹夫之责。

陆九渊进入官场以后,更是全副心身"共其职,勤其事",践行所学所想。

乾道八年(1172)中进士,先后任江西靖安县主簿、福建崇安县主簿、国子正、敕令所删定官、荆门军知军。在县主簿位置上,他更具体了解到民众深受腐败吏治之害,"张官置吏,所以为民",可是"近来胥吏之妙用,专在抑绝赴诉者之路,惩一二以威众,使之吞声敛衽,重足协息,而吾得以肆行而无忌"[2]卷五《与徐子宜》,第69页。在国子监讲书,先后讲《春秋》4次,借史事教育做人。朱熹答项平甫云:"所喻曲折及陆国正语,三复爽然……今子静所说专是尊德性事,而熹平日所论,却是问学上多了。所以为彼学者,多持守可观,而看道理全不仔细……而熹自觉虽于义理上不乱说,却于紧要为己为人上多不得力。今当反身用力,去短集长,庶不堕一边耳。"[4]卷五十四《答项平父》

淳熙十年(1183)冬,任敕令所删定官,陆细心稽考文卷,发现"不谙民事,轻于献计",使"兆姓蒙害"的奏札,"每与同官悉意论驳"。在"轮对"中提醒孝宗,认清"版图未归仇耻未复"的形势,须"有志于道","定趋向,立规模",不可"因循玩习"下去[2]卷十八《删定官轮对劄子》,第221-223页。这是他坚守"当为而为,当言而言"。他认为:"今时人逢君之恶,长君之恶,则有之矣,所以格君心之非,引君当道,邈乎远哉!重可叹哉!"[2]卷十七《与致政兄》,第218页陆九渊勇于"格君心",引君当道,纠正君主的过失,不仅是理论自信,更是纯粹人格使然。

主政荆门军,是对陆九渊的严格检验。绍熙二年(1191)九月至荆门军任知军,仅约一年余时间,做了很多事。他判断荆门地理形势,处在长江、汉水之间,是南宋边防要区,"荆门固则四邻有所恃,否则有背胁腹心之虞",立即创筑了城墙[2]卷十八《与庙堂乞筑城劄子》,第225页。同时新修了郡学、贡院、客馆、官舍。他询访民间疾苦,得知"税钱、役钱等,令民户分纳铜钱",但荆门系行使铁钱地方,"乃州郡与胥吏得其利,故断然因民之请而尽罢之"[2]卷十五《与薛象先》,第199页。这是他"制事以义"的一例。凡事以道义衡量,符合者坚决办理。又检阅郡兵训练,给役兵发庸直。春节期间以讲学代替斋醮,"发明人心之善"。下乡踏勘干旱灾情,散发常平钱谷赈济,仔细比较荆门军地区与江南东西路的农耕、灌溉等生产水平差距,依"事惟其宜,理惟其当"原则,与下属议论设施。勤谨认真的施政,使陆九渊积劳成疾,兼"素有血疾",于绍熙三年(1192)十二月病卒,享年 53 岁,未能发挥更久长的从政效益[2]卷三十六《年谱》,第511-512页。

荆南府帅章德茂评议陆九渊在荆门的表现:"既逾年,笞箠不施,至于无讼。"丞相周必大对人说:"荆门之政,如古循吏,躬行之效至矣。"[2]卷十四《与侄孙濬》,第189页荆门民众对陆九渊深怀感恩之情,正如荆门学录黄嶽所说:"先生之学,正大纯粹;先生之教,明白简易。其御民也,至诚之外无余术……若夫忧国忘家,爱人利物,所谓造次于是,颠沛于是。"官绅民众的这些赞赏,毫无私人厉害所驱使,是公正平实,传信于世的。

叙述至此,我们对陆九渊的"心学"思想,还能强加"主观唯心主义"的帽子吗?能指责他违背客观存在而行事吗?我们对其关于"吾心""宇宙"之说不可作片面的解读,更不能只在字面上做文章,无视生活实际,揪住他少年时的一句话,抛开他毕生实事求是的生活作风与从政实绩,轻率下结论。

三、象山精舍讲学,成为民办书院的典型

象山讲学是陆九渊人生历程中的重要阶段,集中展示了他的思想观念,扩大了对社会的影响,在思想史上留下了深深的烙印。为求认识陆九渊的精神面貌,有必要介绍几点他在象山的讲学事迹。

淳熙十三年(1186)十一月,陆九渊由敕令所删定官改为主管台州崇道观。主领宫观是宋朝特有的祠禄官,它没有实际职掌,只是闲差,可以住在家乡,得少量薪俸。淳熙十四年(1187)春,陆九渊在门人彭兴宗襄助下,来到象山讲学。

象山在金溪东与贵溪交接处,距青田陆家"两舍而近",原名应天山,陵高谷邃,林茂泉清,是隐居读书的好地方。陆九渊见山形似象,遂更名为象山。彭兴宗得到老朋友张某资助,在山中搭起草堂——象山精舍,作讲学之用;还有居住歇息的方丈、园庵。上山求学的生徒自带粮食什物,"有朋友裹粮十里而至者",围绕精舍,选择地方结庐而居。一众师生,栖息于山林,切磋学问,勤勉而不舍弃。

当时各地书院竞起,讲学蔚然成风,然而类似象山那样的书院罕见。第一,它的经济基础太过薄弱。山中长久荒芜,垦种之地不及一半,粮食短缺,陆九渊竟有"瓶无储粟,囊无留钱,不能复入山"的困境,多亏诸生襄助,才复登山[2]卷十四《与侄孙濬》,第189页。这里看不到高敞华丽的学宫屋宇,更无官府提供的钱粮支撑;也不像德安"义门"陈氏的东佳书堂,有家族拨给的学田 20 顷(2 000 亩)。象

山丛林之间仅有散落的矮小屋舍,讲学活动的开展,"赖其相向之笃,无倦志耳",全凭师生对学业的追求、相互信赖和坚毅的精神力量维持。第二,政治资源阙失,不在官府统摄之中。陆九渊当时不是职事官,不具备朱熹那样的地方长官的职权;朝廷没有下达公文关照,州县长吏无人过问。那时的衡阳石鼓书院,虽然也在山上,先是李士真"请于郡守,即故址创书院",然后是"郡守刘沅请于朝,得赐额"[6]7-8,先是太宗赐名,继而仁宗赐额,由私办转为官办。而象山的精舍讲学,只有陆九渊个人的学术吸引力。第三,书院必备的经史典籍稀缺。象山的讲学活动从荒野山林中起步,既无家族积累的私有藏书,也没有岳麓书院那么幸运,经地方官奏请,得到宋真宗赐国子监的"诸经释文义疏,《史记》《玉篇》《唐韵》"[6]50。第四,象山讲学不受家族利益限制,各方士人自愿而来,教学向社会全面开放。

象山的讲学条件十分简陋,但是读书修身的气氛浓厚,譬如生徒搭建的茅舍均有名号,像居仁斋、由义斋、养正堂、明德、志道……标示着圣贤道义精神,营造出浓厚的修身自律氛围,让人随时得到提示,感受潜移默化教育。社会传扬象山事迹,四方慕名求教者陆续登山。冯元质记录的讲学场景是,每旦精舍鸣鼓,先生乘山篼至,学者"少亦不下数十百","居山五年,阅其簿,来见者逾数千人"[2]卷三十六《年谱》,第501-502页。如此旺盛景象,在条件优越的众多州县学校、官办书院,以及其他私家书院之中,都难见到。

陆九渊坚守象山的五年讲学活动,阐述的思想理念,集中体现了其"心学"主张。傅季鲁、严松年、周廉夫、李敏求、包显道、詹子南、黄元吉等人把他平日讲解经典、评议学术、指点前程等言论做了扼要笔录,为后人了解象山的讲学内容、研读陆九渊思想提供了一份原始性资料①。

第一,教人立志,这是陆九渊开讲的首要话题。陈正己问傅子渊:"陆先生教人何先?"对曰:"辨志""何辨""义利之辨"。辨明志向,即是"先立乎其大"。怎样确立大志向?冯元质记载说:"首诲以收敛精神,涵养德性……非徒讲经,每启发人之本心也,间举经语为证。"陆九渊讲解《诗经》《尚书》《周易》《礼记》等经典著作,不是停留在字面解释,而是联系门生实际,启发思想觉悟,把圣贤之论与今人所想对照,达到教化目的。他的《白鹿洞书院论语讲义》,可以看作相关教案的范本。从《论语》"君子喻于义,小人喻于利"说到士人汩没于利不能自拔,"终日从事者虽曰圣贤之书,而要其志之所向,则有与圣贤背而驰者",指出任官就该"共其职,勤其

---

① 傅季鲁等的记录,见《陆九渊集》卷三十四《语录上》、卷三十五《语录下》,本文引用的一些词句,除少数外,不逐一注出。

事,心乎国,心乎民,而不为身计"。志向,指一个人的"用心"所在,需排除私心欲念,为国家、民众之利益着想。

为求立大志,要发明善良的"本心"。他说:"人要有大志。常人汩没于声色富贵间,良心善性都蒙蔽了。"傅季鲁记录说:"先生居山多告学者云:汝耳自聪,目自明,事父自能孝,事兄自能悌,本无少缺,不必他求,在乎自立而已。"儒学所讲仁义道德,都是要求人们自觉实行,故启发学者的自觉、自立意识,最为关键。毛刚伯记录了一个实例:曾有一位朱熹门人上山见陆九渊,陆"不与解说无益之文义",此人感到无所适从,或问"先生之学自何处入",陆答:"不过切己自反,改过迁善。""吾之学问与诸处异者,只是在我全无杜撰。"[2]卷三十六《年谱》,第502页 陆九渊坚守的原则是"学以为己"。孔子说,"古之学者为己",即学习的目的是"修身",使自己道德高尚,人格完美,故重在践行,"明实理,做实事","切己自反,改过迁善"。若只求文字含义,就背离了儒学宗旨。陆忠实于圣贤教导,不添加私意。

激励学者以圣贤为榜样,标准要高。陆九渊常说,"士不可不弘毅,要当轩昂奋发","不可自暴、自弃、自屈"。他一再申述"人皆可为尧舜","尧舜与人同耳",是指"心同","良心正性,人所均有",要有尧舜那样的高尚品格。他教人仔细思量:"宇宙之间,如此广阔,吾身立于其中,须大做一个人。"[7]

把"本心""志向"说得更浅显,就是"凡欲为学,当先识义利公私之辨。今所学果为何事?人生天地间,为人自当尽人道。学者所以为学,学为人而已"。一切着眼于"做人",处世先立身,做事先做人。学做人,在任何时代都是首要的目标。因此,人格是核心,而品格的高下,第一条就是能够分辨义利公私。

第二,倡导唯理是求,独立思考。陆九渊教导生徒读书要思考"意旨所在",不能只求文义。把握旨意,就是"明物理,揣事情,论事势"。比如读史,就必须思考"他所以成,所以败,所以是,所以非",探究历史演变的原因,成败得失的是非。他认为,做学问就是明辨是非,"学问须论是非,不论效验"。"效验"如何,要受诸种因素制约,"是"的不一定能兑现,将经受各种"利"的制约影响。追求理、追求道,需不为利欲蒙蔽,"人无不知爱亲敬兄,及为利欲所昏便不然"。把握物之理,人之情,事之势,就是"唯理是求"。他申明:"苟当于理,虽妇人孺子之言所不弃也","吾人所安者义理,义理所在,虽刀锯鼎镬,有所不避,岂与患得患失之人同其欣戚"[2]卷七《与勾熙载》,第90页。既不因人微而废言,又不畏权威,勇于捍卫义理。由此得出结论:"凡事只看其理如何,不要看其人是谁。"①要做到这条,必须排除私心杂念,不见风使舵,面对权贵亦无献媚与怯懦之意。

坚持独立思考,需"自立、自重,不可随人脚跟,学人言语"。人生天地间,需见善思齐,又不随人脚跟,其中分界就是明辨义利,不做物质的奴隶,"君子役物,小人役于物";净化思想,"打叠田地净洁,然后令他奋发植立"。若是心田不净洁,读书也不行,即便读也只是"假寇兵,资盗粮",起反作用。做人,做学问,都要有主心骨,根除依样画葫芦的陋习。陆九渊自我检讨,曾经误解了《尚书》,跟着《乐记》说天理善、人欲恶,应该是"人亦有善有恶,天亦有善有恶(日月蚀、恶星之类),岂可以善皆归之天,恶皆归之人。此说出于《乐记》,此说不是圣人之言"[2]卷三十五《语录下》,第462页。

第三,提倡诚实、谦虚学风。陆九渊待人"和气可掬",与生徒平心交流,释疑答问。他提倡相互研讨,"辩便有进",彼此诘难,取人之长,补己之短,推进认识。但是,"不当以学问夸人;夸人者,必为人所攻"。从辩驳中吸取教益,须有虚心听取批评的胸襟,把论敌当朋友,当严师。陆九渊与朱熹的交往论争,和而不同,为学界做出了榜样。陆朱鹅湖之会,在论难中相互增进了解。陆九渊访朱熹,在白鹿洞书院阐扬"君子喻于义,小人喻于利"旨意,朱熹大加赞许,"再三云:熹在此不曾说到这里,负愧何言"。又与杨道夫云:"这是子静来南康,熹请说书,却说得这义利分明,是说得好。"[2]卷三十六《年谱》,第493页朱陆在学理上进一步趋同起来。

朱陆各有独到的学术见解,且能虚心向学,勇于改过迁善。陆九渊告诫门人:"学者不长进,只是好己胜。出一言,做一事,便道全是,岂有此理? 古人惟贵知过则改,见善则迁。"摆脱了利欲羁绊,才能独立思考,唯理是求[8]。

第四,发明"本心",启发自觉,因材施教。陆九渊灵活使用启发式,"随其人有所开发,或教以涵养,或晓以读书之方"。多表扬鼓励,生徒"有片言半词可取,必奖进之,故人皆感激奋砺"。他尊重学人,坚守"吾之教人,大概使其本常重,不为末所累"。他善于运用生活事例把道理说透彻,将抽象概念解释得简明生动。如以深耕易耨之功效告诫不应做速化不根之文。为消除生徒浮躁心气,他还征引加工骨器、玉器的工艺要诀:"如切如磋者,道学也;如琢如磨者,自修也。骨象脆,切磋之工精细;玉石坚,琢磨之工粗大。学问贵细密,自修贵勇猛。"能够从农工的劳作

---

① 《陆九渊集》卷三十五,语录下,包显道编录语,第 468 页。陆九渊此论是对孟子"尽信《书》,则不如无《书》。吾于《武成》,取二三策而已矣"思想的发展,见《陆九渊集》卷三十二"拾遗·取二三策而已矣",第 380~382 页。

中升华认识,是他善于思考之功,也是用心考察实践之果。在听讲者看来,"陆丈与他人不同,许人改过"[2]卷三十四《语录上》门人傅季鲁编录,第40733页,也就是有所启迪,获得教益。

陆九渊教人"使其本常重",强调"心"的统帅作用,熟读经典,目的在于提高自身道德境界。他注重立志、学风等方面论说,是期待门人对经典读得更有效,并非反对读书。他说:"某何尝不读书,只是比他人读得别些子。"他批评不读书,"束书不观,游谈无根",将违背圣贤旨意。

陆九渊的"心学"见解及其人格魅力,收到良好的教化效果。门人冯元质记录说:"初见者或欲质疑,或欲致辩,或以学自负,或有立崖岸自高者,闻诲之后,多自屈服,不敢复发。"[2]卷三十六《年谱》,第501页事实证明,陆九渊的象山教学成果卓著,是民办书院的杰出范例,在南宋蓬勃发展的书院园地中难有其匹。

光宗继位,起用陆九渊为荆门军知军,结束了他在象山的教学活动。陆九渊嘱托傅季鲁代替他在象山讲学,"是山倚子是赖,其为我率诸友,日切磋之"。到了荆门任所,友人问:"荆门之政何先?"陆答:"必也正人心乎。"教学为传播主张,施政是践行所学,所做的事不同了,而宗旨不变。陆九渊由于体质病弱,施政仅一年有余即卒于任所,培育人才和治理州县的时间都太短了,未能充分以其德才造福社会,令人叹息。

四、官办象山书院的标志性意义

嘉定八年(1215),宁宗赐谥"文安";理宗绍定四年(1231),江东提刑袁甫奏准建立"象山书院"。这两件大事,是朝廷中央、地方官府对陆九渊毕生言行的正式确认,亦是其"心学"理论经过几十年检验,获得社会共识的结果。

谥号,是对死者的定论。初议者认为陆"自拔于流俗,而有功于名教","其治郡善政,可验躬行";"谨按谥法'敏而好古曰文,貌肃词定曰安',公天禀纯明,学无凝滞,服膺先哲,发挥宪言,非敏而好古乎?抗志宏毅,师道尊严,纪久传远,言皆可复,非貌肃词定乎?谥曰文安,于义为称"。复议者说其"心学"思想是"特立之见,超绝之论",尤其是"世固有能言而不能行,内若明了而外实迂阔不中事情者,公言行相符,表里一致……临政处事,实平易而不迂,详审而不燥,当乎人情而循乎至理,而无一毫蹈常习故之迹。若公者,在吾儒中真千百人一人而已。奉常谥以文安,诚未为过"[2]卷三十三《谥议、覆谥》,第386-387页议谥官员对陆毕生言行的总结,如实、公允,特别重视他"言行相符,表里一致"的优点,赐谥"文安",值得我们再三回味。他的"心学"超绝而不虚,临政处事平易而不迁,当人情而循乎至理,在南宋是千百

91

人中的一人;摆在今时衡量,社会依然用实践检验真理,呼唤表里如一、言行相符的领导者。

象山书院的建立,在陆九渊身后40年。奏请者是江东提刑袁甫,他"筑室百楹""买田养士"。第二年,理宗赐"象山书院"额,制匾张挂。隆重而张扬,宣示出书院高规格的官办性质,进入了与石鼓、白鹿、岳麓等书院等同的行列。袁甫《象山书院记》明示推崇陆学旨意:"象山先生发明本心之学,有大功于世教,赐名文安,庸示褒美。于时慈湖杨先生,我先人洁斋先生,有位于朝,直道不阿,交进说论,宁考动容,天下学士想闻风采。推考学问渊源所自,而象山先生之道益大光明。"既有宁宗的帝王心意,又有浙东杨简、袁燮两个著名弟子的鼓动,书院建起,本心之学益大光明了。鉴于象山中之精舍已经屋倾湮没,袁甫在山下附近的徐岩新建屋宇,礼聘杨简门人钱时为堂长主持教学,于是"远近学者闻风云集,至无斋以容之"[2]卷三十六《年谱》,第524-525页。袁甫以地方长官的职权行事,奏建象山书院之举,其标志性意义非同小可。在朱陆异同之争氛围中,学人正在探究理学门派优劣,袁甫的这番作为,无疑是进一步肯定了陆九渊的德业,从正面加深了"心学"的社会影响。后世记录该书院教学的资料难以见到,其象征性意义,明显超越于书院教学效益之上。

"陆学"是富有生气的学派,其精华无可置疑。其中有不精粹成分,也不可否认。世无完人,没有理由要求陆九渊无懈可击。例如,他不著书的偏执,会有局限后生释读经典之弊。从浅层次上说,经典书籍简约深奥的语法文句,断句与读懂含义绝非易事。从深层次上说,圣贤经典开启了儒学智慧领域,却不是认知的终极,何以后来者的解说就要全都被否定。由于陆九渊没有专著,存世的书信文章较少,门人写的《语录》已是难得的第一手资料。语录是听者筛选过了的口语片段,零散无系统,非陆本人深思熟虑过的成果,文字上也欠斟酌推敲,资料价值必然降低。包显道录存的语录中还有:"兵书邪说。道塞乎天地,以正伐邪,何用此。须别邪正。"[2]卷三十五《语录下》,第461页古今中外历史上皆重视兵书,生活在与金朝严峻对峙的南宋学者,竟有此迂腐之论,实难理解。幸好,陆学继承人抛弃了这些思想糟粕。

五、认识"陆学",传承精华

陆九渊说的"心",即是现代用语中的觉悟、品德、思想意识、道德素质等,是传承《孟子》"心之官则思"的见解。他将"良心""义理"运用到政治领域,评议熙宁、元丰变法事件说:"为政在人,取人以身,修身以道,修道以仁。仁,人心也。"[2]卷十九《荆国王公祠堂记》,第233页进入日常生活,得悉县城民众自发修路时说:"为善为公,心之正也;为恶为私,心之邪也",金溪"乃有肯出心力,捐资财,辛勤而为之者",把街道修好了,"此真为善为公,而出于其心之正者也"[2]卷二十《赠金溪砌街者》,第249页。他是务实的仁人君子,言行如一,不骛抽象虚浮的空谈;亦非天文爱好者,侈谈日月星辰,气象风雨。他的"心学"理念紧扣时代,其"宇宙"观念实际上是南宋国家,自己生活所在的社会,所说的仁义道德关联着社会价值观念。今天我们生活中谈及的"用心做事""诚心诚意""出于公心""心善""心狠"等等,与他说的"心"是一致的。而与所谓的主观意识和客观物质之关系不是一回事,不涉及谁是第一性的问题。我们以"心学"指称陆九渊的思想,不能因此给其强加"唯心主义""主观唯心主义"的贬义。

"陆学"不会过时,"象山精舍"的借鉴意义永存。做人需胸怀大志,以天下国家为己任,关注"国事民隐";读书要"唯理是求",只看其理如何,不看其人是谁;为官施政坚持"制事以义",以道义为准绳;处世能够辨析义利,取舍以义,不谋非分之利,等等,都是今天亟待发扬的思想品格。弘扬中华优秀传统文化,我们更加珍惜陆九渊的精神遗产,吸取其思想营养,学以致用。元代学者吴澄批评言行背离的弊病时说:"今口谈(九渊)先生、心慕(九渊)先生者比比也,果有一人能知先生之学者乎?果有一人能为先生之学者乎?於乎!……勿徒以先生之学付之于其言也。"[9]

陆九渊是杰出的思想家,远承孟子,弘扬心学;又是严谨的实干家,在日常生活与任官施政中笃行道义。他说得精粹,做得实在,兴利除弊,赢得了民众爱戴、朝廷褒奖,受到学人的景仰。当时即有的朱陆异同之争,正是其学术竞争力巨大的反映。朱陆身后长期存在评价分歧,以及"和会朱陆"之论,既是后人的学习心得与志趣所向不同,亦是陆学影响深远不可磨灭的证明。黄宗羲《宋元学案》写道:"(朱陆)二先生同植纲常,同扶名教,同宗孔孟。即使意见终于不合,亦不过仁者见仁,智者见智,所谓'学焉而得其性之所近',原无有背于圣人,矧夫晚年又志同道合乎!"[10]是各方皆可接受的平实之论。

参考文献

[1] 许怀林.陆九渊家族及其家规评述[J].江西师范大学学报(哲学社会科学版),1989(2):45-51.

[2] 陆九渊.陆九渊集[M].北京:中华书局,1980.

[3] 许怀林.宇宙、六经与我:陆九渊思想略说之二[J].东华理工大学学报(社会科学版),2005(3):18-22.

[4] 朱熹.书金溪陆主簿白鹿洞书堂讲义后[M]//朱熹.晦庵集:卷八十一.上海:上海古籍出版社,1987.

[5] 许怀林.躬行践履,匡时救弊:陆象山政见政绩评述[J].江西社会科学,1997(6):39-42.

[6] 陈谷嘉,邓红波.中国书院史资料:上册[M].杭州:浙江教育出版社,1998.

[7] 许怀林.陆九渊对主体能动性的张扬[C]//宋史研究论集.保定:河北大学出版社,2003.

[8] 许怀林.朱陆"去短集长",共匡时弊[J].徽州社会科学,1996(2).

[9] 吴澄.象山先生语录序[C]//吴文正集:卷十七.四库全书本.

[10] 黄宗羲.宋元学案:卷五十八[M]//象山学案.北京:中华书局,1982:1883.

宋朝的礼乐教化

朱瑞熙

（上海师范大学 古籍整理研究所，上海 200234 ）

[摘　要]　宋代统治者为了加强对各阶级的统治，通过提倡天命论、宣扬正统论、旌表义门、禁谶纬之书等措施，强化礼乐教化，维系统治。

[关键词]　宋朝；礼乐；教化

在经过了唐末五代时期的又一次礼崩乐坏之后，为了巩固宋王朝的统治和重建社会秩序，宋朝统治集团不仅在政治体制方面加强中央集权，而且通过礼乐教化来加强对本阶级各群体的约束，同时加强对其他各阶级群体的控制。

一、提倡天命论

宋朝统治阶级提倡天命论，以此作为一种统治阶级自我约束以及控制被统治阶级的理论。

中国古代的天命论，主要体现在"天人合一"的哲学命题上。东汉董仲舒提出："灾者，天之谴也；异者，天之威也。"[1]卷八把天看成有意志、有目的、能对人类赏善罚恶的"人格神"，天借灾祥福瑞表达意志。董仲舒的理论表现形式是"天人感应"。这种理论对于尊严无上的最高统治者具有一定的约束力，至少用天变来警戒他们，提醒他们勉修政事，切勿穷兵黩武，对百姓实行轻徭薄赋等。把自然界和人

[作者简介]　朱瑞熙（1938—　），男，上海嘉定人，上海师范大学古籍整理研究所研究员，河北大学宋史研究中心特聘研究员，主要研究方向：宋史。

类社会等同、合一,本来是一种错误的理论,但在中国古代却在政治上起过积极的作用,它可以约束最高统治者滥用权力。

治平四年(1067)八月,汴京地震。神宗问宰辅:"地震何祥也?"曾公亮答道:"天裂阳不足,地震阴有余。"神宗问:"谁为阴?"曾公亮答道:"臣者君之阴,子者父之阴,妇者夫之阴,夷狄者中国之阴,皆宜戒之。"吴奎说:"沮为小人党盛耳。"神宗听后,颇为不快[2]卷十。曾公亮和吴奎试图启发神宗通过灾变来修省政事。

司马光在其著作中反复论述天命论。他认为:"天者,万物之父也。父之命,子不敢逆;君之言,臣不敢违。……违天之命者,天得而刑之;顺天之命者,天得而赏之。"又说:"智愚勇怯,贵贱贫富,天之分也;君明臣忠,父慈子孝,人之分也。僭天之分,必有天灾;失人之分,必有人殃。"[3]卷七十四把天看成有人格、有意志的全知全能者,凌驾于人类和万物包括帝王之上。这样就形成天-帝王-臣僚的关系,帝王之上还有"天"这个宇宙的主宰,帝王就不可能为所欲为了。

张载和范祖禹等人也持类似的天命论。张载认为:"天人异用,不足以言诚;天人异知,不足以尽明。所谓诚明者,性与天道不见乎小大之别也。"[4]《正蒙·诚明篇第六》范祖禹说:"天人之交,相去不远,惟诚与敬可以感通。"[5]卷十六天人可以"相交",可以"感通",关键是人应该做到诚明或诚敬。

王安石把天看成无意志的自然界。他说:"夫天之为物也,可谓无作好,无作恶,无偏无党,无反无侧。"[6]卷二十五王安石承认有"命","命者,万物莫不听之者也"。又说:"由于道、听于命而不知者,百姓也;由于道、听于命而知之,君子也。"[6]卷二十五在推行新法的过程中,有人认为王安石提出了"天变不足畏,人言不足恤,祖宗不足法"的观点。熙宁二年(1069),有人对神宗说:"灾异皆天数,非人事得失所致者。"大臣富弼听说此事,十分感叹说:"人君所畏惟天,若不畏天,何事所不可为者!去乱亡无几矣。"[2]卷十一次年,王安石在神宗前阐发"三不足"说。他说:"陛下躬亲庶政,唯恐伤民,此即是惧天变。陛下询纳人言,无小大,唯是之从,岂是不恤人言?然人言固有不足恤者,苟当于义理,则人言何足恤?"又说:"至于祖宗之法不足守,则固当如此。且仁宗在位四十年,凡数次修敕,若法一定,子孙当世世守之,则祖宗何故屡自变改?"[2]卷十一熙宁五年(1072),他对神宗进一步说明"畏天论"的消极性。他说:"陛下正当为天之所为。知天之所为,然后能为天之所为。为天之所为者,乐天也,乐天然后能保天下。不知天之所为,则不能为天之所为,不能为天之所为,则当畏天。畏天者不足以保天下。"[7]卷二三六他认为必须认识"天",去做"天"要求做的事;不然,只能消极地"畏天"。王安石这种认识自然和顺乎自然规律行事的思想,显然是进步的唯物主义观点。但是,在当时如果一味宣扬这种"不畏天"的思想,却会带来消极的影响,即对至高无上的皇帝最终裁决权缺乏约束力。至哲宗时,坚持王安石新法的宰臣章惇也殊不以天变为可惧[7]卷四百九十一。到徽宗时,权臣蔡京继承"三不足"说,因此无所顾忌,胡作非为。如蔡京诱导徽宗纵情享乐,说:"事苟当于理,人言不足恤也。陛下当享太平之养,区区玉器,何足道哉!"[8]卷二徽宗和蔡京也不畏天变,以致"一卉一木之异指为嘉瑞,天地灾变,隐而不言"[2]卷十一。

与王安石同时的程颢和程颐,以及南宋的朱熹,显然吸取了北宋的以上两种天命论,从哲理的高度,以"理"说"天",又以"天理"替代"天命",把"天人合一"理论推向一个新的高度。如程颐认为汉儒的天命论"皆牵合附会,不可信"。同时,又认为:"天人之理,自有相合。人事胜,则天不为灾;人事不胜,则天为灾。人事常随天理,天变非应人事。如祈寒暑雨,天之常理,然人气壮,则不为疾;气羸弱,则必有疾。非天固欲为害,人事德不胜也。"[9]卷五他认为"天命"是不可知的。他说:"理也,性也,命也,三者未尝有异。穷理则尽性,尽性则知天命矣。"[10]卷二十一下只要穷理尽性,就能知道"天命"。南宋时,朱熹对传统的天命论和王安石的否定天人感应论持折中态度。他认为汉儒的"天人感应"说难以全部相信,他说:"《洪范》庶征固不是定如汉儒之说,必以为有是应必有之事。多雨之征,必推说道是某时做某事不肃,所以致此。为此必然之说,所以教人难尽信。"同时,他尤其不赞成王安石否定一切感应,说:"如荆公又却要一齐都不消说感应,但把'若'字做'如似'字义说,做譬喻说了,也不得。荆公固是也说道此事不足验,然而人主自当谨戒。"要求皇帝遇灾变时"谨戒"。总之,他认为:"如汉儒必然之说固不可,如荆公全不相关之说,亦不可。"[11]卷七十九此外,朱熹进一步发挥二程的天理说,认为一草一木,与他夏葛、冬裘、渴饮、饥食、君臣、父子、礼乐、器数,都是"天理流行,活泼泼地。那一件不是天理中出来!"天理"只是一源,散见万物"。天理是可知的,"见得透彻后,都是天理"[11]卷四十一。朱熹还提出,"天命即是天理","命者,理之用"[11]卷五、四十六。而命又有两种,一种是从气即气禀而言,"人质所以寿夭穷通","厚薄清浊之禀不同也";一种是从理而言,"天道流行,付而在人,则为仁义礼智之性,如所谓五十而知天命,天命之谓性是也"。两种"皆天所与,故皆曰命","是合下禀得已定,而今着力不得","富贵在天","是你着力不得"[11]卷六十一。他依据理气学说,提出人们富贵、贫贱、寿夭不同的原因,是所禀"气"的清浊、厚薄等而致。随后,他又提出人们还应从"畏天命"而"知天命"。他说:"'畏天命'三字好。是理会得道理,便谨去做,不敢违,便是畏之也。如非礼勿视听言动,与夫戒谨恐惧,皆所以畏天命也。然亦须理会得天命是恁地,方得。"[1]卷四十六他不赞成盲目的"畏天命",而是要"理会""天命"道理的所以然,也就是"知天命",再遵照道理去做事。朱熹的"天命论"显然把传统的天命论发展了一大步。

二、正统论

如何认识宋朝以前的历史?宋朝在历史上的地位如何?这是摆在宋朝学者面前的两个问题。

最早系统回答这两个问题的是北宋著名学者欧阳修。仁宗康定元年(1040),欧阳修撰《正统论》三篇。他说正统是指"王者所以一民而临天下",其中"正"是"所以正天下之不正也","统"是"所以合天下之不一也"。从周亡到后周显德间,共1 216年,"或理或乱,或取或传,或分或合,其理不能一概"。其间有"可疑之际"有三,即周、秦之际,东晋、后魏之际,五代之际。第一,统之以德是正统,即"居天下之正,合天于一",当无问题。秦始皇统之虽不以德,但仍然是统,即"始虽不得其正,卒能合天下于一"。汉儒"溺于非圣曲之学",否认秦为正统,理由是秦始皇"废弃礼乐""用法严苛","其兴也不当五德之运"。但秦始皇的"不德""不过桀、纣","桀、纣不废夏、商之统,则始皇未可废秦也"。所以,尧、舜、三代、秦、汉、隋、唐以及宋朝都是正统。第二,有些朝代"不幸而两立,不能相并,考其迹则皆正,较其义则均焉,则正统者将安予夺乎?"[12]卷十六这些朝代如东晋和后魏,未能统一,也不能算"统"。第三,有些朝代正是"天下之乱,其上无君,僭窃并兴"之时,自然"正统无属"[12]卷九。这些朝代如五代的后唐、后晋、后汉、后周,"始终不得其正,又不能合天下于一",所以不可称"正统"。第四,不能一概以德为评判标准,也应考虑客观事实,即"直较其迹之逆顺、功之成败"。如曹"魏之取汉,无异汉之取秦而秦之取周也。夫得正统者,汉也;得汉者,魏也;得魏者,晋也,晋尝统天下矣。推其本末而言之,则魏进而正之不疑"。又如五代的后梁,"推其迹"也属正统[12]卷九。

欧阳修的正统论得到当时许多史学家的赞同。但是,他以曹魏和后梁为正统之说,也遭到非议。选人章望之撰《明统》三篇,反驳欧阳修的魏、梁正统论[13]卷四四三。章望之认为"魏不能一,则魏不得为正统"。仁宗至和二年(1055),苏轼撰《正统论》三篇,支持欧阳修的"正统"论,而反驳章望之的"霸统"论。苏轼提出,章望之认为"魏不能一天下,不当与之统",但"魏虽不能一天下,而天下亦无有如魏之强者,吴虽存,非两立之势,奈何不与之统"?苏轼认为正统有名与实两个方面:"正统"是"有天下云尔",属"名",即"有天子之名""有天下之实",属"实"。又认为"正统者,恶夫天下之无君而作也",即使"天下""不合于一",但"君子不忍绝之于无君"。所以,"天下有君,是天下之公正也"。即使"篡君者,亦当时之正而已"。据此推理,魏以其国力之强大已有"天下之实",而且也是"当时之正"。苏轼在批评章望之"以实言而不尽乎实"的同时,实际把五代的后梁等也视为正统。他说:"尧、舜亦德,三代以德与功,汉、唐以功,秦、隋、后唐晋汉周亦力,晋、梁以弑。以实言之,则德与功不如德,功不如德与功,力不如功,弑不如力:是尧、舜而下得统者,凡更四'不如',而后至于晋、梁焉。"[14]卷四

与苏轼同时代的毕仲游和王安石,前者勉强承认曹魏、西晋正统说,后者贬低蜀汉。毕仲游《正统议》认为:"曹魏之继汉,司马晋之继魏,虽取之非道,而子孙血食或五六世,或十数世,较于当日,又无其他长久之主以相拟,故亦可独推其统而言正矣。"对于西晋、宋、齐、萧梁的传承关系,他认为:"晋既为正,故梁亦为正统也。"[15]卷四 王安石则在《读蜀志》诗中写道:"千载纷争共一毛,可怜身世两徒劳。无人语与刘玄德,问舍求田意最高。"[6]卷七十三 诗中对刘备君臣无赞美之意,而"咎其为纷争,而俾为求田问舍之举",显然贬低蜀汉[16]卷十一。

宋神宗时,司马光主编《资治通鉴》。该书虽说仅借年号以纪事,"彼此均敌,无所抑扬",但"据七功业之实而言之","据汉传于魏而晋受之,晋传于宋以至于陈而隋取之,唐传于梁以至于周而大宋承之,故不得不取魏、宋、齐、梁、陈、后梁、后唐、后晋、后汉、后周年号,以纪诸国之事"。司马光虽一再声明此中"非尊此而卑彼,有正闰之辨也"[17]卷六十九,但实际仍有正统存在,且以曹魏为正统,曹魏以后的宋、陈、隋、唐以及五代均属正统。

北宋学者之所以大都以曹魏为正统,是有其社会背景的。宋太祖是在后周末年"主少国疑"的情况下以"禅代"的方式黄袍加身的;同时,北宋与北方的契丹、西北的夏国三足鼎立,而北宋建都在北方,所处形势与三国的曹魏颇为相似。因此,从欧阳修到司马光论正统都"主于帝魏"[16]卷二十四。

南渡后,正统论又起了变化。张栻编《经世纪年》,采用习凿齿《汉晋春秋》的史观,以蜀汉为正,全书"直以(蜀)先主上继(汉)献帝为汉,而附魏、吴于下方"。朱熹编《通鉴纲目》采用此说,黜曹魏为篡,也"直以昭烈(刘备)上继献帝,世许其正"。宁宗庆元间,庐陵士人萧常撰《续后汉书》,所记事从昭烈帝章武元年(221)至少帝(刘禅)炎兴元年(263);另编《吴载记》和《魏载记》[16]卷二十四。理宗时,郑雄飞也著《续后汉书》。稍后,翁再撰《蜀汉书》。此二人以蜀汉为正统。南宋学者之所以改以蜀汉为正统,是因为当时的社会背景为宋高宗"以宗枝再造",与刘备建

蜀汉相类,因此"自不得以蜀为讹"[18]卷十三。南宋末年,学者陈过反驳朱熹的正统说,指出《通鉴纲目·序列》及其言论的自相抵牾之语,认为:"三代而下,独汉、唐、本朝可当正统,秦、晋与隋有统无正者,当分注。"五代的后梁、唐、晋、汉、周"皆不得正统"[19]后集。周密编写《癸辛杂识》时,正是南宋末年以后,已没有宋朝的那些顾忌,因此敢对朱熹的正统说提出异议。

三、冯道评价的变化

冯道(882—954)是在五代特定的历史条件下产生的特殊人物。唐末,冯道为幽州椽,迁河东节度掌书记。后唐庄宗即位,任翰林学士,逐渐显贵。明宗时,任端明殿学士,不久晋升宰相。明宗死,立第五子李从厚为帝(闵帝),潞王李从珂谋反,冯道率百官迎接,立为帝(末帝)。石敬瑭(晋高祖)起兵灭后唐,冯道为首相。石敬瑭死,拥立齐王(少帝)。契丹灭后晋,又归附契丹,朝拜辽太宗于京师,授太傅。汉高祖建国,为太师。后周灭后汉,为太师兼中书令。显德元年(954),周世宗亲征北汉,冯道劝阻且不愿随行,为山陵使,不久病死。冯道历任 5 朝 11 帝,3 次入中书,在相位 20 多年,自称"长乐老","当世之士,无贤愚,皆仰道为'元老'"。冯道死后,"时人皆共称叹,以谓与孔子同寿"[20]卷五十四。

入宋后,与冯道有类似仕宦经历者,如范质、王溥、魏仁浦、薛居正等,仍受太祖重用,皆曾任宰相之职。开宝间,薛居正监修五代史,即《旧五代史》,将冯道列入后周的大臣,以一卷的篇幅详载其经历,措辞也无贬义,最后总结其一生说:"道历任四朝……以持重镇俗为己任,未尝以片简扰于诸侯。平生甚廉俭,逮至末年,闺庭之内,稍徇奢靡。"参照薛居正的经历和当时士大夫"皆习以为固然无足怪"[21]卷二十二,《旧五代史》对冯道肯定不会有抑辞。宋太宗曾对宰相说,后晋石敬瑭"求援于契丹,遂行父事之礼","冯道、赵莹位居宰辅,皆遣令持礼,屈辱之甚也"[7]卷二十六。太宗认为石敬瑭对契丹甚为屈辱但并没有对冯道加以谴责。

宋、辽澶渊之盟后,真宗有一次与辅臣谈论五代历史,说:"冯道历事四朝十帝,依阿顺旨,亦避患难。为臣如此,不可以训也。"[7]卷六十五开始对冯道作出新的评价。天禧元年(1017),宰相王旦病死,社会上评论王旦:"逢时得君,言听谏从,安于势位,而不能以正自终,或比之冯道云。"[7]卷九十人们认为王旦晚节不终,就像冯道一样。仁宗明道元年(1032),下令录用冯道和王朴的后裔为官[7]卷一一一。王朴也是五代的名臣,后汉时状元,后周历任枢密使等职。此后,由于范仲淹等名士大力提倡气节,对历史人物也完全以新的观点进行评价。欧阳修在重修五代史(《新五代史》)时,将冯道列入"杂传",又在传序中对冯道进行评价。他说:"礼义,治人之大法;廉耻,立人之大节。盖不廉,则无所不取;不耻,则无所不为。人而如此,则祸乱败亡,亦无所不至,况为大臣而无所不取无所不为,则天下其有不乱,国家其有不亡者乎!"又说:"予读冯道《长乐老叙》,见其自述以为荣,其可谓无廉耻者矣,则天下国家可从而知也。"[2]卷五十四把冯道视为"无廉耻"之徒。皇祐三年(1051),冯道的曾孙冯舜卿进呈冯道的官诰20份,希望朝廷录用为官。仁宗一改明道元年的态度,对辅臣说:"道相四朝,而偷生苟禄,无可旌之节,所上官诰,其给还之。"[7]卷一七一仁宗认为冯道"偷生苟禄",不忠不义,没有值得表彰的气节。

宋神宗时,王安石在神宗面前称赞冯道"能屈身以安人,如诸佛菩萨之行"。唐介反驳说:"道为宰相,使天下易四姓,身事十主,得为纯臣乎?"王安石答道:"伊尹五就汤,五就桀,正在安人而已,岂非纯臣乎?"以伊尹为例,认为只要能安定百姓,就可算作"纯臣"。唐介又说:"有伊尹之志则可。"王安石听后"色变"[23]卷二九九。司马光则痛斥冯道为"不忠"之臣,说:"忠臣不二君,贤女不二夫。……彼冯道者,存则何心以临前代之民,死则何面以见前代之君?自古人臣不忠,未有如此者。"进一步指出五代时人们不以冯道等人"失节"为耻的原因,说:"庸愚之人,往往犹称其智。盖五代披攘,人主岁易,群臣失节,比踵于朝,因而誉之,欲以自释。"他担心"后世以道所为为合于理,君臣之道将大坏矣"[3]卷七十三。

南宋时,冯道的评价是始定论,即完全否定其业绩,视为奸臣叛贼。其中以高宗时学者范浚为代表。范浚在所撰《五代论》中说:"五代之乱极矣,凡八姓十有二君,历四十余年,干戈战伐,殆无宁岁。其间悖逆祸败,自古未有若是其烈,而兴灭起废,亦未有若是其亟者也。"冯道生活其间,不管王朝更替,照样高官厚禄,还"著书自陈更事四姓与契丹所得阶、勋、官爵以为荣。呜呼!有臣如此,唐与晋、汉安得不亡乎?"范浚还指出,像冯道之类"靦颜于梁,于唐,于晋、汉、周者,皆倾巧乱人,谋身卖国"[24]卷八,把冯道看成一个朝秦暮楚的无耻之徒。

四、旌表义门的用心

义门是指尚义的家族或家庭。在宋朝,主要指世代同财共居的家族,少数指崇尚孝义而得到朝廷表彰和社会赞誉的家庭。《宋史·孝义传》载有世代聚居共财而获朝廷旌表的58个家族,其余为被朝廷旌表门闾的孝子和孝妇的家庭。

唐末以后,以血缘为纽带的门阀士族宗族组织完全崩溃,族人屋散,封建宗法关系松弛。入宋后,地主阶级逐渐利用农村公社的残余,重新建立新的封建家族组织。新的家族组织主要采用聚居而不同产(即存在族人私有经济)的方式,这种方式在全国占大多数。另一种是世代聚居而同产的方式,这种方式只占少数。宋朝统治者大力提倡而加以旌表的往往是后一种封建家庭组织。

宋太祖和太宗时,每逢地方官府申报"数世同居者",朝廷"辄复其家",即免除其家族的赋役,同时"旌其门闾"。这些家族在五代十国社会动乱的年代,因其凝聚性而安身保命,延续至北宋,显示出它顽强的生命力。《宋史·孝义传》记载这一时期受到朝廷表彰的义门有19家:真宗时,15家;仁宗和徽宗时,各有1家;南宋时,有2家。

58家义门中,最有影响的有江西德安(今属江西)义门陈氏和南康军建昌(今江西永修西北)义门洪氏。陈氏在唐僖宗时已被"诏旌其门",南唐时立为义门,免除徭役。此时,江州长史陈崇为其族长,"持家有道,敦规有礼,室无私财,厨无别馔"。宋太祖开宝初年(968),到陈昉为族长时,已13世同居,长幼700口,"不蓄婢妾,上下姻睦,人无间言"。一日三餐,全部在大食堂吃饭,未成年人另桌。建造书楼,"延四方之士,肄业者多依焉"。在陈昉家族的影响下,"乡里率化,争讼稀少",仍免徭役。太宗时,又免苛杂。淳化元年(990)陈兢为族长,"常苦食不足",太宗下诏本州每年贷米2 000石。至道初,派内侍至德安赐"御书"。内侍回京,回报太宗说陈氏"家族千余口,世守家法,孝谨不衰,闺门之内,肃于公府"。太宗"以远民义聚,复能固廉节,为之叹息"。真宗大中祥符四年(1011),赐其族长陈旭为江州助教。仁宗天圣元年(1023),全族2 000口,族长陈蕴年八十,且"有义行",江州申报朝廷。仁宗说:"良民,一乡之表,旌之,则为善者劝矣。"特赐陈蕴为本州助教[7]卷一百零一。陈蕴病死,其弟陈泰继为族长[13]卷四五六。为保证家族的长盛不衰,陈氏家族有不少男子参加科举考试,博取一官半职。庆历四年(1044),陈氏家族共3 700多口,其中应举者403人,"郎署之在朝者,琛、逊而下者十有八员,当要路而居刺史、司马、参军、县令者,珪、侍而下二十有九员"。同年,"家长以食者太多,义门地窄,诸庄粮供写远,拨遣一千四百余口往黄州庄舍就食"。开始将三分之一的族人分往外地。但到嘉祐三年(1058),这支族人"思时节归侍违远,聚会失期,似亏义气,告乞归宗"。于是回到故里,在德安的东冲建小屋500间,称"黄州庄回归院"[25]。嘉祐六年(1061),陈氏宗族已达3 900口,大臣文彦博、包拯等论陈氏家族在"朝野太盛",仁宗命江西转运司官属谢景初、德安县令穆恂、湖口镇巡检官范彬等"车马拥门,监护分析,岂容忤旨抗拒!"第二年,经议定,将"知""守""延""继"等排行者"别号分派",共291庄,分迁川、浙、广、福等路。在"分析"后,各分支的

"家长"议决:"今奉分之后,祖宗之庄虽析,子孙之心莫二,仍效前人规确凛义方之训,往来无间,音问莫疏,长幼必识,尊卑必辨。"又说:"自一庄至众庄,惟以义相继,不以各处一方,遂堕数百年之义风,则今日一义门,后日千百义门又此始也。"[25]

南宋初,陈氏家族遭遇兵火,"家属离析"。从高宗建炎间算起,到宁宗嘉定五年(1212)进士、族长陈炎及其孙子,不过7代同居,100多口,该族仍然"自幼至长,不蓄私财"。江州申报朝廷"乞加旌表"。宁宗手书"真良家"三字赐之,并下诏"特赐旌表门闾,仍令长吏致礼"[26]礼六十一之13。

建昌义门洪氏,宋太宗时洪文抚为族长,已"六世义居,室无异炊"。洪文抚的曾祖父洪愕,曾任唐朝虔州司仓参军,"子孙众多,以孝悌著称"。洪文抚在所居雷湖之北创建书舍,招来学者读书。至道间,建昌军将洪门家族的义行申报朝廷,太宗派内侍带"御书"100轴专程赐给洪家。洪文抚派弟洪文举赴京进贡土产,表示谢恩,太宗又将"飞白"书"义居人"一轴为赠,还授洪文举为江州助教。至道三年(997),下诏"表其门闾"。从此,洪门家族每年派遣子弟进贡土产,朝廷"必厚赐答之"。洪文抚兄之子洪待用,真宗咸平三年(1000)登进士第,历官至都官员外郎[13]卷四五六。

宋朝统治者旌表义门的用心在于:第一,成为义门的大家族多代同居,同产同餐,显示了一种传统的孝义等宗法精神。《宋史·孝义传·序》说:"先王兴孝以教民厚,民用不薄;兴义以教民睦,民用不争。率天下而由孝义,非履信思顺之世乎。"统治者期望通过旌表义门家族,以其为榜样,宣传孝悌和义礼,"激励风俗""以厚人伦",消除百姓之间的矛盾,稳定社会秩序。第二,义门的家族形态实际是国家的缩影,国家则是义门家族的放大,两者的构造和机制是一致的。皇帝是国家的族长,族长或家长即家族的君主,官僚政治制度控制国家,家法则管理家族;地主经济以私有制为主体,家族则以集体所有经济(实为家族私有)为主体。宗法伦理则成为两者直接相通的桥梁,于是以孝义转换为中介,人们将族长与族众关系、父子关系转换为君臣关系,将对族权的敬畏转换为对皇权的顺从。前述德安义门陈氏"世守家法,孝谨不衰,闺门之内,肃于公府"。又如吉州永新颜诩家族"一门千指,家法严肃,男女异序,少长辑睦"。这正说明统治者力图在地方基层政权组织之外,借助义门家族的力量来加强对地方的统治。第三,大多数义门家族重视对本族子弟的教育,并鼓励子弟参加科举考试,博取一官半职;朝廷也特赐其族长以进士出身或低级官衔,提高其在家族和社会上的政治地位。如建昌义居洪氏创办雷塘书院,德安义门陈氏创办东佳学堂,豫章胡氏创办华林书院[27]卷六。不仅鼓励本族子弟就读,而且允许"四方学者"习读,"伏腊皆资焉,江南名士皆肄业于其家"[28]卷上,成为江南地区几所重要的学校。经过家族教育机构的培养,许多子弟参加科举考试。经过科举考试的筛选,大批为宗法生活所熏陶的子弟从家族的怀抱转入官僚政治体制之中,其官俸源源流回家族公库[29]后集卷一,充实了家族的共有经济,而待阙和致仕制度又使这些子弟暂时或永久回归家族,以士大夫身份左右家族。如前述仁宗庆历四年(1044),德安义门陈氏竟有403人应举,在朝廷和地方任官者有47人。科举制度使义门家族与官僚政治体制连接在一起,既巩固了义门家族,又巩固了官僚政治体制。这是中唐以后义门家族适应新的形势而自然采取的一个重要措施。

第四,宋朝一般禁止祖父母和父母健在时提出分居,但在义门家族人数较多时又强迫其析居,分处各地,以减少对地方官府的经济负担和潜在威胁。义门家族虽然实行同产共餐,能够"同甘藜藿,衣服相让"[13]卷四五六,有时也能"发廪减市直,以振饥民",在当地造桥、建孔庙等,造福一方,但官府必须在经济上给予种种优待,如真宗天禧四年(1020)规定:"诸州旌表门闾户,与免户下色役。自余合差丁夫、科配,即准例施行。"[26]礼六十一之2 德安义门陈氏还特免差役和科配。由于减免较多,使地方官府减少了许多赋税收入。同时,义门家族不时因人口众多,"常苦食不足",本州不得不每年贷粮数百、数千石,又成为州县财政的一大负担。此外,义门家族人多势众,被统治者视为潜在的威胁。因此,如仁宗嘉祐末,对世代"确守祖训,永誓不敢分析"的德安义门陈氏,由当地派出多名官员"奉旨临门,劝令监护分析",陈氏家族出于无奈,才勉强将一族析为许多族,分居各地。

义门家族在宋朝并不普及,但由于以上几点原因,统治者大力提倡;同时,又采取措施,适当控制其规模。

五、禁谶纬之书

谶纬是中国古代流行的神学迷信,其中包含一些天文、历法等方面的知识。谶是巫师或方士编造的一种谜语式的预言,当作吉凶的征兆;纬是由儒生用以附会儒家经典的各种著作。谶纬之学起于秦代,流行于两汉。

宋初,沿袭唐代,尚未对谶纬之学实行禁令。在《宋刑统》中,仅对"诸造妖书及妖言者绞,传用以惑众者亦如之,其不满众者流三千里,言理无害造者杖一百。即私有妖书,虽不行用,徒二年,言理无害者杖六十"。"疏"注说:"造谓自造休咎及鬼神之言,妄说吉凶,涉于不顺者。"[30]卷十八并没有将谶纬之书归入妖书妖言一类。直到真宗景德四年(1007),才下诏申严禁止私自传习图纬、推步之书,民间应有谶候禁书并令上缴，"所在焚毁，匿而不言者论以死，募告者赏钱十万（文）"[7]卷五十六。仁宗宝元二年（1039），直集贤院吴育上疏曰："近岁以来，有造作谶忌之语、疑似之文，或不显姓名、暗贴文字，恣行毁谤，以害仇嫌"，要求朝廷禁绝[26]刑法二之23。庆历七年（1047），贝州（治今河北省清河县）和冀州（治今河北省冀州区）民间风俗迷信"妖幻"，习读《五龙滴泪》和图谶诸书，预言"释迦佛衰谢，弥勒佛当持世"。贝州宣毅军小校王则利用这些预言聚众起事，占领贝州州城，"旗帜号令，率以佛为称"[7]卷一六一仁宗时儒士杨安国，长期任经筵官，他"尤不喜纬书"，但对有关注疏所引的纬书，却又"尊之与经等"[7]卷一九二。神宗熙宁八年（1075），前余姚主簿李逢被人告发谋逆，经审讯，牵涉李士宁和宗室赵世居。李士宁"能口占作诗"，"词理迂诞，有类谶语，专以妖妄惑人"。赵世居是太祖之孙，李士宁摘取仁宗赐英宗母挽词中"微有传后之意"的4句，"易其首尾"，"密言世居当受天命以赠之"[7]卷二五九。从赵世居和医官刘育家搜查出图谶、书简，权御史中丞邓绾上疏说："李逢、世居等起意，皆因挟图谶妖妄书以相摇惑"，"编敕"规定"谶书之禁""坐流三千里"，但因事出诡秘，无从觉察，所以"法令徒设，人不知畏，士庶之家抑或收藏传说，不以为怪。"请求命令各路"晓告收传图谶文书者立烧毁，或首纳入官，官为焚弃；过两月，许人告，重赏之，犯人处死"。神宗将此内容"送编敕所立法以闻"。后来"立法：私有图谶及私传习者，听人告，赏钱百千"[7]卷二六二。到庆元间，此法编入《庆元条法事类》，"职制敕"规定私藏谶书或私自传习者，各流3 000里，"虽不全成堪行用者，减三等；不堪行用者，又减三等"。许人告发。"赏格"规定："诸色人告发私有图书、谶书及传习者，不全成堪行用，钱五十贯；全成堪行用，钱一百贯。"[31]卷十七

宋朝统治者严禁谶纬之书，显然将它列入"妖书"之列，其用心不外是防止有些人制造和传播危害自己统治和社会安定的流言蜚语。

六、维系教化人心的禁令和惩罚规定

宋朝统治者为了维系教化人心，颁布了一系列禁令和相应的惩罚规定。现分述其中比较重要的内容。

第一，严禁祖父母和父母健在而分割家产另立户口。宋太祖乾德六年（968），针对西川管内和山南各州"百姓祖父母、父母在者，子孙别籍异财，仍不同居"的现象，下诏说："厚人伦者，莫大于孝慈；正家道者，无先于敦睦。况犬马尚能有养，而父子岂可异居！有伤化源，实玷名教。"要求各地长官"明加告戒，不得更习旧风，

如违者,并准律处分"[26]刑法二之2。真宗大中祥符二年(1009),又下诏规定:如有引诱子弟"分析家产,恣为不逞,及辄坏坟域者",各地官府"限时捕捉""当议决配"[26]刑法二之2,予以严惩。

第二,提倡俭朴生活,纠治奢靡世风。太宗太平兴国七年(982),诏书要求乡民"常岁所入",除纳税外,"不得以食犬彘,多为酒醋,嫁娶、丧葬之具并从简"。现今"南亩之地,污莱尚多;比屋之民,游堕斯众","岂人君者教化之未审,而为吏者诱道之乖方"[26]刑法二之9。仁宗时,因"近岁士庶之家,奢靡相尚,居第服玩,僭拟公侯;珠绯金翠,照耀衢路,约一裘衣,千万钱不能充给",命近臣"议定制度,以分等威"[26]刑法二之21。此后,又屡次颁布,申明简朴风气的好处,同时痛斥浮侈的世风,主要禁止民间"以销金为服饰"和"采捕翡翠及贩卖并为服饰"。违犯者和制造的工匠判处 3 年徒刑;"邻里不觉察",杖一百[26]刑法二之115。

第三,严禁妖教、淫祠及夜聚晓散等异教活动。宋朝统治者崇尚佛、道二教,对其他的宗教则严加防范,甚至禁绝。如真宗时,命太康县(今属河南省)禁止建造妖祠,禁止兴州三泉县(今陕西省宁强县西北)等地"白衣师邪法"。徽宗时,三令五申严禁邪教和邪法,命各地将"以讲说、烧香、斋会为名而私置佛堂、道院,为聚众人之所者""尽行拆毁","明立赏典,揭示乡保"。严禁民间师巫建造"淫祠",规定"若师巫假托神语,欺愚惑众,徒二年"。尤其严禁江浙地区吃菜事魔教,命令各地官府查明,毁拆所有斋堂,焚毁经文,收捉为首领之人,严加惩办。高宗时,规定吃菜事魔教或"夜聚晓散,传习妖教者,绞"。"从者,配三千里;妇人,千里编管"等[26]刑法二之10、14、64、78、112。

第四,禁止杀人祭鬼和自行毁残肢体。太宗时,已下令禁止巴峡地区杀人为牺牲的陋俗。仁宗时,下诏川陕、广南、福建、荆湖、江淮等地禁止民间"杀人祭妖神","其已杀人者,许人陈告",给予赏钱。高宗、孝宗时,湖南和湖北仍然流行"用人祭鬼"的风俗,"每遇闰年之月前期,盗杀小儿,以祭淫祠",谓之"采生"。规定如能捉获"兴贩人口"入湖南、北者,"比类强盗,与之酬赏"。徽宗时,禁止各地"炼臂灼顶,割肉燃指,截指断腕,号曰教化"。诏书指出:"毁坏人体,有害民教","如有违犯,并依法科罪",甚至"以大不恭论"[26]刑法二之10、14、64、78、112。

第五,禁止生子不举。宋朝有些地区人多地少,或因贫困,往往生子后即行溺死。尤其是福建、湖南、湖北、江东、江西等地,业已成为习俗。如福建民间在与父母分居后,"继生嗣续,不及襁褓,一切杀溺","虑有更分家产"。统治者认为这种习俗"有害风教,当行禁止","如有违犯,州县不切穷治,守倅令佐当重行审黜,吏

106

人决配千里"[26]刑法二之49-50。

第六,禁止百姓习武和私藏兵器。从真宗起,历朝都三令五申禁止百姓在"社赛"或祀神时"聚众执引利刃"或其他兵器。仁宗时,颁诏:"士庶之家所藏兵器,非编敕所许者,限一月送官。""如敢有匿,听人告捕之。"徽宗时,有官员上疏说:"江南盗贼间作",是因为"乡间愚民无知,习学枪梃、弓刀。艺之精者从而教之。一旦纠率,惟听指呼,习以成风"。于是下诏:"责邻保禁止,示之厚赏;敢为首者,加以重刑。"[26]刑法二之11、29、64、123

第七,禁止雕印有色情内容的书籍。哲宗时,根据礼部的建议,规定各种书籍"欲雕印者",须"选官详定有益于学者,方许镂板"。印毕,还要呈送秘书省"详定"。其中"诸戏亵之文,不得雕印。违者,杖一百"[26]刑法二之38。

七、三字经之类读本的教化作用

第一,宋朝教育较前代普及。适应儿童教育的需要,士大夫们编出了许多识字读本。宁宗时人项安世说:"古人教童子,多用韵语,如今《蒙求》《千字文》《太公家教》《三字训》之类,欲其易记也。"[32]卷七《太公家教》是唐朝流传下来的识字读本,行文多数是四言,内容是为人处世的格言谚语和行为守则。《三字训》,显然以三言韵语为其体裁。相传到南宋末年,由王应麟编定为《三字经》。《三字经》从"人之初,性本善;性相近,习相远"开始,宣讲理学的人性论。接着讲教育的重要性:"苟不教,性乃迁"。列举了历史上几个教育子弟的故事。随后讲学习的内容,即从学习孝悌入手,学习数目和文字。再后是讲学习的方法和必读书籍。依朱熹所说,先读《四书》,再读其他经典,然后读诸子和史籍。最后是结束语:"幼儿学,壮而行,上至君,下泽民。扬名声,显父母,光于前,裕于后……"。勉励学子勤奋好学,将来为皇上和百姓效力,为父母争光。《三字经》以其好读易记,并包含全民族皆能接受的伦理道德,富有教育意义,所以得到广泛传播[33]。

第二,宋朝另一种新创的识字读本为《百家姓》。陆游《秋日郊居》诗自注说:"农家十月乃遣子入学,谓之冬学。所读《杂字》《百家姓》之类,谓之村书。"[34]卷二十五《百家姓》的作者不详,据王明清考证,是宋初浙西一代的"小民所著"[35]卷三。该书将400多个姓氏编成四言韵语,从"赵钱孙李,周吴郑王"开始,突出赵氏为全国第一姓氏,含有尊王之意。

参考文献

[1] 董仲舒.春秋繁露义证[M].北京:中华书局,2007.

[2] 佚名. 宋史全文[M]. 哈尔滨：黑龙江人民出版社，2005.

[3] 司马光. 温国文正司马公文集[M]. 四部丛刊初编本.

[4] 张载. 张载集[M]. 北京：中华书局，1978.

[5] 范祖禹. 范太史集[M]. 景印文渊阁四库全书本.

[6] 王安石. 王安石全集[M]. 上海：上海古籍出版社，1999.

[7] 李焘. 续资治通鉴长编[M]. 北京：中华书局，2004.

[8] 周煇. 清波杂志[M]. 北京：中华书局，1994.

[9] 程颢，程颐. 二程外书[M]. 北京：中华书局，1981.

[10] 程颢，程颐. 二程遗书[M]. 上海：上海古籍出版社，2000.

[11] 黎靖德. 朱子语类[M]. 北京：中华书局，1986.

[12] 欧阳修. 欧阳修全集[M]. 北京：中华书局，2000.

[13] 脱脱. 宋史[M]. 北京：中华书局，1977.

[14] 苏轼. 苏轼文集[M]. 北京：中华书局，1986.

[15] 毕仲游. 西台集[M]. 景印文渊阁四库全书本.

[16] 刘勋. 隐居通议[M]. 景印文渊阁四库全书本.

[17] 司马光. 资治通鉴[M]. 北京：中华书局，1956.

[18] 王应麟. 困学纪闻[M]. 上海：上海古籍出版社，2008.

[19] 周密. 癸辛杂识[M]. 北京：中华书局，1988.

[20] 欧阳修. 新五代史[M]. 北京：中华书局，1974.

[21] 赵翼. 廿二史札[M]. 北京：中华书局，1984.

[22] 欧阳修. 新五代史[M]. 北京：中华书局，1974.

[23] 解缙. 永乐大典[M]. 北京：中华书局，1986.

[24] 范浚. 香溪集[M]. 景印文渊阁四库全书本.

[25] 义门陈氏宗谱[M]. 民国三十六年丁亥重修本.

[26] 徐松. 宋会要辑稿[M]. 北京：中华书局，1957.

[27] 杨亿. 武夷新集[M]. 景印文渊阁四库全书本.

[28] 释文莹. 湘山野录[M]. 北京：中华书局，1997.

[29] 祝穆. 古今事文类聚[M]. 景印文渊阁四库全书本.

[30] 窦仪. 宋刑统[M]. 北京：中华书局，1984.

[31] 谢深甫. 庆元条法事类[M]. 哈尔滨：黑龙江人民出版社，2002.

[32] 项安世. 项氏家说[M]. 景印文渊阁四库全书本.

[33] 袁征. 宋代教育[M]. 广州：广东高等教育出版社，1991.

[34] 陆游. 陆游集[M]. 北京：中华书局，1984.

[35] 王明清. 玉照新志[M]. 上海：上海古籍出版社，1991.

北宋儒学复兴要"复兴"什么

刘复生

（四川大学 历史文化学院，四川 成都 610064）

[摘　要]　有激于佛老二教的昌炽，中唐发其端，以疑经思潮为起点，北宋中期发生了一场称作儒学复兴的思想运动，影响至为深远，这是中国思想文化史上最重要的论题之一。这场思想运动所要"复兴"的内容，一是要用对儒家经典新的解释（即所谓"义理之学"）取代传统的章句注疏之学；二是要用儒家之道取代佛老等"异端"；三是要用复兴儒家经世致用的"有为"的传统取代无用于世的旧学。三位一体，构成了宋代儒学复兴运动的核心内容。

[关键词]　北宋；儒学复兴；章句之学；佛老；有为

引言

2018 年 8 月在兰州召开的宋史年会上，对"儒学复兴"的问题展开过讨论。北宋儒学复兴运动到底要"复兴"什么？引起了不少人的兴趣。这其实就是儒学复兴运动的核心问题。会期短促，无法进行充分的讨论。此前学界对这一问题已经有过多方面的论述，特别是在有关理学的著作中多有论及，如钱穆在《朱子学提

[作者简介]　刘复生（1948—　　），男，四川成都人，历史学博士，四川大学历史文化学院教授、博士生导师，主要研究方向：宋史、思想文化史与西南民族史。

纲》中说，理学兴起之前的一大批宋儒已与汉儒不同，"早可称为是新儒"①。这里所说的"新儒"，就是北宋中期担当儒学复兴使命的先行者，与汉儒之学不同，我们是在这个意义上定义的"新儒学"（Neo-Confucianism），不然就会陷入田浩所说的"相当含糊不清"②的境地。邓广铭《略谈宋学》说，"把萌兴于唐代后期而大盛于北宋建国以后的那个新儒家学派称之为宋学"[1]。陈植锷著《北宋文化史述论》，从"宋学"的发展视角讨论，以"义理之学"和"性理之学"区别宋学发展的两个阶段[2]，这个"义理之学"也就是本文要讨论的儒学复兴运动的核心问题。包弼德在他研究"唐宋思想转型"的著作中，"将文学作为核心的讨论角度，许多主要的思想家，首先被当作文学家来对待"[3]6，自是另辟理路。余英时在《朱熹的历史世界》之《绪说》中追溯了宋代理学的起源，特别关注到了"宋古文运动中道统意识"[4]36。陈来著《宋明理学》第一章论理学先驱，谈到了中唐儒学复兴运动的两个代表人物韩愈和李翱，进而在"北宋前期的社会思潮"一节中讨论了崇道抑文、尊经、排佛的问题[5]17-32。漆侠著《宋学的发展与演变》，从学术思想的层面，梳理了宋学的形成和发展，对其代表人物逐一作了分析[6]。总的说来，学界从宋学的角度来探讨这段时期的学术文化成果丰富，多涉及新儒学的核心问题，但直接讨论北宋儒学复兴运动的核心问题的成果似不多见，特别是20世纪早期的儒学史研究更是如此。笔者早前亦曾论述北宋中期儒学复兴问题[7]，也没有对其核心问题进行专门讨论。相对而言，学界对北宋儒学复兴的先河——中唐的儒学复兴，以及与儒学复兴密切相关的疑经思潮和古文运动的问题，关注更多，文中则作必要的交代。本文中，"宋学"与"儒学复兴"不是等同的概念，前者主要涉及学术思想的层面，后者则可涵盖前者。所谓"儒学复兴"的内涵十分丰富，各家侧重点和视角有所不同，对其核心问题的看法也不尽一致。北宋的"儒学复兴"本质上是一场思想革新运动，涉及社会生活的方方面面，不只停留在思想层面上。这是儒学史上的新旧之争，值得予以充分重视，挈其关键，可及其余。复兴之儒学"新"在何处？它的核心内容是什么？这是需要回答的。这里略陈管见，希望识者指正。

一、儒学复兴运动的发端

在北宋的儒学复兴运动之前，唐代也有过一次类似的运动，而且与宋代的这场

① 钱穆：《朱子新学案》，巴蜀书社，1986年版，第7~11页。钱穆于1969年撰成《朱子新学案》，因念牵涉太广而于20世纪70年代初夏撰《朱子学提纲》，撮述书中要旨。
② ［日本］吾妻重二：《美国的宋代思想研究》；［美］田浩编，杨立华等译：《宋代思想史论》，社会科学文献出版社，2003年版，第10页。文中说的"我们"，是基于国内治学者，多半已经达成了这一共识。

思想运动关系甚大,故而这里先来谈谈中唐的儒学复兴运动,可以从两个方面来理解。

其一,众所周知,唐太宗曾集诸儒对流传繁杂的儒家经典进行重新整理,称为《五经正义》,以之作为科举考试的标准,重死记硬背的"贴经墨义"之法。此后士子皆谨守此书,莫敢异议,清代经学大师皮锡瑞在《经学历史》中将这一时期称为"经学统一时代",治经承东汉经古文学多详章句训诂的传统,故被称为"汉学"。唐代中期,社会危机日渐暴露,似乎突如其来的"安史之乱"打破了"盛世"场景,而主流学术与这一切似乎不相关系。一些儒者希望从儒经中找到治国治民之法,并不遵循定于一尊的"正义"。《新唐书·啖助传》载,大历(766—779)年间,有啖助、赵匡、陆质考论《春秋》三家短长,开"蹈空说经"之风,或说《诗》,或说《礼》,或论《易》,或讲《论语》,"皆自名其学",形成一股强劲的疑经之风:啖、赵以前,"皆专门名家,苟有不通,宁言《经》误",其后学者"喜援《经》击《传》,其或未明,则凭私臆决"[8]卷三《春秋微旨六卷、春秋辨疑一卷》,第109页,这场"疑经思潮"成为唐宋儒学复兴运动的起点。稍后,儒者吕温(771—811)指责旧经学未能体现圣人之旨,声言那些"不与于君臣父子之际,虽欲博闻,不敢学矣",公开与既行经学传统决裂。他认为:"夫学者,岂徒受章句而已,盖必求所以化人,日日新,又日新,以至乎终身。夫教者,岂徒博文字而已,盖必本之以忠孝,申之以礼义,敦之以信让,激之以廉耻,过则匡之,失则更之,如切如磋,如琢如磨,以至乎无瑕。"[9]这是吕温心目中的儒学,是用来塑造的社会伦理关系和个人的完美人格,是于社会有用的,而非徒受章句追求博闻而无益于社会。

其二,唐朝佛道二教均有发展而至于大盛。唐高宗(650—683)时期,有僧尼六万余人,寺院三千;玄宗(712—755)时期,僧尼数达十二万多,寺院五千多;武宗会昌五年(845)灭佛时,还俗僧尼竟至二十六万多,拆毁大小寺院佛堂近四万五千所[10]。统治者崇信佛教,宪宗元和十四年(819)和懿宗咸通十四年(873),朝廷两迎佛骨,皆备极华侈。道教之于李唐也深受尊崇,皇室自认源出道教教主李老君,大事张扬。高道杜光庭于唐中和四年(884)所上进表中说:"从国初已来,所造宫观,约一千九百余所,度道士计一万五千余人。其亲王贵主及公卿士庶,或舍宅舍庄为观,并不在其数。则帝王之盛业,自古至于我朝,莫得而述也。"[11]373数虽不及佛教,然尊崇却有过之,道先释后为李唐的既定国策。这种现象引起一些儒者的强烈反弹,宪宗迎佛骨时,韩愈即以《论佛骨表》上进朝廷说:"佛本夷狄之人,与中国言语不通,衣服殊制。口不道先王之法言,身不服先王之法服,不知君臣之义、父子之情。"[12]强调华夷之辨,维护儒家之道。韩愈又有《原道》,追寻"道"的本原,企图建立尧舜禹汤文武周公孔孟一脉相传的儒家道统,从根本上否定佛老之道①,后世把韩愈、吕温、啖助、陆淳等不苟同于世的儒者称为新儒。

由此可以看出,唐代的儒学复兴运动,从儒学内部来讲,是希望重新解释儒家经典,以便有用于社会和塑造个人的完美人格;从外部来讲,是希望用儒学来抵御佛老二教的冲击。但是,唐代有这样认识的人并不多,也未获主流社会的认可,虽然抨斥旧的治经方式和佛老二教的危害的声音从未间断,但谨守注疏的习气在终唐之世没有得到改变,皮锡瑞总结说:"唐至宋初数百年,士子皆谨守官书,莫敢异议。"[13]第七章《经学统一时代》佛老二教也依旧昌炽,这种状况一直延续至北宋仁宗初年。

二、用义理之学取代章句之学

北宋政权在五代走马灯似的政权替换的基础上建立,新的统治者极力避免重蹈覆辙,一改"君弱臣强"的局面,强化中央集权。同时,朝廷标榜行黄老"清静无为"之术,笃守"祖宗家法"。宋太宗说:"先皇帝创业垂二十年,事为之防,曲为之制,纪律已定,物有其常。谨当遵承,不敢逾越。"[14]卷十七,开宝九年十月乙卯七八十年间,因循守旧、不知变化,"俗儒"之气弥漫着整个官场,形成了政治风尚的最大特色。由此而造成危机四起、内外交困的局面,如欧阳修所言:"国家自数十年来,士君子务以恭谨静慎为贤。及其弊也,循默苟且,偷堕宽弛,习成风俗,不以为非。至于百职不修,纪纲废坏。"[14]卷一八九,嘉祐四年三月己未这是北宋中期政治的大背景。儒学复兴运动在这一时期再掀高潮,这不是偶然的,而且取得了持续的成果。

虽然中唐新儒的主张并未被当时的主流接受,但其新思想一直在士人中间流传和被追寻。北宋前期的柳开(948—1000),"凡诵经籍,不从讲学,不由疏义,悉晓其大旨。注解之流,多为其指摘"[15]。宋太宗时即入朝讲解儒经的孙奭(962—1033),"患《五经》章句浮长,删为《节解》数百篇,取《九经》之要,著《微言》五十篇。"[16]卷五八《孙奭墓志铭》景德四年(1007),宋真宗对辅臣说:"近见词人献文,多故违经旨以立说,此所谓非圣人者无法也。倘有太甚者,当黜以为戒。"[12]卷六六,景德四年七月壬申可见不囿于旧说发表己见,已经难以制止,随着"新学"的发展,逐渐成为时代风尚。与唐代一样,对传统学术怀疑风潮,比中唐来得更为猛烈,范围更广,影响更为深远。传统的义疏章句之学受到了普遍的质疑和抨击,宋儒不仅不迷信传注,进而

---

① [唐]韩愈:《昌黎先生集》卷十一《原道》,四部丛刊本。陈寅恪有《论韩愈》一文,揭示了韩愈复兴儒家之道的努力,载氏著《金明馆丛稿初编》,生活·读书·新知三联书店,2001年版。

对流传的经文是否是"真经"也进行了大胆的怀疑,直抒胸臆,发明经旨,汇而成为强劲的洪流,一发而不可止。其中如孙复、石介、欧阳修、刘敞、王安石等新儒,最具代表性。

孙复(992—1057)以治经闻名,被擢于太学教授,讲说多异先儒。著有《春秋尊王发微》。"不惑传注,不为曲说以乱经。其言简易,明于诸侯大夫功罪,以考时之盛衰,而推见王道之治乱,得于经之本义为多。"他为仁宗讲《诗》,也被旧儒指为"多异先儒"[15]卷二七《孙明复先生墓志铭》。孙复向前代的权威注疏提出了全面挑战,认为王弼等解《易》,三传等解《春秋》,毛苌、郑康成讲《诗》,孔安国讲《书》,皆"不能尽于圣人之经,而可藏于太学行于天下哉?又后之作疏者,无所发明,但委曲踊于旧之注说而已"。所以他要求对旧注"重为注解","讲求微义,殚精极神,参之古今,复其归趣,取诸旧识绝见大出王、韩、左、谷、公、杜、何、范、毛、郑、孔之右者,重为注解,俾我《六经》廓然莹然如揭日月于上,而学者庶乎得其门而入也"[16]寄范天章书二。石介(1005—1045)传孙复之学,对旧传注的否定立场是一样的,他撰有《忧勤非损寿论》驳"康成之妄",有《与张洞进士书》言《春秋》三传"不能尽得圣人之意",又言"汉大儒董仲舒、刘向,晋杜预,唐孔颖达,虽探讨甚勤,终亦不能至《春秋》之蕴"[17]卷十一、第121页。与孙、石二人共称为"宋初三先生"的胡瑗亦说:"章句细碎,不足道也。"[18]卷一《安定学案·语录》、第38页三先生在北宋中期的疑经思潮中发挥着重要作用,后来被追尊为理学先驱。

欧阳修(1007—1072)在疑经思潮中发挥着重要作用。《易经》历来艰深,注家很多,对《易经》的最早注本称为《周易大传》或《十翼》,七种十篇,相传为孔子本人所作。欧阳修撰《易童子问》,认为《系辞》而下"皆非圣人之作",一口气就把十翼中的六篇给否定了,这当然是一件石破天惊的事情。《诗经》注有西汉毛亨、毛苌所传称为《毛诗》流传,东汉郑玄作《毛诗传笺》,故而毛、郑被视为《诗》学权威。欧阳修有《诗本义》,他批评"毛、郑之学"说:"其说炽辞辩固已广博,然不合于经者亦不少,或失于疏略,或失于谬妄。"故而他"欲志郑学之妄,益毛氏疏略而不至者合之于经"①。四库馆臣谓:"《诗》有四家,《毛诗》独传,唐以前无异论,宋以后则众说争矣。"又指出:"自唐以来说《诗》者未敢议毛、郑,虽老师宿儒亦谨守小《序》,至宋而新义日增,旧说弃废,推原断始,实发于修。"可见欧阳修是《诗》学解放的引领者。其在翰林学士任上上奏《论删去九经正义中谶纬札子》说,《六经》乃"士之所

---

① [宋]欧阳修:《毛诗本义》卷十五《诗解统序》,据《摛藻堂四库全书荟要》卷八五八。句中"志"疑为"去"之误。

本"，"自暴秦焚书，圣道中绝"，"至唐太宗时，始诏名儒撰定《九经》之疏，号为《正义》，凡数百篇。自尔以来，著为定论。凡不本《正义》者，谓之异端。则学者之宗师，百世之取信也。然其所载既博，所择不精，多引谶纬之书以相杂乱。怪奇诡僻，所谓非圣之书，异乎《正义》之名也"。要求恢复《九经》本来面目，去其"诡异驳杂"，使"经义纯一"[21]卷十六《翰苑》，要求对旧经学进行彻底清算，这是疑经思潮中最富代表性的文字之一。

孙复、欧阳修前后相继，集中体现了重新解释儒家经典这个时代主题。另如长于《春秋》的刘敞(1019—1068)批评《春秋》三传"其善恶相反，其褒贬相戾"，他有《七经小传》以己意解经。宋《国史》说："庆历以前，学者尚文辞，多守章句注疏之学。至刘原父为《七经小传》，始异诸儒之说。王荆公修经义，盖本于原父。"[22]卷二可见刘敞(字原父)也是北宋疑经思潮的代表人物。熙丰变法时，王安石(1021—1086)主持了《周礼》《书》和《诗》三部经书的重新注释，称为《三经新义》，用以作为考试的标准。而于《春秋》等经废置不用，又以己意解经，备受反对派的责难。北宋中期的疑经思潮在王安石变法时期，臻于鼎盛。以己意解经的"新儒"取代了固守章句注疏之学的"旧儒"，直追儒经义理，所以又被称为"义理之学"。在学术史上，又把新儒的治经方式称为"宋学"[23]3。这是"与汉学迥然不同的一种新思路、新方法和新学风"[23]3，宋学成为儒学发展史上的具有里程碑意义的重要阶段，理学由此发轫而发展形成，特重修身养性，钱穆视前者为"新儒"，视后者为"新儒中的新儒"①，是很有道理的。

三、用儒家之道取代"异端"

无论唐代和北宋，儒学复兴运动的起因，皆有激于佛老二教的昌炽。在新儒看来，佛老二教就是异端。前面说到，唐代佛老势力昌炽，统治者崇祀二教，引起了韩愈等新儒的强力反对。佛教经唐会昌五年(845)法难和五代周世宗显德二年(955)之毁佛而衰，而道教五代时亦趋微弱，"星弁霓襟，难逃解散。经籍亡逸，宫宇摧颓"[24]。

入宋之后，统治者为了社会秩序的稳定，提倡儒释道"三教"并隆的政策，佛道二教因此有了长足的发展。宋太祖对佛教采取保护和加强控制的政策，虽然解除了后周毁佛之令，但又诏令已废佛寺不得复兴。太祖注重佛经，曾两派求经使团西游，又

---

① 钱穆：《朱子新学案·朱子学提纲》，巴蜀书社，1986年版，第13页。陈植锷称前者为"义理之学"，称后者为"性理之学"，见氏著：《北宋文化史述论》，中国社会科学出版社，1992年版，第218~219页。

派人到益州(治今成都)雕刻大藏经板,同时下令出家求度须试"经业",限制度僧名额,显示了注重管理的势态。对道教也大体如此,要求"肃正道流",试学业,禁私度,禁"寄褐"①,"寄褐"是只穿道服而非真道士之谓。太宗一朝佛教势力膨胀,这是基于认为"浮屠氏之教有裨政治"之故。宋太宗对翻译佛经颇为热心,建成译经院,改变了唐元和以后不复译经的状况。太宗两次普度特放僧众,数量达十七万到二十四万之众。太宗晚年对僧人的增加也感到惊骇,看到了其中的弊病,他说,"东南之俗,连村跨邑,去为僧者,盖惮稼穑而避徭役耳。泉州奏:未剃僧尼系籍者四千余人,其已剃者数万人,尤可惊骇"[14]卷二七。雍熙三年(986)太宗借助道士张守真弄神,在"烛影斧声"一幕中继位,对道教尊崇有加,大修宫观,搜集道典,陈抟以"协心同德、兴化致治"为言,甚得太宗欢心[25]卷四五七《陈抟传》。宋真宗认为:"道释二门,有助世教","三教之设,其旨一也"[14]卷六三,景德三年八月;卷八一,大中祥符六年十一月,自觉借助二教来为自己的统治服务,有过于前两朝。真宗时亦多度僧尼道士,又大搞"天书"降临一类的闹剧,佛老二教势力臻至极盛,据当时的数据,天禧五年(1021),僧尼总数已近四十六万,道士计有两万零三百三十七人[26]卷六三,皆为宋代统计的最高数量。王公士庶,往往陷于其说而不能自拔。

面对如此事态,一些儒者深以为忧。宋初就有柳开立志要开辟"圣道之途",他指斥那些生在中国却"溺为佛老之徒,淫于诞妄之说"者,认为只有那些"笃道而育德,怀仁而含义"的儒者才属于"生而幸者"[27]卷五《上大名府王祐学士书》。王禹偁更于端拱二年(989)、至道三年(997)两度上疏朝廷,揭指"僧道蠹人"的现实,建议"沙汰僧尼,使民无耗"[14]卷三十,端拱二年正月乙未;卷四二,至道三年十二月甲寅。北宋中期,抨斥佛老的声音再度大作,范围广、时间长,这是自中唐以来儒学复兴运动自身的客观要求,也是北宋前期特别是真宗时期佛老昌炽的反响。为数众多的秉持复兴儒家之道信念的士人都纷纷发声,从不同角度揭示佛老的危害,汇而成为强大洪流。

韩愈首次提出了儒家的"道统",追寻儒家之道的本原,成为唐宋儒学复兴运动的关键文字:"吾所谓道也,非向所谓老与佛之道也。尧以是传之舜,舜以是传之禹,禹以是传之汤,汤以是传之文、武、周公,文、武、周公传之孔子,孔子传之孟轲。轲之死,不复其传焉。"[12]卷十一《原道》宋儒秉承儒家道统大旗,纷纷攘斥"异端",其中孙复《儒辱》篇最有代表性。是篇说:"儒者之辱始于战国,杨朱、墨翟乱之于前,申不害、韩非杂之于后,汉魏而下则又甚焉。佛老之徒横乎中国,彼以死生祸福虚无

---

① [宋]李攸:《宋朝事实》卷七《道释》,中华书局据商务印书馆"国学基本丛书本"原版重印,1955年版,第107页。

报应为事,千万其端,给我生民。……观其相与为群,纷纷扰扰,周乎天下,于是其教与儒齐驱并驾,峙而为三,吁可怪也。"孙复不能容忍佛老与儒家"齐驱并驾"的现象,究其原因,认为是"圣人不生,怪乱不平"之故,"故杨墨起而孟子辟之,申韩出而杨雄距之,佛老盛而韩文公排之"。高度称颂韩愈排佛之功。石介指责以佛老与儒"三教皆可尊"的论调说:"自伏羲、神农、黄帝、尧、舜、禹、汤、文、武、周公、孔子至于今,天下一君也,中国一教也,无他道也。今谓吾圣人与佛、老为三教,谓佛、老与伏羲、神农、黄帝、尧、舜俱为圣人,斯不亦骇矣!"[19]卷十三《上刘工部书》,第153页 这简直是公开和上引真宗所说"作对"了。石介在《怪说》一文中,呵斥佛老皆破碎了"圣人之道",甚至在《中国论》一文中斥佛老皆为坏乱中国的"夷"[19]卷五《怪说》卷十《中国论》,第60页,激愤之情,溢于言表。欧阳修称赞石介"大论叱佛老,高声诵虞唐"[17]《镇阳读书》,第14页,予以很高评价。

为何要辟斥以佛老为代表的异端?一位年轻的基层士人王令(1032—1059)说道:"道之不行,自文、武而来,其已远矣!然仲尼之后,数十年而墨,墨数年而秦,秦数十年而老,老数百年而佛,佛今千有余年矣!而共间特力独抗,拨邪说而自正者,财孟与韩二人尔。然又身立无由,道不及天下,财空言以待后世。"[28]卷十三《书墨后》,第246页 在王令诸人眼中,这个"后世"已经来临了,复兴儒家之道,就在眼前。稍后大程说得好:"道之不明,异端害之也。昔之害近而易知,今之害深而难辨。昔之惑人也乘其迷暗,今之惑人也因其高明。自谓之穷神知化,而不足以开物成务,言为无不周遍,实则外于伦理,穷深极微,而不可以入尧、舜之道。天下之学,非浅陋固滞,则必入于此。自道之不明也,邪诞妖妄之说竞起,涂生民之耳目,溺天下于污浊,虽高才明智,胶于见闻,醉生梦死,不自觉也。是皆正路之榛芜,圣门之蔽塞,辟之而后可以入道。"[25]卷四二七《程颢传》,第12717页 异端邪说如榛芜,堵塞了进入"圣门"的"正路",故必辟之。后来理学在建构自己的理论体系的时候,吸收了佛道中的某些思想也是事实,但毕竟与佛老有本质上的区别,是不可混为一谈的。

四、复兴经世致用的"有为"传统

如果说,儒学复兴仅仅是以义理之学取代旧儒的章句之学,以儒家之道取代佛老之道,也不是完整的解释。还要复兴什么?所复兴者用来干什么的?回答是"有为",也就是有所作为,要对天下国家民生"有用",以有用之学取代无用之学。

韩愈《原道》就说:"古之所谓正心而诚意者,将以有为也。"新儒提倡的恢复"正心诚意"传统,是要有所作为的。王令在一封答友人书中说道:"自章句之学兴,天下之学者,忘所宜学而进身甚速。忘所宜学,则无闻知;进身甚速,则谋道之日浅,甚者不知诵经读书何以名学,徒日求入以仕。"[28]卷十七《答刘公著微之书》,第306页钱穆指出:"汉儒多尚专经讲习,纂辑训诂,著意所重,只在书本文字上。所谓通经致用,亦仅是于正事而牵引经义,初未能于大经大法有建树。"[29]8唐代亦然,如冯友兰指出,唐代《五经正义》在当时不过作为书本知识来传播的,"他们并没有把儒家的经典和当时政治、社会、人生各方面的问题结合起来,他们并不准备这样做,唐太宗也不要求他们这样做"[30]第五册,第47页。北宋中期的新儒们显然不愿意继续这种状态了。他们继承韩愈所昭示的有为精神,要以儒家所谓的三代社会"王道"政治作为理想,以《六经》义理为指导来治理和改造社会现实。

孙复就说,"舍《六经》而求虞夏商周之治,犹泳断潢污渎之中望属于海也",要求对《六经》重为注解的目的,认为可使学者"得其门而入","如是则虞夏商周之治可不日而复矣"[18]《寄范天章书二》,要用《六经》义理来指导国家的治理。胡瑗在湖州教授任上,创苏湖教学法,立"经义"和"治事"两斋。前者重理论,学习《六经》;后者研究致用之学,"如治民以安共生,讲武以御其寇,堰水以利田,算历以明数是也"[20]卷一《安定学案》,第24-25页。其在太学时,也分类讲习,结合"当时政事"的实际,不放空言。弟子多及千人,其中"为政"者,"多适于世用",为推动经世致用学风的流行作出重要贡献。其弟子刘彝说:"圣人之道,有体,有用,有文,君臣父子,仁义礼乐,历世不可变者,其体也。《诗》《书》史传子集,垂法后世者,其文也。举而措之天下,能润泽斯民,归于皇极者,其用也。"进而批评了取士之弊并盛赞其师之功:"国家累朝取士,不以体用为本,而尚其声律浮华之词,是以风俗媮薄。臣师当宝元、明道之间,尤病其失,遂明体用之学以授诸生。夙夜勤瘁二十余年,专切学校,始于苏、湖,终于太学,出其门者无虑一千余人。故今学者明夫圣人体用以为政教之本,皆臣师之功。"[31]卷十这就是为宋人盛称胡瑗的"明体达用"之学。

新儒学所要强调的,不仅是从学理上而言的,还强调用之于社会,有所作为。《宋史·石介传》就说:"石介尝患文章之弊、佛老为蠹,著《怪说》《中国论》,言去此三者,乃可以有为。"去除"异端",才可能有所作为。儒家认定的经典是拿来做什么的?不同的人可能有不同的回答。新儒陈舜俞(?—1076)撰《说用》开篇就说:"《六经》之旨不同而其道同归于用,天下国家所以道其道而民由之,用其用而民从之,非以华言单辞殊指奥义为无益之学也。"[32]卷六基层士人李觏著《周礼致太平论》五十一篇,自序称:"岂徒解经而已哉!唯圣人君子知其有为言之也。"[33]通经致用,这是新儒的共同呼声和追求的目标。范仲淹的"庆历新政"和王安石的变法运动,都是通经致用的突出事例。

刘彝所说的体即"君臣父子,仁义礼乐"是儒家共同遵循而不可动摇的伦理原则。班固在《汉书》中给予的定义说:"儒家者流,盖出于司徒之官,助人君顺阴阳、明教化者也。游文于六经之中,留意于仁义之际,祖述尧舜,宪章文武,宗师仲尼,以重其言,于道最为高。"[34]卷三十《艺文志》,第六册,第1728页儒家的志业是要有助于朝廷来安定社会、治理天下的,追寻尧舜的王道政治,可见儒家从一开始就是要有所作为的,这就是后人说的"外王"之业。亦可见从一开始,儒学就没有叫你去寻章摘句做"纯学问"。唐代科举要求通经,但仅此而已,如前引冯友兰所指出的那样,《五经正义》在当时不过作为书本知识来传播的。宋代新儒学追求的,就是要恢复儒家的"本来"面目,有用于社会和国家。

结语

宋代的儒学复兴运动由中唐发其端,以疑经思潮为起点,衰而到北宋中期复振,声势浩大,理学由此发轫,从这个意义而言,可谓长盛不衰了。综上所述,笔者认为,儒学复兴思潮的核心问题有三点:从儒学内部而言,是用义理之学取代章句之学,这是经学史上的一场革命,也是宋学与汉学的分界线;从儒学外部来讲,是要用儒学之道取代以佛老为代表的各种异端,力图要使儒学重新获得独尊地位;第三点是要用有为之学取代无用之学,这点往往被人忽略。复兴之儒学我们称之为新儒学,它不仅是一个新的开放型的解释体系,更是新儒用以经世致用的大法。只有将这三点结合起来,才是北宋儒学复兴运动完整意义上的核心内容,所以说是三位一体而不可分的。

还有就是,如果不把"疑经思潮"和"古文运动"看作儒学复兴运动的核心问题,那么它们在这场运动中的作用如何评价呢? 这里简单说几句:"疑经思潮"与儒学复兴运动伴生伴长,须臾不可离,它的作用自然不可忽视。它打破了固有的思维模式,它是儒学复兴运动的起点,治经不墨守成规,另辟蹊径,始则涓流,终成洪流。"疑经"的作用是先锋,是战士,勇往直前,直接孕生了以追求经典大义为宗的宋学。"古文运动"也是与儒学复兴思潮伴生伴长密不可分的。的确,儒学复兴的鼓吹者,一般也是古文运动的倡导者,现今学者讲论儒学复兴,都离不开古文运动,著作之家莫不如此。北宋新儒认为,当时流行的骈俪文体不能正确地传播儒家之道,柳开说:"古文者,非在辞涩言苦,使人难读诵之,在于古其理,高其意,随言短长,应变作制,同古人之行事,是谓古文也。"①本来作为文体的"古文"只是工具,是表达思想的载体,新儒赋予了它一身二任的功能,这就文道合一了。新儒同时也认识到,内容比形式更为重要,释而儒者智圆就说:"今其辞而宗于儒,谓之古文可也;古其辞而倍于儒,谓之古文不可也。虽然,辞意俱古,吾有取焉尔。"②可见,把古文运动看作儒学复兴运动的工具更为恰当。古文家韩愈早就说得很明白:"愈之为古文,岂独取其句读不类于今者邪? 思古人而不得见,学古道则欲兼通其辞。通其辞者,本志乎古道也。"[34]北宋新儒与韩愈这个看法是一脉相承的。

需要说明的是,上面所论宋儒说的"有为""致用",有两个方面,外王之业只是宋儒追求的一个方面,另一个方面则是要求养成完善的人格,修身养性,以达成最高的道德和人格修养,即所谓"内圣"的境界。中唐李翱鼓吹"性善情恶说":"人之所以为圣人者,性也;人也所以惑其性者,情也。"[36]人性本善,由于"情"的惑乱,使人性昏而不明,这就需要"复性",使由恶变为善,前引唐吕温所言也已表达了新儒的这一诉求。但是,这并不是北宋中期新儒们的共识,虽然当时已有许多学者强调"养性"的重要性,但儒学复兴运动的主将欧阳修却说《六经》皆"不言性",其所载"皆人事之切于世者",并说:"夫性,非学者之所急,而圣人之所罕言也",斥之为"无用之空言"[17]卷四七《答李诩第二书》。司马光也说"性、命"是孔子所"罕言"者,并批评当时的举人"发言秉笔,先论性命"[37]卷四五《论风俗札子》的现象。欧阳修、司马光所言,代表了北宋中期新儒的主流,强调养性或复性这一层面的倾向发展至理学才作了淋漓尽致的发挥,这就需要另当别论了。

参考文献

[1] 邓广铭. 略谈宋学[M]//宋史研究论文集. 杭州:浙江人民出版社,1987.

[2] 陈植锷. 北宋文化史述论 [M]. 北京:中国社会科学出版社,1992.

[3] 包弼德. 斯文:唐宋思想的转型[M]. 刘宁,译. 南京:江苏人民出版社,1992.

[4] 余英时. 朱熹的历史世界[M]. 北京:生活·读书·新知三联书店,2004.

[5] 陈来. 宋明理学[M]. 上海:华东师范大学出版社,2004.

[6] 漆侠. 宋学的发展和演变[M]. 石家庄:河北人民出版社,2002.

[7] 刘复生. 北宋中期儒学复兴运动[M]. 台北:台湾文津出版社,1991.

---

① 柳开:《应责》,《河东先生集》卷一,此据曾枣庄、刘琳主编《全宋文》卷一二六,上海辞书出版社,2006 年版,第 366 页。

② 智圆:《闲居编》卷二九《送庶几序》。智圆是僧而儒者,漆侠先生在《宋学的发展和演变》中,第四章即专论智圆对儒学思想的认识和重要作用。

[8] 晁公武. 郡斋读书志[M]. 孙猛,校证. 上海:上海古籍出版社,1990.

[9] 吕温. 与族兄皋请学春秋书[M]//董诰. 全唐文:卷六二七. 上海:上海古籍出版社,1990.

[10] 汤用彤. 隋唐佛教史稿[M]. 北京:中华书局,1982.

[11] 杜光庭. 历代崇道记[M]//杜光庭,罗争鸣. 杜光庭记传十种辑校. 北京:中华书局,2013.

[12] 韩愈. 昌黎先生集:卷三九:论佛骨表[M]. 四部丛刊本. 上海:商务印书馆,1920.

[13] 皮锡瑞. 经学历史[M]. 周予同,注释. 北京:中华书局,1989.

[14] 李焘. 续资治通鉴长编[M]. 上海师范大学,华东师范大学古籍所,点校. 北京:中华书局,1979—1995.

[15] 张景. 柳开行状[M]//柳开《河东集》附录. 景印文渊阁四库全书. 台北:台湾商务印书馆,1986.

[16] 宋祁. 景文集[M]. 文渊阁四库全书. 台北:台湾商务印书馆,1986.

[17] 欧阳修. 居士集[M]//欧阳修全集. 北京:中国书店,1986.

[18] 孙复. 孙明复小集[M]. 景印文渊阁四库全书. 台北:台湾商务印书馆,1986.

[19] 石介. 徂徕石先生文集[M]. 陈植锷,点校. 北京:中华书局1984.

[20] 黄宗羲. 宋元学案[M]. 陈金生,点校. 北京:中华书局,1986.

[21] 欧阳修. 奏议集[M]//欧阳修全集. 北京:中国书店,1986.

[22] 吴曾. 能改斋漫录[M]//国史. 上海:上海古籍出版社,1984.

[23] 漆侠. 宋学的发展和演变[M]. 石家庄:河北人民出版社,2002.

[24] 孙夷中. 三洞修道仪·序[M]//正统道藏·正乙部. 明刻本. 上海:商务印书馆,1923.

[25] 脱脱. 宋史[M]. 北京:中华书局,1977.

[26] 章如愚. 山堂考索后集[M]. 景印文渊阁四库全书. 台北:台湾商务印书馆,1986.

[27] 柳开. 河东集[M]. 景印文渊阁四库全书. 台北:台湾商务印书馆,1986.

[28] 王令. 王令集[M]. 沈文倬,校点. 上海:上海古籍出版社,1980.

[29] 钱穆. 朱子新学案·朱子学提纲[M]. 成都:巴蜀书社,1986.

[30] 冯友兰. 中国哲学史新编[M]. 北京:人民出版社,1988.

[31] 朱熹. 宋名臣言行录前集[M]. 景印文渊阁四库全书. 台北:台湾商务印书馆,1986.

[32] 陈舜俞. 都官集[M]. 景印文渊阁四库全书. 台北:台湾商务印书馆,1986.

[33] 李觏. 周礼致太平论·序[M]//李觏集:卷五. 王国轩,校点. 北京:中华书局,1981.

[34] 班固. 汉书[M]. 北京:中华书局,1962.

[35] 韩愈. 题欧阳生哀辞后[M]//董诰. 全唐文:卷五六八. 上海:上海古籍出版社,1990.

[36] 李翱. 复性书[M]//董诰. 全唐文:卷六三七. 上海:上海古籍出版社,1990.

[37] 司马光. 司马公文集[M]//曾枣庄,刘琳. 全宋文:第1200卷第55册. 上海:上海辞书出版社/合肥:安徽教育出版社,2006.

在调和与融通之间：唐宋变迁视野下的三教互动

虞云国

（上海师范大学 人文学院，上海 200234）

[摘 要] 直至中唐以前，佛教与道教虽曾各倡调和之论，历朝君主也有调和之举，但都是对三者关系的外在安顿，儒佛道之间真正融通并未措手。大约中唐前后，佛教完成了中国化进程，道教尽展本土宗教的全部特色。儒学也自觉危机，遂由韩愈肇其始，而由宋代理学家最终毕其功，融汇佛道的合理精髓，再构宋学的思想体系，最终夺回三教关系的话语主权。在此过程中，佛道两家进一步将儒学价值观自觉纳入教义，主动向儒家靠拢。而宋代君主作为最高统治者，尽管个人在崇道好佛上各有轩轾，却始终以调和三教为基本国策，但仍有值得抉发的历史细节，勾画出统治者从三教调和的外在安顿向三教融通的格局砥定的政策走向。这些变化与互动，构成了思想领域中唐宋变革的一大主题。

[关键词] 唐宋变革；三教调和；三教融通；文化格局；儒学主导权

标题所说的"三教"，只是借用的说法。这是因为，其一，以笔者之见，儒学毕竟还不构成一种宗教；其二，自道教作为中国本土宗教形成以后，道家思想与道教文化很难划清此疆彼界，故而讨论道教，也不免涉及道家思想。

佛教作为外来宗教，自汉晋开始，经历了漫长的过程，以禅宗六祖《坛经》为标志，宣告其中国化的基本完成。几乎与这一进程相始终，道教也独立自主地获得了

[作者简介] 虞云国（1948— ），男，浙江慈溪人，上海师范大学人文学院教授、博士研究生导师，主要研究方向：宋代政治与制度、典籍与文化。

发展。而儒学作为中国文化的核心,自汉武帝独尊其地位后,历魏晋南北朝至隋唐时期,不仅未有原创性的推进,而且受到玄学、佛教与道教的多方面挑战。在这一长时段中,各个政权的最高统治者,对儒、佛、道三教轩轾抑扬,颇有进退失据的政策与举措,最令人注目者莫过于三武灭佛之举。

唐宋之际,中国历史发生了较大的变化,史界或称唐宋变革,或称唐宋变迁。而三教融通,既是唐宋社会变迁在思想宗教领域的一种投射,也最终构成这一变迁的一束光谱。当然,所谓三教融通,最终还是以儒学为核心与主导的。

一、"三教融通"前的"三教调和"

东汉前期佛教传入,风起于青𬞟之末,初期影响有限。及至东汉晚年道教形成,中国文化开始了儒佛道并存的局面。既要并存,三者之间不能不讲相处之道。值得注意的是,率先倡导"三教调和"的,竟是外来的佛教。《牟子理惑论》最早全面论证佛教与儒、道观点的一致性①,强调:"尧舜周孔,修世事也;佛与老子,无为志也。"[1]卷一《理惑论》不难发现,作者立论虽在弘扬佛教,定位上却明确承认儒学的主导地位,并策略地将佛教与道教并提,其用意显然是争取儒学正统的认可,以所谓"金玉不相伤,精魄不相妨"[1]卷一《理惑论》,赢取与道教伯仲之间的大义名分。

其后,佛教信徒与向佛士人对儒学主动示好的议论络绎不绝,都应基于这一策略。例如,三国时,康僧会对吴主声称:"儒典之格言,即佛教之明训。"[2]卷一《康僧会传》。东晋名僧慧远声称:"道法之与名教,如来之与尧孔,发致虽殊,潜相影响,出处诚异,终期则同。"[1]卷五《沙门不敬王者论》亲佛名士孙绰也主张:"周孔救极弊,佛教明其本耳。共为首尾,其致不殊。"[1]卷三《喻道论》

相比之下,道教却不及佛教审时度势,反而大有与儒学争正统的倾向。例如,东晋道教学者葛洪就宣称:"道者,儒之本也;儒者,道之末也。""道者,万殊之源也;儒者,大淳之流也。"[3]这种将道教作为本与源,而将儒学贬为末与流的说法,自难受到主流儒学的认同。但总的说来,自汉魏之际至东晋十六国,传统儒学思潮并未将佛教传入视为心腹大患,道教也没有认真将这一外来宗教列为竞争对手,故而佛道之间也未凸现激烈的冲突。

佛教主动有意地趋迎儒学正统,首倡儒佛并存的调和之论,为佛教传播换来了黄金时段。佛教如火燎原的发展之势,无形中褫夺了潜在的道教信徒,也引起了代

---

① 关于该书作者与成书年代,歧说纷纭,此取佛教史家汤用彤之说,确认为汉末牟融所作。

表儒学的最高统治者的深度不安，终于儒道联手强势反击。北魏太武帝灭佛，"道教站在儒家士族一边，无疑起了重要的作用"[4]。这一事件，既是三教未能协调共处的集中爆发，也凸显了"三教调和"的迫切性。

令人注目的是，在其后的三教论争中，道教转而成为主动出击者，并在这种挑战中，主动肯定儒家的正宗地位。这可以南朝宋时道教学者顾欢为代表。他在《夷夏论》里首先定位："五帝三皇，不闻有佛；国师道士，无过老庄；儒林之宗，孰出周孔。"既而承认佛道"二经所说，如合符契，道则佛也，佛则道也，其圣则符，其迹则反"，认为"圣匠无心，方圆有体，器既殊用，教亦易施。佛是破恶之方，道是兴善之术；兴善则自然为高，破恶则勇猛精进。佛迹光大，宜以化物；道迹密微，利用为己。优劣之分，大略在兹"。他论道佛优劣，在学理上不乏卓见，不失为调和之论；但在教派上，却借助儒家"尊王攘夷"之说，抨击佛教"下弃妻孥，上绝宗祀"，呼吁"舍华效夷，义将安取"[5]，这就当然找寻不到三教共处的合适平衡点。

于是，以佛教徒、亲佛士人为一方，以道教徒、学道士人为另一方，南朝佛道之间展开了旷日持久的"夷夏之辨"①。在这场论战中，一方面是佛道各执一词，形同水火，另一方面双方有识之士也大倡调和之论。佛徒朱广之就提出："蹄网双张，义无偏取，各随晓入，唯心所安。"[1]卷七《咨顾道士夷夏论》南齐竟陵王萧子良虽笃信佛教，却也认同"真俗之教，其致一耳"[1]卷十一《与孔中丞书》。道教徒孟景翼在《正一论》里吁请："道之大象，即佛之法身；以不守之守守法身，以不执之执执大象"，期以"旷劫诸圣，共遵斯一"[5]。

南朝佛道之争尽管激烈，但毕竟停留在口舌之间。北朝则动用了国家权威，先有北齐文宣帝的天保灭道，后有北周武帝的建德灭佛，都是最高统治者在儒佛道关系上轩轾失控的结果。例如，北周武帝欲以儒家思想统一三教，下诏"辩释三教先后，以儒教为先，道教为次，佛教为后"，佛教徒道安却根本不承认道教的存在价值，强调"道无别教，即在儒流"[6]卷八《沙门释道安二教论》，周书卷五《武帝上》，完全否定周武帝对道释的排序，反而自招灭佛之祸。

大体说来，两晋南北朝时期，佛道先后向儒学输款，求取自身的发展，而最高统治者代行国家权力，实际上代表着儒家的取向，故而皇帝的态度决定着佛道两教的地位与命运。但无论是南朝崇佛的梁武帝，还是北朝灭佛的北魏太武帝与北周武帝，都没有调和好三教关系。值得指出的是，综观这一时期，儒学主流既未见其主

---

① 这些驳难保存在《弘明集》卷六与卷七里，有释慧通、僧愍与士人谢镇之、朱昭之、朱广之等书函论文。

动提出调和三教的政策主张,也鲜有对佛道思想的深刻批判。作为文化核心的儒家主流,显然尚未意识到儒学的危机,仍未自觉承担起主角的角色。最关键的,还在于三教之间真正的融通尚未开始,佛道两家虽然各倡调和之论,历朝皇帝也颇有调和之举,但这些"调和"最终取决于最高统治者的决策,只是对三教关系的外在安顿。总之,外在策略上的"三教调和"与内在学理上的"三教融通",是两个有明显区别的命题。在你中有我、我中有你的"三教融通"之前,所谓的"三教调和"政策不可能让三教长治久安地和谐共处。

二、三教融通中儒学正统的再确立

陈寅恪有言:"综括言之,唐代之史可分前后两期,前期结束南北朝相承之旧局面,后期开启赵宋以降之新局面,关于政治社会经济者如此,关于文化学术者亦莫不如此。"[7]296 综观儒、佛、道三教关系,自中唐前后,也渐呈融会态势。正是在这一大趋势下,新儒学摄取佛道两家的合理因素,构建起有别于传统儒学的宋学系统。与此同时,佛教与道教也兼容其他两家因子,佛教最终完成了中国化的进程,道教也充分展现出本土宗教的全部特色。

唐代历朝皇帝尽管崇道抑佛,策略上却取三教调和的表象,例如唐睿宗就声称:"释典玄宗,理均迹异,拯人化俗,教别功齐。"[8]卷七《睿宗》记借用荷兰汉学家许理和的说法,佛教既然已经征服中国,其与道教在唐代的共处,虽有龃龉,却不剧烈。只在唐武宗灭佛时,这种合理的张力才一度短暂打破,而这与唐武宗过度热衷道教长生术是密切相关的。

与前代不同,唐代儒学主流开始自觉充当了反佛道的主角。如果说,中唐以前狄仁杰、姚崇等辅政大臣主要还是出于国计民生,批判佞佛崇道[8]卷八十九《狄仁杰传》;卷九十六《姚崇传》;那么,中唐以后,韩愈以其《原道》与《谏佛骨表》,李翱以其《复性书》,代表了儒学已经试图在性命之学上重建儒家新道统,以与佛、道两教全面抗衡。陈寅恪指出:"天竺佛教传入中国时,而吾国文化史已达甚高之程度,故必须改造,以蕲适合吾民族、政治、社会传统之特性。"在这一改造中,韩愈能够"阐明其说,抽象之心性与具体之政治社会组织可以融会无碍,即尽量谈心说性,兼能济世安民,虽相反而实相成,天竺为体,华夏为用,退之于此以奠定后来宋代新儒学之基础,退之固是不世出之人杰,若不受新禅宗之影响,恐亦不克臻此"[7]288。

融会佛道的合理精髓,再构儒学的思想体系,夺回儒家的话语主权,这一工作由韩愈肇其始,而由宋代理学家最终毕其功,是与宋代文化所具有的时代特点息息相关的。宋代政治氛围相对宽松,文化管理较为开放,有益于形成多元并存的兼容精神,此即陈寅恪强调:"六朝及天水一朝思想最为自由。"[9]卷九《道意》,卷十《明本》

兼容精神是宋代文化的基本价值取向,宋学在其创立过程中颇具开放姿态与创新活力(理学的封闭、保守与僵化,基本上在入明以后),宋学在重构儒学过程中也确能兼收并蓄,为我所用。宋代主要思想家几乎都有"出入释老"的经历,他们谙熟佛典道经,援佛入儒或援道入儒。无论是程朱派,还是心学派,理学各派都吸收改造了佛、道关于宇宙论和认识论的成果,融入新儒学的理论体系。

一般认为,《太极图说》对理学宇宙观的奠基厥功甚伟,但研究表明,周敦颐只是将陈抟的《先天图》"颠倒其序,更易其名"而已[10]卷十二《濂溪学案下》。陈抟是宋初著名道士,为修炼内丹,总结前人成果,结合自己心得,绘成了炼内丹的方法程序示意图,名之曰《先天图》。其次序恰与周敦颐的《太极图》相反,因为陈抟认为这一模式"顺则生人,逆则成仙"。陈抟追求的是成仙,所以倒过来;周敦颐研究的是"生人",所以从无极、太极、阴阳、五行、男女顺着往下说。周敦颐的《太极图》,影响了其后邵雍的"象数学"与张载的《西铭》,更为理学集大成者朱熹推崇备至。

比周敦颐年代略后的邵雍,从太极的"一"开始,乘以简单倍数,递增为《周易》的六十四卦,构成一个以"道"为核心的宇宙图式;而这种"道"先天就有,既是构成宇宙万物的天理,也存在于人心之中。邵雍的象数学虽出以儒家易学的面貌,但他曾随李之才研究《河图洛书》与象数之学,而李之才则得之陈抟,邵雍象数学的谱系里杂有道教的血脉,是毋庸讳言的。

二程在新儒学形成史上占有特殊的地位,但洛学却是在批判佛道与兼摄释老的双重变奏下完成的。他们一方面激烈抨击佛道的宗教神学,认为"释氏与道家说鬼神甚可笑,道家狂妄尤甚",还从宇宙观、人生观的高度指出,道家脱离儒家仁义之道而崇尚自然之道,"则自不识道,已不成言语","释氏言成住坏空,便是不知道,只有成坏,无住空"[11]卷二十二上:伊川先生语八。另一方面,洛学却兼容摄取了佛道的精华成分。二程坦然承认"佛老,其言近理"[11]卷十三《明道先生语三》,却似乎更偏好佛教,一则说"佛亦是西方贤者",一则说"庄周气象大,故浅近"[11]卷二十二上《伊川先生语八》。他们指出:"世人之学,博闻强识者岂少?其终无有不入禅学者。就其间特立不惑,无如子厚(张载字)、尧夫(邵雍字)。"[11]卷十五《伊川先生语一》这就说明不仅张载、邵雍之学,二程之学也是兼摄佛学精华的。程颐说其兄程颢"泛滥于诸家,出入于老、释者几十年,返求诸《六经》而后得之"[11]卷十一《明道先生行状》,即大程通过对佛道长期研究,已将其精华涵纳进洛学体系。不仅大程如此,在《伊川易传》里,小程倡导义理易学,对濂溪易学"圣人定之以中正仁义,而主静"进行了批判性的扬弃,强调"变易而不穷",主张"君子之道,随时而动,从宜适变"[12]卷一《太极图说》,使义理易学充盈着勃勃生机,但倘若从周敦颐而上溯陈抟,程颐易学仍显露出援道入儒的轨辙。

至于朱熹,并不讳言"佛氏最有精微动得人处,本朝许多极好人无不陷焉",后一句似乎对佛教深致不满而痛加批判。但他在另一处说:"今之不为禅学者,只是未曾到那深处。才到那深处,定走入禅去也。"[13]卷二十四《为政篇下》,卷十八《或问下》这有点欲盖弥彰,倘若他自己未到那禅学深处,又怎知"定走入禅去",这也坐实了朱熹在对新儒学进行集大成构建时,对佛学,尤其是禅学,先期有过最精深入微的研究。他借用禅宗"月印万川"之喻来阐释新儒学的"理一分殊",无疑摄取了佛教"最有精微得人处"。朱熹著有《阴符经考异》与《周易参同契考异》,对道教经典也深有研究。他还说:"庄老二书解注者甚多,竟无一人说得他本义出,只据他臆说。某若拈出,便别,只是不欲得。"尽管表面上不屑地表示"不欲得",却肯定老子"谷神"章说明"有所受而能生物者也,至妙之理,有生生之意焉"[13]卷一二五《老氏》,还是偷运老子学说,充实理学体系。

概而言之,以韩愈为起点,儒家学者不仅自觉意识到,批判佛老事关儒家能否牢牢占据中华文化的道统正宗,而且认识到,在批判佛道时,儒学应该也必须融会其精华,强健我体魄,入其室而操其戈,最终战而胜之。故而陈寅恪指出:"凡新儒家之学说,几无不有道教,或与道教有关之佛教为先导。"[14]

三、三教融通中的佛教

在宋学各家出入佛老,尽用其学,完善新儒学体系的同时,佛道两家也自觉融会对方学说,并将儒学核心价值观纳入自己的教义,主动向儒家主流靠拢。

就佛教而言,这一趋势自禅僧怀海(720—814)将忠孝规定列入禅门《百丈清规》起,其风愈演愈烈。五代宋初僧人延寿认为:"儒道仙家,皆是菩萨,示助扬化,同赞佛乘。"此论虽宣扬三教合一,但立足点仍主佛教。及至北宋,智圆与契嵩对佛教儒学化与三教融通作出了巨大贡献。

宋初,僧史学者赞宁曾说过:"三教循环,终而复始,一人在业,高而不危。有一人故,奉三教之兴;有三教故,助一人之理。"联系到他有过劝宋代皇帝"见在佛不拜过去佛"的传说①，这里的"一人"，显然指最高统治者皇帝。这段话提出，君主若欲"高而不危"，就应该奉行三教，让三教助益于"一人之治"。其深堪玩味之处，是向以儒立国的君主纳诚输款，不妨视为儒学主导地位得到佛道公认的风向标。

僧智圆（976—1022）幼年出家，"年逾升冠，颇好周孔之书"，虽为缁流，却"准的五经，发明圣旨"，提倡儒家中庸之说，以佛教徒而自号"中庸子"，并特撰《中庸子传》自述学术旨趣，其晚年所作，尤以"宗儒为本"[15]卷二十二《谢吴寺丞撰〈闲居编序〉书》。他标举儒学在三教中的主导性，认为"非仲尼之教，则国无以治，家无以宁，身无以安"，而"国不治，家不宁，身不安，释氏之道，何由而行哉？"与此同时，他也指出，"儒者，饰身之教，故谓之外典也；释者，修心之教，故谓之内典也"；佛教可起辅翼儒学，"修身以儒，治心以释"；中庸之道不应"好儒以恶释，贵释以贱儒"[15]卷十九《中庸子传上》。不仅儒佛关系如此，他以诗自述出入三教云："宗儒述孟轲，好道注《阴符》，虚堂踞高台，往往谈浮图。"[15]卷四十八《潜夫咏》他进而认为："释道儒宗，其旨本融，守株则塞，忘筌乃通。"最早揭示了三教融通的理念，主张"三教之大，其不可遗"[15]卷十六《三笑图赞》，卷三十四《病父传》。智圆活动年代不仅远早于周敦颐与邵雍，而且领先于所谓宋初三先生孙复、胡瑗与石介，故而陈寅恪推崇他"于宋代新儒家为先觉"[14]。

与周敦颐等第一代宋学大师同时代的契嵩（1007—1072），在三教融通上的影响更大于智圆。他自许"既治吾道，复探儒术，两有所得"[16]卷十一《答茹秘校书》。他将佛教"五戒"等同于儒家"五常"，认为两者都"所以立诚修行，善世教人"[16]卷八《寂子解》。他把儒家推崇的孝道置于诸教的首要位置，并将其引入佛教戒律，"夫孝也者，大戒之所先也"，强调"诸教皆尊之，而佛教殊尊也"[16]卷三《辅教编下·孝论》。在推崇儒家中庸学说上，他比智圆更为彻底，礼赞中庸乃"天下之至道也"，宣称"吾人非中庸，则何以生也"，标榜"中庸几于吾道"。他在理论上以儒解佛，融通佛儒，认为《中庸》的"自诚明谓之性，自明诚谓之教"，就是佛经的"实性一相"，强调："儒、佛者，圣人之教也。其所出虽不同，而同归于治。儒者，圣人之大有为者也；佛者，圣人之大无为者也。"[16]卷九《万言书上仁宗皇帝》，卷八《寂子解》

实际上，唐代慧能建"不立文字"的禅宗，已基本确立了融通中国儒道的中国化佛教。宋代契嵩与智圆，都是佛教进一步儒学化的代表人物。宋代禅宗在继承

---

① 欧阳修：《归田录》卷上云："太祖皇帝初幸相国寺，至佛像前烧香，问：当拜与不拜？僧录赞宁奏曰：不拜。问其何故，对曰：见在佛不拜过去佛。"陈垣在《中国佛教史籍概论》卷二里认为，赞宁自吴越归宋，太祖已死，所对皇帝应是太宗。当然，这一传说不能当成信史，却折射出佛教在入宋以后对君主以儒立国态度的拥戴。

禅宗大传统的基础上,又有所创新,通过"代别""颂古""拈古""评唱""击节"等文字禅的形式,把禅宗特有的思维方式推到了更成熟的阶段,将对外在天国的追求转变为内在的心理调适,真正臻于"以佛修心"的境界。自宋代起,禅宗作为独具中国特色的佛教流派,犹如水银泻地渗透进士大夫的精神世界与日常生活。王禹偁标榜:"禅者,儒之旷达也;律者,儒之名教也。"[17]卷十七《黄州齐安永兴禅院记》说出的应是佛教儒学化下儒林学人的普遍心声。陈寅恪指出:"佛教学说能于吾国思想史上,发生重大久远之影响者,皆经国人吸收改造之过程。"[14]这一过程正是在唐宋社会变迁中得以最终完成的。

四、三教融通中的道教

朱熹曾赞许佛教主动摄取道家的精髓,却嘲讽道教有宝不用,只知在经教形式上低层次摹效:"道家有老庄书,却不知看,尽为释氏窃而用之。却去仿效释氏经教之属。譬如巨室子弟,所有珍宝悉为人所盗去,却去收拾他人家破瓮破釜。"[13]卷一二五《论道教》在中唐以后的相互融通上,佛、道两家或有上下床之别,但平心而论,道教融通儒佛的成效还是令人刮目的。

中唐名道吴筠(? —778)融儒入道,提倡惩忿窒欲、迁善改过,对新儒学的修身养性说产生过一定影响。五代道教学者谭峭援儒入道,主张仁义礼智信,"五常者,五行也",五常犹如五行相济相伐,"斯大化之性也"[18]。

鉴于外丹道颇难实证的经验教训,陈抟、张伯端等吸收了儒家的纲常伦理与禅宗的心性之学,建立起完善的内丹学,以取代外丹术。有研究认为,陈抟融通三教,其内丹法的"观心"之道,即"颇受佛教禅法影响"[19]。张伯端在代表作《悟真篇》里高扬"三教归一"的旗帜,认为道、佛、儒三家在性命之学上完全一致:"教虽分三,道乃归一,奈何后世黄缁之流各自专门,互相是非,致使三家宗要迷没邪歧,不能混一而同归。"[20]在其之后,以《悟真篇》为祖经,以张伯端为祖师,形成了内丹派南宗,主张先命后性,性命双修,成为道教修炼的主流,也为金元之际新道教奠定了基础。有必要指出,张伯端(984—1082)与周敦颐等宋学大师以及契嵩等佛学名僧活动在同一年代。这种历史的巧合,也许是标识三教融通的里程碑。

南宋初年,洪州(今江西南昌)道士何守证创立净明道,明确标示"忠、孝"二字,故也称忠孝净明道,与内丹派南宗都是两宋境内新道教的教派。净明道直接将儒家伦常植入道教经典,将"忠孝廉谨、宽裕容忍"作为信徒必先修炼的"垂世八宝",认为"忠孝立本,方寸净明,四美具备,神渐通灵,不用修炼,自然道成"[21]卷二《道藏》。净明道强调向内的心性修养,具有追求慎独的新儒家色彩。这一道派虽然也讲符箓的修炼,声称佩戴符箓,就能达到内心清净、日月光明的"净明"境界,却使外在的修炼也变为内心的追求。净明道是儒道融通的产物,由于强调忠孝的内修,所以从统治阶级到苦难群众都能接受。

南宋时期,北方金朝的河北地区也出现了三个很有影响的新道派,即全真道、太一教和真大道教。其出现的历史背景、教派大要与发展轨迹,陈垣在《南宋初河北新道教考》论述颇详,此不具论,唯就三教融通略作申述。

全真道的开山祖师王重阳曾在山东创三教平等会,"劝人诵《般若心经》《道德》《清净经》及《孝经》"[22]卷一《道藏》,三教经典无一缺位,确实契合"三教平等"的宗旨。他在规定教义时,首先将三教归一置于重要位置,并以通俗诗体广为宣传:"儒门释户道相通,三教从来一祖风。悟彻便令知出入,晓明应许觉宽宏。"[23]卷一《孙公问》三教其教义实行禁欲主义,强调出家修行;但否认长生不死是修行目的;主张先性后命,性命双修,在修炼方法上开内丹派北宗。七真中以丘处机贡献最大,让全真教走向元朝宫廷。他也主张"儒释道源三教祖,由来千圣古今同"[24]。他融会儒道思想,告诫成吉思汗,帝王学道修仙,内修应内心清净,减声色,省嗜欲;外修应敬天爱民,不妄杀,令天下人安居乐业。

太一教祖师萧抱珍建庵立教,教名取自"元气浑沦,太极剖判,至理纯一之义"[25]。其教义提倡"中道",知柔守弱,乐善好施,躬行孝道,戒律严格,不能茹荤饮酒与娶妻生子。其中元气、太极、理等命题,"乐善好施,躬行孝道"等教规,已难分别儒学与道教的不同,而戒律严格,不能茹荤饮酒,也显然受佛门戒律的影响。

真大道教的祖师刘德仁开创新教时,目的是"欲移浇薄之风,令返真常之域,导之以百行万善,检之以三纲五常,庶乎自忠信孝悌而悟于休齐,由仁义礼智而返归于道德"[26]。观其宗旨,几乎全以儒家学说为指归。再看他为教徒立下的教规:"一曰视物犹己,勿萌戕害凶嗔之心;二曰忠于君,孝于亲,诚于人,辞无绮语,口无恶声;三曰除邪淫,守清静;四曰远势力,安贫贱,力耕而食,量入为用;五曰勿事博弈,毋习盗窃;六曰勿饮酒茹荤,衣食取足,勿为骄盈;七曰虚心而弱志,和光而同尘;八曰勿恃强梁,谦尊而光;九曰知足不辱,知止不殆。"[27]卷二十六《书刘真人事》九条教规中:第二条忠君孝亲,儒学成分灼然可见;第四、五、六诸条,佛教戒律的印记也一目了然。

宋代道教援佛入道有两种走向:一是从佛教哲学中汲取养分,融入自身清静恬淡的养生思想,进而向儒家士大夫渗透;二是吸纳佛教因果轮回思想与儒家纲常伦理学说,逐步向普通老百姓渗透。

五、三教融通政策在国家层面的确立

作为个人,宋代君主在崇道还是好佛上,或许各有轩轾;但作为最高统治者,在处理三教关系上,却无不以调和三教为基本国策。但其间仍有值得重视的历史细节,有助于分析宋代从三教调和向三教融通的政策走向。

宋太祖即位,就纠正后周世宗废佛的过举。他的继承者宋太宗奠立了调和三教的基调:"三教之理,其归一揆:释氏以慈悲,老子以清净,宣尼序五常,俱化民之要道。"[28]宰相赵普称颂宋太宗"以尧舜之道治世,以如来之行修心,圣智高远,动悟真理"[29]卷二十四:太平兴国八年十月甲申条,即出自同一背景。宋真宗虽是宋代崇道的君主,也曾亲撰《崇释氏论》,肯定佛教与儒学的共同点与兼容性:"释氏戒律之书,与周孔荀孟迹异道同,大指劝人为善,禁人之恶。"[29]卷四十五:咸平二年八月丙子即便在崇道高潮中,他仍明确对宰相指出:"三教之设,其旨一也。大抵皆劝人为善,惟达识者能总贯之。滞情偏见,触目分别,则于道远矣。"还亲著《感应论》以为阐释[29]卷八十一:大中祥符六年十一月庚戌。他把个人的宗教偏好与国家的宗教政策,分寸拿捏得十分到位。

南宋淳熙时,宋孝宗在亲著的《原道辨》里认为:"三教本不相远,特所施不同,至其末流,昧者执之而自为异耳。以佛修心,以道养生,以儒治世,斯可也,又何憾焉?"其东宫旧臣、原宰相史浩阅毕此文上奏:韩愈《原道》,"其所主在帝王传道之宗,乃万世不易之论。原其意在于扶世立教,所以人不敢议"。他揭示君主应成为"扶世立教"的"传道之宗",正是中唐以来韩愈开端的儒学主流为重建道统、夺回正宗所致力的目标。史浩接着称颂宋孝宗"圣学高明,融会释老,使之归于儒宗",肯定三教关系应以儒学为宗而"融会释老"。唯其如此,他对"以佛修心,以道养生,以儒治世"的三教分工论颇不以为然,认为"是本欲融会,而自生分别也。大学之道,自物格知至,而至于天下平,可以修心,可以养生,可以治世,无所处而不当矣。又何假释老之说耶?"史浩强调儒学本身兼备修心、养生、治世的三大功能,即其所谓:"以五戒出于圣人之仁义礼智信,三宝亦出于圣人之温良恭俭让,是释、老皆在吾圣人度内,不可别而为三,一出于圣人大学之道也。"[30]这段议论间接表明,兼摄佛道之长的新儒学,其建构已初步完成,故不必再将修心、养生的功能分派给释、老两家,而仅将儒家局限于治世。史浩尽管在宗教取向上偏好佛教,却并不否认,在儒学的主导下,佛道两教在修心养生上依然可以发挥各自特有的作用。所以，他最后建议宋孝宗参考这层意思，"稍参定末章，则善无以加矣"[31]。

值得注意的是，史浩的议论并非突如其来的空谷足音。在他之前，南宋另一位已故宰相李纲就有过类似论点。李纲去世在绍兴十年（1140），尽管已难确考其《三教论》的著述年代，但至少距史浩之论约早半个世纪。李纲在其《三教论》里已提出儒学为主、释道为辅的主张："然则治天下者，果何所适从而可乎？曰：从儒。彼道、释之教可以为辅，而不可以为主；可以取其心，而不可以溺其迹。"他也承认释道的辅助作用："若夫道、释之教以为辅而取其心，则道家之所谓清净、慈俭、柔弱、无为、少私、寡欲者，其说可取而亦足以助教化矣。释氏之所谓布施、持戒、忍辱、精进、禅定、智慧者，其说可取而亦足以助教化矣。"但他的结论一再重申："治之之道，一本于儒，而道、释之教存而勿论，以助教化，以通逍遥，且设法以禁其徒之太滥者，宫室之太过者，斯可矣。又何必人其人，火其书，庐其居，然后足以为治哉！"[32]由此可见，史浩不过在重复李纲的意见而已[1]。

宋孝宗最终采纳了史浩的建议，将《原道辨》易名为《三教论》。平心而论，宋孝宗"以佛修心，以道养生，以儒治世"的认识，为三教关系作出了各就其位的合适安顿，与前代相比，已不失为调和三教的最佳方案。但史浩与此前的李纲意犹未尽，他们一再强调的，无非是儒家在三教共处中的主导权。从这个意义上说，宋孝宗的《三教论》，可以视为唐宋社会变迁中以儒学为主体、以佛道为辅翼的文化格局最终形成。总的说来，整个宋代，儒、佛、道和平共处，相安无事（唯宋徽宗朝曾一度崇道抑佛，但也不过甚），与三教融通这一格局的砥定是密切相关的。

三教融通政策在国家层面上的最后确立，有赖于两大前提：一是新儒学的思想家们兼摄佛道精髓、重构儒学体系的原创性工作，二是以广大士大夫对兼容释老的新儒学的高度认同。而这两大前提，无不是以唐宋变迁中士大夫阶层的自觉崛起构成其广泛而坚实的社会基础的。

在三教融通的历史过程中，那些构建宋学体系的大师，自然最受历史聚光灯的垂青；对一般士人的广泛探索在其中提供的思想资源与社会土壤，学术界却往往有欠关注。北宋立国之初，宋太初作为普通儒士，在其《简谭·自序》里自述其学道："平生纂文史老释之学，尝谓《礼》之中庸，伯阳之自然，释氏之无为，其归一也。"[33]其后不久，学者晁迥也认为："孔氏之教以忠恕为宗，老氏之教以道德为宗，释氏之教以觉利为宗，举其宏纲，尽在此矣。内外同济，阙一不可。"[34]正是有赖于宋太初、晁迥这样一般士人的自觉参与，到南宋中晚期，学界已如黄榦所述："借儒者之

---

① 参见汪圣铎：《宋代政教关系研究》，人民出版社，2010年版，第268~271页。

言,以文佛老之说,学者利其简便。"[35]

这种以儒学为体、佛道为用的三教融通论,经由士大夫阶层的广泛认同与积极传播,渗透到社会生活诸多层面。笔者曾探讨过佛道两教对儒家主流文艺的渗透与影响[36],此不具论。在学者文人的诗文别集中,体现儒学主流的书院记、学记、祠堂记,崇尚道教的青词、醮词、宫观记、祈祝文,信仰佛教的疏文、水陆斋文、塔记、寺碑、偈语,纷然杂陈于一集之内,而游览道观佛寺,与高僧名道往还酬酢,更是韵文作品的重要题材。即便如真德秀这样的理学名人,也同样"沉溺于二氏之学,梵语青词连轴接幅,垂老津津不倦"[10]卷八十一《西山真氏学案》。

在日常生活中,儒、佛、道也是并行不悖。以北宋嵩山文化圈为例,既有儒学四大书院之一的嵩阳书院,又有禅宗祖庭少林寺,还有道教第六洞天的嵩山与中岳庙,成为融会儒佛道三教的风景名胜区[37],让士庶游人流连忘返。而在大足石刻中,类似元祐年间落成的石篆山造像,儒释道三教共处一窟的情况也绝非孤例。这与普通百姓读儒书、拜佛祖、做斋醮并行不悖而习以为常,都是三教融通政策在国家层面确立以后的社会面相。

参考文献

[1] 僧祐. 弘明集[M]//四部备要. 北京:中华书局,1936.

[2] 僧祐. 高僧传[M]//高僧传合集. 上海:上海古籍出版社,2011.

[3] 葛洪. 抱朴子内篇[M]. 北京:中华书局,1985.

[4] 任继愈. 中国道教史[M]. 上海:上海人民出版社,1990.

[5] 李延寿. 南史. 卷七十五:顾欢传[M]. 北京:中华书局,1974.

[6] 道宣. 弘明集. 广弘明集[M]. 北京:中华书局,1936.

[7] 陈寅恪. 论韩愈[M]//金明馆丛稿初编. 上海:上海古籍出版社,1980.

[8] 刘昫. 旧唐书[M]. 北京:中华书局,1975.

[9] 陈寅恪. 论再生缘[M]//寒柳堂集. 上海:上海古籍出版社,1980.

[10] 黄宗羲. 宋元学案[M]. 北京:中华书局,1986.

[11] 程颢,程颐. 河南程氏遗书[M]. 北京:中华书局,2004.

[12] 周敦颐. 周敦颐集[M]. 北京:中华书局,1990.

[13] 朱熹. 朱子语类[M]. 北京:中华书局,1986.

[14] 陈寅恪. 冯友兰著中国哲学史下册审查报告[M]//金明馆丛稿二编. 上海:上海古籍出版社,1980.

[15] 智圆. 闲居编[M]//续藏经. 北京:商务印书馆,1922.

[16] 契嵩. 镡津文集[M]//四部丛刊. 北京:商务印书馆,1929.

[17] 王禹偁. 小畜集[M]//四部丛刊初编. 北京:商务印书馆,1919.

[18] 谭峭. 化书. 卷四:五行[M]. 景印文渊阁四库全书本.

[19] 任继愈. 中国道教史[M]. 上海：上海人民出版社,1990.

[20] 张伯端. 悟真篇·序[M]//道藏要籍选刊. 上海：上海古籍出版社,1989.

[21] 黄元吉. 忠孝净明全书[M]. 涵芬楼本 757 册.

[22] 李道谦. 甘水仙源录[M]. 涵芬楼本 611 册.

[23] 王喆. 重阳全真集[M]. 道藏本.

[24] 丘处机. 磻溪集：卷一[M]. 道藏本.

[25] 王鹗. 重修太一广福万寿宫碑[M]//明成化. 河南总志：卷十六.

[26] 毕沅. 中州金石记：卷五：洛京猴山改建升仙宫记[M]//丛书集成. 北京：商务印书馆,1939.

[27] 宋濂. 宋文宪公集[M]//四部备要. 北京：中华书局,1989.

[28] 曹彦约. 经幄管见：卷四[M]. 景印文渊阁四库全书.

[29] 李焘. 续资治通鉴长编[M]. 北京：中华书局,1980.

[30] 史浩. 鄮峰真隐漫录：卷十：回奏宣示御制原道辨[M]. 文渊阁四库全书本.

[31] 李心传. 建炎以来朝野杂记·乙集：卷三：原道辨易名三教论[M]. 北京：中华书局,1961.

[32] 李纲. 李纲全集：卷一百四十三：三教论[M]. 长沙：岳麓书社,2004.

[33] 脱脱. 宋史：卷二百七十七：宋太初传[M]. 北京：中华书局,1977.

[34] 晁迥. 法藏碎金录：卷九[M]. 文渊阁四库全书本.

[35] 黄榦. 勉斋集：卷三十六：朱先生行状[M]. 文渊阁四库全书本.

[36] 唐宋变革视阈中文学艺术的新走向[M]//两宋历史文化丛稿. 上海：上海人民出版社,2011.

[37] 鲍君惠. 宋代嵩山人文研究[D]. 开封：河南大学,2014.

【宋代社会风俗研究】

宋代御容供奉与玉清昭应宫、
京师景灵宫的礼仪问题

汤勤福

（上海师范大学 古籍所,上海 200234）

[摘　要]　宋朝御容供奉自太祖开始,与佛道关系极为密切,实为追荐祈福。到真宗大中祥符三年(1010)祭奠御容采用国家礼仪形式,列入国家礼典,但它与原庙性质不同。神宗元丰五年(1082)按照原庙之制,将景灵宫扩建成十一殿,施行朝飨之礼,使景灵宫演变为原庙。宋代供奉过御容的宫观还有太清宫和玉清昭应宫。御容奉安仪式与朝谒仪式不同:奉安仪式采用较多佛道仪式,一般委派大臣主持;而朝谒仪式则少量采用佛道仪式,大多是皇帝亲自祭奠。大中祥符九年(1016)仪制是最初的荐献仪制,相对简单,而徽宗政和时期仪制十分繁杂。宫观中供奉御容用素洁之馔,这与其他国家祭祀礼仪用馔不同。

[关键词]　宋代;御容;玉清昭应宫;景灵宫;礼仪

　　自真宗建成玉清昭应宫和景灵宫后,北宋京师两宫(玉清昭应宫、景灵宫)就成为御容供奉的重要场所,许多重大礼仪活动都涉及它们,因此在宋代礼制史上两宫研究是个十分重要的研究课题。对于这两个宫观所采纳礼仪的问题,学界也有

　　[基金项目]　2012 年度国家社科基金重大招标项目"中国礼制变迁及其现代价值研究"(12&ZD134)
　　[作者简介]　汤勤福(1950—　),男,上海人,上海师范大学教授、博士生导师,山西师范大学特聘教授,主要研究方向:宋史。

不少研究①,大多数学者都认为它以国家礼仪为主,道教科仪不起重要作用。这无疑是正确的。但我们认为还有许多问题没有深入研讨或根本没有研究过,因此极有必要加以仔细研讨。例如,两宫观(包括其他供奉宫观)与原庙关系、诸帝在此举行的礼仪活动的变化及其性质等等。在此,我们补充论述一些相关问题及礼仪的具体细节,以供学界参考。

一、原庙与宋代御容供奉

首先辨析御容供奉与原庙关系。原庙是相对于太庙而言的纪念祖先之场所,始见于西汉"及孝惠五年,思高祖之悲乐沛,以沛宫为高祖原庙",南朝刘宋裴骃注释道:"谓'原'者,再也。先既已立庙,今又再立,故谓之原庙。"[1]卷八《高祖记》,第393页但是,这种庙外立庙的做法早在汉代就受到广泛的批判,因为立原庙不合古制。实际上在宋之前,除唐代等少数王朝立过原庙外,很少有王朝违礼而立原庙。宋朝立国后,虽未直接称之原庙,但御容供奉之宫观实际与原庙密切相关,值得进一步研讨。

所谓御容供奉,是在宫观中设立专门一殿,供奉已殁父母或其他帝后,在宋朝被称为神御殿。但需要说明的是,并非供奉御容一开始便是属于原庙性质,这是需要细加分析的。史载太祖"乾德六年,就安陵旧城置院建殿,设宣祖、昭宪太后像"[2]礼一三,第718页。这开启了宋朝供奉御容之先河。然有关宣祖御容供奉及祭奠仪式的史料未能保存至今,因此我们无法了解其祭奠仪式的情况。不过可以肯定,太祖所设之院便是奉先资福院,属佛寺无异。如果没有新资料的发现,那么太祖在寺院中供奉父母,实属追荐祈福之事,与普通士庶在家里设置先人牌位进行祭奠没有什么性质上的差异。太宗朝未见供奉御容之事。真宗继位之年的八月就下诏,将启圣禅院之法堂改作永隆殿,用以"奉安太宗圣容。内侍杨继密董役,翰林内供奉官僧元蔼摹写。咸平二年九月,殿成,以僧道威仪、教坊乐导迎赴殿"[2]礼一三,第718页,真宗还亲自祭奠。从这一记载来看,供奉御容的场所是佛教寺院,史料中也看不出真宗采用的是不是国家礼典规定的礼仪,尤其称"以僧道威仪"为言,似乎它是佛道追荐祈福之类仪式,与国家礼制格格不入。那么,是不是可以判断真宗启圣禅院供奉御容就是采用佛道追荐仪式?我们认为还需要细加研究。这里先罗列真宗时

---

① 汪圣铎:《宋朝礼与道教》,《国际宋代文化研讨会论文集》,四川大学出版社,1991年版,收入氏著《宋代社会生活研究》;汪圣铎、刘坤新:《从道教内道场看宋朝的政教关系》,《史学集刊》,2010年第4期;吴羽:《唐宋道教与世俗礼仪互动研究》,中国社会科学出版社,2013年版;刘兴亮:《论宋代的御容及奉祀制度》,《历史教学》(下半月刊),2012年第3期;等等。

期供奉御容的情况(表1)。

表1　真宗供奉御容一览表

寺观或殿名	下诏或供奉时间	供奉对象	出处
启圣禅院永隆殿	至道三年八月	太宗	《辑稿》礼一三
凤翔府上清太平宫①	咸平三年八月	太宗	《辑稿》礼一三
南京鸿庆宫圣祖殿②	大中祥符七年正月	太祖、太宗	《辑稿》礼一三
扬州建隆寺章武殿	景德二年八月丙戌	太宗	《宋史·真宗纪二》
西京应天禅院兴先殿	景德四年二月	太祖	《辑稿》礼一三
玉清昭应宫二圣殿	大中祥符五年十一月	太祖、太宗	《辑稿》礼一三
应天府归德殿	大中祥符七年正月	太祖、太宗	《辑稿》礼一三
西京应天禅院西院	天禧四年	太宗	《辑稿》礼一三

真宗供奉御容,所供奉地点许多都与被供奉者生平有关,如西京为太祖诞辰之地,故供奉在西京应天禅院。太宗于太平兴国中征伐并州,故在并州崇圣寺供奉其御容。扬州建隆寺在建隆二年(961)正月被太祖确定为行宫,其间"旧有太宗御榻",故应寺僧之请,设御容供奉。太平宫则是由于太宗在太平兴国六年(981)十一月从道士张守真之请,"诏封太平宫神为翊圣将军"③,故真宗在太平宫供奉太宗御容。不过,真宗时期供奉御容所采取礼仪的资料非常罕见,但似乎通过一些点滴资料可以看出供奉礼仪的大致情况:

> 景德四年十月,诏以西京太祖诞辰之地,建太祖影殿,起应天禅院,一如启圣院例。[2]礼一三,第717页

> 景德四年,奉安太祖御容应天禅院,以宰臣向敏中为奉安圣容礼仪使,权安于文德殿。百官班列,帝行酌献礼,卤簿导引,升彩舆进发,帝辞于正阳门外,百官辞于琼林苑门外。遣官奏告昌陵毕,群臣称贺。[3]卷一〇九《礼志十二》,第2625页

> (大中祥符三年正月)壬戌,诏自今谒启圣院太宗神御殿,如缙庙之礼,设褥位,西向再拜,升殿,酌酹毕,归位,俟宰相焚香讫,就位,复再拜,永为定式。[4]卷七三,真宗大中祥符三年正月壬戌,第1651页

---

① 具体殿名不详。

② 鸿庆宫供奉之殿名称曾改过,据《宋史》卷一四《礼志七》称:大中祥符七年真宗"至应天府朝拜圣祖殿,诏号曰鸿庆宫,仍奉安太祖、太宗像"(第2538页),故知时称圣祖殿。《续资治通鉴长编》卷一五九载:庆历六年十二月"丙辰,命入内押班张惟吉等修南京鸿庆宫三圣御容殿"(第3855页),故知仁宗时改称三圣御容殿。此殿后火灾毁去,称神御殿,乃是统称,非殿名。

③ 李焘:《续资治通鉴长编》卷二二,太宗太平兴国六年十月壬戌,第506页。太宗之诏见《宋大诏令集》卷一三五《封翊圣将军诏》(太平兴国六年十一月壬戌),第473页。

（大中祥符七年十月）诏扬州长吏正、至、朔、望朝拜建隆寺太祖神御殿。[4]卷八三，真宗大中祥符七年十月丁巳，第1898页

前两条均说应天禅院供奉太祖之事。第一条称"一如启圣院例"，似乎是采取"僧道威仪"而可归类到佛道追荐祈福之中，但第二条资料就相对清晰一些，因为其中确实涉及较多礼制信息。"百官班列，帝行酌献礼"，应该说类似太庙祭祀之礼了。加之"卤簿导引，升彩舆进发"，遣官奏告昌陵及表贺环节，也与太庙祭祀礼仪相似。第三条资料更为重要，因为真宗下诏把谒太宗御容主要仪节作了规定，把它规定为与国家礼制中"飨庙之礼"一样，其主要祭奠仪节都是国家礼典所载内容。第四条资料十分明确要求以"正、至、朔、望朝拜建隆寺太祖神御殿"，也符合国家礼典祭祀时间的规定。显然，保守地说，至少到真宗时，供奉御容虽在寺观，也含有追荐祈福的含义，但主要仪节则是国家礼典中的仪式①，尤其是大中祥符三年（1010）正月的规定，确认了御容供奉在国家礼典中的地位、具体形式及祭奠时间。

那么，宋初三朝这些供奉御容是否为原庙？这不尽然，因为规定祭奠的仪式与宋初三朝君臣对原庙的认定是两回事，这是需要区分开来的。现存史料中，宋初三朝君臣们从未认为供奉御容的宫观便是原庙。即使真宗修建了玉清昭应宫和景灵宫，其中玉清昭应宫曾供奉圣祖及太祖太宗像，景灵宫供奉圣祖像，但真宗从未说过这便是原庙。到真宗去世时，仁宗将真宗遗容放在真宗出生地的景灵宫供奉，这也与原庙之说无涉②。实际上，真宗去世后，仁宗君臣也不认可供奉御容就是原庙。这里有必要分析仁宗嘉祐三年（1058）十二月欲建郭皇后影殿事：

> 是月，诏于景灵宫建郭皇后影殿。翰林学士欧阳修言："景灵宫自先朝以来崇奉圣祖，陛下又建真宗皇帝、章懿太后神御殿于其间，天下之人皆知陛下奉先广孝之意，然则此宫乃陛下奉亲之所。今乃欲以后宫已废追复之后，建殿与先帝、太后并列，渎神违礼，莫此之甚，伏乞特赐寝罢，以全典礼。"诏送礼院详定。礼院言："臣等看详，诸寺观建立神御殿，已非古礼。先朝崇奉先帝、太后，示广孝思，犹依仿西汉原庙故事。今议立郭皇后影殿，于礼无据，难以奉行。"其事遂寝。[4]卷一八八，仁宗嘉祐三年十月，第4532页

史载是月郭皇后暴薨，仁宗提出要在景灵宫建郭皇后影殿，欧阳修认为供奉真

---

① 此不包括平时的追荐仪式，如道教采取醮仪、佛教使用超度，那是佛道仪式。同时，祭奠时，佛道威仪仍然包含在内，只是不占主要地位而已。

② 到仁宗时，京师一些宫观已供奉太祖、太宗，真宗三帝御容，似有原庙规制。但要强调的是，仁宗并不是将其作为原庙而供奉真宗御容。如景灵宫是真宗出生地，因而仁宗加以供奉。因此后来欧阳修说景灵宫"依仿"是西汉原庙，原因也在这里。

宗及皇后,只是仁宗之孝心,虽依稀仿照西汉原庙,然情有可原。但景灵宫既非原庙,现在提出立郭皇后影殿则于礼无据,是"渎神违礼"之举。仁宗自知理亏,只得作罢。显然,仁宗君臣都没有认可景灵宫便是原庙,因为是原庙的话,建郭皇后影殿自然是理所当然的。同时可以看出,到仁宗朝为止,儒臣们对供奉生身父母以尽孝是理解并宽容的,并没有提出过激烈的反对意见。或许他们认为,宋朝数帝供奉生身父母之类举动,与其他士庶祭奠父母性质上没有什么不同。至于平时祭奠时采用佛道等宗教性质仪式也予以理解,因为士庶也会采用佛道道场来追荐祈福的。

二、宋代御容供奉溯源

顾炎武《日知录之余》卷四有《御容》条目,载:

《旧唐书》:"唐武宗会昌五年十月乙亥,中书奏:'池水县武牢关,是太宗擒王世充、窦建德之地,关城东峰有二圣塑容,在一堂之内,今缘定觉寺例合毁拆,望取寺中大殿材木,于东峰以造一殿,名曰昭武庙。'"从之。①

顾氏称此条从《旧唐书》而来,即采自卷十八《武宗纪》,其文为:

十月乙亥,中书奏:"汜水县武牢关是太宗擒王世充、窦建德之地,关城东峰有二圣塑造容,在一堂之内。伏以山河如旧,城垒犹存,威灵皆盛于轩台,风云疑还于丰沛。诚宜百代严奉,万邦式瞻。西汉故事,祖宗尝行幸处,皆令邦国立庙。今缘定觉寺例合毁拆。望取寺中大殿材木,于东峰以造一殿,四面置宫墙,伏望名为昭武庙,以昭圣祖武功之盛。委怀孟节度使差判官一人勾当。缘圣像年代已久,望令李石于东都拣好画手,就增严饰。初兴功日,望令东都差分司官一员荐告。"从之。[5]卷一八上《武宗纪》,第606-607页

然无论顾氏称"池水县"还是《旧唐书》称"汜水县"都是错误的②。武牢关即虎牢关,亦称成皋关、古崤关、汜水关,在今河南省荥阳市汜水镇,唐初属汜水县(治今河南省荥阳市西北汜水西之西关)。武则天时"先于汜水得瑞石,因改汜水县为广武县"[5]卷二四《礼仪志四》,第925页。"中书"所奏之语,实出同中书门下平章事、兼门下侍

---

① 《日知录之余》卷四《御容》,顾炎武撰,黄汝成集释:《日知录集释》,花山文艺出版社,1990年版,第2007~2008页。此处点校者未校出错误。

② 《唐会要》文字略异:"会昌五年七月,中书门下奏:'孟州汜水县武牢关,是太宗擒王世充、窦建德之地。关城东峰,有高祖、太宗像,在一堂之内。伏以山河如旧,城垒犹存,威灵皆畏于轩台,风云疑还于丰沛,诚宜百代严奉,万邦所瞻。西汉故事,祖宗所尝行幸,皆令邦国立庙。今缘定觉寺理合毁拆,望取寺中大殿材木,于东峰改造一殿,四面兼置垣墙。伏望号为昭武庙,以昭圣祖受功之盛。兴功日,望令差东都分司郎中一人荐告,至毕功日,别差使展敬。'制'可。'"此处称"汜水县"为正确者。然称"会要五年七月",与《旧唐书》不同。《唐会要》卷一二《庙制度》,中华书局,1955年版,第298~299页。

郎李德裕所说①。需要指出的是,供奉二圣(高祖、太宗)塑像的定觉寺是佛寺,由于史料不足,我们无法了解供奉采纳的具体礼仪是佛教礼仪还是国家礼仪。其实,除佛寺中供奉帝王像外,道教宫观也有供奉者,如:

> 东都太微宫修成玄元皇帝、玄宗、肃宗三圣容,遣右散骑常侍裴章往东都荐献。[5]卷一八上《武帝纪》,第609页

> 初,太清宫成,命工人于太白山采白石,为玄元圣容,又采白石为玄宗圣容,侍立于玄元之右。[5]卷二四《礼仪志四》,第927页

尽管此处称"荐献",仍未足说明是采纳何种礼仪。地方上亦有供奉帝王圣容的记载:

> (孟知祥长兴五)六月,往大慈寺避暑,观明皇、僖宗御容,宴群臣于华严阁下。[6]卷下,第52页

此处称孟知祥在大慈寺观玄宗、僖宗的御容,当为地方上纪念二帝避难入蜀而为之,非国家礼典规定。张君房《云笈七签》载:

> 亳州真源县太清宫,圣祖老君降生之宅也。历殷周至唐,而九井三桧宛然常在。武德中,枯桧再生。天宝年再置宫宇。其古迹,自汉宣、汉桓增修营茸,魏太武、隋文帝别授规模,边韶、薛道衡为碑以纪其事。唐高祖、太宗、高宗、中宗、睿宗、明皇六圣御容,列侍于老君左右。[7]卷一一七《亳州太清宫老君挫贼验》

太清宫除有老子塑像外,还有唐六帝之圣容,合为"七圣容",此御容均为塑像。这可以《旧唐书》所载为旁证:永泰七年五月"辛卯,徙忻州之七圣容于太原府之紫极宫"[5]卷一一《代宗纪》,第299页。此虽非亳州太清宫之七圣御容,然此处称七圣容可"徙"至紫极宫,当为塑像无疑。

上述数例均为"塑像"圣容,那么唐代有无"绘像"圣容?回答是肯定的。如:

> 左丞相张说退谓学士孙遝、韦述曰:"尝见太宗写真图,忠王英姿颖发,仪表非常,雅类圣祖,此社稷之福也。"[5]卷一〇《肃宗纪》,第239页

> 陈闳,会稽人也。善写真及画人物士女,本道荐之于上国。明皇开元中,召入供奉。每令写御容,冠绝当代。[8]369

第一段为《旧唐书》中所载,可见唐初便有御容写真。第二段为唐人朱景玄《唐朝名画录》所记,此书罗列唐代善写真者如阎立本、王维、程修己、李仲昌、李倣、孟仲辉、梁洽等等,可见当时写真图像亦是时人所好,十分普遍。唐人朱景玄曾

---

① 李德裕:《会昌一品集》卷一〇《请立昭武庙状》,《丛书集成新编》本,第693页。李德裕奏状无时间,故无法判定《旧唐书》"十月"与《唐会要》"七月"何者为误。

记"郭令公婿赵纵侍郎尝令韩幹写真,众称其善。后又请周昉长史写之,二人皆有能名"[8]364,即是典型一例。

其实,唐代人物的塑像写真可以追溯到南北朝隋代时佛寺道观造像。隋文帝开皇二十年(600)十二月"辛巳,诏曰:'佛法深妙,道教虚融,咸降大慈,济度群品,凡在含识,皆蒙覆护。所以雕铸灵相,图写真形,率土瞻仰,用申诚敬……敢有毁坏偷盗佛及天尊像、岳镇海渎神形者,以不道论。沙门坏佛像,道士坏天尊者,以恶逆论'"[9]卷二《高祖纪下》,第45-46页。此诏"雕铸灵相,图写真形"便是指塑像、图形两类,当然这是指佛道之像而非指世俗人物之像。唐代圣容及普通士大夫图形写真当是沿袭前代佛道之像而来,且在唐代开始流行的。唐末五代时图像人物乃至形塑圣容也见于记载:

> (陈)岌兄儒,本黄巢之党,寻降朝廷,授以饶州。光启三年,率其部伍,自饶厅事直指衙门而出,人无预知者。且诫其下曰:"我自弃他郡,州人无负我者,有杀掠者斩。"由是市不易肆。既而径趋衢州,知州玄泰迎于郊。儒诘之曰:"玄宗御容安在?"泰泣曰:"使君不见容矣。"时信安有玄宗铜容,泰毁之,故以是为责,遂斩之,而自据焉。[10]卷一上《武肃王上》,第31页

> 及(梁)太祖遇弑,(寇)彦卿追感旧恩,图御容以奠之。每因对客言及先朝旧事,即涕泗交流。[11]卷二〇《寇彦卿传》,第278页

> (阎)晋卿忧事不果,夜悬(后汉)高祖御容于中堂,泣祷于前,迟明戎服入朝。内难既作,以晋卿权侍卫马军都指挥使。北郊兵败,晋卿乃自杀于家。[11]卷一〇七《阎晋卿传》,第1412页

显然,五代时不但地方上供奉帝王御容,士大夫家亦可自行图写御容藏之①。至于普通士大夫图形写真,可见当时一些书画著述的记载。值得强调的是,宋代御容供奉便是在这基础上发展而来的,不过,它已经成为国家礼仪的组成部分;同时宋代御容供奉这一礼仪被后世王朝继承,影响极其深远。

三、景灵宫与御容供奉的礼制化

仁宗继位后,在京师及各地供奉历代先祖御容之举甚多。如即位之后马上奉

---

① 蜀太后徐氏《丈人观谒先帝御容》:"圣帝归梧野,躬来谒圣颜。旋登三径路,似陟九嶷山。日照堆岚迥,云横积翠间。期修封禅礼,方俟再跻攀。"(彭定求等编:《全唐诗》(增订本)卷九,中华书局,1960年版,第81页。)李远《赠写御容李长史》:"玉座尘消砚水清,龙髯不动彩毫轻。初分隆准山河秀,乍点重瞳日月明。宫女卷帘皆暗认,侍臣开殿尽遥惊。三朝供奉无人敌,始觉僧繇浪得名。"(彭定求等编:《全唐诗》(增订本)卷五一九,中华书局,1960年版,第5933页。)

安太祖、太宗御容于南京鸿庆宫,天圣元年(1023)二月供奉真宗御容于京师景灵宫,同年三月又奉安真宗御容于西京应天院,七月奉安真宗御容于玉清昭应宫安圣殿,十月又奉安真宗御容于洪福院,等等。尤其是天圣元年七月"己酉,初幸启圣禅院朝拜太宗神御,前在谅闇,用礼仪院奏,但遣辅臣酌献也"[4]卷一○二,仁宗天圣二年七月己酉,第2364页。这里"前在谅闇,用礼仪院奏,但遣辅臣酌献"极为重要,因为真宗大中祥符三年(1010)规定,"如袷庙之礼"只是仿照国家礼典中某种礼仪的话,仁宗此举不但完全认同真宗的祭奠仪节规定,并由礼仪院负责具体的礼仪活动了,说明他更加主动地把御容供奉融入国家礼制体系之内。

当然仁宗的这种做法,并不能获得一些坚持礼制传统的大臣们的认同。仁宗康定元年(1040)"南京言鸿庆宫神御殿火,侍御史方偕引汉罢原庙故事,请勿复修。诏罢修神御殿,即旧基葺斋殿,每醮则设三圣位而祠之,瘗旧像于宫侧"[4]卷一二七,仁宗康定元年六月乙未,第3018页。方偕引汉罢原庙故事,但并没有认为供奉御容等同于汉代原庙,只是强调这种类似"原庙"祭祀的御容供奉不合传统礼制,因此反对修复。仁宗下诏修葺斋殿,缩小了规模,又规定"每醮则设三圣位而祠之",说明当时君臣仍然没有把供奉御容作为原庙祭奠,如果是原庙祭奠,那么必须修复。上述提及的欧阳修反对在京师景灵宫建郭皇后影殿,也提到"犹依仿西汉原庙故事",含有御容供奉不是汉代原庙之意。持这种观点并非仅他们两人。仁宗嘉祐七年(1062),内臣吴知章为图恩赏,以寿星像易真宗像而拓展宫观之地,史称"欲张大事体,广有兴修",司马光对此进行了批判,此略作删节引之:

> 陛下天性仁孝,以为崇奉祖宗,重违其请,遂更画先帝御容,以易寿星之像,改为崇先观。知章既得御容,倚以为名,奸诈之心,不知纪极,乃更求开展观地,别建更衣殿及诸屋宇将近百间,制度宏侈,计其所费踰数千万,向去增益,未有穷期。臣等窃以祖宗神灵之所依,在于太庙木主而已。自古帝王之孝者,莫若虞舜、商之高宗、周之文武,未闻宗庙之外,更广为象设,然后得尽至诚也……后至汉氏,始为原庙,当时醇儒达礼者靡不议之。况画御容于道宫佛寺,而又为寿星之服,其为黩也甚矣。且又太祖、太宗御容在京师者,止于兴国寺、启圣院而已,真宗御容已有数处,今又益以崇先观,是亦丰于昵也,无乃失尊尊之义乎!原其所来,止因知章妄希恩泽,乃敢恣为诬罔,兴造事端,致陷朝廷于非礼。今既奉安御容,难以变更,若只就本观旧来已修屋宇,固足崇奉,所有创添,伏乞一切停寝,并劾知章诬罔之罪,明正典刑。[4]卷一九七,仁宗嘉祐七年九月己未,第4780-4781页。

司马光坚持古礼传统,借批判吴知章来反对仁宗扩修宫观,强调扩修会"陷朝廷于非礼",甚至提出"未闻宗庙之外,更广为象设,然后得尽至诚"的观点,显然把供奉御容以尽孝也加以批判了。在司马光看来,这种不伦不类的御容供奉既违反礼制,"失尊尊之义",又"丰于昵",奢费钱财,是难以容忍的,因此要求"所有创添,伏乞一切停寝"。司马光提出对吴知章"明正典刑",实际暗含着对仁宗的强烈批判。司马光之言,充分说明时人对供奉御容是否属于原庙有着非常明确的看法。

宋朝将御容供奉作为原庙始于神宗元丰五年(1082)十一月,史称:

> 癸未,上朝享景灵宫,宰臣、百官陪祠殿下,先诣天兴,次遍诸殿,至继仁殿,哀恸久之。先是,祖宗神御殿分建于诸寺观,上以为未足以称严奉之义,乃酌原庙之制,即景灵宫建十一殿,每岁孟月朝享,以尽时王之礼。及是,宫成,奉安礼毕,初朝享也。[4]卷三三一,神宗元丰五年十一月癸未,第7969页

"酌原庙之制"而建十一殿来供奉御容,实施"朝享"之礼,说明神宗始将景灵宫正式视作原庙性质。规定"每岁孟月朝享,以尽时王之礼",则表明将这一原庙制度制度化。自此,将原来的御容供奉,转而作为原庙祭奠而纳入国家礼制体系之中,这成为宋朝一般御容供奉与原庙祭奠的分界线。

宋人对此也有过论述,邵伯温称"元丰中,神宗仿汉原庙之制,增筑景灵宫"[12]17,王得臣也说"神宗广景灵宫为原庙,逐朝帝后前后各一殿,咸有名"[13]卷上《国政》,第8页,他们都把神宗作为原庙的创始人。神宗在祭奠体制上的改变,被宋朝后世帝王所遵循,因此,神宗之后有关原庙的各种议论极多,但已经无法改变既成事实,此就不再展开论述了。

归纳上述所论,宋初出现的御容供奉,最初被视为帝王"尽孝"之举而被容忍,其奉安仪节主要是国家礼典所规定的仪式,到神宗元丰五年,酌原庙之制而扩建景灵宫为十一殿,使御容供奉转而成为原庙祭奠,成为国家礼制体系中一项重要的祭祀活动。

四、太清宫与御容供奉的礼仪

与御容供奉密切相关的宫观还有太清宫与玉清昭应宫①。可以说,朝谒太清宫又与玉清昭应宫供奉御容关系非同一般,因为两者都供奉着"圣祖像"——尽管唐玄宗太清宫中所供奉的圣祖是其"远祖"老子,而宋真宗玉清昭应宫里尊崇的圣

---

① 玉清昭应宫在仁宗初毁废,时间不长,故除景灵宫外,太清宫是主要的御容供奉场所。

祖则是"赵"姓天尊①,两者并不相同。但正由于两者都归属于"道教"宫观,因而产生了密不可分的"联系"。也就是说,真宗既要从道教获得某些自己想得到的东西,太清宫里供奉着的唐朝圣祖老子是绕不过的圣人。

如前所述,太清宫是唐玄宗崇道的产物,在京城和各地都设立玄元皇帝庙。其中京师玄元皇帝庙供奉"圣祖像"及玄宗本人像,天宝二年(743)改为太清宫,九月又改谯郡(治谯县,今安徽省亳州市)的紫极宫改为太清宫,即当时有两个太清宫,但它们都属于道教宫观。唐朝灭亡,自然这一象征李唐王朝合法性的宫观也不会受到重视了,到宋初时太清宫只是一个道教地方宫观,并不起眼。随着真宗大中祥符年间天书降临②、举行封禅大典和建造玉清昭应宫、雕塑圣祖像,煽动着士庶道教的热情高涨,导致亳州(即唐代谯郡)太清宫地位急骤上升,史称:"大中祥符六年,亳州父老、道释、举人三千三百十六人③诣阙,请车驾朝谒太清宫,宰臣帅百官表请。诏以明年春亲行朝谒礼。"[3]卷一〇四《礼志七》,第2537页真宗亲谒亳州太清宫,徽宗也于"靖康元年正月己巳,诣亳州太清宫,行恭谢礼"[3]卷二二《徽宗纪四》,第417页。因此,朝谒太清宫写入宋朝礼典,成为比较重要的祭典,即成为国家礼制的一个组成部分。

关于玉清昭应宫、景灵宫等宫观奉安、朝谒具体仪式问题,学者们作过一定的研究④,然还有辨析待补的余地。

需要强调的是,有些研究这一问题的学者没有区分奉安仪式与朝谒⑤仪式,混淆了两者在仪制上的差异。实际上,奉安与朝谒两者在仪制上最大差异是奉安时由皇帝委任专门的奉安使、副使,专程迎接圣像御容,同时还委任奉安礼仪使,均有专门的仪制。如景德四年(1007)二月,"诏以西京太祖诞辰之地,建太祖影殿,起应天禅院,一如启圣院例"。天禧元年(1017)五月,"以宰臣向敏中为奉安太祖圣容礼仪使,权安于文德殿。百官立班,皇帝行酌献礼毕,卤簿仪仗、道门威仪、教坊

---

① 大中祥符五年,真宗"再梦"这一神人时,神人自称向他传达天尊之语,这一天尊是人皇九人之一、赵之始祖、轩辕氏,用此来抬高赵宋的地位,以便与李唐抬举的老子等量齐观。也正由于此,大中祥符八年七月"丙辰,王钦若准诏讨阅道藏赵氏神仙事迹,凡得四十人,诏画于景灵宫之廊庑",连那些毫不相干的赵姓道士都抬出来印证赵宋"不逊于"李唐。李焘:《续资治通鉴长编》卷八五,大中祥符八年七月丙辰,第1940页。

② 李焘:《续资治通鉴长编》卷六八载:真宗大中祥符元年二月"乙巳,以天降书遣使告凤翔府太平宫、亳州太清宫、舒州灵仙观",第1526页。

③ 《宋史》人数误。李焘《续资治通鉴长编》作"三千三百六十人",卷八一,真宗大中祥符六年七月己酉,第1842页。《宋会要辑稿》礼五一、杨仲良《皇宋通鉴长编纪事本末》卷二〇《谒太清宫》与《续资治通鉴长编》相同。

④ 可参见汪圣铎的《宋朝礼与佛教》(《学术月刊》1990年第5期,收入氏著《宋代社会生活研究》)与吴羽的《唐宋道教与世俗礼仪互动研究》等。

⑤ 恭谢与朝谒基本相同。

乐张引导,升彩舆进发,入内都知张景宗都大管勾。皇帝辞于正阳门外,百官辞于琼林苑门外。遣左谏议大夫戚纶奏告昌陵毕,群臣称贺"①。大中祥符六年(1013),"建安军铸玉皇、圣祖、太祖、太宗尊像成,以修玉清昭应宫使丁谓为迎奉使,修宫副使李宗谔副之;北作坊使、淮南江浙荆湖都大发运使李溥为都监"[4]卷八〇,真宗大中祥符六年三月乙卯,第1821页,"上衮冕朝拜,群臣朝服,陈玉币、册文酌献。具大驾卤簿,自宫城东出景龙门至玉清昭应宫,大礼等五使前导,载像以平盘辂,上加金华盖之饰,以'迎真''迎圣''奉圣''奉宸'为名。每乘二内臣夹侍,其缨辔马色,玉皇、圣祖以黄,太祖、太宗以赤。上具銮驾,先由宫城西出天波门,就宫门望拜,权设幄奉安,择日各升本殿"[4]卷八〇,真宗大中祥符六年五月乙巳,第1825-1826页。又如,天禧元年(1017),癸亥"以枢密使王钦若为奉安太祖圣容礼仪使,赞导乘舆。乙丑,自禁中奉圣容赴文德殿,备仪卫、教坊乐前导。丙寅,上服靴袍,酌献,礼毕,奉以升彩舆而行,具卤簿、鼓吹、道释威仪。上出次奉辞,群臣拜辞于琼林苑门外。奉安日,上不视朝"[4]卷八九,真宗天禧元年五月癸亥、乙丑,第2062页。仁宗时,"天圣元年二月,以冯拯为奉安真宗御容礼仪使,酌献、奉辞、迎导、奏告,并如奉安太祖圣容之制"[2]礼一三,第717页,"奉安太祖于滁州天庆观瑞命殿,太宗于并州资圣院统平殿,真宗于澶州开福院信武殿,各以辅臣为迎奉使副,具仪仗导至近郊,内臣管勾奉安,百官辞观门外"[4]卷一七四,仁宗皇祐五年三月甲子,第4203页。显然,奉安要委任奉安使副、奉安礼仪使,而朝谒则不需要奉迎使副,也不需要奉安礼仪使,更不需要帝王郊迎仪式;并且奉安往往伴有大赦,而一般朝谒则无大赦。

值得注意的是,无论是奉安还是朝谒,有"酌献、奉辞、迎导、奏告"等仪式环节②,同时,由于是在宫观内举行,故均备道释威仪,在正式祭典前与其他鼓吹、教坊同时进行相关仪式。

就我们所见,目前研究玉清昭应宫或景灵宫具体礼仪的成果来看,尽管初步描述了两宫的一些礼仪,但似乎过于笼统,无法了解前后礼仪的变化,同时也没有区分出两宫礼仪上的差异。

玉清昭应宫存在时间不长,仁宗朝已焚毁,其仪究竟如何,其他典籍似未见记载。我们发现保留在《太常因革礼》卷七四《荐献玉清昭应宫》可能是仅见保留相对完整的仪制,且明确称是大中祥符六年之事,因此极其重要,故将其转录于下:

> 仪曰:前一日,尚舍直长设大次于朱曦门外道北,南向,随地之宜。尚舍奉

---

① 徐松:《宋会要辑稿》礼一三,第717页。《宋史》卷一〇九《礼志十二》记载较为简单,第2625页。
② 吴羽指出朝谒还有鸣鞭,当是,参见氏著《唐宋道教与世俗礼仪互动研究》,第85页。

144

御铺御座黄道褥位如仪。守宫设文武侍臣次于大次之侧,随地之宜。又设公卿斋次及文武官次,文官在左,武官在右,俱相向,东方南方朝集使次,于文官之南。东方南方蕃客,又于其南,俱每等异位,重行西向北上。西方北方朝集使次于武官之南,西方北方蕃客,又于其南,俱每等异位,重行东向北上。(原注:诸州使人,分方各于朝集使之后。)又设馔幔于太初殿东阶下,又设燎炉于殿之东南。太乐令设宫架之乐于殿廷,东方西方,磬虡起北,钟虡次之。南方北方,磬虡起西,钟虡起西,钟虡次之。设十二镈钟于编架之间,各依辰位。立雷鼓于北架之内道之左右,植建鼓于四隅,置柷敔于架内。(原注:柷在左,敔在右。)诸工人各位于架后,东方西方,以北为上;南方北方,以西为上。(原注:太常卿押乐如常仪。)又设歌钟歌磬于太初殿上前楹间,北向,磬虡在西,钟虡在东。其执鞀竹者,立于阶间,重行北向,相对为位。(原注:凡架皆展而编之也。)右校清扫宫之内外,郊社令积柴于燎炉,奉礼郎设皇帝版位于丹墀上东阶之东,西向。又设亚献三献位于龙墀上东阶之东,又设公卿版位于殿东阶下沙墀内,西向。设望燎位于龙墀之上稍西,南向。又设皇帝解剑脱舄位于丹墀东阶之东,西向。设御史位于殿下西东,南向,设监礼博士位于殿下东南,西向。设奉礼郎位于乐架东南。赞唱礼生在南差退,并西向。又设叶律郎位二,一位于太初殿上西阶之西,一位于乐架西北,俱东向。又设太乐令位于乐架之间,设太常卿押乐位于乐架之北,俱北向。设从祀官文官以九品已上位于执事位之南,东方南方朝集使于文官之南,东方南方蕃客又于其南,俱每等异位,重行西向北上。设武官九品已上位与文官相对。西方北方朝集使于武官之南,西方北方蕃客又于其南,俱每等异位,重行东向北上。(原注:其诸州使人,各分方位于朝集使之后。)设酒樽之位,太尊、著尊、牺尊、山罍各二,在太初殿东南,北向。象尊、壶尊、山罍各二,在殿下丹墀之上,北向,俱西上。设御罍洗于版位之西南,北向,罍在洗东,篚在洗西,南肆。(原注:篚实以巾爵。)设亚献三献罍洗于本位之西南,北向。设玉币篚于太初殿上尊坫之所。又设皇帝饮福位于殿之上玉皇大天帝座之南,北向,又次东稍南。设亚献三献饮福位,北向。执尊罍篚羃者于尊罍篚羃之后。[14]卷七四《荐献玉清昭应宫》,第341-342页

其后,分别记载了誓戒、告洁点馔、车驾赴宫、奉玉币、荐馔、望燎诸具体环节的仪制。其中“奉玉币”大致如下:

礼生引司空诣东阶,行扫除于上,行乐架于下,讫,引复位。太常博士上祀仪使并太常卿立于御幄之前,次引侍中版奏请中严。少顷,又奏外办。皇帝服

衮服以出。(原注:公卿及从祀官并朝服,京官公服陪位。)礼仪使俯伏跪奏,称礼仪使具官臣某言,请皇帝行礼,奏讫,俯伏,兴。太常卿前导,殿中监进镇圭……礼仪使前引皇帝,《隆安》之乐作,诣东阶下褥位,解剑脱舄,升自东阶。侍中中书令已下,及左右侍卫之官,量人数从升。(原注:下皆准此。)皇帝升殿,乐止,诣玉皇大天帝座前,北向立,登歌作《灵安》之乐。礼仪使奏请皇帝搢圭,跪上香,三上香……皇帝上香讫,侍中跃然进,皇帝受玉币,(原注:凡授物皆搢圭,跪奉讫,执圭,俯伏,兴。)北向奉玉皇大天帝座前,讫,执圭俯伏,兴。又奏请皇帝再拜,拜讫,登歌乐止。礼仪使前导皇帝,乐作,皇帝降自东阶,佩剑纳舄,还版位,西向立,乐止。[14]卷七四《荐献玉清昭应宫》,第341-342页

从记载内容看,完全是国家礼典中式样,毫无道教气息。其实,整个记载甚至连佛道两字都未提及。

上述玉清昭应宫是大中祥符六年(1013)仪制,尽管它是非常珍贵的资料,但毕竟还不是大中祥符七年(1014)宫成最初的仪制,宫成之后,会与初献有所差异。

史载大中祥符七年十一月,真宗"命礼官著令,凡郊祀即荐献,或亲告,仪如郊庙,用素馔。帝衮冕,宰臣朝服、靴,祀则公服。又遣官分享、宿奠。每上元亲朝拜。凡入宫,御马鸣鞭止延祥门外,乘舆止朱曦门外。内侍非执事不升殿,迎拜者不呼万岁。除翰林仪鸾使二人、入内内侍省、两省都知押班、御带阁门祗候四人、供奉官十五人外,余立朵殿上。车驾至朱曦门幄次,步升殿。设位于太初殿之丹墀,宣制使、摄礼仪使前导。若时诣宫则不设罍洗,共道①。大祀,各有青词,馔具。二圣殿词止称嗣皇帝,不言皇考。设两圭有邸,像如真仙之制"[15]《太一宫》,第26-27页。这条资料非常重要。"命礼官著令"说明大中祥符七年由国家礼仪官署制定具体仪制,而六年初献仪制却未说由礼官著令,可能是因为玉清昭应宫尚未完全建成,因此文中数处称"随地所宜",大致按照文武区分左右两列来进行仪式,人数较多,场面大约比较拥挤。皇帝"升殿"致祭时,"侍中中书令已下,及左右侍卫之官,量人数从升",而七年则明确规定执事内侍、翰林仪鸾使、入内内侍省、两省都知押班、御带阁门祗侯、供奉官若干人陪同升殿祭祀。由此看来,大中祥符六年之朝献仪节不甚规范,而大中祥符七年由礼官制定的仪节更符合礼典,更趋于规范。

朝献玉清昭应宫后,"回仗赴景灵宫"[14]卷七四《荐献玉清昭应宫》,第348页行礼。《太常因革礼》卷七四《荐献景灵宫》内容摘自《礼阁新编》。《礼阁新编》是仁宗天圣五年(1027)十月太常博士、直集贤院、同知礼院王皞所编。其文为:

---

① 疑脱"路"字。

　　大中祥符九年,景灵宫成。诏:自今皇帝亲祀,皆前二日行荐献之礼,有司遂具仪注以闻。其仪与玉清昭应宫相类,今不录。所异者,玉清昭应宫神则玉皇大天帝,景灵宫则圣祖天尊大帝。玉皇则太尊、著尊、牺尊、山罍各二。在太初殿上东南,北向。象尊、壶尊、山罍各二,在殿下丹墀之上,北向西上。圣祖则著尊、牺尊、象尊、壶尊各二,在天兴殿上东南,北向。玉清昭应宫有丹墀龙墀,景灵宫无此。玉清昭应宫设大次于朱曦门外,设版位于丹墀上。亚献终献版位于龙墀上,行事公卿版位于殿东阶下沙墀内,设望燎位于龙墀上,设皇帝解剑①位于丹墀东阶之东,西向。景灵宫设次于天兴殿庭东序,设皇帝版位于东阶之东,设亚献终献版位于次东稍南,行事公卿版位稍东次南。设望燎位于殿之东,南向,皇帝解剑疑②位于东阶之下,西向。[14]卷七四《荐献景灵宫》,第393页

　　这是最为原始的景灵宫朝献仪制的记载。首先,需要指出的是,上述记载两宫仪制都是首次荐献的仪制③。从记载内容看,两宫所供酒樽上虽相同,但景灵宫无磬虡、钟虡等乐架。实际上,早在大中祥符七年六月就"诏自今玉清昭应宫、景灵宫亲荐,皆备乐,用三十六虡"[4]卷八二,真宗大中祥符七年六月辛酉,第1879页,两者没有不同,只是《太常因革礼》缺载而已。但得注意的是,三十六虡是国家最为重要的礼仪大朝会所采用的,可见其祭奠规格之高。其次,由于玉清昭应宫焚毁未重修,而景灵宫在神宗时扩建为十一殿,供奉历代御容,使之升格为原庙,这就使景灵宫成为皇帝祭拜御容的主要场所。徽宗时又建景灵西宫,原来景灵宫易名为景灵东宫,东西两宫分别供奉历代先祖御容。北宋灭亡,东西景灵宫均被金朝捣毁。

　　赵构南下,建立南宋,曾于建炎元年下令在江宁建景灵宫,然未能建成。绍兴四年(1134)二月"癸卯,诏权以射殿为景灵宫,四时设位朝献"[3]卷二七《高宗纪四》,第509页,这是权宜之计。到绍兴十三年(1143)二月,始诏建景灵宫于临安,该年冬十月建成,奉安历朝帝后神御,然总体规模不大,因此自建成之后仍陆续扩建。到绍兴二十一年(1151)九月,又下诏扩景灵宫,才形成较大规模④。

五、御容供奉礼仪与佛道关系

　　从具体仪制来看,大中祥符九年(1016)仪制是最初的仪制,尽管它具备誓戒、

---

① 疑脱漏"脱舄"两字。
② 脱漏"脱舄"两字。
③ 大中祥符六年朝献玉清昭应宫,时尚未完全建成。
④ 可参见《宋史》《建炎以系年要录》。

告洁点馔、车驾赴宫、奉玉币、荐馔、望燎诸环节,如果与徽宗时期《政和五礼新仪》所记载的朝献景灵宫来比,那么它就相对简陋了一些。《政和五礼新仪》有陈设、省馔、车驾自大庆殿诣景灵宫、奉玉币、荐馔、望燎,卷一一四《皇帝朝献景灵宫仪》有时日、斋戒、陈设、朝献景灵东宫、朝献景灵西宫,大致是景灵东宫和景灵西宫各一天。这是徽宗时期比较完善的仪制,显然与真宗初立景灵宫时的仪制有所不同。到南宋,随着政局的稳定,朝献景灵宫成为非常烦琐复杂的一项祭祀活动,《中兴礼书》分六卷详细记载景灵宫相关仪制及变化过程。大致说来,南宋景灵宫、万寿观、会圣宫及章武殿共供奉"祖宗神御共三十九位"[16]卷一〇六《景灵宫二》,第405页,因此景灵宫祭奠礼仪需两天完成。"第一日诣前殿圣祖天尊大帝并中殿诸帝神御前行礼,第二日诣前殿元天大圣后并诸后神御前行礼。所有万寿观、会圣宫、章武殿圣像神御,俟第一日皇帝行礼毕,依礼例差侍从官分诣行礼"[16]卷一〇六《景灵宫二》,第404页。

我们再从两宋玉清昭应宫和景灵宫御容供奉与道释仪式关系作一分析。

大中祥符七年(1014)十月玉清昭应宫建成,真宗便大肆张扬,"赐酺,在京五日,两京三日,诸州一日"[4]卷八三,真宗大中祥符七年十月甲子,第1899页,十一月"诏玉清昭应宫每岁正月朔望,许士庶焚香"[4]卷八三,真宗大中祥符七年十一月癸卯,第1903页。在具体施行迎奉御容之礼时,道释威仪登堂入室,融入其间:"先是,丁谓等自建安军奉玉皇、圣祖、太祖、太宗四像,各御大舟,迎奉使副分侍玉皇、圣祖,都监于太祖、太宗舟检校。舟上设幄殿,皆有内侍主供具。夹岸黄麾仗二千五百人,鼓吹三百人。别列舟十艘,载门旗、青衣、弓矢、殳义①、道众、幢节。所过州县,道门声赞,鼓吹振作,官吏出城十里,具道释威仪音乐迎拜。"[4]卷八〇,真宗大中祥符六年五月辛丑,第1825页显然,真宗在迎奉御容时是采纳了释道仪式的。但根据《太常因革礼》卷七四《荐献玉清昭应宫》中"车驾赴宫"中规定"鼓传如仪,不鸣鼓吹,不得喧哗",也就是说皇帝赴宫过程中鼓吹之类是备而不用,那么佛道威仪虽在其中,也只能备而不用。这是奉迎御容与朝献不同的地方。

徽宗崇道是有目共睹的,史称"徽宗崇尚道教,制郊祀大礼,以方士百人执威仪前引,分列两序,立于坛下"[3]卷一〇四《礼志七》,第2543页。这里的方士,便是指道士。然在《政和五礼新仪》中竟然未见采用道释威仪,十分奇怪,其原因尚有待深入研讨。当然,并不是说徽宗时期从未用过道释威仪,其实,徽宗与其他宋代帝王一样,在许多礼目中都采用过道教仪式的,在祈禳(祈雨、祈雪、消灾)、圣节、本命年道场等中

---

① "殳义"当误。李攸《宋朝事实》卷七《道释》作"殳叉"(第657页)、杨仲良《皇宋通鉴长编纪事本末》卷一八《建玉清昭应宫》作"殳戈"(点校本错,第272页)。当以《宋朝事实》为是,《宋史·仪卫志》记载宋代仪杖中均为殳叉,无"殳戈"。

表现得最为突出。

《中兴礼书》中有关景灵宫仪制分别为告迁、奉安、款谒景灵宫仪、四孟朝献景灵宫等,对各种仪制都有详细规定。南宋神御原供奉在承元殿,需要告迁,然后到景灵宫奉安。绍兴十三年(1143)九月十八日礼院奏,"奉安合用僧道,欲乞每殿各差三十人。前一日昼夜互作法事"[16]卷一〇六《景灵宫二》,第405页,获得高宗批准。因此告迁前一日,"威仪僧道并仪卫乐人,更互作法事、作乐排立。礼仪使早晚上香如常仪,告迁,权奉安"[16]卷一〇六《景灵宫二》,第405页。正式告迁之日,"僧道作法事,钧容直作乐,前引扶侍"[16]卷一〇六《景灵宫二》,第407页,然后正式告迁,直至皇帝跪拜上香,太常卿奏礼毕,"辇官擎捧神御腰舆进行次,前导官退。皇帝服常服乘舆还内"。然后由礼仪使往来照管,"宰执、使相、宗室、南班官于行宫北门外奉迎神御,再拜讫,班首诣香案前搢笏,三上香,讫,执笏退,复位,立以下再拜,讫,分左右骑导焦耳、班直、亲从官等扈卫,僧道作法事,钧容直作乐,前引至景灵宫棂星门外"[16]卷一〇六《景灵宫二》,第407页。显然,告迁前一日、告迁到奉安景灵宫整个过程,释道身影都在其中出现,采纳释道仪式是非常清楚的事实,与真宗时没有不同。

那么朝献时是否采纳释道威仪?回答是肯定的:"百官赴景灵行香,僧道分为两序,用其威仪咒语。初,僧徒欲立道流右,且云僧而后道,至交讼久之。秦桧批其牒云:'景灵、太乙,实崇奉道教之所,道流宜居上。'至今定为制云。绍翁以为祖宗在天之灵,必不愿歆于异教,且市井髡簪之庸人,宜皆斥去。近者,淳祐进书,例用僧道铙鼓前导,朝廷有旨勿用,盖得之矣。惜未施于原庙。"[17]乙集《景灵行香》,第106页这里非常明确地证明了南宋朝献时释道礼仪在国家礼制中施行的情况,这就与上述"鼓传如仪,不鸣鼓吹,不得喧哗"有所不同。

另外还有一点不同,即真宗时规定宫观采用素洁之馔,不用荤腥不用酒,然南宋则不同,规定每位神御圣像前供荤素牙食盘和酒果若干,只有"昊天上帝、圣祖天尊大帝、元天大圣后位前合用素馔礼料"[16]卷一〇六《景灵宫二》,第406页。

总之,北宋到南宋御容供奉采纳释道威仪及供奉之物上,是存在一些不同的。

参考文献

[1] 司马迁. 史记[M]. 北京:中华书局,1959.

[2] 徐松. 宋会要辑稿 [M]. 刘琳,刁忠民,舒大刚,等校点. 上海:上海古籍出版社,2014.

[3] 脱脱. 宋史[M]. 北京:中华书局,1977.

[4] 李焘. 续资治通鉴长编[M]. 上海师范大学古籍整理研究所,华东师范大学古籍整理研究所,点校. 北京:中华书局,1992.

[5] 刘昫. 旧唐书[M]. 北京：中华书局, 1975.

[6] 张唐英. 蜀梼杌：卷下[M]. 郑州：大象出版社, 2014.

[7] 张君房. 云笈七签[M]. 四部丛刊本影印本. 北京：中央编译出版社, 2015.

[8] 朱景玄. 唐朝名画录[M]. 文渊阁四库全书本. 台北：台湾商务印书馆, 1983.

[9] 隋书[M]. 北京：中华书局, 1973.

[10] 钱俨. 吴越备史[M]. 武林掌故丛编. 扬州：广陵书社, 2008.

[11] 薛居正. 旧五代史[M]. 北京：中华书局, 1976.

[12] 邵伯温. 邵氏闻见录[M]. 北京：中华书局, 1983.

[13] 王得臣. 麈史[M]//全宋笔记本：第一编. 郑州：大象出版社, 2003.

[14] 欧阳修. 太常因革礼[M]. 续修四库全书本. 上海：上海古籍出版社, 2002.

[15] 陈智超. 宋会要辑稿补编[M]. 北京：全国图书馆文献缩微复制中心, 1988.

[16] 徐松. 中兴礼书[M]//续修四库全书：第823册. 影印蒋氏宝彝堂本. 上海：上海古籍出版社, 1995.

[17] 叶绍翁. 四朝闻见录[M]. 北京：中华书局, 1989.

青色在宋代的发展与广泛运用

程民生

（河南大学 历史文化学院，河南 开封 475001）

[摘　要]　青色在宋代社会中发挥着很大作用，大放光彩。宋代皇家服用的器物中，有沿用前代青色者，有新改青色者，而南郊祭天的斋宫称青城，则为北宋独有。宋代有青色制服，更多青色便服，女子多穿青裙，男子多戴青巾青帽。宋代日用器物中，最突出的青色即青伞和青纸。宋代砖瓦等建筑中青色占主要地位。青色深受大众的喜爱，对官方的垄断多有冲破，争取到共享。在所有色彩创新中，青色在宋代最出彩，服装颜色中以天水碧为典型，牡丹花培育出碧色，青瓷更是发展到了历史顶峰。青色颜料丰富，石青和蓝最为常用。与红、黄一样，青色也是贵贱共享，宋代可谓尚赤、尊黄、喜青。

[关键词]　青色；宋代；青城；太师青；天水碧

　　中国传统文化中，绚丽多彩被规范地分为五正色和五间色。五正色即青、赤、黄、白、黑，也即中国的五原色。其中，青色是最具特点、有独特地位的颜色：其一，青是五正色之首，即第一色；其二，在东西南北中五方对应五色的传统文化中，东方属于青色，"禹贡九州"的东方地区就命名为青州，是九州中唯一以色命名的；其三，与其他单调的四正色不同，青色丰富、美妙、舒适，给人以宁静和稳定的感觉。

[作者简介]　程民生（1956—　），男，河南开封人，河南大学历史文化学院教授、博士生导师，主要研究方向：宋史。

在自然界中青色是天地最大的存在,在社会上青色也是无所不在,地位举足轻重。学术界对青色早有关注,研究很多,但集中在艺术界①,历史学界尚未关注。而在历史中,青色一直受到各朝代不同的喜爱,宋代尤为出彩。现以宋代为例试作提示,以窥视彩色的社会历史,就教于学界。

一、青色的词义

与其他色彩不同,青是表色彩最多的字,多彩多意,常常说不清道不明,古今中外,莫不如此。

青字最早见于西周金文,本义是蓝色、蓝色矿石或草木的颜色,后延伸至绿色、黑色。自古至今,人们言青草、青山者,则青为绿;言青丝、青眼者,则青为黑;言青天者,则青为蓝。如此复杂,多难辨别。如按五行学说五方对应五色从东方色相推,青应为绿色;如从原色角度推论,青应是蓝。苏轼即认为青色就是蓝色:"荀卿云:'青出于蓝而青于蓝,冰生于水而寒于水。'世之言弟子胜师者,辄以此为口实,此无异梦中语!青即蓝也,冰即水也。酿米为酒,杀羊豕以为膳羞,曰'酒甘于米,膳羞美于羊',虽儿童必笑之,而荀卿以是为辨,信其醉梦颠倒之言!"[1]如按"冰生于水而寒于水"的逻辑而言,荀子认为青是蓝的一种表现形态(不是以蓝指蓝草),苏轼否定形式差异,强调实质。

青、蓝相同吗?令人惊讶的是,现今以蓝为三原色之一,可是在中国古代色彩体系中,无论五正色还是五间色,居然都没有蓝色。那么,是不是蓝色被青色完全取代了呢?非也。宋代实际上有单独的蓝色。如"窃蓝:浅蓝色也"[2],南宋权相丁大全"面蓝色"[3]。宋代还有"蓝绢"[4],都未用青字。也有单独的绿色,《说文》中有明确的定义:"绿,帛青黄色也。"如王安石"春风又绿江南岸"[5]等,指草绿色。郑樵从另一角度作过说明:"蓝有三种:蓼蓝如蓼,染绿;大蓝如芥,染碧;槐蓝如槐,染青。三蓝皆可作淀,色成胜母,故曰青出于蓝而青于蓝。"[6]789所谓的蓝,是指染色的植物,通常称蓝草,而不是现在所说的蓝色,不同的蓝可染绿、碧、青,即这三种色彩也都可称蓝。朱熹分析其关系时道:"以木之青克土之黄,合青、黄而成绿,为东方之间色。以金之白克木之青,合青、白而成碧,为西方之间色。"[7]1383-1384所谓青、绿、碧,各是一色,青是正色,绿、碧是间色。青色具体指何色,要依据其语境

① 如宋凤娣:《青色与中国传统民族审美心理》,《山东大学学报(哲学社会科学版)》,2001年第1期;陈晓鸣:《中国古代文化中的"尚青"观念》,《南通大学学报(社会科学版)》,2008年第3期;余戈:《论中国古代色彩"尚青"观的文化内涵》,《美术界》,2013年第6期;等等。

而定。

不仅是古人难以确认青,当代国际学界同样如此。太阳光的光谱被认为是由红、橙、黄、绿、蓝、靛、紫七色组成,后来有人提出由红、橙、黄、绿、蓝、紫六色组成,因为蓝和靛色光始终未能测定其确切的频率界限差值,在色彩学中至今难以定论,按照光谱的颜色顺序,青应是介于绿和蓝之间的颜色,即发蓝的绿色或发绿的蓝色。至今,《辞源》所言青字有五义:一是五色之一;二是泛指青色之物;三是黑色;四是草木初生青色,引申为出生、少年;五是地名,如青州、青县[8]。表示色彩的四色各不相同。正是因此,才使青色泛指介于蓝色和绿色之间的各种颜色。

最关键的是,宋人的青一般指什么颜色? 除了文学形容以外,通常说的青有蓝有绿。南宋末士人为五正色作赋,其中的《青赋》云:"帝子之望巫阳,远山过雨;王孙之别南浦,芳草连天。"[9] 可见是雨过天晴的天青和草绿,一般以天青为主(天缥)。本文所论述的青,主要包括天青以及碧色。古代视天青色为吉祥色,如做梦见到"天青色,吉。此梦吉事有祥之兆也,梦者功名遂,家业丰,经营利,父母宁,子孙贤,丈夫贵"[10]7 全是好事。民间传说阴间记录人间善恶的两大账簿,善簿是"青轴",恶簿是"黑录"[11]。青色吉祥的寓意是全面的,诸如青云、青霄、青虚、青鸟、青史、青蚨等等,都是美好的词语。

除了黑白二极色外,中国的青、红(赤)、黄原色中,青是唯一与西方红、黄、蓝三原色不同的。其特别的地位,引起人们的高度关注,乃至误解。国内诸多艺术学者认为:"青色是中国特有的一种颜色。"① 特有就是独有的意思,但唯中国有青色吗? 显然是过于武断了。其实,青色是一种客观存在,世界上哪个国家都有"天青"的自然色彩,油画等海外美术作品中也有晴空碧水等青色。英文 cyan 就是汉语的"蓝绿色,青色"②,是减色法三种基本颜色之一。从印度传来的佛教文化中有"帝青",即佛家所称的青色宝珠:"帝青,梵言因陀罗尼罗目多,是帝释宝,亦作青色。以其最胜,故称帝释青。"[12] 日语的"青"与中国的"青",色域范畴皆很宽广,意象上有相通之处[13]。客观谨慎地讲,青色在中国的特殊性,是表现的最复杂、最多彩,用途最广泛。除了多种色彩以外,还表示方位:"归来种瓜青门外,灌溉锄耘甘

---

① 李媛:《色彩人生:透过颜色读懂人生》,金城出版社,2012 年版,第 68 页;丁耀:《广告设计》,南京大学出版社,2007 年版,第 154 页;吴欣:《全国职业教育印刷包装专业教改示范教材·印刷色彩与色彩管理·色彩基础》,中国轻工业出版社,2014 年版,第 177 页;丁庆伟:《一袭江南》,浙江工商大学出版社,2015 年版,第 52 页;等等。

② 霍恩比(ASHornby)著,李旭影、邹晓玲、赵翠莲、王玉章、石孝殊、向小林、张耀平、王升印、马红旗译《牛津高阶英汉双解词典》第 9 版,商务印书馆,2018 年版,第 527 页。按希腊神话载:冥王哈得斯用两叉戟叩开大地返回冥府的地方涌出眼清泉,汇成一个池塘。因水色青绿而命名为库阿涅(Cyane),意思是"青水"。

寂寞。长安之东壤尤美,翠蔓离离照城郭。"[14]青是东方色彩,青门就是东门。也表示女子的年轻美貌:"只道乱来人死尽,朱门日日买青娥。"[15]"青娥"即主司霜雪的女神,代指美丽的少女。

北宋士大夫贺铸,专作《青字诗》二首,把青字发挥得淋漓尽致。其一云:"青袍少年子,独出青门游。逢人少青眼,凝笑望青楼。窗中青蛾女,正为青春愁。心事属青鸟,青骢能少留。"其二云:"白马青络头,青萍宝带钩。青溪流水急,独上青翰舟。佳人青雀钗,手把青荷游。慕君青云器,青发结绸缪。"[16]句句带"青",意各不同,反映了"青"在文化和社会生活中的广泛性,暗示着青色的重要性。

总之,青色以多义而奇妙,以难言而神秘。在宋代,青色展示了很大作用,大放光彩。

二、朝廷服用的青色

在宋代朝廷的最高层,服用的器物中颇多青色,有沿袭历史青色者,有本朝新改青色者。

玉辂是皇帝在重大典礼中乘坐的五种车子之一,"若大朝会、册命皇太子诸王大臣,则设五辂于大庆殿庭,为充庭之仪",其中"凡玉辂之饰以青者"。政和三年(1113)诏云:"玉辂用青质,轮辋络带,其色如之。四柱、平盘、虚匮则用赤,增盖弓之数为二十八,左右建旂、常,并青。……副玉辂,亦用青色,旧驾马四,增为六,色亦以青。"[17]3481-3482 无论车辇,还是马匹,还是配饰,都用青色。蔡绦曾指出其历史变化:玉辂"色本尚黄,盖自隋暨唐伪而为青,疑以谓玉色为青苍,此因循缪尔。政和间,礼制局议改尚黄,而上曰:'朕乘此辂郊,而天真为之见时青色也,不可易以黄。'乃仍旧贯,有司遂不敢更,而玉辂尚青,至今讹也"[18]。玉辂原为黄色,宋朝延续隋唐旧制为青色,礼仪官提出应恢复古制用黄色,被宋徽宗拒绝了。相应的是,道家神仙的玉辂也为青色。一次宋徽宗乘玉辂自太庙至玉津园,路上谎称看到云间"人渐众,约千余人,皆长丈余。有辂车舆辇,多青色,驾者不类马,状若龙虎"[19]。由此可知,赵佶之所以不肯更改玉辂的颜色为黄色,根本原因就是崇信道教,偏爱青色。

皇家的一些重大祭祀场所,青色装饰占很大比重。如南郊祭天坛在皇帝亲自祭祀时,围墙外"则以青绳柱表其三壝,以合郊丘之制"[20]。用青绳柱在坛外包围三圈。而皇帝驻跸的斋宫干脆就叫青城:"所谓'青城',旧来止以青布幕为之,画砌甃之文,旋结城阙殿宇。宣、政间悉用土木盖造矣。"[21]原来是临时用栏杆与青布搭建的一组简易宫殿,砖瓦等是在布面画出的。而祭地的斋宫在城北,俗称北青城。《辞源》"青城"条,即专为北宋开封而作:"宋祭天斋宫名。在河南开封府治。有二:一在南熏门外,为祭天斋宫,谓之南青城;一在封丘门外,为祭地斋宫,谓之北青城。"[8]3351 青城为北宋独有,可知青色在宋代的地位。

明堂祭祀昊天上帝之玉,用青色。详定礼文所言:"明堂昊天上帝礼神之玉当用苍璧,今用四圭有邸,伏请改用苍璧礼天"[22],得到宋神宗的批准。祭祀五方神中的东方神,自然是青神,用青圭,如文彦博在进士科考试的《青圭礼东方赋》所言:"青惟五色之首,圭乃六器之俦。朝日之郊是荐,迎春之礼聿修。结绿鸿辉,既肃陈于震位;出蓝美质,将奉仰于神休。"[23]另有皇帝求子祭祀的高禖坛,因为青色是生长色:"青,生也,象物生时色也"[24],所以"禖祠以青帝为主",与青帝坛相同[25]。在每年一度的春季籍田礼上,道具几乎都是象征春天的青色:"亲耕前三日,司农以青箱奉九谷种稑之种进内……国朝旧制,合用盛九谷种箱系竹木为之而无盖,两头设抬饰,以青色中分九隔,设一种,覆以青帕……御耒耜二具并韬(系盛耒耜青绫袋)……御耕牛合用青牛四,其牛衣以青色……庶人百人耕终亩,并青衣"[26]。装种子的箱子、耒耜的袋子、耕牛、牛衣、具体耕作的农夫服装等,全是青色。

宋代皇帝的衮冕之制中,包含诸多青色:"天子之服有衮冕,广一尺二寸,长二尺四寸,前后十二旒,二纩,并贯真珠。又有翠旒十二,碧凤衔之,在珠旒外。"冕上有翠旒、碧凤;"衮服青色";衣裳带饰中有青罗:"素大带朱里,青罗四神带二,绣四神盘结","青褾","青罗抹带"。衮冕为皇帝的大礼服,"祭天地宗庙,朝太清宫、飨玉清昭应宫景灵宫、受册尊号、元日受朝、册皇太子则服之"[17]3522-3523,是重大活动中最尊贵的礼服之一,以青色为基调。在冠冕方面,早在乾德元年(963)准备南郊大礼时,宰相范质就上书更改了旒珠的颜色:"按《令文》:旒并贯青色珠,青纩,其珠及充纩。今请依令文青色之制。"宋太祖"诏从之,遂改制焉"[27]使用青色旒珠和青色的丝绵。宋真宗时,少府监修制官状称:"自来制造皇帝衮冕及诸臣祭服,并一色以青为衣,以茜为裳。"[28]皇帝与大臣的祭服,上衣都是青色,下衣为红色。宋神宗时,详定礼文所上书,援引古制要求更改色彩:"古者冕服,皆玄衣裳,而今衣色用深青,殊无所本,宜改用玄,以象天色。"宋神宗诏令:"冕缋绣章采,宜依旧制。"[29]古代用黑色的上衣和黄赤色的下衣,宋代却用深青色上衣,礼官要求更正,但皇帝并不理会传统礼制,坚持用青色。

宫殿里的帷幕,全是青色。"太祖服用俭素,退朝常衣裤麻鞋,寝殿用悬青布缘帘,殿中设青布缦。"[30]遮蔽门窗及隔离空间的帘幕等,都用青布制作。宋真宗也说:"朕寝殿中帘幕,皆青为之,且暮间,非张烛莫能辨色。"[31]与宋太祖不同的是质地:由青布升级为青绢。宋哲宗读书上课的迩英殿里,新修后"御坐比旧近后数尺,门南北皆朱漆,钩窗前帘设青幕障日,殊宽凉矣"[32]。同样为青色帘幕,可见青幕属于宋代家法。朝廷三馆藏书八万卷的书库里,"皆周雕木架,青绫帕幂之"[33],尽以青绫覆盖保护,防晒防尘。

三、臣民服饰的青色

青色的服装清爽美观而不单调、不张扬,深受各色人等的喜爱,在宋代或作为官方、宗教的制服,或作为民间便服。

青色曾是职官章服的一种。"宋因唐制,三品以上服紫,五品以上服朱,七品以上服绿,九品以上服青……元丰元年,去青不用,阶官至四章服紫,至六章服绯,皆象笏、佩鱼,九品以上则服绿,笏以木……中兴,仍元丰之制,四品以上紫,六品以上绯,九品以上绿。"[34]北宋前期沿袭唐代制度,官员服色分为四等,唯一的正色即青色是最低一等,由八品、九品官服用。宋神宗元丰改官制后,不再用青色为章服,服色由四色简化为紫、绯、绿三色。需要说明的是,章服颜色表示官员的地位,但并不说明色彩本身的社会地位。名儒胡寅就公开表示质疑:"朝服当以正色。绯近于朱,犹之可也。恶紫夺朱,而加于绯上,可乎?青者,色之正也。绿为间色,而加于青上,可乎?必欲归诸正,必则古昔,师先王,其可也。"[35]服色顺序完全不符合正色间色的位序,青色是正色,位次不应在间色之后。宋神宗对此的改革有着重要的意义:一是满足了低级官员的虚荣心,再也不会出现"座中泣下谁最多?江州司马青衫湿"[36]的凄凉;二是规范了品官服色,纠正了前代的错误,将其从低贱的章服中解救出来,与以前相比凭空升了一二品。而且服色全用间色,表明宋人对正色之青的尊重。

广大士子学生则穿青衿,所谓"青青子衿"。吕祖谦云:"路逢十客九衿青,半是同窗旧弟兄。"[37]"青衿"即青色交领的长衫,为唐宋学子的制服,多借指学子。青年学生正在成长时期,以青标之,宜乎其理。

青色是道教崇尚的色彩,道士以及神仙的制服(常服)以青色为主。如其司命真君:"戴冠佩剑,服皆青色。"[38]宋徽宗时极力推崇道教,以至于"道士有俸,而斋施动获千万。每一宫观,给田亦不下数百十顷,皆外蓄妻子,置姬媵,以胶青刷鬓,锦衣玉食者几二万人,一会殆费数万缗。贫下之人,多买青布幅巾以赴之,日得一饫餐,而衬施钱三百,谓之千道会云"[39]。道士连鬓发也涂刷青色,而京师穷人为了混顿美食,买条青巾就可冒充道士参加千道会。道家祈雨作法者更是仰仗青色,如熙宁十年(1077)四月,朝廷"以夏旱,内出《蜥蜴祈雨法》:捕蜥蜴数十纳瓮中,渍之以杂木叶。择童男十三岁下、十岁上者二十八人,分两番,衣青衣,以青饰面及手足,人持柳枝霑水散洒,昼夜环绕,诵咒曰:'蜥蜴蜥蜴,兴云吐雾,雨令滂沱,令汝归去!'"[40]青色是雨水之色、庄稼之色,所以祈雨的童男一律穿青衣、饰青面、持青色柳条,以为招徕感应。

便服中的青色服装更普遍。现收藏于中国国家博物馆的南宋刘松年画《中兴四将图》中,有岳飞、张俊、韩世忠、刘光世四人及其携带武器的侍者四人,八人中二人穿红袍(张俊与岳飞身旁的侍者),其余六人均穿深浅不同的青袍。故宫博物院藏宋徽宗《听琴图》中,听琴的一位服红,一位身旁有侍儿的最贵近大臣(一说为王黼)也服青袍。宰相蔡京追随宋徽宗崇道,常穿青色的道衣:"蔡太师作相时,衣青道衣,谓之'太师青。'"[41]平民跟着宰相追逐时髦,因涉及宗教信仰不便称道衣,便称"太师青","宣和间,京师染色,有名'太师青'者"[42],可见在开封的流行。

宋代女子多穿青裙。如官员家的伎乐:"杨君好雅心不俗,太学官卑饭脱粟。娇儿两幅青布裙,三脚木床坐调曲。"[43]普通农家女子喜欢青裙。如朱松言山区小村:"坡陀两山间,寂历三家村。茅檐青裙妇,蓬发薪烟昏。"[44]苏轼云杭州于潜:"青裙缟袂于潜女,两足如霜不穿屦。"[45]陈造云夜间行路:"馈浆亦有白首翁,束缊乃得青裙女。"[46]吴泳言耕地农妇:"惭愧青裙南亩妇,犁头能得几多春。"[47]在广西,粤女"青裙脚不袜"[48]。在四川:"翠盖立严妆,青裙行跣足。俗陋介南徼,物华入东蜀。"[49]有渔家:"收瞿渔浦青裙女,出米商舡白绽郎。"[50]有女童:"古路三叉口,青裙两髻丫。"[51]有养蚕老妇:"青裙老姥遥相语,今岁春寒蚕未眠。"[52]有卖酒老姥:"白帽炎州客,青裙酒姥家。"[53]全国各地无论老幼,无论是室内抚琴还是下地劳动,女子普遍穿青裙。青裙主要为下层女子穿着,"青裙缟袂"成为贫女的标志。但就青裙而言,也未必。如"画舫何须载西子,青裙今幸拜东王"[54],能拜见东王者,当非贫贱。在道教神仙中,多穿青裙,如:"无英大君","龙衣凤帔,紫翠青裙,手把真精,头巾华冠"[55];"帝君姓开明,形长九寸,头建紫冠,披珠绣华,披衣飞锦,青裙带月,衔日乘御青乌,在青光之中"[56]。道家尚青,包括衣裙之色。

平民男子通常戴青巾。如农民,据张咏诗云:"自有奸民逃禁律,农夫倍费耕田力。青巾短褐皮肤乾,不避霜风与毒日。"[57]苏州曾有两书生因争论"状"字右边是"犬"还是"大"而诉讼,长官孙某又气又笑:"令褫去巾带,纱帽下乃是青巾。孙判其牒曰：'偏傍从大，书传无闻，巾帽用青，屠沽何异？'量决小杖八下。"[58]则屠夫、小商贩与书生都戴青巾。熙宁年间的宋夏战争中，宋将种谔"诡称横山民欲归汉，先制青巾二万，金帛称是，以待降者，其实诞谩"[59]。青巾是宋朝汉族平民的显著标志之一，但不能因此说戴青巾者身份低贱，宋代进士也戴青巾。如元丰五年（1082）苏轼生日时，"进士李委闻坡生日，作新曲曰《鹤南飞》以献。呼之使前，则青巾紫裘腰笛而已"[60]。进士及第者同样："畿邑犹有登科者，身居亲丧，而青巾紫袍，辄位于父之上。"[61]道士以及道教的神仙也戴青巾，张矩《赞崇禧丈室二仙图》描绘道："麂皮槲叶，容颜枯槁。青巾白袍，飘然气貌。"[62]青巾白袍，闲散超脱。

既有青巾，更有青帽。元人钱选临宋代苏汉臣的《宋太祖蹴鞠图》，描绘宋太祖、宋太宗与近臣踢球的场景，其中踢球的宋太祖和人物正中的宋太宗，均头戴青色软帽。青纱帽则见于士兵。张方平曾批评军队服饰追求华丽，举例如将帅的卫兵"一例新紫罗衫、红罗抱肚、白绫袴、丝鞋，戴青纱帽，拖长绅带，鲜华烂然，其服装少敝，固已耻于众也。一青纱帽，市估千钱，至于衫袴，盖一身之服，不啻万钱"[63]。一顶青纱帽价值一贯铜钱，实属奢侈。

以上史实表明，在服饰方面，除了后来被废除的章服外，一般而言，青色并没有贵贱之分。

四、用具与建筑的青色

在宋代日用器物中，最突出的青色有两种：一是青伞，二是青纸。

伞具作为实用品，或遮蔽雨雪，或遮蔽光亮，并无色彩的特别要求。但如作为官方的仪仗排场，就有着非常严格的色彩限制。皇家使用红色或黄色的伞盖，权贵最多可以使用青色的伞盖。

宋敏求载："京城士人，旧通用青凉伞。大中祥符五年九月，唯许亲王用之，余并禁止。六年六月，始许中书、枢密院依旧用伞出入。"[64]北宋前期，京城士人不分贵贱都通用青色凉伞，宋真宗大中祥符五年（1012）突然严厉起来，只允许亲王一级使用，其他宗室、宰辅大臣都不允许，更遑论普通百姓呢？此举显然过于苛刻，实行不到一年即适度放开，允许执政大臣依旧使用青伞。李焘的记载于此有异："京城除宗室外，无得用青伞，宰相、枢密使亦禁之。明年，乃许复用。（明年六月甲子）"[65]所允许的是所有宗室而非仅仅亲王，更切合实际情况。刘筠曾"三入翰林，意望两府，及为承旨，颇不怿，尝移疾不出。或戏筠曰：'服清凉散必愈。'盖两府乃得用青凉伞也"[66]。丞相兼侍读郑清之向宋理宗"进读毕，赐宴内苑，上御黄伞，命公御青伞,同行苑中"[67]。在此,青伞是权贵和恩宠的象征。皇帝大驾卤簿中的王公贵戚原用紫伞,宋哲宗时改为青伞。元祐七年(1092)太常寺言:"《开元礼》大驾八角紫伞,王公已下四角青伞。今《卤簿图》但引紫伞,而无青伞之文。"随即"诏改用"[68]。即维护着青伞的等级。朝廷所禁明文规定的是京师,地方则不限品级,如范成大诗云:"暖轿行春底见春,遮栏春色不教亲。急呼青伞小凉轿,又被春光著莫人。"[69]实际上,即便在京师,北宋末期连走街串巷的小贩、路边小摊也用青伞:"唯焦馆馐以竹架子出青伞上,装缀梅红镂金小灯笼子,架子前后亦设灯笼,敲鼓应拍,团团转走,谓之打旋罗,街巷处处有之。"[70]夏季六月,贩卖各种食品水果的商人,"皆用青布伞,当街列床、凳堆垛"[71]。到南宋临安,更加泛滥。淳熙十五年(1188)臣僚报告:"日来都城之内,士庶尽持青伞。始时不过二三尺,今乃悉是重檐巨盖。"宋孝宗诏令禁止[72]。青伞适宜于遮阳,大众的喜爱与需要难以阻止,宋政府的有关规定不断被民众冲破,而且越来越大越高档。在赤日炎炎的城市中,满目青伞也是一景,令人视觉舒适。

宋代纸张多姿多彩,其中青纸是一大类,笺纸以外,以史料中宋代首见的鸦青纸为代表。鸦青纸又名碧纸、绀碧纸、绀青纸、青藤纸等,是一种华美的染色加工纸,染以靛蓝,色暗青若鸦羽。因纸色暗墨字不显,多写金字,灿然美观:"殊臻庄伟之观。"[73]鸦青纸对后世颇有影响,明代又称瓷青纸。其用途较为广泛,如道教用于撰写青词。程大昌说:"按今世,上自人主,下至臣庶,用道科仪奏事于天帝者,皆青藤朱字,名为青词。"[74]民间还剪作旗幡。习俗正月初一,"以鸦青纸或青绢剪四十九幡,围一大幡,或以家长年龄戴之,或贴于门楣"[75]。或为书信。官员刁某"因怀中取鸦青纸一幅,有金书七十余字,授总曰:善保持,勿失坠"[76]。或印书籍。黄庭坚《求范子默染鸦青纸》诗云:"极知鹄白非新得,漫染鸦青袭旧书","为染藤溪三百个,待渠湔拂一床书"[77]。其委托友人代染一批鸦青纸,以印书籍。明代多用于金字写经。

另外,如同皇宫一样,民间也多用青色帷幕,如寇准。"内俭外奢,无声色之娱。寝处一青帏二十年,时有破损,益命补茸。"[78]这些都是简朴的标志。春暖花开之际,踏青赏花的富家子弟们,"少年惜花会花意,晴张青帏雨油幕"[79],架设青色帐篷歇息玩乐。

宋代砖瓦建筑,基本都是青色,因为砖瓦是青色的,"朱栏拥青砖"[80]"碧瓦万家烟树密"[81]"门前碧瓦十万户"[82]即是。不但外观如此,在建筑构件的彩饰中,青色也占据主要地位。官方颁布的建筑设计、施工规范书《营造法式》云:"五色之中，唯青、绿、红三色为主，余色隔间品合而已。其为用亦各不同，且如用青，自大青至青华，外晕用白。大青之内，用墨或矿汁压深。此只可以施之于装饰等用，但取其轮奂鲜丽，如组绣华锦之文尔。至于穷要妙、夺生意，则谓之画。"[83]主要用青、绿、红三色相配，而青色打头。张耒言所言"公宫侯第，兼瓦连甍。紫垣玉府，十仞涂青"[84]，即是实况，"十仞涂青"的意思是大面积涂刷青色。

五、青色在宋代的创新

由于青色受到大众的喜爱且应用广泛，所以多有创新，对青色再创造，予以新诠释。

服装颜色中以碧色为典型，即天水碧。此色即鲜明的浅青色，始于宋初的金陵。南唐后主李煜的妓妾"尝染碧，经夕未收，会露下，其色愈鲜明，煜爱之。自是宫中竞收露水，染碧以衣之，谓之'天水碧'。及江南灭，方悟……'天水'，赵之望也"[85]。此处的"天水"即露水，作为地名则是赵姓郡望，天水碧谐音为"天水逼"，也就是赵宋逼来。具体情况是："金陵将亡前数年，宫中人接蔷薇水染生帛。一夕忘收，为浓露所渍，色倍鲜翠。因令染坊染碧，必经宿露之，号为天水碧。宫中竞服之。"[86]宫女一次意外的失误，发现了天然露水的特殊功能，成就了青色中的碧色，并随着南唐灭亡传到京师："未几，为王师所克，士女至京师犹有服之者。"[87]欧阳修有诗云："夜雨染成天水碧，朝阳借出胭脂色。"[88]即是流传广泛的证明。还曾在四川风行："又有似蜀人，喜染天水碧。"[89]到宋徽宗政和年间，据蔡绦言在开封再次流行："复为天水碧，时争袭慕江南风流，然吾心独甚恶之。未几，金人寒盟，岂亦逼迫之兆乎？"[90]时过境迁，天水碧倒过来成了"逼天水"，色彩的名称成为谶语，关系国家兴亡，列入正史的《五行志》，把色彩的社会作用提高到最高等级。而南宋舒岳祥有"此花蔓生枝自劲，天水碧染雪藕纱"[91]之诗，周密有"天水碧，染就一江秋色"[92]之词，都将天水碧当成了形容词，可见流传之广。还出现了以此命名的笺纸："宋人杏红笺，露桃红笺，天水碧。"[93]无论其出身与寓意如何，天水碧确实为传统文化增添了新内容。

碧色还被培育成花色。花色多红，牡丹花也是以红色为主，但在北宋末年，出现了碧色："洛中花工，宣和中，以药壅培于白牡丹，如玉千叶、一百五、玉楼春等根下。次年，花作浅碧色，号欧家碧，岁贡禁府，价在姚黄上。赏赐近臣，外廷所未识也。"[94]使用了生物技术，用特制的药物堆围在白牡丹花的根部，次年其花便转白为碧，因美妙罕见每年上贡给皇帝，其他人很少得见。这一新技术或新品种随着宋室南迁传到了另一牡丹基地,即有"小洛阳"美称的四川彭州。陆游记载彭州牡丹中,碧牡丹以其独特的淡雅而惊艳。"碧花止一品,名曰欧碧。其花浅碧,而开最晚,独出欧氏,故以姓著。"[95]

　　宋代青色创新的最大成就,体现在瓷器上。宋代瓷器是历史的顶峰,主要特点就是色彩尤其是青色的创新。青瓷是中国陶瓷中最大也是最早的品种,从商代的原始青瓷开始,两三千年后的宋代已发展到青瓷的鼎盛期,众多瓷窑向青瓷转化,出现了一大批名瓷。历史上最负盛名的"汝、钧、官、哥、定"五大名窑中,除了定瓷是白器外,其余都有青瓷,尤以汝、官、哥瓷全是青瓷,南宋晚期兴盛起来的龙泉窑,也是具有独特风格的青瓷。宋代青瓷的"青色也不同于一般的青瓷,虽然色泽深浅不一,但多近于蓝色,是一种蓝色乳光釉,是青瓷工艺的一个创造和突破"[96]。如汝瓷以天青色最具特色,独步天下,南宋叶寘说:"本朝以定州白瓷器有芒,不堪用,遂命汝州造青窑器,故河北、唐、邓、耀州悉有之,汝窑为魁。"[97]如同牡丹改白为碧一样,宫廷用瓷也弃白用青,在同时烧造青瓷的河北、唐、邓、耀州诸窑中,以汝窑最优。汝瓷釉面蕴润如碧玉,青色高雅素净如雨过天晴,"在我国青瓷发展史上,乃是一个划时代的重要标志"[98]。2017 年 10 月,香港苏富比拍卖"北宋汝窑天青釉洗",成交价高达 2.943 亿港币,刷新了中国瓷器世界拍卖纪录。而北宋末兴起的官窑,"大观中釉尚月白、粉青、大绿三种,政和以后,惟青分浓淡耳"[99]。最终定位于青瓷,遂成绝世神品。清人对宋代青瓷予以高度赞赏:"宋瓷天青色之滋润者,不独泪痕可爱也,青光中闪有紫光,若隐若现,则谓之异采。盖异宝也。"[100]其玉洁冰清以及雨过天晴的意境成为绝唱,为历史文化贡献了古代东方审美的最高点,至今难以仿制。

六、青色颜料

　　青色颜料来源丰富,包括了无机的矿物颜料和有机的植物颜料。

　　矿物青以石青(青碌)为主。"青"原本指石绿(孔雀石)和石青、生青(蓝铜矿)的共生物,是碱性碳酸盐类铜矿物,既是颜料,还是冶炼青铜的重要原料。《管子·小称》云:"丹青在山,民知而取之。"所言"青"即青色的矿石,总是伴生在铜矿区。绍兴初期,官方力图复兴铜矿,在江西信州铅山发现"管下青碌坑场见今封闭。窃以青碌系铜之母,发为精英,其名有浮淘、青头、青二、青大碌之类,皆是价高值钱之物。靖康初住罢采打,今来虽别无所用,而民间装饰服用亦有合用青碌去处,往往被人户私采盗卖,暗失钱本,诚为可惜。今相度,乞将管下坑冶出产青碌去处,从来本司措置召人兴采,委自坑冶场拘收,立价抽买入官"[101]。可知青碌在民间"装饰服用"颇多,故而价格昂贵。信州盛产青碌等,早在北宋前期就有专业大户程家。如大中祥符八年(1015)三司报告:"太平兴国寺甘露戒坛院主坛升于信州铅山民程文祐施青碌八千斤,充装彩佛像、浮图,乞免一路商税。"[102]天圣六年(1028),又有信州民程尚"献石绿末青二万五千两,助修在京护国禅院",有诏免役二年[103]。其实力雄厚可以想见。铅山县洪洋山"宋治平中尝产青碌,政和间即竭"[104],反映出北宋后期需求的旺盛。此外,四川梓州元丰年间奉诏"收买青绿彩色二千斤,已计纲起发"[105],朝廷需求量同样很大。

青碌在宋代广泛用于绘画和建筑彩绘。绘画以及设色美术作品又名丹青,山水画中专有青绿山水一种,即可知其在绘画中的地位。建筑构件的彩绘中,青为主要颜料之一,取色之法是:"并各先捣令略细。用汤淘出,向上土石恶水不用,收取近下水内浅色。然后研令极细,以汤淘澄,分色轻重,各入别器中。先取水内色淡者,谓之'青华'。次色稍深者,谓之'三青'。又色渐深者,谓之'二青'。其下色最重者,谓之'大青'。澄定,倾去清水,候干收之。如用时,量度入胶水用之。"[106]从生青矿物中提取的颜料,有青华、三青、二青、大青四种深浅不同的青色。

染青植物主要是蓝(蓝靛)。蓝"其茎叶,可以染青生。河内平泽。陶隐居云:此即今染绀碧所用者","图经曰:蓝实,生河内平泽,今处处有之。人家蔬圃中作畦种莳,三月、四月生苗,高三二尺许,叶似水蓼,花红白色,实亦若蓼子而大,黑色,五月、六月采实。按蓝有数种:有木蓝,出岭南,不入药;有菘蓝,可以为淀者,亦名马蓝,《尔雅》所谓葴,马蓝是也;有蓼蓝,但可染碧,而不堪作淀,即医方所用者也"[107]。由此可知两层信息:其一,蓝十分普遍,各地皆有,正所谓"蓝可染青,亦易得之物也"[108]。例如福州,"蓝淀:诸邑有之,闽县桐江上下尤多,故地有名青蓝或青布者,为盛出于此"[109]。以"青蓝""青布"等作为地名,无疑是因当地种植和染色的密集型产业。其专业种植,古已有之。其二,蓝有多种,凡是可以制造靛蓝染料的植物,无论草本还是木本,即便不同科都可称蓝。宋代主要有三种,即槐蓝(豆科木本植物)、菘蓝(二年生十字花科草本植物,其根即板蓝根)、蓼蓝(一年生蓼科草本植物)。如前引郑樵所言,所染色彩稍有不同。

宋代还有食品染色剂植物——杨桐叶。"杨桐叶细冬青,临水生者尤茂。居人遇寒食,采其叶染饭,色青而有光,食之资阳气,谓之杨桐饭,道家谓之青精饭、石饥饭。"[110]杨桐为山茶科灌木,多生于南方,现代科学研究发现其具有抗癌活性。宋人用以染米饭,美观而增食欲,且有益健康。

结语

青色在宋代社会中发挥着很大作用,大放光彩。宋代皇家服用的器物中,有沿用原本青色者,有新改青色者,而南郊祭天的斋宫称青城,则为北宋所独有。宋代有青色制服,更多青色便服,女子多穿青裙,男人多戴青巾帽。宋代日用器物中,最突出的青色有两种:一是青伞,二是青纸。宋代建筑中青色占主要地位。由于青色受到大众的喜爱,对官方的垄断多有冲破,争取到共享。而且多有创新,服装颜色中以天水碧为典型,以牡丹花培育出碧色,青瓷更是发展到了历史顶峰。

美术界有学者认为,唐宋以来青色地位下降:"而自隋唐始,受五行逻辑及礼制色彩观的影响,其地位逐渐下降,也因传统印染、烧造等技术的因素和审美的缘由,青色成为庶民百姓服饰、用具的重要色彩。"[111]本文上述史实证明,至少就宋代而言,诸多神圣高端场合的青色有增无减,青色地位下降说是不成立的。确切地说,是青色因更受喜爱而更普及。在所有色彩创新中,青色在宋代最出彩。人文青色的发展史中,打下了宋代鲜明的印记。与红(赤)、黄一样,青色也是贵贱共享,宋代可谓尚红(赤)[112]、尊黄[113]、喜青。

宋代喜青,既有传统的延续,更有时代的促进。宋真宗、宋徽宗两位皇帝都十分崇道,将道教地位提高到历史最高峰,宋太宗、宋仁宗等也对道教颇感兴趣。崇尚自然、强调天人合一的道教尚青,无疑推动了青色在宋代的普及发展,提升了青色的文化品质和社会地位。

参考文献

[1] 苏轼. 东坡志林(卷四):辨荀卿言青出于蓝[M]. 王松龄,点校. 北京:中华书局,1981:86.

[2] 叶廷珪. 海录碎事(卷五):窃蓝[M]. 上海:上海辞书出版社,1989:121.

[3] 脱脱. 宋史(卷四七四):丁大全传[M]. 北京:中华书局,1977:13778.

[4] 董更. 书录(卷下):单夔[M]//景印文渊阁四库全书:第814册. 台北:台湾商务印书馆,1986:310.

[5] 洪迈. 容斋随笔·续笔(卷八):诗词改字[M]. 孔凡礼,点校. 北京:中华书局,2005:320.

[6] 郑樵. 通志略·昆虫草木略第一[M]. 上海:上海古籍出版社,1990.

[7] 朱熹. 朱熹集(卷三十二):答张敬夫问目[M]. 郭齐,尹波,点校. 成都:四川教育出版社,1996:1383-1384.

[8] 广东广西湖南辞源修订组,商务印书馆修订组. 辞源[M]. 修订本. 北京:商务印书馆,1983:3349.

[9] 文天祥. 文天祥全集(卷九):五色赋记[M]. 北京:中国书店出版社,1985:220.

[10] 梦林玄解(卷一):天类[M]. 邵雍,辑. 中国基本古籍库崇祯刻本.

[11] 李昌龄.乐善录(卷一)[M]//全宋笔记:第66册.赵龙,整理.郑州:大象出版社,2019:10.

[12] 释玄应.大唐众经音义校注(卷二十三):摄大乘论[M].黄仁瑄,校注.北京:中华书局,2018:917.

[13] 张波.中日熟语中"青"的色彩意象比较[J].学术交流,2017(12):178-183.

[14] 李纲.李纲全集(卷十六):题邵平种瓜图[M].王瑞明,点校.长沙:岳麓书社,2004:198.

[15] 孔汝霖.中兴禅林风月(卷上):善真·古意[M]//许红霞.珍本宋集五种.北京:北京大学出版社,2013:37.

[16] 贺铸.庆湖遗老诗集校注(卷三):和杜仲观青字诗二首(丙寅四月京师赋)[M].王梦隐,张家顺,校注.开封:河南大学出版社,2008:123-124.

[17] 脱脱.宋史(卷一四九):舆服志[M].北京:中华书局,1977:3481-3482.

[18] 蔡绦.铁围山丛谈(卷二)[M].冯惠民,沈锡麟,点校.北京:中华书局,1983:25.

[19] 周煇.清波杂志校注(卷十一):郊坛瑞应[M].刘永翔,校注.北京:中华书局,1994:461.

[20] 李焘.续资治通鉴长编(卷一〇六):天圣六年二月辛未[M].北京:中华书局,2004:2463.

[21] 孟元老.东京梦华录笺注(卷十):驾诣青城斋宫[M].尹永文,笺注.北京:中华书局,2007:912.

[22] 李焘.续资治通鉴长编(卷三〇七):元丰三年八月辛卯[M].北京:中华书局,2004:7452.

[23] 文彦博.文彦博集校注(卷一):省试青圭礼东方赋[M].申利,校注.北京:中华书局,2016:24.

[24] 刘熙原.释名疏证补(卷四):释采帛[M].上海:上海古籍出版社,1984:220.

[25] 李焘.续资治通鉴长编(卷二九九):元丰二年八月己酉[M].北京:中华书局,2004:7284.

[26] 徐松.宋会要辑稿·礼六之四至五[M].刘琳,刁忠民,舒大刚,校点.上海:上海古籍出版社,2014:581.

[27] 李攸.宋朝事实(卷十一):仪注一[M].北京:中华书局,1955:185.

[28] 欧阳修.太常因革礼(卷二六):舆服六[M].南京:江苏古籍出版社,1988:346.

[29] 李焘.续资治通鉴长编(卷三〇八):元丰三年九月癸亥[M].北京:中华书局,2004:7477.

[30] 杨亿.杨文公谈苑(卷四):太祖皇帝[M]//全宋笔记:第6册.黄鉴,笔录.宋庠,重订.李裕民,整理.郑州:大象出版社,2019:225.

[31] 李焘.续资治通鉴长编(卷六十八):大中祥符元年正月乙丑[M].北京:中华书局,2004:1518.

[32] 程颢,程颐.二程集·河南二程外书:卷一二传闻杂记[M].王孝鱼,点校.北京:中华书局,1981:421-422.

[33] 杨亿.杨文公谈苑(卷四):三馆[M]//全宋笔记:第6册.黄鉴,笔录.宋庠,重订.李裕民,整理.郑州:大象出版社,2019:230.

[34] 脱脱.宋史(卷一五三):舆服志[M].北京:中华书局,1977:3561-3563.

[35] 胡寅.读史管见(卷十七):太宗上[M].刘依平,校点.长沙:岳麓书社,2011:622.

[36] 白居易.白居易集笺校(卷十三):琵琶引[M].朱金城,笺注.上海:上海古籍出版社,1988:686.

[37] 吕祖谦.吕祖谦全集(卷一):送朱叔赐赴闽中幕府二首[M].杭州:浙江古籍出版社,2008:13.

[38] 李焘.续资治通鉴长编(卷七十一):大中祥符二年二月辛卯[M].北京:中华书局,2004:1594.

[39] 佚名.宋史全文(卷十四):政和六年四月[M].汪圣铎,点校.北京:中华书局,2016:958-959.

[40] 脱脱.宋史(卷一〇二):礼志[M].北京:中华书局,1977:2502.

[41] 陆游.老学庵笔记(卷十)[M].李剑雄,刘德权,点校.北京:中华书局,1979:126.

[42] 周辉.清波杂志校注(卷二):青布条[M].刘永翔,校注.北京:中华书局,1994:77.

[43] 欧阳修.欧阳修全集·居士集(卷七):于刘功曹家见杨直讲褒女奴弹琵琶戏作呈圣俞[M].李逸安,点校.北京:中华书局,2001:109.

[44] 朱松,朱槔.韦斋集附玉澜集(卷一):度石栋岭[M].上海:华东师范大学出版社,2010:9.

[45] 苏轼.苏轼诗集(卷九):于潜女[M].王文诰,辑注.孔凡礼,点校.北京:中华书局,1982:448.

[46] 陈造.江湖长翁集(卷八):寄程安抚[M]//景印文渊阁四库全书:第1166册.台北:台湾商务印书馆,1986:102.

[47] 吴泳.鹤林集(卷四):果山春郊即事七首[M]//景印文渊阁四库全书:第1176册.台北:台湾商务印书馆,1986:33.

[48] 苏轼.苏轼诗集(卷四十九):雷州八首其六[M].王文诰,辑注.孔凡礼,点校.北京:中华书局,1982:2709.

[49] 范成大.范石湖集(卷十六):蚕晴发广安军,晚宿萍池村庄[M].富寿荪,标校.上海:上海古籍出版社,2006:226.

[50] 赵鼎.忠正德文集(卷六):宿宣化镇僧寺[M].李蹊,点校.上海:上海古籍出版社,2018:105.

[51] 孙觌.鸿庆居士集(卷三):九日次献花铺[M]//景印文渊阁四库全书:第1135册.台北:台湾商务印书馆,1986:33.

[52] 方岳.秋崖诗词校注(卷四):农谣[M].秦效成,校注.合肥:黄山书社,1998:56.

[53] 孙觌.鸿庆居士集(卷十):富阳道中·二[M].景印文渊阁四库全书:第1135册.台北:台湾商务印书馆,1986:7.

[54] 朱翌.灊山集(卷二):牡丹次韵二首:其二[M]//景印文渊阁四库全书:第1133册.台北:台湾商务印书馆,1986:833.

[55] 张君房.云笈七籖(卷三十):九真中经天上飞文[M]//道藏:第22册.北京:文物出版社/上海:上海书店/天津:天津古籍出版社,1988:219.

[56] 张君房.云笈七籖(卷五十一):玉珮金珰[M]//道藏:第22册.北京:文物出版社/上海:上海书店/天津:天津古籍出版社,1988:357.

[57] 张咏.张乖崖集(卷二):悯农[M].张其凡,整理.北京:中华书局,2000:9.

[58] 沈括.梦溪笔谈·补笔谈(卷二):官政[M]//全宋笔记:第13册.胡静宜,整理.郑州:大象出版社,2019:233.

[59] 李焘.续资治通鉴长编(卷二一八):熙宁三年十二月丙子[M].北京:中华书局,2004:5306.

[60] 苏轼.苏轼诗集(卷二十一):李委吹笛[M].王文诰,辑注.孔凡礼,点校.北京:中华书局,1982:1136.

[61] 黄淮,杨士奇.历代名臣奏议(卷六十)[M]//杨简.论择郡守县令疏.上海:上海古籍出版社,1989.

[62] 陈起.江湖后集(卷八):赞崇禧丈室二仙图[M]//景印文渊阁四库全书:第1357册.台北:台湾商务印书馆,1986:817.

[63] 李焘.续资治通鉴长编(卷一六三):庆历八年三月甲寅[M].北京:中华书局,2004:3928.

[64] 宋敏求.春明退朝录:卷下[M]//全宋笔记:第10册.郑世刚,整理.郑州:大象出版社,2019:260.

[65] 李焘.续资治通鉴长编(卷七十八):大中祥符五年九月癸酉[M].北京:中华书局,2004:1785.

[66] 李焘.续资治通鉴长编(卷一〇六):天圣六年八月戊寅[M].北京:中华书局,2004:2480.

[67] 刘克庄. 后村先生大全集(卷一七〇):丞相忠定郑公行状[M]. 王蓉贵,向以鲜,点校. 刁忠民,审订. 成都:四川大学出版社,2008:4340.

[68] 脱脱. 宋史(卷一四八):仪卫志[M]. 北京:中华书局,1977:3467.

[69] 杨万里. 杨万里集笺校(卷三十一):三月三日上忠襄坟,因之行散,得十绝句[M]. 辛更儒,笺校. 北京:中华书局,2007:1596.

[70] 孟元老. 东京梦华录笺注(卷六):十六日[M]. 尹永文,笺注. 北京:中华书局,2000:596-597.

[71] 孟元老. 东京梦华录笺注(卷八):是月巷陌杂卖[M]. 尹永文,笺注. 北京:中华书局,2000:771.

[72] 徐松. 宋会要辑稿·刑法:二之一二三[M]. 刘琳,刁忠民,舒大刚,校点. 上海:上海古籍出版社,2014:8351.

[73] 周嘉胄. 装潢志·贴笺[M]//丛书集成初编. 北京:中华书局,1985:5.

[74] 程大昌. 演繁露校证(卷九):朱书御札[M]. 许逸民,校证. 北京:中华书局,2018:618.

[75] 陈元靓. 岁时广记(卷五):剪年幡[M]//丛书集成初编. 北京:中华书局,1985:61.

[76] 张师正. 括异志(卷三):刁左藏[M]//全宋笔记:第10册. 张剑光,整理. 郑州:大象出版社,2019:138.

[77] 黄庭坚. 黄庭坚全集·黄文节公集(卷十一):求范子默染鸦青纸二首[M]. 刘琳,李勇先,蓉贵,校点. 成都:四川大学出版社,2001:280.

[78] 佚名. 寇莱公遗事[M]//全宋笔记:第13册. 赵维国,整理. 郑州:大象出版社,2019:262.

[79] 文同. 文同全集编年校注(卷四):惜花[M]. 胡问涛,罗琴,校注. 成都:巴蜀书社,1999:160.

[80] 梅尧臣. 梅尧臣集编年校注(卷十六):和曹光道风拔三桧[M]. 朱东润,编年校注. 上海:上海古籍出版社,2006:634.

[81] 梅询. 迭嶂楼[M]//汪泽民,张师愚. 宛陵群英集(卷七). 景印文渊阁四库全书:第1366册. 台北:台湾商务印书馆,1986:1023.

[82] 郭祥正. 青山集(卷十五):钱塘行送别签判李太博献甫[M]. 孔凡礼,点校. 合肥:黄山书社,1995:251.

[83] 李诫. 营造法式(卷十四):彩画作制度·取石色之法[M]. 方木鱼,译注. 重庆:重庆出版社,2018:293.

[84] 张耒. 张耒集(卷一):芦藩赋[M]. 李逸安,点校. 北京:中华书局,1990:9.

[85] 脱脱. 宋史(卷四七八):南唐世家[M]. 北京:中华书局,1977:13862.

[86] 江少虞. 宋朝事实类苑(卷四十七):天水碧[M]. 上海:上海古籍出版社,1981:618.

[87] 脱脱. 宋史(卷六十五):五行志[M]. 北京:中华书局,1977:1429.

[88] 欧阳修. 欧阳修全集·诗余(卷二):渔家傲十一[M]. 李逸安,点校. 北京:中华书局,2001:2015.

[89] 陈景沂. 全芳备祖·前集(卷三):芍药[M]. 祝穆,订正. 程杰,王三毛,点校. 杭州:浙江古籍出版社,2014:112.

[90] 蔡绦. 铁围山丛谈(卷三)[M]. 冯惠民,沈锡麟,点校. 北京:中华书局,1983:44.

[91] 舒岳祥. 阆风集(卷二):次韵和正仲碧莲花[M]. 景印文渊阁四库全书:第1187册. 台北:台湾商务印书馆,1986:344.

[92] 周密. 周密集·苹洲渔笛谱(卷二):闻鹊喜·吴山观涛[M]. 杨瑞,点校. 杭州:浙江古籍出版社,

2015:53.

[93] 张岱. 夜航船(卷八):文具·笺纸[M]. 刘耀林,校注. 杭州:浙江古籍出版社,1987:387.

[94] 张邦基. 墨庄漫录(卷二):洛中花工以药壅培花[M]. 孔凡礼,点校. 北京:中华书局,2002:63.

[95] 陆游. 天彭牡丹谱[M]//顾宏义. 宋元谱录丛刊. 王云,整理点校. 上海:上海书店出版社,2017:21.

[96] 中国硅酸盐学会. 中国陶瓷史[M]. 北京:文物出版社,1982:261.

[97] 陶宗仪. 南村辍耕录(卷二十九):窑器[M]. 北京:中华书局,1959:363.

[98] 赵青云. 宋代汝瓷·引言[M]. 郑州:河南美术出版社,2003:1.

[99] 蓝浦,郑廷桂. 景德镇陶录(卷六):镇仿古窑考[M]//熊寥. 中国陶瓷古籍集成(注释本). 南昌:江西科学技术出版社,2000:386.

[100] 寂园叟. 匋雅. 卷中[M]. 杜斌,校注. 济南:山东画报出版社,2010:232.

[101] 徐松. 宋会要辑稿·职官:四三之一四七[M]. 刘琳,刁忠民,舒大刚,校点. 上海:上海古籍出版社,2014:4185.

[102] 徐松. 宋会要辑稿·食货:一七之一六[M]. 刘琳,刁忠民,舒大刚,校点. 上海:上海古籍出版社,2014:6354.

[103] 李焘. 续资治通鉴长编(卷一〇六):天圣六年七月辛酉[M]. 北京:中华书局,2004:2477.

[104] 谢旻. 雍正江西通志(卷十一):广信府[M]. 景印文渊阁四库全书:第513册. 台北:台湾商务印书馆,1986:365.

[105] 李焘. 续资治通鉴长编(卷三三一):元丰五年十二月己未[M]. 北京:中华书局,2004:7985.

[106] 李诚. 营造法式(卷十四):彩画作制度·取石色之法[M]. 方木鱼,译注. 重庆:重庆出版社,2018:293.

[107] 唐慎微. 重修政和经史证类备用本草(卷七):蓝实[M]. 陆拯,郑苏,傅睿,校注. 北京:中国中医药出版社,2013:438-439.

[108] 范处义. 诗补传(卷二十一):变小雅[M]//景印文渊阁四库全书:第72册. 台北:台湾商务印书馆,1986:281.

[109] 梁克家. 淳熙三山志(卷四十一):土俗类三[M]//景印文渊阁四库全书:第484册. 台北:台湾商务印书馆,1986:586.

[110] 陈元靓. 岁时广记(卷十五):染青饭[M]. 北京:中华书局,1985:789.

[111] 王兴业. 从应天时到合民用:青色地位变迁的文化考释[J]. 美术,2018(9):134-135.

[112] 程民生. 宋代社会中红色的功能[J]. 河南大学学报(社会科学版),2021(5):59-71.

[113] 程民生. 宋代社会中黄色的功能[J]. 中州学刊,2021(8):138-146.

书价革命:宋代书籍价格新考

田建平

(河北大学 新闻传播学院,河北 保定 071002)

[摘 要] 雕版印刷技术的普遍应用,使得宋朝书籍产量大增,"多且易致",从而导致了书价的下降,基本实现了书籍销售价格的平民化。这在中国书籍史上,乃至在世界书籍史上,堪称"书价革命"。这一"书价革命",彻底改变了书籍生产与消费的小众化、贵族化历史,开辟了书籍生产与消费的大众化历史,进而极大地推动了书籍出版业——人类知识生产与传播——人类文明的进步与发展。书籍作为一种文化商品,体现出了它的价值、使用价值,特别是体现出了它作为一般商品所具有的社会普遍的交换价值、流通价值。书籍价格成为图书生产与销售的一个最敏感的因素,它直接反映着书籍生产成本与利润的比例关系,反映着书籍商品生产的供求关系。宋代书籍销售价格一般大致为每册 300 文上下,不同种类、印数的书籍价格存在相应差异,珍稀书籍、违禁书籍售价高昂。

[关键词] 宋代;雕版;书籍;价格;平民化

一、既有研究成果评述

关于宋代图书价格的研究,成果数量较少。专著有程民生《宋代物价研究》

[作者简介] 田建平(1963—),男,内蒙古包头人,博士,河北大学新闻传播学院教授,主要研究方向:文化传播、出版史、媒介史。

　　本文主要研究宋代雕版书籍的销售价格,但由于实际资料的相关性,因此必然涉及一些非雕版书籍的资料。再者,书籍概念,取其广义,例如书画作品,也归书籍大类。

(人民出版社,2008 年版)。论文有:翁同文《印刷术对于书籍成本的影响》(台湾《清华学报》1967 年,新 6 卷 1—2 期。宋史座谈会编辑:《宋史研究集》第八辑,台北,编译馆印行,1976 年版。其被收入《宋史研究集》时改名为《印刷术使书籍成本降低十分之九》),袁逸《中国古代的书价》(《图书馆杂志》,1991 年第 4 期),袁逸《明代以前书籍交易及书价考》(《浙江学刊》,1992 年第 6 期),袁逸《唐宋元书籍价格考》(《编辑之友》,1993 年第 2 期),谢彦卯《中国古代书价研究》(《图书与情报》,2003 年第 3 期),谢彦卯《我国古代书价漫谈》(《文史杂志》,2003 年第 5 期),周生春、孔祥来《宋元图书的刻印、销售价与市场》(《浙江大学学报》,2010 年第 1 期),三十而立《中国古代书价漫谈》(书藏网,2013 年 1 月 3 日)。其中,翁同文在《印刷术对于书籍成本的影响》,程民生《宋代物价研究》,袁逸《唐宋元书籍价格考》,周生春、孔祥来《宋元图书的刻印、销售价与市场》较有代表性。翁同文在《印刷术对于书籍成本的影响》中认为:"就晚唐时期相近之抄本与印本书籍价值的比较,和宋明两代关于该二者之概括的文献,可知印刷术的发明,令书籍的价值一般地减低十分之九左右。这自然使书籍的传布相对地普及化,使比较清寒的知识分子也能享用,间接地影响到社会阶级的消融,其在人类文化史上的重要性,不言而喻。"[1]472

作者主要依据李焘《续资治通鉴长编》中对仁宗天圣二年(1024)历书出版的一条记载,认为这条史料"对抄写与印刷二者的成本,有极确切的说明,实在是极为珍贵的史料"。"按这几句注文的重要,不仅在首句表明宋代官印日历开始的时期,为他处所不见;尤其在下二句对于抄写与印刷成本的比较。虽然乃就日历立论,但其性质与抄本书籍无异,可即推得宋代印本书籍价值,亦必仅为抄本书籍十分之一"。[1]471①

袁逸在《唐宋元书籍价格考》中认为,宋代的书籍交易呈现更加繁荣的景象,全国性的大型书籍市场形成。"印刷术在宋代的普遍熟练的应用,给书籍生产和销售带来可观的利润,促使民间和官方更多的人或机构投身书籍市场。"[2]通过对《吴郡志》所载王琪出版的《杜集》,《小畜集》《大易粹言》《汉隽》附录文以及景定元年(1260)于日本购买的《太平御览》一书五例的分析,对宋代书价与利润作了考证分析。宋代书价高低"与制作工钱关系不大,而与赁板钱成本的估算关系极大"[2]。

---

① 笔者也愚,读到此文是在 2013 年 6 月 26 日,令笔者深感欣慰的是,在笔者博士论文《宋代书籍出版史研究》(2012 年 6 月通过答辩)中,即极为重视这条史料,并将宋代雕版书籍生产力较之抄本生产力依据这条史料确定提升了 10 倍。

文章指出:"书价的确定应该说按页定价是最准确的,但实际上又是行不通的,缺少普遍的可比性。而由于古书分卷差异极大,以卷定价又失准极大,只能不得已时才以卷作单位计算书价。因此,以册比较古书的定价相对而言能准确、客观地反映当时书价的真实,也具有普遍的使用意义。"[2]该文对宋代货币贬值,对书价的影响也作了一定评估。袁逸认为,宋时的平均书价为每册 320 文,南宋时期的平均书价为每册 393 文。

袁逸在《中国古代的书价》中认为,宋代以后"我国书籍市场上刻印书开始占主要角色,书籍也多明码标价,渐趋正规"[3]。北宋时期书价便宜些,约每册 100文。南宋时期,由于物价飞涨,平均每册书要价在 300 文以上。

程民生在《宋代物价研究》中认为:"宋代印刷业进入突飞猛进阶段,书籍已大规模地商业化生产,自然也有定价。""官方出版出售的书籍,也是有定价的。"[4]369 他根据《小畜集》《大易粹言》《汉隽》《续世说》所载附文,对各书直接生产成本作了分析,认为"宋代印书成本低廉,利润丰厚,定价也不高,大约 300 文到 600 余文足可以买到一册"。通过对一些零散史料的具体分析,认为"史料中记载的书籍实际销售价格","定价还要低"。"至少在北宋时期,20 文到 50 文便可以买到 1 卷书。"[4]371-372。南宋时,书籍价格上涨,通过对一些零散书籍销售(购买)史料的分析,不同书籍售价不一,以卷为单位,每卷则 325 文、198 文、142 文、300 文、100 文、150 文不等。特殊书籍(禁书、伪书)售价高于一般书籍。例如徐戬为高丽雕造经板 2 900 余片,并且运输到高丽,受酬答银 3 000 两。然而,这 3 000 两是对徐戬违禁出版并走私书籍的高额报酬,自然不能以一般书价而论,其中主要是走私的风险成本以及运输费用。

周生春、孔祥来的《宋元图书的刻印、销售价与市场》,试图运用现代经济学方法对宋代书价进行研究估算,但不免陷入史料的"困境"。文中指出:"由于现存史料少且数据不全,本文不得不运用科学推算的方法来获取部分数据。文中指出又由于为数不多的存世史料大多言及页数而极少涉及字数,本文不得不按页(1 页 =2page)数而非字数计价。因此,文内推算所得的数字必定存在若干误差,这些数据和据此所推出的结论不尽可信,仅具有参考价值。"[5]文中对卷、册、页,特别是对印造价格、书版价格作了区分研究。主要依据《小畜集》《续世说》《大易粹言》《汉隽》《二俊文集》《会稽志》附文,对各书册、卷、页作了文本分析及价格分析,对印造价格、书版价格、刊刻成本与刊刻利润作了研究。该文认为,宋代以降,雕版图书的页均印造价、书版价和刊刻成本似呈下降趋势。宋刊《杜工部集》《小畜集》《大易粹言》和《汉隽》的页均售价和利润相差很大,全国性的雕版图书统一市场似尚未形成。刊印于南宋前期的《小畜集》《续世说》《大易粹言》《汉隽》《二俊文集》和《嘉泰会稽志》等书的页均印造价和书版价分别为 3.367 文和 1 302.703 文足。

谢彦卯在《中国古代书价研究》《我国古代书价漫谈》中认为,宋代随着雕版印刷技术的普遍应用,"书籍生产成本大大降低……大体上和工本费相当"[6-7]。北宋书价每册约 100 文。南宋时期,由于通货膨胀,物价飞涨,书价也随之提高,大约每册在 200 文~400 文之间。

上述成果基本上反映了宋代书籍价格的大致发展趋势,但是价格并未明确,并未得出一个共同认可的结论。研究仍存在欠缺、疏漏乃至矛盾之处,科学性及严密性尚有进一步探讨的必要。问题主要有:1.以传统考据学方法为主,未能从宋代经济史的宏观视野进行考察。2.依据主要史料相同。3.对主要史料的分析囿于文本范围,有些分析归纳未免牵强。4.研究结论存在较大差异,如:有的学者认为宋代已经形成全国统一的书籍市场,有的学者则认为没有形成;有的学者认为宋代一般书价为每册 100 文,有的学者则认为每册 400 文。5.分析略显混乱,甚至出现概念及分析上的自相矛盾。

二、研究假设、理论与方法

由于宋代书籍销售价格史料之匮乏,特别是缺失关于书籍生产、定价、销售及利润方面一定时期内详细而持续的账籍明目类史料,因此研究者实在无法建构出一个宋代书籍生产与消费意义上的价格模型,也就无法对这一问题作出精确的数学描述。扩而大之,中国上古及中古时期经济史料的这一"缺失",影响了中国古代经济史研究的学术理论及学术方法。

笔者从史料实际出发,确定几个研究假设:1.宋代全国统一市场(书籍销售市场)形成并存在。2.全国物价及货币币值一定时期内相对稳定。纸张、墨、工价,以及税收、房地产、运输等经营性成本,价格相对一致。3.雕版书籍价格反映全国平均物价水平。4.雕版书籍开本规格相对统一。不同规格开本(大开本、巾箱本等)、字号(大字、中字、小字),取其平均值。5.卷、册、页规格相对统一。卷、册、页字数容量相对一致,取其平均值。6.利润指标相对一致,取其平均值。7.每种书印数,取其平均值。如王琪出版的《杜工部文集》,初版印数为 10 000 部,售之一空。穆修出版的《柳宗元集》,初版印数为数百部,经年一部不售。

在此前提下,主要运用现代经济学理论知识,采用考据法、文献分析法、科学推理法,以宋代宏观经济视野为判断坐标,综合已知常见史料(《小畜集》附文等)及零散史料,对宋代雕版书籍一般销售价格作出判断。

三、研究症结、主要矛盾及可能

显然,史料数量匮乏、零散,没有系统性及持续性,这造成了研究的困境以及史料匮乏与研究目标求证之间的矛盾。印数(合理印数)是决定价格的一个极为敏感的因素,然而极少有印数与生产成本、价格、销售数一起记载的史料,这也是一个研究症结。从已知有限史料中求证宋代雕版商品书籍的一般价格,确实无法作出符合数理逻辑的严密求证。

研究者所要解决的唯一问题,就是确定宋代雕版书籍一般的商品价格。

按照现代经济学理论,"从最狭义的角度来说,价格(Price)是对产品或服务所收取的金钱。较广义地来说,价格是指消费者用来交换拥有或使用产品或服务利益的全部价值量。历史上,价格曾经是影响购买选择的主要因素"[8]404。定价决策既受内部因素的影响也受外部环境的影响。内部因素主要有市场营销目标、市场营销组合战略、成本、组织管理。外部因素主要有市场和需求(需求的价格弹性)、竞争者的成本、价格和供应、其他外部因素(如经济增长和衰退、通货膨胀和利率等)。一般定价方法主要有以成本为基础的定价(加成定价法、盈亏平衡定价法)、以价值为基础的定价、以竞争为基础的定价。

书籍作为一般商品,在计量标准(诸如纸张规格、开本、物价平均水平等)基本一致的前提下,其销售价格主要由成本(直接生产成本、间接生产成本、固定成本、可变成本)、印数与实际销售数、利润指标三个因素所决定。

既有史料表明,宋代雕版书籍确定价格主要采取以成本为基础的定价方法,下列《小畜集》等7部书籍的牌记就充分证明了这一点。首先计算出书籍的直接生产成本,再主要根据利润指标(及其他指标)数字相加,所得即为定价。

宋代宏观经济研究的既有成果与雕版书籍价格既有有限史料相结合,计量分析与定性研究相结合,样本分析与综合判断相结合,如此,则为宋代雕版书籍价格研究的进一步突破提供了可能。

四、平装书籍价格革命

雕版印刷技术的普遍应用,使得宋朝书籍产量大增,"多且易致",从而导致了书价的下降,基本实现了书籍销售价格的平民化。这在中国书籍史上,乃至世界书籍史上,堪称"书价革命"。这一"书价革命",彻底改变了书籍生产与消费的小众化、贵族化历史,开辟了书籍生产与消费的大众化历史,进而极大地推动了书籍出版业——人类知识生产与传播——人类文明的进步与发展。书籍作为一种文化商品,体现出了它的价值、使用价值,特别是体现出了它作为一般商品所具有的社会普遍的交换价值、流通价值。书籍的价格成了图书生产与销售的一个最敏感的因素,它直接反映着书籍生产成本与利润的比例关系,反映着书籍商品生产的供求关系。

例如《清明上河图》中有一完整的"书坊"——独立书店,店内书籍摆放齐整,空间幽雅,气度雍容的店主人正在同二位购书的顾客交谈。既然是专门的独立书店,显然其书籍均有定价,据此也完全可以推知宋代书籍一般均有明确定价,全国性的书籍市场已经形成,尽管可能存在一定的地区差异。

五、书籍销售一般价格考证

对于基本史料(《小畜集》等书附文),鉴于上述研究成果,此处不再作一般意义上的简单经济学分析,以免重复。

宋代的书籍定价,是同宋代一般的生产资料之生产,特别是同一般的生活资料之生产的价值、使用价值——交换价值、流通价值基本一致的。换言之,宋代书籍的定价反映了宋代物质生产、文化生产的一般物价水准。概言之,宋代书籍的价格主要有两个特点:一是它反映了书籍作为一种社会化一般商品(文化商品)的价值;二是书籍销售价格(较之以前朝代)下降为社会普通物价水准,并且确立了此后书籍价格的基本关系[9]。

宋代书籍普遍实行成本核算定价制度。已知一些书籍上刻有书籍生产成本乃至定价、销售价格,以及字数,甚至印数(见表1)。

表1　已知宋代雕版书籍售价一览表①

书名	售价	出版者	出版时间	部、卷、册、篇	购买者	出处
《淳化(秘阁)帖》	800贯	秘阁	太宗朝	1本		[宋]赵希鹄撰:《洞天清禄集》
《欧阳修省元赋》	2文		天圣八年(1030)	1篇		[宋]文莹撰:《湘山野录》卷下

---

① 此表主要依据《书林清话》《宋代物价研究》《宋代书籍出版史研究》中资料列成。

书名	售价	出版者	出版时间	部、卷、册、篇	购买者	出处
《乐记疏》	50文		北宋中期（1043年前后）	1册	张亢	[宋]江少虞《宋朝事实类苑》卷四十五《张客省》
《大藏经》	数百万		皇祐年间（1049—1053）		名山巨寺	[宋]朱处约《北岩宝林禅院藏经殿记》
《杜工部集》	1贯	苏州公使库	嘉祐中（1056—1063）	1部	士人、富室	[宋]范成大《吴郡志》卷六《官宇》
《前汉书》	5 000文	两浙路（中字本）		100卷	苏颂	[宋]苏颂《苏魏公文集》附苏象先《丞相魏公谭训》卷八
《小历》（民间印卖）	1~2文		熙宁初（1068）	1本		[宋]李焘《续资治通鉴长编》卷二百二十，熙宁四年二月戊寅注
《大历》（朝廷印卖）	数百文		熙宁四年（1071）	1本		[宋]李焘《续资治通鉴长编》卷二百二十八，熙宁四年十二月辛酉注
《新历》（开封出售）	60文		熙宁六年（1073）	2卷		[日]成寻撰：《参天台五台山记》第六

书名	售价	出版者	出版时间	部、卷、册、篇	购买者	出处
《十钵文殊经》10 卷、《宝要义论》10 卷、《菩提离相论》1 卷、《广释菩提心论》4 卷、《圆集要义论》4 卷、《祥符法宝录》21 卷、《正元录》2 卷	1 贯 500 文	京师印经院	熙宁六年	合 52 卷	日本僧人成寻	[日]成寻撰:《参天台五台山记》第八
《大教王经》30 卷、《除盖障所问经》20 卷	1 贯 200 文	京师印经院	熙宁六年	合 50 卷	日本僧人成寻	〔日〕成寻撰:《参天台五台山记》第八
《经板》	银 3 000 两		元祐五年(1090)	2 900 余片	高丽国	[宋]苏轼撰:《苏轼文集》卷三十一《乞禁商旅过外国状》
《苏东坡文》(禁书)	黄金斤		徽宗时(1101—1126)	10 篇		[宋]杨万里撰:《诚斋集》卷八十三《杉溪集后序》
《旧历书》	10 余文		宣和年间(1119—1125)	1 本		[宋]王明清撰:《投辖录·沈元用》
《淳化阁帖》	2 000 缗官陌	潘舜臣(石刻本,抑或雕版本)	南渡初	20 卷		[宋]赵希鹄撰:《洞天清禄集》
《华严经》	26 贯	圆觉寺	高宗时期(1127—1162)	80 卷	僧人	[宋]王之道撰:《相山集》卷二十七《跋思古上人华严经》

书名	售价	出版者	出版时间	部、卷、册、篇	购买者	出处
佛经(《大藏经》)	1 000 贯		高宗时期(1127—1162)	5 048 卷	沙县栖云寺	[宋]邓肃撰:《栟榈集》卷十八《沙邑栖云寺法雨》
巾箱本《五经》	数千钱	鬻书之肆	绍兴十三年(1143)	1 部		[宋]张守撰:《毗陵集》卷十《秦楚材易书序》
《小畜集》	5 贯文省	黄州州府	绍兴十七年(1147)	30 卷		[宋]王禹偁撰:《王黄州小畜集》,北京图书馆出版社,2004年2月第1版。中华善本再造工程本
《续世说》	815 文(直接生产成本)	沅州公使库	绍兴二十八年(1158)	12 卷		[清]叶德辉撰:《书林清话》卷六
《时文》	300 文		孝宗时期(1163—1189)	1 部	辛弃疾	[元]王恽撰:《玉堂嘉话》卷二;王恽撰:《秋涧先生大全文集》卷三十一
《监书》	500 缗		隆兴二年(1164)	3 500 卷	台州知州季翔为州学购买	[宋]林表民编:《赤城集》卷五季翔《台州州学藏监书记》

书名	售价	出版者	出版时间	部、卷、册、篇	购买者	出处
太史局笺注《历日》	300 文		乾道四年(1168)		民间	[清]徐松辑:《宋会要辑稿·职官》十八之九二、三十一之八
《大易粹言》	8 贯文足	舒州公使库	淳熙三年(1176)	20 册		[宋]曾穜辑:《大易粹言》,北京图书馆出版社,2006 年 9 月第 1 版。中华善本再造工程本
《大藏经》	倾橐之赢,劝里之侠,得钱如干		淳熙五年(1178 年前后)	5048 卷	安福县兴崇院僧人璿善、弟子蕴贤	[宋]杨万里撰:《诚斋集》卷七十三《兴崇院经藏记》
《汉隽》	600 文足	象山县学	淳熙十年(1183)	2 册		[宋]林钺辑:《汉隽》,北京图书馆出版社,2003 年 7 月第 1 版。中华善本再造工程本
《王荆公百家诗选》	斗酒金(约100 文)	杨蟠	王安石去世十余年(1086 年后)	20 卷		[宋]杨蟠:《刻王荆公百家诗选序》
《乌贼出没于潮图》	1 文		宁宗时期(1195—1224)	1 本		[宋]叶绍翁撰:《四朝闻见录》戊集《满朝都是贼》

续表

书名	售价	出版者	出版时间	部、卷、册、篇	购买者	出处
《时文》	100 文		南宋中期（1203 年前后）			[宋]陈藻撰：《乐轩集》卷三《谢余荐鸮听易惠诗一首》
《家集》	300 文		南宋中期（1203 年前后）		徐师垕	[宋]叶适撰：《叶适集·水心集》卷八《徐师垕广行家集定价三百》
《历日》	70 文	太史局	嘉定年间（1208—1224）	1 册	赤城政府	[宋]陈耆卿纂修：《嘉定赤城志》卷十六《起发转运司》
小册《韵略》	150 文		嘉定十六年（1223）	1 册		[清]徐松辑：《宋会要辑稿·选举》六之四九
《大般若经》	300 贯文	湖州报国寺	嘉熙年间（1237—1240）	600 卷		[宋]释净月：《报国寺布施记》，《全宋文》，第 341 册
《小儿学书字本》	1 贯		南宋末年（1270）	3 张		[元]吾衍撰：《闲居录》

北宋刻本《说文解字》雍熙三年(986)中书门下牒文称"其书宜付史馆,仍令国子监雕为印板,依《九经》书例,许人纳纸墨钱收赎"[10]432-433。

绍兴十七年(1147)刻《王黄州小畜集》三十卷,前记一则云:"黄州契勘诸路州军,间有印书籍去处。窃见《王黄州小畜集》,文章典雅,有益后学,所在未曾开板。今得旧本,计一十六万三千八伯四十八字。检准绍兴令,诸私雕印文书,先纳所属申转运司选官详定,有益学者听印行。除依上条申明施行。今具雕造《小畜集》一部,共八册,计四伯三十二板,合用纸墨工价下项:印书纸并副板四伯四十八张,表背碧青纸一十一张，大纸八张，共钱二伯六文足，赁板棕墨钱五伯文足，装印工食钱四伯三十文足，除印书纸外，共计钱一贯一伯三十六文足。见成出卖，每部价钱五贯文省。右具如前。绍兴十七年七月。"[11]744

淳熙三年(1176)舒州公使库刻本《大易粹言》，牒文有云："今具《大易粹言》壹部，计贰拾册，合用纸数印造工墨钱下项，纸副耗共壹仟叁百张，装背饶青纸叁拾张，背青白纸叁拾张，棕墨糊药印背匠工食等钱共壹贯伍百文足，赁板钱壹贯贰百文足。库本印造见成出卖，每部价钱捌贯文足。右具如前。"[12]

南宋刻《汉隽》，淳熙十年(1183)杨王休记："象山县学《汉隽》，每部二册，见卖钱六百文足，印造用纸一百六十幅，碧纸二幅，赁板钱一百文足，工墨装背钱一百六十文足。"又题云："善本锓木，储之县庠，且藉工墨盈余为养士之助。"[13]143

庆元元年(1195)二月刊《二俊文集》，前有记云："《二俊文集》一部，共四册。印书纸共一百三十六张，书皮表背并副叶共大小二十张，工墨钱一百八十文，赁板钱一百八十六文，装背工糊钱。（下有脱文）右具如前。二月日印匠诸成等具。"[13]144

宋施宿等《会稽志》，前有记云："绍兴府今刊《会稽志》一部，二十卷。用印书纸八百幅，古经纸一十幅，副叶纸二十幅，背古经纸平表一十幅，工墨钱八百文，每册装背□□文。右具如前。嘉泰二年五月日手分俞澄、王思忠具。"[14]7090

孔平仲《续世说》十二卷，前有记文二则。其一云："沅州公使库重修整雕补到《续世说》壹部，壹拾贰卷，壹伯伍拾捌板，用纸叁百壹拾陆张。右具如前。"其一云："今具印造《续世说》一部，计六册，合用工食等钱如后：一印造纸墨工食钱，共五百三十四文足：大纸一百六十五张，计钱三十文足；工墨钱，计二百四文足。一褾褙青纸物料工食钱，共二百八十一文足：大青白纸共九张，计钱六十六文足；面蜡工钱，计二百一十五文足。以上共用钱八百一十五文足，右具在前。"[13]144

据这些牌记可知，宋代雕版书籍的生产成本构成主要有：纸钱、雕版钱、印造工钱、棕墨钱、装背工糊钱、工人饭钱。即：棕墨糊药印背匠工食(印造纸墨工食钱、装印工食钱)。也可归为二类，即材料费、工费。其中，纸钱是大头。销售方式主要有三种：1.官刻书定价出售。2.许士人纳纸墨钱自印，类同成本钱，属于优惠销售。3.赁板销售。即将书版租赁，收取出租钱。这就造成了不同出版主体使用同一副书版印刷书籍，从而事实上形成不同版次的出版现象。尽管是同一副书版，但因为纸、墨、书版磨损、糊药及装褙等因素的不同，书籍成本亦不相同，甚至有时还不排除对原书版所作的增补等改动。

牌记表明,宋代书籍生产非常注重成本核算,主要是对直接生产成本的核算。核算的主要目的是确定书籍销售价格,因此可以推断宋代书籍定价主要采取的是以成本为基础的定价方法,亦即加成定价法,即在直接生产成本的基础之上根据利润指标之追求确定实际销售价格。

绍圣三年(1096),国子监出版《千金翼方》《金匮要略方》《王氏脉经》《补注本草》《图经本草》五种医书。书末牒文反映了国子监书籍定价关系及定价思想。牒文有云:"本监先准朝旨,开雕小字《圣惠方》等共五部出卖,并每节镇各十部,余州各五部,本处出卖。今有《千金翼方》《金匮要略方》《王氏脉经》《补注本草》《图经本草》等五件医书,日用而不可阙。本监虽见印卖,皆是大字,医人往往无钱请买,兼外州军尤不可得,欲乞开作小字,重行校对出卖,及降外州军施行,本部看详,欲依国子监申请事理施行,伏候指挥。"[15]39-40 显然,大字本比小字本成本高出许多,定价自然也高。出版小字本,目的即在于通过降低成本从而降低价格。这条资料说明国子监书价依据出版目的及销售实践是有调整的,总的趋势是实行平民价。

据以上书籍价格资料推断,姑且设定宋朝书籍开本及每册页数一样,或者设定书籍生产成本标准一样,那么,高宗绍兴十七年(1147),《王黄州小畜集》三十卷,计163 848字,一部共8册,每部售价5贯文省,每册平均为625文,按文省算,每册为437.5文。孝宗淳熙三年(1176),《大易粹言》,一部20册,每部售价8贯文足,每册400文。淳熙十年(1183),《汉隽》,每部2册,售价600文足,每册为300文。

决定书籍价格的因素主要有两个:生产成本、印数。在固定生产成本一般不变的前提下,印数就成了决定书籍价格的主要因素。一般而言,印数越少,价格越高;印数越多,价格越低。研究宋代书籍价格的瓶颈就在于关于宋代书籍印数的记录极其缺乏。上引史料都没有印数。《王黄州小畜集》,"除印书纸外,共计钱一贯一伯三十六文足",这句话非常重要,恰恰证明纸张属于可变成本,即随印数多少而有相应变化。显然因为当时没有确定此书具体印数(或没有估计出准确销售数字),所以无法确定纸张消耗量,也就无法将其列入成本。苏州公使库出版《杜集》,首印10 000部,释志磐出版《佛祖统纪》,首印10 000部。这都是难得的印数资料。《杜集》售价应该比较低廉。《佛祖统纪》主要依靠募缘集资得以出版,发行不具备严格的市场销售意义。再者,不同种类的书籍,价格也有差异。一般而言,专业书、学术书,由于印数少,书价自然就高。科举考试参考书、工具书、日用书等,由于印数大,属于常销书,价格就低。至于像杜甫、韩愈、柳宗元、苏轼、朱熹的书籍,基本上都属于畅销书,书价自然适中。王安石的《三经新义》,属于国家规定必读必买书籍,价格具有垄断性,印数巨大,但是估计价格不会走高,而是实行平价策略。

宋代造纸业发达、手工业发达,因此书籍生产所需纸张价格以及刻工工价均为一般市场价(特殊情况除外),刻工工价低廉,从而决定了书籍生产成本的降低,也就必然导致了书价的降低。叶德辉在《书林清话》中据上述牌记也认为宋时刻印工价低廉[13]143-145。

宋朝书籍价格,大致可分为四个历史时期加以考察,即:北宋初中期、北宋中晚期、南宋初期、南宋中晚期。第一期书价相对较高,主要原因是书籍生产尚不发达,全国性的书籍生产与销售体系尚未完全形成。第二期书价实现了平民化,形成了全国性的书籍生产与销售体系,书籍定价形成了全国大致统一的标准。第三期书价相对较贵,主要是北宋书籍出版业遭到北宋灭亡的毁灭性打击,南宋政权又处于漂移动荡之中,书籍生产一时无法恢复。第四期书籍价格更加平民化。因此,宋朝书籍价格总的趋势呈现为一条由高向低延展的曲线,从南宋中期开始,这一线条大致呈现为平行线。

据袁逸先生研究,"宋时的平均书价为每册320文,南宋时期的平均书价为每册393文。刻于北宋嘉祐四年的《杜工部集》定价最低,仅100文。其原因:一是在于当时物价状况尚好;二是由于苏州地方政府急于弥补财经超支,采取薄利多销的对策,且印数达万部之多,使成本相对降低。结果赢利仍超过'数千缗',即每部书赢利至少在二三百文以上。南宋以后,随着国家财经状况的不断恶化,政府频繁发行、改换会子,货币迅速贬值,物价上涨,促使书价也大幅度上涨。南宋时平均每册书价393文,比《杜工部集》高出近3倍,而几乎同一时期的米价也涨了3倍左右。熙宁八年(1075)至淳熙十年(1183),江南米价从每石500文涨至2 000文。因此,北宋、南宋的书价大致是相当的"[2]①。

程民生研究认为,宋代印书成本低廉,定价也不高,一册书的价格约为300文~600文。实际售价甚至比这个价格还要低[4]369-376。

叶适《水心集》载有一首诗《徐师垕广行家集定价三百》,反映了该书价格及宋代书籍定价的普遍性及其社会化。

> 徐照名齐贾浪仙,
>
> 未多诗卷少人看。
>
> 惜钱嫌贵不催买,

---

① 不过,袁逸先生认为《杜工部集》一书赢利超过"数千缗",疑有误!因为该书销售所得抵偿所假"省库钱"即"数千缗"。成本(支用公使库钱)不明,原文中"羡余"二字所指是否扣除了成本,也不明。

　　忽到鸡林要倍难。[16]135

　　笔者试作一综合判断,将通货膨胀因素等特殊情况排除在外,一般而言,宋代书价应在每册 300 文左右。

　　关于宋代书籍(包括一些非雕版书籍)价格的其他零散文献资料也必须予以关注,可以作为一般书籍价格之参考。

　　据杨蟠《刻王荆公百家诗选序》,此书 20 卷,细字轻帙,"不过出斗酒金而直挟之于怀袖中"[17],可知此书开本不大,售价仅为"斗酒金"。此处之"酒"应指一般的酒,根据宋朝京城此时的物价水平,一般酒一斗售 100 文左右。此序作于哲宗元符戊寅七月,反映了元符元年(1098)时的物价水平。此书售价如此便宜,还可能与此书印数有密切关系。王氏新学当时正处于盛行期,他的书籍十分畅销,印数当不在少数。当然,书籍定价与篇幅也直接相关,不过此书篇幅已不得而知,仅从序文推断,篇幅似不大。此书没有选择杜甫、韩愈、李白的诗作,可能主要是出于学术及思想上的"忌讳",而非诗歌艺术之原因。

　　赵希鹄《洞天清禄集》记载了著名的淳化阁帖的销售价格。"太宗朝,搜访古人墨迹,令王著诠次,用枣木板摹刻十卷于秘阁。""唯亲王宰执使相除拜赐一本,人间罕得,当时每本价已八百贯。至庆历间,禁中火灾,其板不存,今世所见阁帖,多乏精神焉。"潘舜臣据阁本法帖用石刻出版方式出版《绛州法帖》20 卷。"南渡初,(赵希鹄)亲自北方携得舜臣元所刻本未分析时二十卷,其家珍藏,非得二千缗官陌,不肯与人。"又,"山阴僧伪作王大令书保母墓志,韩侂胄以千缗市其石"[18]①。可见宋代珍稀书籍的售价远远高于一般书籍的价格。初版《淳化阁帖》每本售价竟达 800 贯,《王大令书保母墓志》伪石竟以千缗售出。

　　《续墨客挥犀》记载,北宋时盛行欧阳询字体,荐福寺碑墨本直千钱[19]453。

　　叶梦得《石林燕语》记载,《王略帖》八十二字,以钱十五万购得[20]155。此乃天价!

　　两宋时期,政府曾多次在全国范围内征求图书,其中有几次明言赏额。

　　淳化四年(993),"诏三馆所少书有进纳者,卷给千钱,三百卷以上量材录用"[21]257。

　　嘉祐五年(1060),诏"应中外士庶之家,并许上馆阁所阙书,每卷支绢壹匹"[21]272。绢一匹相当于钱一千[22]5467②。

---

　　① 韩侂胄酷好佳帖并予以出版,该书记载:"韩郡王侂胄刻《群玉堂帖》……韩败后,入秘书省。"
　　② 《宋会要辑稿》记载:"袁州和买绸绢,旧以盐准折,今乞依诸路例,每匹给钱千。"

上述诏令,均言明一卷书 1 000 钱的赏额,但有个前提,必须是皇家馆阁藏书中所缺收的书。因此,其开价远远高出当时社会普遍书价。事实上,在实际执行中这一标准有时也打折扣,如天禧二年(1018),"长乐郡主献家藏书八百卷,赐钱三十万,以书藏秘阁"[21]268,则每卷书实际价格为 375 文。但与同是嘉祐年间的刻本《杜工部集》每卷 50 文价格比,仍高出 6.5 倍。

苏轼记载:"欧阳文忠公言文章如精金美玉,市有定价,非人所能以口舌定贵贱也。"[23]1419"文章如金玉,各有定价。"[24]这说明宋代文章——文稿——书稿已经市场化、货币化。在一定时期内,形成了相对稳定的市场价格。不同作者的文章其价格也是不同的,即文章价格是分等级的。显然,像欧阳修、苏轼这样的著名作者,其文章(书稿)是最值钱的,市价颇高。

《过庭录》记载,一匠人修复江都王画作《马》,"酬偿直四十千"对这幅"绢地朽烂为数十片,无能修之者"的古画,这位巧匠,"乃以画正凑于桌上,略无邪,侧用油纸覆,微洒水,以物研之,着纸上,毫厘不失,然后用绢托其背,遂为完物。崇宁初,归上方矣"[25]325。这位技压群雄的巧匠虽然修复的是绘画作品,但据此亦可推知宋代修复古旧破损书籍工价之一斑。

《兴崇院经藏记》记载,安福县兴崇院僧人璿善医,利用所得钱,"倾橐之赢,劝里之侠,得钱如干",派弟子蕴贤"杖竹履草,风饪露寐,走二千里,至福唐,市经于开元寺以归。为卷者五千四十有八,为匦者数十百"[26]3030-3031。遗憾的是这条资料没有记录《毗卢大藏经》售价的准确数字,只留下"倾橐之赢"四字。

宋代雕版书籍之书价,总体而言变得便宜了。由宋初至南宋灭亡,总的趋势是平价化。但是也不是平均的,北宋初及南宋初,由于书籍出版尚未普及及宋金战争,书价相对贵一些。学术界一般以《大易粹言》等几部书的牌记为依据进行研究,固然是必要的,能够得出这些书的具体书价。然而,也许如苏轼所言"多且易致"[27]359①之类语言更能够从整体上及本质上反映宋代书价的低廉。

六、书籍单位与一般价格公式

史料及研究者关于宋代雕版书籍的计价单位计有部、册、卷三种。例如《汉隽》每部售价 600 文足。一般而言,书籍都是按部销售的,问题在于,并非每部书都有明确标价,况且每部书大小都不一样,尽管研究的目的即在于确定每部书籍的售

---

① 苏轼在一篇文章中明确写道:"近岁市人转相摹刻诸子百家之书,日传万纸,学者之于书,多且易致如此。"

价。至于册、卷,更是两个具有自由弹性的单位。即使一部书装为若干册,每册页数往往也不尽一致,甚至差异很大。至于卷,情理亦然,书籍分卷并无统一的计量标准。因此,部、册、卷只是对具有明确标价的书籍具有意义,不可能对于书籍的一般售价具有统一意义。比较而言,参照现代书籍一般按照印张计价的统一规定及基本办法,以基本页计算宋代雕版书籍价格应为相对科学的办法,既符合宋代乃至整个古代以页计算书籍生产(抄写、刻)工价的实际,也具有计算所有古代雕版书籍价格的普遍可行性。在史料极为有限的前提下,笔者拟采取样本统计并计算其平均值的研究办法,求出一定时期内宋代雕版书籍基本页的平均售价,并据此设立一个按标准页计价的一般计价公式。显然,这一计价公式可以作为宋代雕版书籍一般计价公式的基本参考公式,据此既可以衡量已知宋代书籍价格,也可以根据现存宋版书籍的实际页数来计算其售价。此处仅以现知《王黄州小畜集》《大易粹言》《汉隽》三部具有明确售价的书籍为样本计算(见表2)。

1. [宋]王禹偁撰:《王黄州小畜集》,绍兴十七年(1147)黄州刻递修本。原书版框高22.7 cm,宽16.5 cm。国家图书馆藏。北京图书馆出版社,2004年2月第1版。中华善本再造工程本。

正文(有字)共844页。售价每部5贯文省(实为3.85贯),每页4.561 6文。

2. [宋]曾穜辑:《大易粹言》,淳熙三年(1176)舒州公使库刻本。原书版框高22 cm,宽17.8 cm。国家图书馆藏。北京图书馆出版社,2006年9月第1版。中华善本再造工程本。

正文(有字)共2 462页。售价每部8贯文足,每页3.249 3文。

3. [宋]林钺辑:《汉隽》,淳熙十年(1183)象山县学刻本。原书版框高21.2 cm,宽16.7 cm。国家图书馆藏。北京图书馆出版社,2003年7月第1版。中华善本再造工程本。

正文(有字)共282页,售价600文足,每页2.127 6文。

需要指明的是,古籍为单面印刷,现代书籍为双面印刷。古籍版本学所称的一页,现代书籍记为两页,即古籍每半页记为一页。此处按现代书籍计算页数,即按照有字页面计算,以版心为准,分为两页。这样记页,是因为它更科学。例如,有的书页只有一行字,其他界格皆为空白,按整页计算,显然更符合印刷实际。

表2 《王黄州小畜集》《大易粹言》《汉隽》价格比较①

书名(字数)	出版时间	售价(部)	每页售价	总页数(正文)	板框尺寸
《王黄州小畜集》,每页11行,行22字,共242字。全书844页,约204 248字	绍兴十七年	5贯文省	4.561 6文	844	高22.7 cm 宽16.5 cm
《大易粹言》,每页10行,行19字,共190字。全书2 462页,约467 780字	淳熙三年	8贯文足	3.249 3文	2 462	高22 cm 宽17.8 cm
《汉隽》,以小字为准,每页18行,行30字,共540字。全书282页,约152 280字	淳熙十年	600文足	2.127 6文	282	高21.2 cm 宽16.7 cm
			平均每页3.469 8(由三种书的总销价除以总页数)		平均尺寸 高21.97 cm 宽17 cm

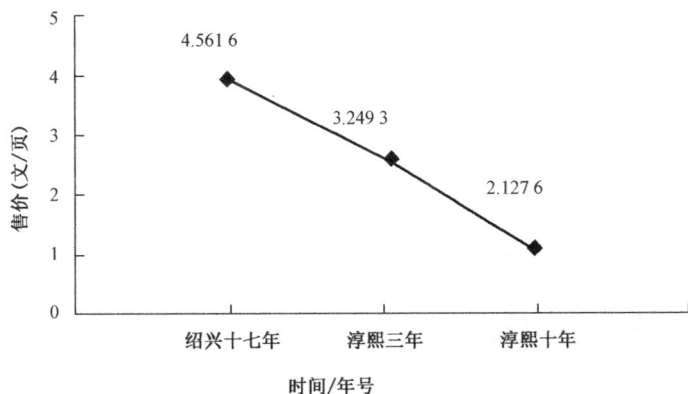

图1 宋代雕版书籍价格变化曲线

《汉隽》每页较之《大易粹言》字数明显偏多,且版式复杂,刻字明显费工。但是页均价格之所以便宜一些,可能是因为象山县学采取了针对特定读者优惠销售

① 《王黄州小畜集》实际计价按省陌制计算,《大易粹言》《汉隽》实际计价按足陌制计算。表中页数按现代书籍页数单位计算,字数根据现代书籍出版版权页计算法计算。《王黄州小畜集》原辅文计其字数为163 848字,应为刻工所刻实际字数,不包括页面空白。

的办法。

据此,得出以下计算宋代雕版书籍的一般价格的参考公式。

宋代雕版书籍一般计价公式:每页(高 21.97 cm 宽 17 cm)×3.4698 文

七、书籍成本及其构成

生产成本是商品价格的基础。关于宋代雕版书籍的生产成本,学界虽有论及,但仅止于一般常识性泛论,失之于简单。笔者通过对宋代历史及其出版史的研究,整理出如下宋代雕版书籍生产成本及其构成图(见图2)。

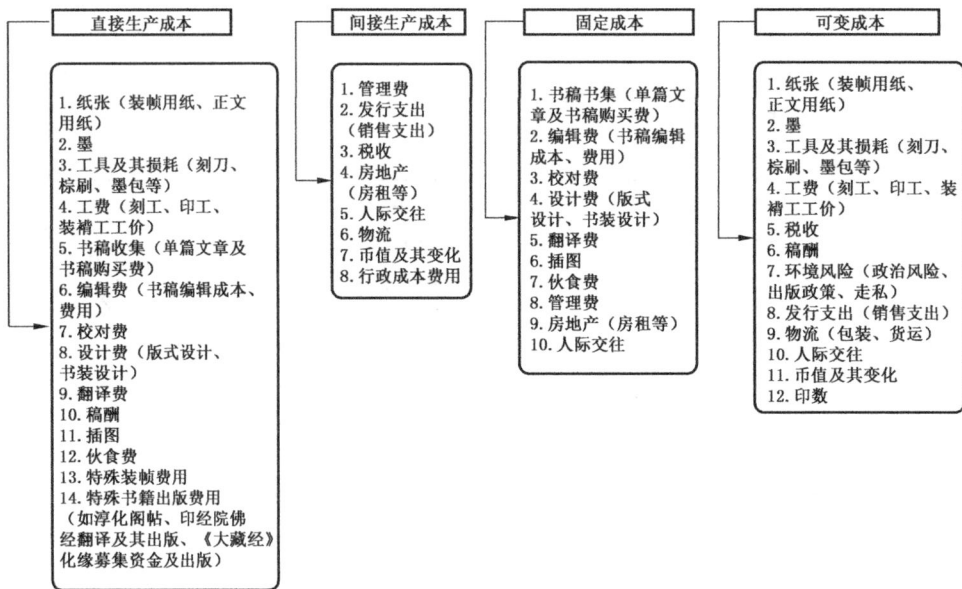

直接生产成本	间接生产成本	固定成本	可变成本
1.纸张(装帧用纸、正文用纸) 2.墨 3.工具及其损耗(刻刀、棕刷、墨包等) 4.工费(刻工、印工、装褙工价) 5.书稿收集(单篇文章及书稿购买费) 6.编辑费(书稿编辑成本、费用) 7.校对费 8.设计费(版式设计、书装设计) 9.翻译费 10.稿酬 11.插图 12.伙食费 13.特殊装帧费用 14.特殊书籍出版费用(如淳化阁帖、印经院佛经翻译及其出版、《大藏经》化缘募集资金及出版)	1.管理费 2.发行支出(销售支出) 3.税收 4.房地产(房租等) 5.人际交往 6.物流 7.币值及其变化 8.行政成本费用	1.书稿书集(单篇文章及书稿购买费) 2.编辑费(书稿编辑成本、费用) 3.校对费 4.设计费(版式设计、书装设计) 5.翻译费 6.插图 7.伙食费 8.管理费 9.房地产(房租等) 10.人际交往	1.纸张(装帧用纸、正文用纸) 2.墨 3.工具及其损耗(刻刀、棕刷、墨包等) 4.工费(刻工、印工、装褙工价) 5.税收 6.稿酬 7.环境风险(政治风险、出版政策、走私) 8.发行支出(销售支出) 9.物流(包装、货运) 10.人际交往 11.币值及其变化 12.印数

图 2　宋代雕版书籍生产成本构成

八、书籍印数、销售数与利润的关系

影响书籍定价的极为敏感的决定性因素是印数及其实际销售数,一般而言,在其他因素相对确定的前提下,实际销售数越大则定价相对越低,这主要是因为销售数量的增大实际上降低了书籍的直接生产成本。印数、合理印数、实际销售数是直接决定书籍利润的三个数字。书籍销售数超过保底(生产成本)数之后即可获得利润,以此为界,之后销售数字越大则利润就越大。苏州公使库出版的《杜工部集》即最为典型。

郑虎臣在《吴都文粹》中对王琪刻印《杜工部集》作过如下记载:

嘉祐中,王琪知制诰守郡,始大修设厅,规模宏壮,假省库钱数千缗,厅既成,漕司不肯破除,时方贵杜集,人间苦无全书,琪家藏本雠校素精,即俾公使库钱镂版,印万本,每部为直千钱,士人争买之,富室或买十许部,既偿省库,羡余以给公厨[28]。

《杜工部集》,王原叔(洙)编次,王琪守苏州时公使库刻本。上海图书馆藏。原书版框高 21.7 cm,宽 15.5 cm。书首有宝元二年十月王原叔《杜工部集记》。一函 10 册。

有字页为 940 页。1 页 10 行,行 20 字,共 200 字。全书约为 188 000 字。

《杜集》初印 10 000 部,每部定价 1 000 文(1 贯),售之一空。平均每页均价为 1.063 8 文。较之《王黄州小畜集》《大易粹言》《汉隽》三书,售价非常便宜,这主要是因为印数(实际销量)大,使得生产成本之平均成本大大降低。同《王黄州小畜集》(844 页)大致相比,《王黄州小畜集》每部直接生产成本(除去印书纸)1 136 文,每部卖 5 贯文省(实为 3.85 贯),设若《杜工部集》直接生产成本亦为 1 136 文,印数及销售数皆为万部,则每部平均仅为 0.113 6 文,售价为 1 000 文,毛利润每部竟高出平均生产成本近 1 000 文。如此粗算,则王琪出版销售《杜工部集》,至少赚了 9 000 贯。

王琪守苏州时为仁宗嘉祐年间(1056—1063),《杜工部集》的出版大致反映了此时雕版书籍的价格状况。综合判断,仁宗时宋代雕版书籍的定价已经达到了商业化的成熟地步。

参考文献

[1] 翁同文. 印刷术使书籍成本降低十分之九[C]//宋史座谈会. 宋史研究集:第八辑. 台北:编译馆,1976.

[2] 袁逸. 唐宋元书籍价格考[J]. 编辑之友,1993(2):63-73.

[3] 袁逸. 中国古代的书价[J]. 图书馆杂志,1991(4):53.

[4] 程民生. 宋代物价研究[M]. 北京:人民出版社,2008.

[5] 周生春,孔祥来. 宋元图书的刻印、销售价与市场[J]. 浙江大学学报,2010(1):83-96.

[6] 谢彦卯. 中国古代书价研究[J]. 图书与情报,2003(3):85-87.

[7] 谢彦卯. 我国古代书价漫谈[J]. 文史杂志,2003(5):76.

[8] 菲利普·科特勒,加里·阿姆斯特朗. 营销学导论[M]. 4 版. 俞利军,译. 北京:华夏出版社,1998.

[9] 汪圣铎. 北南宋物价比较研究[C]//漆侠,邓广铭. 宋史研究论文集. 石家庄:河北教育出版社,1989.

[10] 宋本说文解字[M]//张元济. 续古逸丛书(经集). 影印日本岩崎氏靖嘉堂藏本. 南京:江苏古籍出版社,2001.

[11] 王禹偁. 王黄州小畜集: 卷三十[M]//宋集珍本丛刊: 第一册. 北京: 线装书局, 2004.

[12] 曾穜. 大易粹言: 第20册[M]. 中华善本再造工程本. 北京: 北京图书馆出版社影印, 2006.

[13] 叶德辉. 书林清话: 卷六[M]. 北京: 中华书局, 1957.

[14] 沈作宾. 嘉泰会稽志: 卷二十[M]//宋元方志丛刊: 第七册. 施宿, 等纂. 北京: 中华书局, 1990.

[15] 叶德辉. 书林清话: 卷二[M]. 北京: 中华书局, 1957.

[16] 叶适. 叶适集[M]. 刘公纯, 等点校. 北京: 中华书局, 1961.

[17] 王安石. 宋本唐百家诗选[M]. 日本静嘉堂文库昭和十一年(1936年)影印本.

[18] 赵希鹄. 洞天清禄集[M]//陶宗仪. 说郛(三): 卷十二. 北京: 中国书店, 1986.

[19] 彭□. 续墨客挥犀: 卷四[M]. 北京: 中华书局, 2002.

[20] 叶梦得. 石林燕语: 卷十[M]. 宇文绍奕, 考异. 北京: 中华书局, 1984.

[21] 程俱. 麟台故事校证[M]. 张富祥, 校证. 北京: 中华书局, 2000.

[22] 徐松. 宋会要辑稿[M]. 北京: 中华书局, 1957.

[23] 苏轼. 与谢民师推官书[M]//苏轼. 苏轼文集: 卷四九. 北京: 中华书局, 1986.

[24] 苏轼. 答毛滂书[M]//苏轼. 东坡全集: 卷七四. 文渊阁四库全书本.

[25] 范公偁. 过庭录[M]. 北京: 中华书局, 2002.

[26] 曹刚华.《大藏经》在两宋民间社会刊刻、流传考[EB/OL]. [2009-04-12]. http://www.fjdh.com/wumin/2009/04/16352060541.html.

[27] 苏轼. 李氏山房藏书记[M]//苏轼. 苏轼文集: 卷十一. 北京: 中华书局, 1986.

[28] 郑虎臣. 吴都文粹: 卷二[M]. 文渊阁四库全书本.

辽宋西夏金时期族际饮食文化交流略论

王善军

（西北大学 宋辽金史研究院暨历史学院，陕西 西安 710127）

[摘　要]　辽宋西夏金时期，中国境内不同经济形态的各民族，在饮食文化相互交流的过程中，明显表现出农耕民族饮食与游牧民族饮食的交融。一方面，农耕民族以谷物食品为主的主食不但在游牧民族的日常生活中占据越来越重要的地位，而且副食、果品、饮品等对游牧民族也产生了广泛的影响。另一方面，作为游牧民族主食的乳肉制品，逐渐成为农耕民族的副食品种，游牧民族副食蔬果类的某些品种、饮食器具，尤其是合餐制的饮食方式对农耕民族也产生了不同程度的影响。同时，相同经济形态的民族，其饮食文化也往往各具特色，并在民族和地区间相互交流。饮食文化在日常生活中的族际交流，不但推动了各民族生活方式的发展和社会经济的进步，而且有力地促进了各民族相互认同意识的发展。

[关键词]　辽宋西夏金时期；饮食文化；族际交流；日常生活

　　辽宋西夏金时期的中国境内各民族，在饮食文化方面尽管仍有发展阶段上的差异，但各主要民族均有较丰富的积累，并形成自己的饮食特色。在各民族相互之间的物质文化交流过程中，饮食文化的交流明显表现出农耕民族饮食与游牧民族饮食的交融。族际饮食文化的交流，不但对物质文明的发展具有重要作用，而且对

[基金项目]　国家社会科学基金重大项目"辽宋西夏金元族谱文献整理与研究"（19ZDA200）

[作者简介]　王善军（1966—　），男，山东沂南人，西北大学宋辽金史研究院暨历史学院教授、博士生导师，主要研究方向：辽金史、宋史。

于民族认同意识的发展也产生了重要影响。尽管学术界关于辽宋西夏金饮食文化的研究①已有较为丰厚的积累,但对于各民族在日常生活中的饮食文化交流,仍缺乏系统探讨,故笔者不揣谫陋,略加论述,以期抛砖引玉。

一、不同经济形态民族的饮食特点

各民族的主副食品,大体上是游牧民族与农耕民族之间各有特点。游牧民族大多以乳肉为主食,而农耕民族则以谷物食品为主食。

契丹、奚、党项等北方游牧民族的传统饮食特点是"食牛羊之肉酪"[1]124,亦即主要以牧养所得为饮食来源。不过,不同民族对食物的加工方式及精细化程度却有很大差别。宋使范镇曾云:"予尝使契丹,接伴使萧庆者谓予言:'达怛人不粒食,家养牝牛一二,饮其乳,亦不食肉。煮汁而饮之,肠如筋,虽中箭不死。'"[2]1019显然,契丹人将达怛人的饮食视为另类,其中还夹杂着一些怪异不实的说法。其实其饮食"出入止饮马乳,或宰羊为粮"[3]107。同样是游牧民族,契丹人的饮食则精细得多。宋使路振曾记述参加辽筵的情况:"以驸马都尉兰陵郡王萧宁侑宴。文木器盛房食,先荐骆麋,用枓而啖焉。熊肪、羊、豚、雉、兔之肉为濡肉,牛、鹿、雁、鹜、熊、貂之肉为腊肉,割之令方正,杂置大盘中。二胡雏衣鲜洁衣,持帨巾,执刀匕,遍割诸肉,以啖汉使。"[4]46 其中"骆麋"指用骆驼肉制作的米粥,"濡肉"为煮熟的新鲜肉,"腊肉"为加工腌晒的干肉。辽朝一次宴会包括了肉粥以及用熊、羊、鸡、兔、牛、鹿、雁、野猪肉等做成的菜肴,可谓风味独特。另一宋使张舜民则记载了辽朝皇帝赐予特色食物的情况:"房岁使正旦、生辰驰至京,见毕,密赐大使一千五百两,副使一千三百两,中金也。南使至北房帐前,见毕,亦密赐羊靶十枚,毗黎邦十头。毗黎邦,大鼠也。房中上供佛(应为物)。善麋物如猪猫,若以一脔置十勋肉鼎,即时糜烂。"[5]213-214 辽使能够得到宋朝皇帝密赐的珍贵"中金",而宋使得到辽朝皇帝密

---

① 相关学术专著主要有:陈伟明《唐宋饮食文化初探》(中国商业出版社,1993)与《唐宋饮食文化发展史》(台湾学生书局,1995),沈冬梅《茶与宋代社会生活》(中国社会科学出版社,2007),刘朴兵《唐宋饮食文化比较研究》(中国社会科学出版社,2010),张景明《中国北方游牧民族饮食文化研究》(文物出版社,2008)等。论文主要有:吴正格《金代女真族食俗窥略》(《满族研究》,1986年第3期),程妮娜《辽代契丹族饮食习俗述略》(《博物馆研究》,1991年第3期),吴涛《北宋东京的饮食生活》(《史学月刊》,1994年第2期),陈晓莉《辽、金、夏代饮食考述》(《民俗研究》,1995年第2期),苏冠文《西夏膳食述论》(《宁夏社会科学》,1999年第2期),崔广彬《金代女真人饮食习俗考》(《学习与探索》,2001年第2期),夏宇旭《金代女真人食用蔬菜瓜果刍议》(《满语研究》,2013年第2期)等。

赐的物品则是肉食制品或肉食加工佐料,这正说明契丹等游牧民族对肉食加工的用心以及肉食在其饮食中的重要地位。其中的"毗黎邦",应为契丹语名称,汉语名称为貔狸,但汉人多称其为黄鼠。文惟简云:"沙漠之野,地多黄鼠,畜豆壳于其地,以为食用。村民欲得之,则以水灌穴,遂出而有获。见其城邑有卖者,去皮刻腹,极甚肥大。虏人相说,以为珍味。"[6]正是因为草原游牧民族对肉食的依赖,所以貔狸成为当时的特殊食品。

上述宋使所记,主要涉及了契丹人的肉食,也印证了辽太宗灭晋后所说的话:"我在上国,以打围食肉为乐。"[7]卷七二《四夷附录第一》,第1015页至于饮品,以牛、羊、马等动物乳汁为原料的乳品,同样可以作为主食食品。史称契丹人"马逐水草,人仰湩酪"[8]卷五九《食货志上》,第1025页。他们喜欢精细的乳制品,如乳酪、乳粥等。乳酪由乳汁精炼而成,营养丰富,其中最上乘的是"极甘美"[9]2882的醍醐。乳粥则是以乳汁加野菜等配料熬煮制成。宋使王洙曾言:"虏人馈客以乳粥,亦北荒之珍。"[10]172另一宋使朱服出使辽朝时,"日供乳粥一碗,甚珍"[11]153。可见,乳酪、乳粥等乳制品,确是乳品中的珍品。

当然,游牧民族虽以牧业生产为主,但采集、狩猎、捕捞甚至作物种植始终是社会生产的补充形式。因此,游牧民族的饮食中也有一定比例的粮食、蔬菜及水果。辽朝建立之初,外出征战的军队曾"采野菜以为食"[8]卷一《太祖纪上》,第8页。辽代传入的回鹘豆、西瓜之类,其前虽为回鹘等中亚游牧民族的食物,但东传后却受到契丹等族的普遍接纳。西北地区的吐蕃族,居住区"地高寒,无丝枲五谷,惟产青稞,与野菜合酥酪食之"[12]卷九一《移剌成传》,第2141页。各类来自植物的食物,成为游牧民族除肉食之外的有益补充。

汉、渤海等农耕民族的饮食特点是以素食为主,主食为面、米等粮食加工品,而副食则以蔬菜及饲养动物的肉类为常见。谷物食品在中国境内有广泛的分布和传播,受到农耕民族的偏爱。北方的谷物食品主要有馒头、煎饼、糯米饭、糕等。这些食品各有特点:馒头应是有馅的面食,长期在汉族人中流行;煎饼、糯米饭、糕等食品也见于各种节日活动的记载中[13]《岁时杂记》,第250-252页,但在日常生活中亦应为常见的谷物食品。

在中原和南方地区,面食在主食中所占比重最大。遍布于北宋都城汴京大街小巷的饮食铺,一般都供应各种面食。金人残破开封城后,宗泽出任东京留守,当时物价飞涨,宗泽认为"都人率以食饮为先,当治其所先"[14]54,于是借作坊饼师的人头来稳定物价,可见面食在人们日常生活中的重要性。南宋定都临安后,由于北人南迁,临安府不仅面食店猛然增多,而且面食制品亦日益丰富。"最是大街一两处面食店及市西坊西食面店,通宵买卖,交晓不绝。"[15]卷一三《天晓诸人出市》,第221页

因受自然条件的制约,中国古代北方地区的副食不如中原和南方丰盛。蔬菜虽种类较少,但在城市附近有专门的菜园子。宋使王曾曾见中京"城南有园圃"[16]102。回鹘豆作为蔬菜,"色黄,味如粟"[13]《回鹘豆》,第256页。除种植外,一些野生的蔬菜亦为取食的对象。出使宋朝的辽朝政事舍人刘经,曾见"路中有野韭可食,味绝佳",作诗云:"野韭长犹嫩,沙泉浅更清。"[17]35 王洙曾云契丹人"有铁脚草,采取阴干,投之拂汤中,顷之,茎叶舒卷如生"[18]172。北方地区出产的各种水果,不管是传统的桃、李、杏、梨、枣、葡萄、石榴等,还是从回鹘传入的西瓜等,均受到各族人民的喜爱。这在壁画中多有反映。北方人民保存水果的各种方法,包括蜜饯成果脯、酒浸成酒果以及冰冻成冻梨等[19]19-20,虽大多需要较高的成本,但为人们在较长时段内食用水果提供了条件。

南方地区的蔬菜、果品种类丰富,产量亦高。如福州地区,蔬菜即有菘、芥、莱菔、凫葵、白苣、莴苣、芸台、雍菜、水鄞、菠薐、苦荬、东风菜、茄子、苋、胡荽、茼蒿、蕨、姜、葱、韭、薤、葫、冬瓜、瓠、瓠娄瓜、白蘘荷、紫苏、薄荷、马芹子、茵陈、海藻、紫菜、鹿角菜、芋、枸杞等品种,果品则有荔枝、龙眼、橄榄、柑橘、橙子、香橼子、杨梅、枇杷、甘蔗、蕉、枣、栗、葡萄、莲、鸡头、芰、樱、木瓜、瓜、柿、杏、石榴、梨、桃、李、林檎、胡桃、奈、楙梓、阳桃、王坛子、菩提果、金斗、新罗葛等品种[20]《莱蔬》《果实》,第1665-1674页,再加上各种肉类和水产品,副食可谓丰富多彩。与丰盛的副食相伴而生的,是饮食佐料的多种多样。"盖人家每日不可阙者,柴、米、油、盐、酱、醋、茶。"[15]卷一六《鲞铺》,第257页 方回曾说:"予见佃户携米或一斗或五七三四升,至其肆,易香烛纸马油盐酱醯浆粉麸面椒姜药饵之属不一。"[21]368 可见,即使是社会中下层人群,也在日常生活中重视饮食的多样性及加工技艺。

作为农耕民族副食的肉类,在品种方面也与游牧民族有所差异。游牧民族食用较多的是羊、牛及各种野生动物,农耕民族则以食用猪肉及家禽为多。这种差别,在饲养动物的地域分布上也有明显的体现。"燕北第产羊,俗不畜猪"[22]124,说明契丹人、奚人的饮食中基本不需要猪肉。而渤海人、女真人生活的东北平原地区,"地少羊,惟猪、鹿、兔、雁"[23]244。至于中原及江南地区,更是以饲养猪和家禽为主要肉食来源。"莫笑农家腊酒浑,丰年留客足鸡豚。"[24]卷一《游山西村》,第102页 而羊肉尽管也受到人们的喜爱,但羊即使可以饲养或长途贩运,也是"羊价绝高"[25]682,普通民众难以企及,基本为宫廷或富贵人家的专享。

二、农耕民族对游牧民族的饮食影响

由于农耕民族与游牧民族间的饮食文化交流空前扩大,各民族对外族饮食文化的了解日益深入。在辽朝前期,即有耶律德光云:"南人饮食动息,北人无不知之。"[26]414 在这种相互了解的基础上,通过借鉴和吸收农耕民族饮食文化,游牧民族的饮食文化便不断发生着变化。及至南北政权建立起和平相处的政治关系,各种交往日益频繁,游牧民族的社会上层甚至有意识地对中原饮食文化加以欣赏和吸纳,而对本民族的饮食文化加以改造。北宋宰相宋祁曾说:"和戎以来,北人习见朝廷袍笏之美,百官之富,肴果饩醪,炙瀹甘珍,衣服器彝,薰泽光鲜,皆委毡罽,厌血食,慕为华风。时时道诗书语,窃问儒者礼乐等事。争货纨绮纤之丽,橙茗辛馥之奇,以相夸尚。"[27]553 当然,饮食的影响不局限于社会上层,更重要的是各阶层成员在日常生活中逐渐接受。在农耕经济和游牧经济的交错地带,这种影响已经十分明显。苏颂有诗:"拥传经过白霫东,依稀村落见南风。食饴宛类吹箫市,逆旅时逢炀灶翁。渐使边氓归畎亩,方知厚泽遍华戎。朝廷涵养恩多少,岁岁轺车万里通。"他还在诗注中特别说明:"村店炊黍卖饧,有如南土。"[28]170

具体来看,农耕民族对游牧民族的饮食影响表现在以下几个方面。

首先,以谷物食品为主的主食在游牧民族的日常生活中占据越来越重要的地位甚至成为主食。契丹族的谷物食品种类主要有馒头、煎饼、水饭和干饭等。馒头作为有馅的面食,契丹等族对之甚为喜爱,在许多礼仪场合均有"行馒头"[8]卷五一《礼志四》,第950页 的做法。煎饼等其他谷物食品加工应相对简单,但同样广为流行。如每岁正月初七"人日",契丹"俗煎饼食于庭中,谓之'薰天'"[8]卷五三《礼志六》,第974页。在"宋使进遗留礼物仪"中,"行酒殽(应为肴)、茶膳、馒头毕,从人出。水饭毕,臣僚皆起"[8]卷五〇《礼志二》,第938页。辽兴宗耶律宗真"幸[张]俭第,尚食先往具馔,却之。进葵羹干饭,帝食之美"[8]卷八〇《张俭传》,第1408页。这些食品在形状和口味上各有其特点,正因如此,也多见于各种节日活动之中。糜糒、麨粥是具有北方特色的食品,便于游牧、行军时食用。宋使王曾说契丹人"食止糜粥、麨糒"[16]103。沈括亦说契丹人在肉酪之外"间啖麨粥"[1]124。西夏工具书《文海》中也记载了大量的谷物食品,如细面、汤面、粥、油饼、胡饼、蒸饼、干饼、烧饼、花饼、馒头等。这些食物必定影响党项人的饮食习惯。谷物食品丰富了游牧民族的饮食结构,深受其喜爱。

其次,副食方面的各种影响越来越明显。以渤海族食品对契丹等族产生的影响为例,"渤海螃蟹,红色,大如碗,螯巨而厚,其脆如中国蟹螯。石举鱼之属,皆有之"[29]133。此外,渤海族的特色食品艾糕和大黄汤则为契丹统治者享用,"国主及臣僚饮宴,渤海厨子进艾糕,各点大黄汤下"[13]卷二七《岁时杂记》,第251-252页。党项族的副食也受到汉族的广泛影响。《番汉合时掌中珠》中记载有香菜、芥菜、蔓菁、萝卜、茄子、苦荬、葱、蒜、韭等蔬菜,大部分的品种与中原地区或北方其他地区是相同的,说明西夏人副食的丰富和族际交流的广泛存在。

再次,果品的食用也受到农耕民族的一定影响。契丹人从汉地引进了梨、枣、柿子等品种。宋使臣庞元英曾记载契丹人冬季食梨的方法云:"坐上有北京压沙梨,冰冻不可食,接伴使耶律筥取冷水浸,良久冰皆外结,已而敲去,梨已融释。……味即如故也。"[30]123 这种冰冻保存水果的方法,流传至今。显然,只有在大量食用水果的社会条件下,才会有实用储存方法的产生。在已出土的辽墓壁画中,也不时发现盛放着各种水果的果盘图案。

最后,农耕民族的饮品对游牧民族产生了广泛影响。日常饮料主要有酒、茶、汤等。北方地区的酒主要是粮食酒,还有粮食酒加草药配制成的配制酒,如菊花酒、茱萸酒等以及葡萄酒等果酒。契丹人喜爱饮酒,尤其是社会上层更是嗜酒成风。辽前期的两个皇帝——世宗和穆宗均因饮酒丧命。《辽史》称耶律官奴"嗜酒""觞咏自乐"[8]卷一〇六《卓行·耶律官奴传》,第1616页,当是颇有代表性的情况。酗酒、因酒败事者也不乏其人。辽兴宗时甚至不得不下诏规定:"诸职官非婚祭,不得沉酗废事。"[8]卷一八《兴宗纪一》,第251页被称为"酒仙"的皇族成员耶律和尚,"嗜酒不事事,以故不获柄用"。有人劝告他,他却回答说:"吾非不知,顾人生如风灯石火,不饮将何为?"[8]卷八九《耶律和尚传》,第1490页党项人也爱饮酒,谚语有"该学不学学饮酒,该教不教教博弈","饮酒量多人不少,空胃半腹人不死"[31]8-11 等等。这说明饮酒是党项社会的一种普遍现象。吐蕃人"嗜酒及茶"[32]卷四九二《吐蕃传》,第14163页,也同样普遍喜爱饮酒。

茶虽非北方草原地区所产,但对多食肉乳的契丹等族人来说,有其特别重要的作用。"解渴不须调乳酪,冰瓯刚进小团茶。"[33]50 契丹人喜欢饮茶,固然是受汉人影响的结果。契丹人对茶的偏爱,在辽墓壁画中亦多有反映。内蒙古敖汉旗羊山辽墓出土有《煮茶图》、下湾子辽墓出土有《进饮图》、七家辽墓出土有《备饮图》,河北宣化辽墓出土有《茶道图》。北宋的名贵团茶传入辽朝后,受到社会上层的追捧。据张舜民《画墁录》记载:"有贵公子使虏,广贮团茶,自尔虏人非团茶不纳也,非小团不贵也。"[5]211 价格昂贵的团茶,自然非一般平民所能饮用,而成为上层成员炫耀身份的饮料。西夏也通过各种途径从宋朝大量输入茶叶。除宋政府每年赐给西夏三万斤茶叶外,党项人还通过榷场贸易或走私贸易的形式购买茶叶。显然,茶成为西夏党项等游牧民族的必饮品。

汤有多种,一般是用药材、水果或谷物等加水熬煮而成。汤为传统饮料,辽代盛行"先汤后茶"[5]200的习俗,因而汤也是日常消费的重要饮料。

三、游牧民族对农耕民族的饮食影响

游牧民族对农耕民族的饮食影响,早在唐代已有明显表现。唐朝出现了"时行胡饼,俗家皆然"[34]146。据记载,开元以后,"贵人御馔,尽供胡食"[35]1958。至辽宋西夏金时期,一方面,随着农耕民族迁徙范围的扩大,进入草原地区或与游牧民族接触较多的农耕民族成员,逐渐接受游牧民族饮食文化。曾出使辽国的北宋人刘跂,在使辽诗《虏中作》中云:"人物分多种,迁流不见经。已无燕代色,但有犬羊腥。"[36]71 因为他亲眼看见过受契丹人影响的汉人已是食腥饮膻。另一方面,在农耕民族传统的居住区内,游牧民族饮食文化影响也越来越大。

作为游牧民族主食的乳肉制品,逐渐成为农耕民族的副食品种,且为佐餐之佳肴。契丹人以肉做成的各种菜肴,相继传入宋。北宋东京品种繁多的菜肴中,有"虚汁垂丝羊头、入炉羊、羊头签、鹅鸭签、鸡签、盘兔、炒兔、葱泼兔、假野狐、金丝肚羹、石肚羹、假炙獐、煎鹌子"[37]卷二《饮食果子》,第189页等,当有不少是借鉴了契丹等北方游牧民族的饮食习惯。契丹族的乳酪、乳粥是传统的食品。在北宋都城开封,作为风味小吃的乳酪成了珍贵而美味的饮品。北宋时有专门经营乳酪而成名的"乳酪张家"[37]卷二《酒楼》,第176页,到南宋时,汉人还把乳酪改进,制成"酪面"[38]52。

作为游牧民族副食的蔬果类的某些品种,在传播过程中也逐渐为农耕民族所接受,从而更加丰富了农耕民族的副食来源。如"味淡而多液"的西瓜,"本燕北种",至金朝中期已是"河南皆种之",因而中原农耕民族也能"年来处处食西瓜"[39]146。洪皓《松漠纪闻》记其出使金国,见到了西瓜,又"携以归"南宋,随后便"禁圃、乡圃皆有"[29]132。镌刻于南宋度宗咸淳六年(1270)的《西瓜碑记》,则记载施州地区的西瓜系直接从北方引种:"又一种回回瓜,其身长大,自庚子嘉熙北游带过种来。"[40]63 可见,通过多种渠道,西瓜在南宋境内得到广泛传播和种植。

游牧民族的饮食器具,对农耕民族也有一定的影响。契丹玉注碗对宋朝的影响,可说是这方面的代表。"契丹有玉注碗,每北主生辰称寿,徽考(宋徽宗)在御,尝闻人使往来,知有此注,意甚慕之,自耻中国反无此器,遂遣人于阗国求良玉,果得一璞甚大,使玉人为中节,往辽觇其小大短长,如其制度而琢之。"[41]26 社会上层人物向往异族器具,百般索求,必欲得之而后已,说明饮食器具对汉族的深刻影响。但更为普遍的现象是,人们日常生活中对游牧民族饮食器具有意识地加以接受并借鉴其制作方法。河北省廊坊市大城县郭底村辽墓出土的白瓷刻花莲纹注壶,"通体施白色釉,釉面匀净,造型端庄古朴,装饰纹样洗练疏朗,刻画手法豪放流畅,与丰满圆浑的器型相匹配,颇具庄重典雅之美……其工艺手法既突出了辽瓷的制作风格,又保持了中原传统器型"[42],是不同民族文化制瓷工艺结合的精湛之作。

在各种饮食文化对农耕民族的影响中,饮食方式的影响最为重大,意义深远。其主要表现就是中原农耕民族传统的分餐制,逐渐为游牧民族的合餐制所取代。游牧民族在食肉的过程中,由于很难将熟肉精确地分给每一位用餐者,因而形成合食的饮食方式。农耕民族由于以素食为主,在饮食品种比较单一的社会条件下,分食制成为最佳选择。这种情况发展到唐朝时期,随着北方民族坐具坐姿的不断影响,也由于饮食品种的日益丰富,已出现并逐渐流行会食制。不过,这种会食虽然是多人围坐在一起进餐,但主要的菜肴和食物仍然是分餐的。因此,唐代的会食制还只是分餐制向合餐制转变过程中的过渡形式[43]292,或者说是具有合食气氛的分食制[44]106。辽朝时期,北方汉人才逐渐接受了契丹人的合餐制。在河北省张家口市宣化区下八里辽代张文藻墓中,餐桌上摆放的丰富食物已充分说明了这一点[45]57。在宋朝统治区内,合餐制也得以确立并逐渐流行。《清明上河图》中餐饮店内桌凳摆放情景已反映了合餐制的普及。与此相关的是,宋人的坐姿也发生了根本性的改变。庄绰曾说:"古人坐席,故以伸足为箕倨。今世坐榻,乃以垂足为礼,盖相反矣。盖在唐朝,犹未若此。"[46]126坐姿的变化正反映了合餐方式由唐朝出现到宋朝确立的过程。早期的女真族虽不是单纯的游牧民族,但在饮食方式上却是典型的合餐制。史称其"春夏之间,止用木盆贮鲜粥,随人多寡盛之,以长柄小木杓子数柄,回还共食"[47]17。西南蛮则是"性好洁,数人共饭,一样中植一匕,置杯水其旁,少长共匕而食"[48]《志蛮》,第149页。可见,他们也同女真一样,是典型的合餐制。女真等族进入中原地区,其饮食方式与当时人们已普遍接受的合餐制正相适合,进一步冲击了汉人社会中传统分餐制的残余影响。

四、其他族际或区域饮食文化交流

在各民族饮食文化的相互交流中,不仅仅存在不同经济形态民族间的交流,即使是相同经济形态的民族,其饮食文化也往往各具特色,因此也存在相互交流的必要。这种交流,对民族间的融合所起的作用同样不应忽视。

契丹人从回鹘传入了回鹘豆和西瓜,可视作游牧民族间饮食品种交流的代表性现象。胡峤在《陷辽记》中记述其北行时曾见上京一带的西瓜种植:"自上京东去四十里,至真珠寨,始食菜。……遂入平川,多草木,始食西瓜,云契丹破回纥得此种,以牛粪覆棚而种,大如中国(指中原地区)冬瓜而味甘。"[7]卷七三《四夷附录第二》,第1024页

相比于游牧民族间的饮食文化交流,饮食品种多样、加工形式繁复的农耕民族,相互交流更为明显。汉族的饮食文化,无论是与北方渤海、女真等族,还是与南方的黎、瑶等族,均有较为广泛的交流。金世宗对北方农耕民族间的交流深有感触,他曾说:"会宁乃国家兴王之地,自海陵迁都永安,女直人寖忘旧风。朕时尝见女直风俗,迄今不忘。今之燕饮音乐,皆习汉风,盖以备礼也,非朕心所好。东宫不知女直风俗,第以朕故,犹尚存之。恐异时一变此风,非长久之计。甚欲一至会宁,使子孙得见旧俗,庶几习效之。"[12]卷七《世宗纪中》,第176-177页金世宗虽贵为帝王,但若试图阻止汉族饮食对女真等族的影响,却颇感力不从心。例如茶的饮用,女真人、渤海人均很快受到汉人的影响,以至于在金境内"上下竞啜,农民尤甚,市井茶肆相属"[12]卷四九《食货志四》,第1187页。宋代士大夫对南方农耕民族间的交流,也在有意无意间留下了一些零散的记载:黎州地区,"蕃部、蛮夷混杂之地,元无市肆,每汉人与蕃人博易,不使见钱,汉用紬绢、茶、布,蕃部用红椒、盐、马之类"[49]1559。在族际以物易物的交易中,茶、红椒、盐等饮食物品成为大宗。桂林地区,有所谓"老酒":"以麦麴酿酒,密封藏之,可数年。士人家尤贵重。每岁腊中,家家造鲊,使可为卒岁计。有贵客,则设老酒、冬鲊以示勤(应为劝)。婚娶,以老酒为厚礼。"[48]《志酒》,第98页这种"老酒"的制作,与福建地区为女子出嫁而长久储存酒的现象颇有相似之处。

在传统的农耕区域,以汉族为主的多民族居民由于人口众多,分布区域广泛,饮食文化的南北差别明显,因而南北饮食文化的交流也值得关注。朱彧总结饮食的区域差别是:"大率南食多盐,北食多酸,四夷及村落人食甘,中州及城市人食淡。"[11]153陆游在《食酪》中云:"南烹北馔妄相高,常笑纷纷儿女曹。未必鲈鱼芼菰菜,便胜羊酪荐樱桃。"[24]卷八一《食酪》,第4385页诗人将鲈鱼加茭白视作"南烹"佳肴,将羊酪添樱桃视作"北馔"珍馐,表达了南食和北食之间存在相当大的差别,并且被一些儿女辈见识的人各自妄相夸耀。这种差别,经过不断交流和融合,至南宋末期,至少在临安这样的大城市已无严格的南、北差别了[50]。据《梦粱录》记载:"向者汴京开南食面店、川饭分茶以备江南往来士夫,谓其不便北食故耳。南渡以来,几二百余年,则水土既惯,饮食混淆,无南北之分矣。"[15]卷一六《面食店》,第252页可以说,宋代饮

食的南北交流,已达空前程度。

五、结语

饮食作为物质生活的基本内容之一,在民族间的相互交流,对于各族人民的民族意识和民族认同观念的发展,具有十分重要的作用。游牧民族与农耕民族间饮食生活的交流,一方面使人们通过改变自身的生活方式,逐渐相互认同;另一方面又使彼此通过对他者的认知,进一步接受或认同各民族互为一家。辽朝有"契丹、汉人久为一家"[12]卷七五《卢彦伦传》,第1823页的说法,宋朝有"且令蕃汉作一家"[51]1992的说法,金朝则有"猛安人与汉户,今皆一家"[12]卷八八《唐括安礼传》,第2086页的说法。可见,这一时期各民族互为一家的意识具有广泛影响。

辽宋西夏金时期,正是包括饮食生活的族际物质生活的广泛交流,推动了各族生活方式的发展和社会经济的进步,创造了灿烂的物质文明。同时,也有力地促进了各族人民相互认同意识的发展,加强了各民族意识中的中华一体观念。

参考文献

[1] 沈括.熙宁使契丹图抄[M]//贾敬颜.五代宋金元人边疆行记十三种疏证稿.北京:中华书局,2004.

[2] 江少虞.宋朝事实类苑:卷七八[M].上海:上海古籍出版社,1981.

[3] 赵珙.蒙鞑备录·粮食[M]//全宋笔记:第七编:第二册.郑州:大象出版社,2016.

[4] 路振.乘轺录[M]//贾敬颜.五代宋金元人边疆行记十三种疏证稿.北京:中华书局,2004.

[5] 张舜民.画墁录[M]//全宋笔记:第二编:第一册.郑州:大象出版社,2006.

[6] 文惟简.虏廷事实·黄鼠[M]//陶宗仪.说郛:卷八:第二册.北京:中国书店,1986.

[7] 欧阳修.新五代史[M].北京:中华书局,2016.

[8] 脱脱.辽史[M].北京:中华书局,2017.

[9] 李时珍.本草纲目:卷五一:兽部一[M].北京:人民卫生出版社,1982.

[10] 王钦臣.王氏谈录·北房风物[M]//全宋笔记:第一编:第十册.郑州:大象出版社,2003.

[11] 朱彧.萍洲可谈:卷二[M]//全宋笔记:第二编:第六册.郑州:大象出版社,2006.

[12] 脱脱.金史[M].北京:中华书局,2020.

[13] 叶隆礼.契丹国志[M].上海:上海古籍出版社,1985.

[14] 何薳.春渚纪闻:卷四:宗威愍政事[M].北京:中华书局,1983.

[15] 吴自牧.梦粱录[M]//全宋笔记:第八编:第五册.郑州:大象出版社,2017.

[16] 王曾.上契丹事[M]//贾敬颜.五代宋金元人边疆行记十三种疏证稿.北京:中华书局,2004.

[17] 杨亿.杨文公谈苑·刘经野韭诗[M].上海:上海古籍出版社,1993.

[18] 王钦臣.王氏谈录·北房风物[M]//全宋笔记:第一编:第十册.郑州:大象出版社,2003.

[19] 宋德金,史金波. 中国风俗通史·辽金西夏卷[M]. 上海:上海文艺出版社,2001.

[20] 梁克家. 淳熙三山志:卷四一[M]//宋元珍稀地方志丛刊·甲编. 成都:四川大学出版社,2007.

[21] 方回. 续古今考:卷一八[M]//景印文渊阁四库全书:第 853 册. 上海:上海古籍出版社,1987.

[22] 韩元吉. 桐阴旧话[M]//全宋笔记:第四编:第七册. 郑州:大象出版社,2008.

[23] 许亢宗. 许亢宗行程录[M]//贾敬颜. 五代宋金元人边疆行记十三种疏证稿. 北京:中华书局,2004.

[24] 陆游. 剑南诗稿[M]. 上海:上海古籍出版社,1985.

[25] 洪迈. 夷坚志:丁志卷一七:三鸦镇[M]. 北京:中华书局,2006.

[26] 程珌. 洺水集:卷一四:回崔侍郎二[M]//景印文渊阁四库全书:第 1171 册. 上海:上海古籍出版社,1987.

[27] 宋祁. 景文集:卷四四:御戎论之二[M]//丛书集成初编本:第 1878 册. 北京:中华书局,1985.

[28] 苏颂. 苏魏公文集:卷一三:奚山道中[M]. 北京:中华书局,1988.

[29] 洪皓. 松漠纪闻续[M]//全宋笔记:第三编:第七册. 郑州:大象出版社,2008.

[30] 庞元英. 文昌杂录:卷一[M]//全宋笔记:第二编:第四册. 郑州:大象出版社,2006.

[31] 陈炳应. 西夏谚语:新集锦成对谚语[M]. 太原:山西人民出版社,1993.

[32] 脱脱. 宋史[M]. 北京:中华书局,1985.

[33] 柯九思. 辽金元宫词[M]. 北京:北京古籍出版社,1988.

[34] 圆仁. 入唐求法巡礼行记:卷三[M]. 顾承甫,何泉达,点校. 上海:上海古籍出版社,1986.

[35] 刘昫. 旧唐书:卷四五:舆服志[M]. 北京:中华书局,1975.

[36] 刘跂. 房中作:其三[M]//四库辑本别集拾遗. 北京:中华书局,1983.

[37] 孟元老. 东京梦华录[M]. 北京:中华书局,2006.

[38] 周密. 武林旧事:卷二:元夕[M]. 北京:中华书局,2007.

[39] 范成大. 范石湖集:卷一二:西瓜园[M]. 上海:上海古籍出版社,1981.

[40] 郑永禧. 施州考古录:下卷:柳州城·西瓜碑记[M]. 北京:新华出版社,2004.

[41] 张端义. 贵耳集:卷中[M]. 北京:中华书局,1958.

[42] 张兆祥,武玉茹. 廊坊市出土辽代白瓷研究[J]. 文物春秋,1997(增刊):61-63.

[43] 王仁湘. 饮食与中国文化[M]. 北京:人民出版社,1993.

[44] 姚伟钧. 中国传统饮食礼俗研究[M]. 武汉:华中师范大学出版社,1999.

[45] 河北省文物研究所. 宣化辽墓:1974—1993 年考古发掘报告:下册[M]. 北京:文物出版社,2001.

[46] 庄绰. 鸡肋编:卷下:唐有坐席遗风[M]. 北京:中华书局,1983.

[47] 徐梦莘. 三朝北盟会编:卷三[M]. 上海:上海古籍出版社,2008.

[48] 范成大. 桂海虞衡志[M]//范成大笔记六种. 北京:中华书局,2002.

[49] 乐史. 太平寰宇记:卷七八:黎州·风俗[M]. 北京:中华书局,2007.

[50] 朱瑞熙. 宋代的南食和北食[J]. 中国烹饪,1985(11):16.

[51] 李焘. 续资治通鉴长编:卷八七[M]. 北京:中华书局,2004.

南宋后期瘟疫的流行与防治措施

韩 毅

（中国科学院 自然科学史研究所, 北京 100190）

[摘 要] 宋代建立了以各级官府为主导、社会民众力量为辅助的疫病防治体系。南宋后期, 中央政府仍是防治瘟疫的核心力量, 采取了医学、经济、政治等措施加以应对; 地方官吏是宋代防治瘟疫的基层力量, 采取了赈济灾民、医疗救治和加强社会管控等措施; 民间医家是防治疫病的中坚力量, 大多亲赴灾区诊治病人、发放药物、公布医方、传播官方医学知识; 普通民众对疫病的认识和态度极为复杂, 采取的防疫措施也是多种多样的。受宋金、宋蒙战争的影响, 南宋后期军中和边境地区瘟疫流行的次数显著增加。在政府的重视和引导下, 南宋后期社会各阶层继续沿袭了宋朝防疫体系的传统, 其中派医诊治、施散药物、建立病房、隔离病人、掩埋尸体等依旧是防治疫病的有效措施。

[关键词] 南宋后期; 瘟疫; 政府官吏; 医学家; 社会民众; 防治措施

南宋后期庆元元年至祥兴二年（1195—1279）, 受自然灾害、宋金战争、宋蒙战争和其他因素影响, 瘟疫曾数次暴发并广泛流行, 造成大量人口死亡、灾民迁徙和土地荒芜。这引起中央政府、地方官吏、医学家和社会民众的高度重视, 采取了积

[基金项目] 国家哲学社会科学基金项目"宋代的药品生产与政府管理研究"（14BZS105）, 中国科学院自然科学史研究所"十三五"重大突破项目"科技知识的创造与传播研究"（E055010701）

[作者简介] 韩毅（1974— ）, 男, 甘肃临洮人, 博士, 中国科学院自然科学史研究所研究员、博士生导师, 主要研究方向: 医学史。

极的防治措施。

学术界有关南宋后期瘟疫流行与防治措施的研究,尚无专文加以探讨。关于宋代瘟疫的研究,笔者在专著中对此问题进行了初步的研究[1]66-79。由于南宋后期瘟疫史料留存较少,近年来随着宋代某些新史料的发现和海内外藏宋代珍稀医学文献的刊布,有关南宋后期社会各阶层防治瘟疫的措施,仍有进一步深入探讨的必要。本文重点探讨南宋后期中央政府、地方官吏、医学家、社会民众等防治瘟疫的主要措施,揭示社会不同阶层在国家疫病防治体系中发挥的重要作用。

一、南宋后期瘟疫的流行情况与重要影响

瘟疫是一种发病急骤、具有强烈传染性、病情危重凶险且有大流行特征的一类疾病,其形成多是由气候反常和人为因素所致。宋代瘟疫的种类有疾疫、伤寒病、时气病、天行温病、痢疾、痘疮病(即天花病)、大风癞疾(即麻风病)、痨瘵病(即肺痨病)、喉痹病、麻疹、瘴疫、痄腮病、黄肿病、时疫疙瘩肿毒病(可能为大头瘟或鼠疫)等,通称为疫病[1]80-96。

(一)南宋后期瘟疫的流行情况

南宋宁宗时期,瘟疫多次在全国诸路州县流行。如庆元元年二月,两浙西路平江府(治今江苏苏州)城中"疫疠大作"[2]卷六《孝义坊土地》,第927页;三月,行都临安(治今浙江杭州)"大疫"[3]卷37《宁宗本纪一》,第190页;春夏间,湖州(治今浙江湖州)、常州(治今江苏常州)、秀州(治今浙江嘉兴)三州"自春徂夏,疫疠大作,湖州尤甚,独五月少宁,六月复然"[2]卷二《易村妇人》,第892页;六月,两浙路绝大部分州县"亦多饥疫,自近及远",浙西如湖州、秀州、常州、润州,浙东如庆元府、绍兴府等,"自今疾疫颇盛,其他州县亦多有之"[4]食货五八之二十二,第7369页。庆元二年(1196)五月,"行都疫"[3]卷六十二《五行志一下》,第1371页;江南东路都昌县(治今江西都昌)荐坛段氏,"全家染疫,二子继亡,婢仆多死,夫妇危笃不能起。邻里来视及供承汤粥者,亦皆传染以死,虽至亲莫敢窥其门"[5]卷十七《段氏疫疠》,第1713页。庆元三年(1197)三月,行都临安和淮南东、西路及两浙东、西路郡县发生疫病[3]卷六十二《五行志一下》,第1371页。庆元四年(1198),两浙西路湖州(治今浙江湖州)"复大疫"[6]卷四十四《前事略·祥异》,第825页。庆元五年(1199)五月,因久雨,杭州"民多疾疫"[7]卷十二《宋宁宗一》,第266页;十二月,广南东路瘴疠流行[4]食货六十之一,第7415页。庆元六年(1200)春,福建路邵武(治今福建邵武)"大旱,井泉竭,疫死者甚众"[8]卷一四八《祥异志》,第4408页。嘉泰三年(1203)五月,"行都疫"[3]卷六十二《五行志一下》,第1371页。开禧二年(1206)五月,宋宁宗下诏北伐金朝,史称"开

禧北伐",荆湖北路江陵(治今湖北荆州)地区用兵后,"残毁饥馑,继以疾疫"[3]卷三九五《李大性传》,第12049页。开禧三年(1207)春,荆湖北路德安府安陆县(治今湖北安陆)城中"疠疫大作"[9]卷十四《开禧德安守城录序》,第180-181页,京西南路襄阳(治今湖北襄阳)"士卒疲疫"[10]卷九十八《完颜匡传》,第1371页。嘉定元年(1208)夏,淮南地区"大疫"[3]卷六十二《五行志一下》,第1371页,扬州(治今江苏扬州)"大疫"[11]卷七十《事略六·祥异》,第571页,随后瘟疫传播到两浙地区,"是岁,浙民亦疫"[3]卷六十二《五行志一下》,第1371页。嘉定二年(1209)夏,杭州都民"疫死者甚众";淮南灾民流落江南者,"饥与暑并,多疫死"[3]卷六十二《五行志一下》,第1371页,一直到嘉定三年(1210)四月,杭州都民"多疫死"[3]卷六十二《五行志一下》,第1371页。嘉定十年(1217)春,金朝军队"犯襄阳,围安陆",京西南路一带"既而饥疫并作,死者相枕藉"[12]卷四十三《宋通直范君墓志铭》,第455-457页。嘉定十四年(1221),福建路福州(治今福建福州)、延平(治今福建延平)等地"饥疫并作"[12]卷四十四《谯殿撰墓志铭》,第482-486页。嘉定十五年(1222),福建路汀州(治今福建长汀)、邵州(治今福建邵武)、南剑州(治今福建南平)三州"疫死者各以万计"[12]卷三十五《敕封慧应大师后记》,第348页;江南西路赣州(治今江西赣州)"疫"[3]卷六十二《五行志一下》,第1371页。嘉定十六年(1223),荆湖南路永州(治今湖南永州)、道州(治今湖南道县)"疫"[3]卷六十二《五行志一下》,第1371页。

南宋理宗时期,瘟疫曾多次流行。如绍定元年(1228)春,两浙西路"大疫,比屋相枕藉",安吉(治今浙江安吉)尤甚,"户减十五六。蒸鱼者,率从腹中得人指发"[6]826。绍定元年,福建路沙县(治今福建沙县)"岁大疫"[13]卷六《崇安刘氏家世学派·忠烈刘君锡先生纯》,第87-92页。绍定二年(1229)九月,两浙东路临海县(治今浙江临海)发生特大水灾,"殍疫连年"[14]吴子良《临海县重建县治记》。绍定三年(1230)两浙西路临安(治今浙江临安)发生水灾,"谷价腾跃,道殍相枕",随之发生"饥疫"[15]卷三十一《罗妽功墓志铭》,第464-465页。绍定四年(1231)春,两浙西路姑苏(治今江苏苏州姑苏区)发生"春疫"[16]卷下《济民药局记》,第215-216页。绍定六年(1233),江南东路鄱阳(治今江西鄱阳)一带"疫疠大作"[3]卷四〇五《袁甫传》,第12237-12244页。淳祐十一年(1251)十一月,江南东、西路,荆湖南、北路,广南东、西路有"灾伤瘴疠"[17]卷三十四《宋理宗四》,第2810页。宝祐六年(1258),荆湖北路诸郡发生"旱潦饥疫"[3]卷四十四《理宗本纪四》,第866页。

南宋度宗、恭帝、端宗和末帝时期,瘟疫流行也较为频繁。如宋度宗咸淳七年(1271),两浙东路永嘉县(治今浙江温州)发生"瘟疫",广大民众乱服圣散子方,因而被害者"不可胜记"[18]卷三,第518页。咸淳十年(1274),淮南西路蕲州英山县(治今湖北英山)发生"饥疫",荆湖北路江陵(今湖北江陵)城中"又患疾疫"[19]卷一六七,第2707-2709页。宋恭帝德祐元年(1275)六月庚子,成都府路嘉定、三龟、九顶、紫云四城民众迁徙,"流民患疫而死者不可胜计,天宁寺死者尤多"[3]卷六十二《五行志一下》,第1371页;福建路邵武军(治今福建邵武),"大疫,民死亡几半"[8]4409;淮南西路黄州麻城县(治今湖北麻城),"大旱,疫"[20]卷十五《杂志·灾异》,第336页。德祐二年(1276)闰三月,成都府路嘉定、三龟、九顶、紫云四城"数月间,城中疫气熏蒸,人之病死者,不可以数计"[3]卷六十二《五行志一下》,第1371页。宋端宗景炎二年(1277),江南"大疫"[19]卷一三六《铁哥术传》,第2373-2374页。宋末帝祥兴元年(1278)八月,广南东路惠州船澳"军中疫且起,兵士死者数百人",文天祥唯一子,"与其母皆死"[3]卷四一八《文天祥传》,第12538页。祥兴二年(1279),两浙东路温州永嘉县"大疫"[21]卷五九〇《医部·医术名流列传·刘资深传》,第195页。

与此同时,南宋后期金朝、蒙古境内也多次暴发瘟疫,从传染病流行病学的角度来看,其也有可能传入南宋境内。如金章宗泰和二年(1202)四月,民多疫疠,"初觉憎寒体重,次传头面肿盛,目不能开,上喘,咽喉不利,舌干口燥,俗云大头天行,亲戚不相访问,如染之,多不救"[47]卷九《杂方门》,第347页。金章宗泰和六年(1206),金朝右副元帅完颜匡久围南宋京西南路襄阳,士卒疲惫,瘟疫流行,至明年(1207)军回,"是岁瘴疠杀人,莫知其数"[48]卷一《疟非脾寒及鬼神辩四》,第23-24页。金宣宗贞祐、兴定间(1213—1221),金朝东平、太原、凤翔地区,解围之后,"病伤而死,无不然者"。金哀宗天兴元年至二年(1232—1233),元军围攻金朝南京开封,引发汴京大疫,"加以大疫,汴城之民,死者百余万"[10]卷六十四《宣宗皇后王氏传》,第1532-1533页,"凡五十日,诸门出死者九十余万人,贫不能葬者不在是数"[10]卷十七《哀宗本纪上》,第387页。宋蒙(元)战争期间,瘟疫在宋、蒙军民中多次发生。如宝祐六年,蒙军侵宋播州,"士卒遇炎瘴多病",兀良合台"亦病"[19]卷一二二《兀良合台传》,第2255页,遂失利。

(二)南宋后期瘟疫流行带来的重要影响

首先,瘟疫流行遍及南宋两浙西路、两浙东路、淮南东路、淮南西路、江南东路、江南西路、福建路、荆湖北路、荆湖南路、京西南路、成都府路、广南东路、广南西路等地。南宋后期流行的某些传染病,具有极强的传染性和致死率,不仅造成大量人口死亡和灾民流动,而且也引起人们对疫病流行的恐惧。

其次,瘟疫常常和其他自然灾害如地震、旱灾、水灾、畜灾等并发流行,文献中常用"震疫""旱疫""水疫""火疫""饥疫"等描述,对南宋后期社会经济发展造成极大的破坏。如庆元元年(1195),两浙东、西路瘟疫流行,与此同时,淮南、两浙一带"牛多疫死"[22]卷三一一《物异考一七》,第8427页。庆元六年(1200)春,福建路邵武(治今福建邵武)"大旱,井泉竭",接着瘟疫暴发,"疫死者甚众"。

再次,瘟疫流行引起部分地区官吏死亡,阙官现象加剧。如庆元五年(1199)十二月,广南东路瘴疠流行,由于英德府烟瘴肆虐,人们称之为"人间生地狱"。嘉泰元年(1201)二月十七日,臣僚上奏广南西路瘴疠流行严重地区,"县令少有正官,若无以次官处,多是于他州别县差官权摄,甚至差寄居待阙右选摄官。多者一年,少(月)〔者〕数月,倏去忽来,志在苟得,职事废弛,冤枉莫伸。间有贪夫掊尅自营,则一意聚敛,席卷而去,恬不顾恤。于是县益废坏,至有一二十年无敢注授者。其间有水土恶弱、岚瘴至重去处,加之经久权摄,事皆废坏"[4]职官四十八之四十五,第4344页。

最后,南宋后期举行的"开禧北伐""端平入洛"和蒙古伐宋等军事活动,引起了宋金、宋蒙、宋元之间瘟疫的流行。如开禧二年(1206)五月,宋宁宗下诏北伐金朝,荆湖北路江陵府用兵后"残毁饥馑,继以疾疫",金朝士兵也因"瘴疠杀人,莫知其数。昏瞀懊浓,十死八九"[23]卷一《疟非脾寒及鬼神辩四》,第23-24页。绍定五年(1232)三月,蒙古军围攻开封府(治今河南开封),引发瘟疫大流行,"死者百余万"[10]卷六十四《宜宗皇后王氏传》,第1532-1533页。宝祐六年(1258),蒙古分三路兵马进攻南宋,荆湖北路诸州"旱潦饥疫",围攻鄂州的元军中也流行瘟疫,"诸军疾疫已十四五"[24]卷三十二《班师议》,第356-357页。

总之,南宋后期瘟疫的流行,主要是由自然因素、战争因素和社会因素等引起的,尤其是战争引起的瘟疫流行次数显著增加。有关瘟疫的防治,不仅仅是一个疾病和医学的问题,而且也是一个重要的社会政治问题,需要宋朝政府建立一个长期的、有效的疫病救治体系,将各级政府、医学家和社会力量等联合起来,疫病的防治才有可能取得成效。

二、南宋后期各级政府防治瘟疫的主要措施

宋朝中央政府是防治瘟疫的核心力量,不仅将"疫灾"提升为国家"四大灾害"[3]卷四三一《邢昺传》,第12799页之首,而且建立了以各级政府为主导、社会民众力量为辅助的疫病防治体系,采取了医学、经济、政治等措施加以应对。地方州县官吏是宋代防治瘟疫的基层力量,采取了上报疫情信息、派遣医官诊疗、发放药物救治、施粥赈济灾民和控制地方巫术等措施。

(一)中央政府防治瘟疫的措施

宋朝中央政府对瘟疫的传染性和危害性有相当深入的认识,采取了医学、经济、政治等措施积极加以应对,取得了一定的成效。[25-27]

1. 医学措施

其一，派医诊治，施散药物。瘟疫发生时，南宋政府常常命令中央医学机构翰林医官局、太医局、御药院等派遣朝廷医官、医学生或驻泊医官前往疫区诊治、赐药，所用药品来源于官府药局和剂局制造的成药或朝廷赐钱让地方官府从民间药铺中购买的药物。

嘉定二年（1209）三月，两浙西路杭州（治今浙江杭州）暴发瘟疫，宋宁宗发布数道诏令加以应对。三月丁巳，宋宁宗发布御笔："访闻都城疾疫流行，细民死者日众，朕甚悯焉。官司抄札诊候，虑多文具，虽已委官措置，可更选差一二员相与协济。临安府委通判稽考医药，所有药材疾速科拨见钱付铺户收买，毋令减克。其有病死无力殡瘗，于内藏库拨钱一十万贯，别差官抄札，畀以棺（襯）〔槥〕。诸路州县或有疾疫去处，令监司、守令叶心赈救，务在实惠及民，副朕恻（恒）〔怛〕之意。"[4]食货五十八之二十七，第7371-7372页三月庚申，宋宁宗下诏："命浙西及沿江诸州给流民病者药。"[3]卷三十九《宁宗本纪三》，第752页三月壬戌，宋宁宗下诏："出内库钱十万缗为临安贫民棺槥费。"[3]卷三十九《宁宗本纪三》，第752页夏四月，杭州仍旧"疫"[7]卷十四《宋宁宗三》，第330页，四月甲申宋宁宗下诏："赐临安诸军死者棺钱。"[7]卷十四《宋宁宗三》，第330页四月八日，监行在登闻检院陈孔硕等上奏："承降指挥，置（拘）〔局〕修合汤药，给散病民。其间请药之人，类皆细民，一染疫气，即便废业，例皆乏食。其间亦有得药病愈之后，因出求趁，再以劳复病患，委是可悯。已具申朝廷，蒙给降会子二千贯、米一千石，除已措置支散外，所存不多，又有增添患民，必是支散不敷。乞照元申尽数给散钱、米，下局接续支散。"宋宁宗下诏："令封桩库更支降会子三千贯，丰储仓取拨米二千石，接续支散，毋得漏落泛滥。"[4]食货六十八之一○五，第8010页陈孔硕在《宋广西漕司重刻脉经序》中也说朝廷"董诸医，治方药，以振民病"[28]。

淳祐十一年（1251）十一月，江南东路、江南西路、荆湖南路、荆湖北路、广南东路、广南西路一带瘴疠流行，十一月乙酉，宋理宗下诏："江东西、湖南北、福建、二广有灾伤瘴疠去处，虽已赈恤，犹虑州县奉行不虔，可令监司、守臣体认德意，多方拯救。"[17]

其二，建立药局，依方制药。南宋后期，朝廷在原有太平惠民和剂局基础上，又建立了一些新的药局，按方制药，散给病民。如淳祐八年（1248）五月，鉴于"民间病暑者多，合思振救"[29]卷88《恤民》，第4174页，宋理宗下诏让杭州府尹赵与𥲤建立"施药局"，救治患病民众。《淳祐临安志》卷七《城府》载：

淳祐八年五月，有旨令府尹赵与𥲤以民间盛暑，病者颇多，因创局制药。

命职医分行巷陌,诊视与药,月为费数万,多所治疗。十年二月,得旨降钱十万,令多方措置,以赏罚课医者究心医诊。圣心至仁,诏旨勤侧。赵公推广上恩,尤为矜恤。是后都民多赴局请药,接踵填咽,民甚赖之。[30]卷七《城府》,第3289页

可见,施药局在制造药品、派医诊治病人和施散药品方面发挥了积极作用。

宝祐五年(1257)十一月壬戌,宋理宗下诏:"朕轸念军民,无异一体。尝令天下诸州建慈幼局、平粜仓、官药局矣,又给官钱付诸营置库,收息济贫乏。奈何郡守奉行不谨,所惠失实,朕甚悯焉。更有毙于疫疠、水灾与夫殁于阵者,遗骸暴露,尤不忍闻也。可行下各路清强监司,严督诸守臣,宣、制、安抚严督主兵官,并要遵照元降指挥,如慈幼则必使道路无啼饥之童,平粜则必使小民无艰食之患,官药则剂料必真、修合必精,军库收息则以时支给,不许稽违,务要公平,而不许偏徇,庶若民若军皆蒙实惠。仍令召募诸寺观童行,有能瘗遗骸及百副者,所在州县保明,备申尚书省,给度牒一道,以旌其劳。可备坐指挥,各令知悉。"[17]卷三十五《宋理宗五》,第2863-2864页南宋政府强调官药剂料必真、修合必精,以用于疫疠等防治。

其三,掩埋尸体,阻断染源。南宋政府极为重视瘟疫流行期间亡故者尸体的掩埋,常常划拨经费招募僧人或责令地方政府尽快掩埋尸体。从医学的角度来看,这项措施有利于防止疾病的传播。如嘉定元年(1208)夏,淮南地区"大疫",官府"募掩骼及二百人者度为僧"[3]卷六十二《五行志一下》,第1371页。宝祐五年十一月,诸州"更有毙于疫疠水灾与夫殁于阵者,遗骸暴露,尤不忍闻",十一月壬戌,宋理宗下诏"仍令召募诸寺观童行,有能瘗遗骸及百副者,所在州县保明,备申尚书省,给度牒一道,以旌其劳。可备坐指挥,各令知悉"[17]卷三十五《宋理宗五》,第2863-2864页。

2. 经济措施

南宋政府在防治瘟疫过程中,在经济方面采取了划拨资金、提供粮食,减免赋役、发放度牒等措施。

其一,划拨资金,提供粮食。疫情发生后,宋政府常常划拨资金和粮食加以赈济,帮助灾民渡过难关。如庆元元年(1195)三月,杭州发生大疫,宋宁宗发布御笔:"访闻民间病疫大作,令内藏库日下支拨钱二万贯付临安府,多差官于城内外询问疾病之家,贫不能自给者,量口数多寡支散医药、钱;死而不能葬者,给与棺敛。务要实惠及民,毋得徒为文具。"[4]夏四月戊辰,临安"火疫"流行,宋宁宗下诏"出内帑钱为贫民医药、棺敛费及赐诸军疫死者家"[3]。夏四月壬午,宋宁宗下诏"复出内帑钱,赐诸军疾疫死者家"[17]卷二十九上《宋宁宗一》,第2442页。

庆元五年(1199),杭州"久雨,民多疫",五月丁酉,宋宁宗下诏"命临安府赈恤

之"[7]279。嘉定三年(1210)四月,"都民多疫死"[3]卷六十二《五行志一下》,第1371页,夏四月己巳,宋宁宗下诏:"临安府给细民病死者棺椁。"[3]卷三十九《宁宗本纪三》,第752页四月十二日,宋宁宗下诏:"令丰储仓取拨米三千旦付临安府,给散病民。仰守臣措置,选差通练诚实官属分明支借,毋容吏奸,以亏实惠。仍开具支散过实数申尚书省。"[4]食货五十八之二十八,第7372页从丰储仓划拨 3 000 石米,散给病民。嘉定四年(1211)"杭州疫"[3]卷六十二《五行志一下》,第1371页,三月己未,宋宁宗下诏"命临安府赈给病民,赐棺钱";四月戊申,宋宁宗再次下诏"出内库钱瘗疫死者贫民"[31]卷十二《宁宗皇帝九》,第228页。

宝祐六年(1258)宋蒙战争期间,荆湖北路诸州"旱潦饥疫"。开庆元年(1259)五月丁巳,宋理宗下诏:"湖北诸郡,去年旱潦饥疫,令江陵、常、澧、岳、寿诸州,发义仓米振粜,仍严戢吏弊,务令惠及细民。"[3]卷四十四《理宗本纪四》,第866页

其二,减免赋役,发放度牒。减免赋役和发放度牒是宋政府应对疫病的措施之一。如庆元元年六月,两浙西路湖州、秀州、常州、润州,两浙东路庆元府、绍兴府等,"自今疾疫颇盛,其他州县亦多有之"。六月七日,权两浙转运副使沈诜上奏:"乞从朝廷给降度牒五百道,下本司或提举司变转,随州县饥疫轻重拨下,逐州委官分任其事。事毕考验(区)〔驱〕磨,以全活人数多寡旌别闻奏,优与推赏。"宋宁宗下诏:"令礼部给降度牒五十道,付沈诜自行措置斟量支散。余依之。"[4]六月十日,宋宁宗又下诏:"疾疫未及,更于内藏库支拨钱一万贯接续支散。"[4]食货六十八之一〇〇,第8008页

淳祐十二年(1252)春正月,鉴于广南东西路、福建路、江南西路、荆湖南路"去岁疫疠"流行,造成"州县人户有绝世者"的惨状,正月十五日宋理宗下诏:"令监司、守臣稽其财产,即其族命继给之。远官身殁,其家不能自归者,官为津遣,勿令财物有所隐失。"[17]卷三十四《宋理宗四》,第2812页

3. 政治措施

在瘟疫流行期间,南宋政府通常会建立宅院,安置患病官员及其家属,调整官吏选拔与任命方式,奖惩官吏,改变落后习俗。

其一,建立宅院,安置患病官员及其家属。庆元五年十二月,广南东路瘴疠流行。十二月十二日,广东提刑陈晔上奏:"窃见所部十四郡,多是水土恶弱,小官贪于近阙,(絜)〔挈〕累远来,死于瘴疠者时时有之,孥累贫乏,不能还乡,遂致狼狈。晔捃节财用,起宅子六十间,专养士夫孤遗;又买官民田及置房廊,拘收钱米,创仓库各一所。凡入宅居止者,计口日给钱。仍以其余,遇有二广事故官员扶护出岭,量支路费。欲名其宅曰'安仁',仓库曰'惠济'。尚虑向后不能相承,却致流落之

家复至失所,乞行下本司,得以遵守。"[4]食货六十之一,第7415页宋宁宗"从之",准许陈晔在广州创办安仁宅、惠济库,作为安置患病官吏及其家属的宅院和仓库。

嘉泰三年(1203)十一月,鉴于广南东、西路"州县小官冒瘴而死者,家属扶护旅榇,不能归乡"的惨状,十一月十一日,宋宁宗发布南郊赦文,表彰当地官吏的互助自救行动。《宋会要辑稿》载:

> 二广州县小官冒瘴而死者,家属扶护旅(襯)〔榇〕,不能归乡,实可矜悯。除广东已于广州置接济库,椿积钱米,遇有事故官员,家属赴经略司投状,除(结)〔给〕仓券外,更支给路费,以济其归。及于城北踏逐空地,拨充义塚,起造祭亭。愿将旅(襯)〔榇〕就地内取葬者,给也支(结)〔给〕靡费钱。及造屋充接济院,有事故流落家属,欲就给屋,每日支给饭米养瞻,以示宽恤。昨来广西经略司申,已于静江府新创广恩院,以给士夫家属流落者。可令诸监司常切恪意奉行,如有在官田亩之类,措置拨入。所有家属愿出广者,仍令逐州津遣。其仕官家属因而流落,不能出广,甚至子弟为奴仆,妻女为娼婢,深可怜悯。自今赦到日,许经所在州军自陈,日下释放,仍令本州津遣。[4]食货五十八之二十五,第7371页

其二,调整官吏选拔与任命方式。嘉定六年(1213)五月一日,臣僚上奏:"照得二广科举所差试官,正当秋暑瘴疠之时,常有十余人弊于道路,极可悯念。臣谓广南士人贫无常产,能文之士亦自可数。广东则广、潮二州,西南静江,皆号多士,时有请嘱。所差试官,必须遴选,以绝外议。至于他处,但须邻郡,或隔一二州差往,庶几道里稍近,可以赍办行李,饥食渴饮,不致乏绝丧身之患。乞下两路漕司照应施行。"[4]选举六之十四,第5365-5366页宋宁宗"从之"。

嘉定九年(1216),广南东、西路瘴疠盛行,造成当地阙官现象严重。尤其是广西诸州县,"合减举员处颇多,如象之武仙、昭之立山、高之信宜、雷之徐闻、化之石城等邑,皆毒(務)〔雾〕熏蒸,民生窭悴,户口萧疏"。四月二日,臣僚上奏:"乞令广西诸司条具诸邑之最恶弱、久阙官去处申上,量与裁减荐员,以为作邑者之劝,庶几少苏岭海无告之民"[4]职官四十八之二十二,第4320页。宋宁宗"从之"。

其三,奖惩官吏,改变落后习俗。宋政府对参与疫病救治的官员,按其政绩加以升迁和奖励,对玩忽职守者予以严惩。如嘉定五年(1212)九月一日,臣僚上奏朝廷奖赏平定荆湖南路黑风洞寇官兵时说:"今上自主帅,下至将校,皆次第蒙赏,而土豪隅官之徒捐躯于兵间者尚有所遗。乞下江西、湖南安抚司广加体访,仍许各人自陈,选委清强有心力官覈实。应土豪隅官除曾系(補)〔捕〕贼立功已(攉)〔推〕赏外,其余实因讨捕受害阵亡之家,并与保明,具申朝廷,量与赏

208

犒。"[4]兵二十之十五,第9032页宋宁宗"从之",同意奖赏战争中"连遭屠戮,又因冒寒暑、染疾疠,与其队伍相毙于军中者"的土豪隅官。

宋代某些地区存在的落后旧俗,严重干扰了政府的抗疫措施,如"江南病疫之家,往往至亲皆绝迹,不敢问疾,恐相染也。药饵食饮,无人主张,往往不得活"。为此,宋政府专门下诏加以诫斥。如庆元元年(1195)夏四月,杭州大疫,宋宁宗下诏:"戒励风俗。"[7]

(二) 地方官吏防治瘟疫的措施

瘟疫的发生和流行,对国家地方统治秩序带来极大的冲击和挑战。地方官吏一方面积极贯彻朝廷应对疫病的诏令,另一方面又在各自辖区内采取赈济救灾、医疗救治和社会管控的措施,某些官吏甚至献出了宝贵的生命[32]。

1. 赈济救灾措施

开禧二年(1206)五月,宋宁宗下诏北伐金朝。荆湖北路江陵(治今湖北江陵)用兵后,"残毁饥馑,继以疾疫",江陵府知府、荆湖制置使李大性"首议振贷,凡三十八万缗有奇。前官虚羡,凡十有四万五千缗,率蠲放不督,民流移新复业者,皆奏免征榷"[3]卷三九五《李大性传》,第12049页。嘉定十年(1217)春,金朝军队"犯襄阳,围安陆",京西南路地区"既而饥疫并作,死者相枕藉",通直郎范机"恻心疲,精瘗其骴骸之暴露者,为粥以饲其饥且赢者,收育孩穉之无所归者,所活几不胜计"[12]。嘉定十四年(1221),福建路福州(治今福建福州)、延平(治今福建省南平市延平区)"饥疫并作",福建运判兼建宁府知府谯令宪"赈恤备至"[12]卷四十四《谯殿撰墓志铭》,第482-486页,不幸染病而亡。

宋理宗绍定二年(1229)九月丙辰,两浙东路台州临海县城(治今浙江临海)发生特大水灾,"吞原阶,啗官民庐居,杀禾稼,环百余里漫为涛川,而县治西直栝苍门,最先被水,崩奔漂悍特甚",造成"死人民逾二万","继之殍疫连年"。南宋政府"捐帑振廪,复租已责,遣部使者叶公棠议荒政,议城筑"[14]。浙东提举叶棠,积极采取措施加以赈济和救治:一是"乃赂贪夫以收遗骸,募卒伍以出途巷,严冥录以靖冤妖,籍户口,颁钱米,助修筑,弛征榷,阁租赋以请命,求利害以尽人言,问疾苦以通下情";二是请求朝廷减免当地租赋,"得旨征榷予一年,凡官钱皆如之,秋租减其七,明年夏赋损其半,颁钱米以赈恤城筑者,合钱缗几百万";三是下令"移粟于近,告籴于远,劝商贾,通有无,忧在不继,及圣泽溥博,忧在奉行,内选郡僚,外求寓公,寓公各自择其乡之堪其事者,并书吏,省文书,灾伤以轻重为差,州郭重于诸县,临海重于天台、仙居,天台、仙居重于宁海、黄岩,重者数倍,轻者必称必均,各竞于善,而惠无不实,日有粥,月有给,疾病有药,死亡有棺,癃悖独孤幼者有养,始于季秋,毕于季夏"[33]王象祖《浙东提举叶侯生祠记》。当地民情大感,建生祠祀之。

2. 医疗救治措施

宋代地方官吏在防治瘟疫过程中,采取了派医救治、施散药品、撰写医书,建立病房、收留病人、掩埋尸体等医学措施。

其一,派医救治,施散药品,撰写医书。宋宁宗嘉定十年(1217),潼川府路中江县(治今四川中江)"岁大疫",中江县尉邓应午"力请于台阃,饭饥药疾,至捐俸以资之"[34]卷八十四《监成都府钱引务邓君应午墓志铭》,第513-514页,"市药散赈,不遗余力"[35]卷一四四《人物》,第4395页。嘉定十五年(1222),福建路南剑州(治今福建南平)"时大旱疫",南剑州知州陈宓"蠲逋赋十数万,且弛新输三之一,躬率僚吏持钱粟药饵户给之"[3]卷四〇八《陈宓传》,第12312页。宋理宗绍定元年(1228),福建路沙县(治今福建沙县)"岁大疫",沙县主簿刘纯"治粥药存活之,死而无收者作大塚瘗焉"[13]。

南宋后期某些地方官吏还撰写了许多医书,收载了大量防治疫病的药物。如庆元中,监两浙西路临安府富阳县(治今浙江富阳)酒税王硕撰《易简方》,"凡仓卒之病,易疗之疾,靡不悉具"[36]卷首《易简方论序》,第5页。嘉定中,监江南东路饶州(治今江西鄱阳)商税张松撰《本草节要》一书,"择取本草常用药,抄节性味主治之要,合经注之文,统以成段"[37]。宝庆中,两浙东路婺州(治今浙江金华)知州王梦龙撰《本草备要》,"增入药物异名及土产之宜、美恶之辨,注于目录之内"[37]卷二十《群贤著述年辰·本草备要》,第633页。

其二,建立病房,收留病人,掩埋尸体。宋宁宗庆元年间(1195—1200),江南西路临江军新淦县(治今江西新干)疫疠流行,知县何洪"置惠民局,延良医以治之。又置养济院以收无依者,民甚德焉"[38]卷六十一《名宦五》,第131页,因而受到百姓的称赞。嘉定九年(1216)春,荆湖北路江陵府(治今湖北荆州)、荆湖南路潭州(治今湖南长沙),"饥疫并作,死者相枕藉"。通直郎范机"恳心疲,精瘗其骭骸之暴露者,为粥以饲其饥且赢者,收育孩稺之无所归者,所活几不胜计"[12]。

宋理宗绍定四年(1231),两浙西路平江府(治今江苏苏州)发生"春疫",知平江军府事、新除浙西提刑吴渊积极采取措施加以救治。吴渊《济民药局记》载:

> 姑苏城大人众,余领郡,适有春疫,亟择群医之良,分比闾而治,某人某坊,某人某里,家至户到,悉给以药。窭而无力者则予钱粟,疾不可为者复予周身之具,繇二月讫七月,其得不夭者一千七百四十九人。因念仓卒取药于市,既非其真,非惟不真,且弗可以继,乃创济民一局,为屋三十有五楹,炮泽之所,修

和之地,监临之司,库廪庖湢,炉砲鼎白,翼然井然,罔不毕具。[16]

从这则南宋地方官吏防治瘟疫的珍贵史料中可知,吴渊主要采取了派良医分坊分里医治病人、施散药物、赈济灾民、创建济民局、安置病人等多种救治手段,救活患者达 1 749 人,取得了显著的疗效。

绍定六年(1233),袁甫任江东提点刑狱,江南东路"岁大旱",继又"疫疠大作",袁甫在鄱阳(治今江西鄱阳)"创药院疗之"。前后任职江东 5 年,"所活殆不可数计"[3]卷四〇五《袁甫传》,第12237-12244页。

3. 社会管控措施

宋代巫术在地方和民间的流行及存在,造成部分地区民众在疫病流行期间不敢寻医,不敢视疾,不敢服药,甚至出现遗弃亲属的行为,严重地威胁到朝廷政令的贯彻执行和地方政府的救治活动。为了有效地防控各类疾病和重大瘟疫的流行,以及传播官方正统医学知识,宋朝地方官吏对"巫术"的非法活动采取了打击、控制和改造的措施。

其一,打击巫术,严惩巫师犯罪行为。宋宁宗庆元元年(1195),两浙西路常州(治今江苏常州)发生严重的瘟疫。常州知州张子智积极加以救治,散发药物,然而由于巫师的干预,百姓不敢领药,致使大批民众染病死亡。洪迈《夷坚志支戊》卷三《张子智毁庙》载:

> 张子智贵谟知常州,庆元乙卯春夏间,疫气大作,民病者十室而九。张多治善药,分诸坊曲散给,而求者绝少,颇以为疑。询于郡士,皆云:"此邦东岳行宫后有一殿,士人奉祀瘟神,四巫执其柄。凡有疾者,必使来致祷,戒令不得服药,故虽府中给施而不敢请。"[39]卷三《张子智毁庙》,第1074页

从洪迈的记载可以看出,巫师在常州有很大的号召力,即使州府施药,百姓也不敢领取。张子智在充分调查了巫师的罪行后,"即拘四巫还府,而选二十健卒,饮以酒,使往击碎诸像,以供器分诸刹。时荐福寺被焚之后,未有佛殿,乃拆屋付僧,使营之。扫空其处,杖巫而出诸境。蚩蚩之民,意张且贻奇谴,然民病益瘳,习俗稍革"。不久,宋政府提升张子智为吏部郎中。

其二,遣使祭祀,稳定社会秩序。嘉定十五年,福建路汀州(治今福建长汀)、邵州(治今福建邵武)、南剑州(治今福建南平)三州暴发瘟疫,"疫死者各以万计"。疫病随即传播到建宁府浦城县(治今福建浦城),"浸滛将及县境,时既十月矣,而炎郁不少衰"。浦城县知县李知孝一方面采取措施加以救治,另一方面前往景祐南丰院故净空禅师处祭祀,"亟诣师而祷焉,风雨旋至,瑞雪继之,浃旬之间,疠气如

洗"[12]卷三十五《敕封慧应大师后记》,第348页。此次浦城县境内瘟疫的消失,与风雨、瑞雪的降落有密切的关系。

4. 重视公共卫生措施

南宋时期,人们逐渐认识到疾疫发生与公共卫生之间的关系,因而在公共卫生方面采取了保护水源、清理河道、改善环境卫生等措施。如宋宁宗嘉定十年至嘉定十二年(1217—1219),真德秀(1178—1235)在福建路泉州任职期间,看到泉州城内水沟湮阏岁久,于是撰《开沟告诸庙祝文》,指出"淤泥恶水,停蓄弗流,春秋之交,蒸为疠疫,州人病之匪一日矣"[12]卷四十八《开沟告诸庙祝文》,第546页。为了避免"一或底滞,则疾疢生",于是命人清理沟渠。

总之,南宋政府在防治瘟疫过程中,采取的措施主要以派医诊治、施散药物、发放粮食、减免租赋、建立病房、掩埋尸体等为主,出现了许多防治瘟疫的有效方剂,在一定范围内对控制瘟疫传播起到了积极作用。

三、南宋后期医学家和社会民众防治瘟疫的主要措施

宋代医学家是防治疫病的中坚力量,不仅撰有大量的医学方书,而且在疫情期间配制药物,亲临疫区诊治。社会民众包括民间地方乡绅、宗教人士和普通民众等,由于对疫病认识的差异和所处社会地位的不同,他们对瘟疫的态度和防治措施则较为复杂[40]。

(一)医学家防治瘟疫的主要措施

南宋后期,医学家陈自明、杨士瀛、严用和等对天行温病、时气病、痢疾病、劳瘵病等传染病进行了积极的防治。

天行温病,又名时行疠气、天行温疠等,是由"疠气"引起的一种传染性极强的疾病。现代医学称此病为大流行病,即急性烈性传染病。嘉熙元年(1237),陈自明在《妇人大全良方》中记载了数道治疗天行温病的医方。如煞鬼丸方,出自《太平圣惠方》,"此药避瘟疫,亦可带之"。其方剂组成:"麝香,三分。犀角屑、木香、白术,各一两。鬼箭羽。虎头骨,酥炙。天灵盖,酥炙。辰砂。桃仁,去皮尖,双仁,麸炒黄。雄黄,各两半。上为细末,炼蜜为圆如梧桐子大,温水下二十圆。"[41]卷五《妇人骨蒸方论第二》,第62页 阿胶汤,"治妊妇伤寒、瘟疫时气,先服此以安胎"[41]卷十四《妊娠伤寒方论第四》,第148页。景定五年(1264),杨士瀛在《仁斋直指方论》中记载了瘟疫的病因、病症和用药情况,指出:"此病多发于春夏,一概相同者,此天地之疠气,当参运气而施治也。"该书《证治赋》收录了各种名方,如和解散、金沸草散治时

行寒疫,神术散、定风饼子疗暴中风邪,人参败毒散、升麻葛根汤解瘟疫而身热,阳毒升麻汤、雄黄解毒丸散天行而咽疼,宣明双解散主温热始终之要药,藿香正气散治暑湿内外之良方[42]卷二《附:证治赋》,第38页。又《瘟疫方论》载十神汤,治时令不正,瘟疫妄行。升麻葛根汤,治大人、小儿时气瘟疫,头痛发热。柴胡升麻汤,治时行瘟疫,壮热恶风,头痛体疼,鼻塞咽干,咳嗽,涕唾稠粘。小柴胡汤,治瘟疫内虚,发热,胸胁痞闷。竹叶石膏汤,治伤寒时气,表里俱虚,遍身发热,心胸烦闷,得汗已解,内无津液,虚羸少气,欲吐。大青丸,治时行瘟疫发热,并劳役发热,上膈一切结热,神效。此外,黄连解毒汤、荆防败毒散、四君子汤、四物汤、补中益气汤等,也是治疫名方[42]卷三《附:瘟疫·瘟疫方论》,第66页。

痢疾病是宋代较为常见的一种传染性疾病,"夫痢之为病,世人所患者多"[43]卷下《痢论》,第93页。凡感受时邪、水源不洁或食物污染,均可引发痢疾流行。陈自明在《妇人大全良方》中,认为疫毒痢具有强烈的传染性,"一郡之内,上下传染,疾状相似。或只有一家,长幼皆然;或上下邻里间相传染;或有病同而证异;亦有证异而治同。或用温剂而安,或用凉药而愈。有如此等,是毒疫痢也"。书中列举的治疗药物,"首以败毒散,多加人参、甘草、陈米、姜枣煎服,及三黄熟艾汤、黄连阿胶圆、五苓散、驻车圆,可选而用之。如下痢赤多,或纯下鲜血,里急后重,大便不通,身体壮热,手足心热,大烦燥渴,腹胁胀痛,小便赤涩,六脉洪大,或紧而数,或沉而实,此热痢也。宜白头翁汤及三黄熟艾汤、五苓散,可选而用之。若风痢下血太过,宜用胃风汤加木香、黑豆煎服。若夏秋之间下痢,或赤或白,或赤白相杂,脐腹痛,里急后重,憎寒发热,心胸烦闷,燥渴引饮,呕逆恶心,小便不利及五心烦热,六脉虚弱。此等脉证,正因伏暑而得此疾,宜服香薷散加黄连、甘草、当归,酒水浓煎,沉令水冷,顿服。仍兼服酒蒸黄连圆,或小柴胡汤加人参煎服必愈"[41]卷八《妇人滞下方论第十》,第101页。

劳瘵病,一作痨瘵,也称肺痨病,是一种具有传染性的慢性疾病,现代医学称此病为肺结核病。宝祐二年(1254),严用和在成书的《严氏济生方》中指出:"夫劳瘵一证,为人之大患。凡受此病者,传变不一,积年染疾,甚至灭门。"又说:"其名不同,传变尤不一,感此疾而获安者,十无一二也。"他提出的治疗原则是"先宜去根,次须摄养调治,亦有早灸膏肓俞、崔氏穴而得愈者。若待其根深蒂固而治之,则无及矣"[44],方剂有鳖甲地黄汤、黄饮子、蛤蚧丸、太上混元丹、经效阿胶丸、地仙散,以及崔丞相灸劳法。

(二) 普通民众对瘟疫的态度和防治措施

南宋后期民间地方乡绅、宗教人士和普通民众等对瘟疫的态度和防治措施较为复杂,由于史料的缺乏,这方面的内容较少。如宋宁宗庆元元年(1195)春夏间,两浙西路、两浙东路大多数州县发生瘟疫,穷苦之民,"率无粥药,坐以待毙"[4];平江城中(治今江苏苏州)疫疠大作,"坊众相率敛钱建大庙,以报土地之德"[2]。宋理宗绍定三年(1230),两浙西路临安(治今浙江临安)发生水灾,"谷价腾跃,道殣相枕"。随之发生"饥疫",临安人罗介圭"率推食馈药,以振赢乏"[15]。宋度宗咸淳七年(1271),两浙东路永嘉(治今浙江温州)发生"瘟疫",广大民众束手无策,听闻"圣散子方"有效,于是服之,然而"服此方被害者,不可胜记"[18]。

四、南宋后期防治瘟疫的主要特点与历史借鉴

南宋后期社会各阶层防治瘟疫的主要措施,呈现出了鲜明的时代特点并对后代的疫病防治有借鉴意义。

(一)重视各级官府在疫病防治体系中发挥的核心作用

南宋后期有关瘟疫的史料呈现出很大的不平衡性,相较而言,宋宁宗时期(1195—1224)各级官府防治瘟疫的措施较为丰富,宋理宗、宋度宗、宋恭帝、宋端宗、宋帝昺时期(1225—1279)的防疫措施则较少,这主要是由南宋末年史料的散佚所造成的。从现存史料来看,宋代建立的以各级政府为主导、社会民众为辅助的疫病防治体系,仍然有效地发挥着作用。为了实施救治,宋代中央政府和地方官吏在疾病流行期间建立的临时医院和慈善机构,如安济坊、漏泽园、慈幼局、施药局、养济院、济民局、安仁宅等,对治疗患者发挥了积极作用。

(二)重视医药学知识在疫病防治中发挥的重要作用

南宋时期,官修医学方书《太平惠民和剂局方》在疫病防治中发挥了显著的作用。宋理宗时期,宋朝政府两次增补《太平惠民和剂局方》,一是宝庆年间(1225—1227)增补《宝庆新增方》41首,二是淳祐年间(1241—1252)增补《淳祐新添方》76首,成为官府、医家和民间防治普通疾病和瘟疫最重要的著作之一。如人参败毒散、小柴胡汤、柴胡石膏散、圣散子、林檎散、升麻葛根汤、葛根解肌汤、香苏散、柴胡升麻汤、神术散、来苏散、十神汤等方剂,是宋代有名的治疫名方,至今仍用于临床[45]卷二《治伤寒》,第39-62页。南宋周密指出:"若夫《和剂局方》,乃当时精集诸家名方,凡经几名医之手,至提领以从官内臣参校,可谓精矣。"[46]卷上《和剂药局》,第225-226页元代医学家朱震亨指出:"《和剂局方》之为书也,可以据证检方,即方用药,不必求医,不必修制,寻赎见成丸散,病痛便可安痊。仁民之意,可谓至矣。自宋迄今,官府守之以

为法,医门传之以为业,病者恃之以立命,世人习之以成俗。"[49]地方官吏在防治疫病中记载的疫情信息、收集的验效名方和积累的实践经验,促进了医药学知识的应用与传播。

(三) 重视医学机构在防疫工作中的应用

宋代极为重视医学机构在防疫工作中的应用,尤其在瘟疫流行期间建立的临时医院及其采取的派医诊治、隔离病人、掩埋尸体等措施,丰富了中国古代传染病防治的内容。如庆元年间新淦县知县何洪建立"养济院"[38],绍定四年(1231)平江府知府吴渊建立"济民局"[16],淳祐八年(1248)临安知府赵与𥲅建立"施药局"[30],以及庆元五年(1199)广东提刑陈晔建立"安仁宅"[4]食货六十之一,第7415页等,在治疗患者和控制疫病流行方面发挥了一定的作用。

综上所述,南宋后期防治瘟疫的主要措施,基本上沿袭了宋代形成的以各级官府为主、社会民众为辅的防疫体系。中央政府、地方官吏、医学家和社会民众等在防治瘟疫的过程中,除继续采用传统的赈济措施外,医药学知识也发挥了重要作用,"按方剂以救民疾"[3]卷十二《仁宗本纪》,第231页和"依方用药"[50]仍然是宋代社会防治瘟疫的新方向。

参考文献

[1] 韩毅. 宋代瘟疫的流行与防治[M]. 北京:商务印书馆,2014:66-79.

[2] 洪迈. 夷坚志支景[M]//夷坚志. 何卓,点校. 北京:中华书局,1981.

[3] 脱脱. 宋史[M]. 北京:中华书局,2007.

[4] 徐松. 宋会要辑稿[M]. 刘琳,刁忠民,舒大刚,校点. 上海:上海古籍出版社,2014.

[5] 洪迈. 夷坚志补[M]//. 夷坚志. 何卓,点校. 北京:中华书局,1981.

[6] 宗源翰,郭式昌. 同治湖州府志[M]//周学濬,汪日桢. 中国地方志集成·浙江府县志辑:第24册. 上海:上海书店出版社,1993.

[7] 刘时举. 续宋中兴编年资治通鉴[M]. 王瑞来,点校. 北京:中华书局,2014.

[8] 何乔远. 闽书[M]. 福州:福建人民出版社,1994.

[9] 曹彦约. 昌谷集[M]//景印文渊阁四库全书:第1167册. 台北:台湾商务印书馆,1986.

[10] 脱脱. 金史[M]. 北京:中华书局,1975.

[11] 阿克当阿. 嘉庆重修扬州府志[M]//中国地方志集成·江苏府县志辑:第42册. 南京:江苏古籍出版社,1991.

[12] 真德秀. 西山先生真文忠公文集[M]//宋集珍本丛刊:第76册. 北京:线装书局,2004.

[13] 李清馥. 闽中理学渊源考[M]. 徐公喜,管正平,周明华,点校. 南京:凤凰出版社,2011.

[14] 林表民. 赤城集[M]//景印文渊阁四库全书:第1356册. 台北:台湾商务印书馆,1986:637-638.

[15] 洪咨. 平斋文集[M]//宋集珍本丛刊:第75册. 北京:线装书局,2004.

[16] 吴渊. 退庵先生遗集[M]//宋集珍本丛刊:第83册,北京:线装书局,2004.

[17] 佚名. 宋史全文[M]. 汪圣铎,点校. 北京:中华书局,2016.

[18] 魏之琇. 续名医类案[M]//裘沛然. 中国医学大成三编:第11册. 长沙:岳麓书社,1994.

[19] 柯劭忞. 新元史[M]. 余大钧,标点. 长春:吉林人民出版社,2007.

[20] 郑重. 麻城县志前编[M]//余晋芳. 中国地方志集成·湖北府县志辑:第20册. 南京:江苏古籍出版社,2001.

[21] 陈梦雷. 古今图书集成[M]. 北京:人民卫生出版社,1962.

[22] 马端临. 文献通考[M]. 上海师范大学古籍研究所,华东师范大学古籍研究所,点校. 北京:中华书局,2011.

[23] 张子和. 儒门事亲[M]//徐江雁,许振国. 唐宋金元名医全书大成·张子和医学全书. 北京:中国中医药出版社,2006.

[24] 郝经. 陵川集[M]//景印文渊阁四库全书:第1192册. 台北:台湾商务印书馆,1986.

[25] 韩毅. 宋代政府应对疫病的态度与措施[J]. 文史知识,2013(7):13-19.

[26] 韩毅. 宋代政府应对疫病的历史借鉴[J]. 人民论坛,2013(13):78-80.

[27] 韩毅. 宋代政府对疾疫的防治[M]//李华瑞. 宋代救荒史稿. 天津:天津古籍出版社,2014:809-841.

[28] 陈孔硕. 宋广西漕司重刻脉经序[M]//王书和. 脉经. 北京:商务印书馆,1959:4-5.

[29] 潜说友. 咸淳临安志[M]//宋元方志丛刊:第4册. 北京:中华书局,2006.

[30] 施谔. 淳祐临安志[M]//宋元方志丛刊:第4册. 北京:中华书局,2006.

[31] 佚名. 续编两朝纲目备要[M]. 汝企和,点校. 北京:中华书局,1995.

[32] 韩毅. 宋代地方官吏应对瘟疫的措施及其对医学发展的影响[J]. 中原文化研究,2017(2):84-94.

[33] 林表民. 赤城集:卷十[M]//景印文渊阁四库全书:第1356册,台北:台湾商务印书馆,1986:695-697.

[34] 魏了翁. 重校鹤山先生大全文集[M]//宋集珍本丛刊:第76册. 北京:线装书局,2004.

[35] 常明. 嘉庆四川通志[M]. 杨芳灿,谭光祜,纂. 成都:巴蜀书社,1984.

[36] 王硕. 易简方[M]. 巢因慈,点校. 北京:人民卫生出版社,1995.

[37] 陈衍. 宝庆本草折衷[M]//南宋珍稀本草三种. 郑金生,校点. 北京:人民卫生出版社,2007.

[38] 谢旻. 雍正江西通志[M]//景印文渊阁四库全书:第515册. 陶成,纂. 台北:台湾商务印书馆,1986.

[39] 洪迈. 夷坚志支戊[M]//夷坚志. 何卓,点校. 北京:中华书局,1981.

[40] 韩毅. 宋代社会民众防治瘟疫的主要措施和历史借鉴[J]. 中原文化研究,2020(2):40-57.

[41] 陈自明. 妇人大全良方[M]//盛维忠. 唐宋金元名医全书大成·陈自明医书全书. 北京:中国中医药出版社,2005.

[42] 杨士瀛. 仁斋直指方论[M]//林慧光. 唐宋金元名医全书大成·杨士瀛医学全书. 北京:中国中医药出版社,2006.

[43] 史堪. 史载之方[M]. 王振国,朱宽,点校. 上海:上海科学技术出版社,2003.

[44] 严用和. 严氏济生方[M]//王道瑞,申好真. 唐宋金元名医全书大成·严用和医学全书. 北京:中国中医药出版社,2005:27-29.

[45] 太平惠民和剂局. 太平惠民和剂局方[M]. 刘景源,整理. 北京:人民卫生出版社,2007.

[46] 周密. 癸辛杂识别集[M]. 吴企明, 点校. 北京: 中华书局, 1997.

[47] 李东垣. 东垣试效方[M]//李东垣医学全书. 王雪峰, 等点校. 太原: 山西科学技术出版社, 2012: 347.

[48] 张子和. 儒门事亲[M]//徐江雁, 许振国. 唐宋金元名医全书大成·张子和医学全书. 北京: 中国中医药出版社, 2006: 23-24.

[49] 朱震亨. 局方发挥[M]//田思胜. 唐宋金元名医全书大成·朱丹溪医学全书. 北京: 中国中医药出版社, 2006: 33.

[50] 宋太宗. 御制《太平圣惠方》序[M]//王怀隐, 王光佑, 郑彦. 太平圣惠方. 郑金生, 汪惟刚, 董志珍, 校点. 北京: 人民卫生出版社, 2016: 9.

【宋代文献考证研究】

地方士人与宋元变革管窥
——杨万里集外佚文《桃林罗氏族谱序》考实

王瑞来

(河南大学,河南 开封 475001;日本学习院大学 东洋文化研究所,日本 东京都 171-8588)

[摘　要] 《桃林罗氏族谱序》是南宋著名士大夫杨万里的一篇集外佚文,在前人论述的基础上,作者结合多年来对南宋士人杨万里、罗大经的深入研究,从该序文的写作时间、作者署名官衔、序文内容的真实性几个方面进一步证实了《桃林罗氏族谱序》确实为杨万里的一篇集外佚文。在此基础上,聚集序文中"士族"一词内涵在南宋的演变,论述了南宋未入仕士人在地方社会生活中的突出影响,并揭示了这一现象实为后世明清地方乡绅社会之发端。

[关键词] 《桃林罗氏族谱序》;杨万里 ;罗季温;罗大经;士族

小引

最近,看到一篇文章,披露了从《桃林罗氏族谱》中发现的杨万里集外佚文《桃林罗氏族谱序》[1]。作者从杨罗两家的交往渊源、序文内容与风格、历代文人序文以及文章署名等几个方面力证杨万里此文并非罗氏家族伪托。在此基础上,论述

[作者简介]　王瑞来(1956—　),男,黑龙江伊春人,河南省(河南大学)讲座教授、日本学习院大学东洋文化研究所研究员,主要研究方向:中国史与文献学。

了此文可以增补杨万里文集,以及可供考察杨万里与庐陵文人的群体关系等价值。

由于此文与笔者在三十多年前整理的《鹤林玉露》[2]作者罗大经的家族直接相关,并且这三十多年来笔者对罗大经家族的资料一直保持关注,先后写下过《罗大经生平事迹考》①《罗大经生平事迹补考》②和《小官僚,大关注:罗大经仕履考析》[3]等相关文章,而这篇署名杨万里的《桃林罗氏族谱序》又提到了罗大经的父亲,所以引起了笔者的极大兴趣。

近些年来,杨万里的集外佚文陆续面世,多发掘自各种族谱,比如《周氏五修族谱》所载的《泥田旧序》[4],《螺破萧氏族谱》中的《五一堂记》[5],《罗塘许氏图谱》中的《罗塘许氏族谱序》[6],还有这篇《桃林罗氏族谱序》。出于光大门楣或炫耀乡里等动机,族谱中托名闻人的序跋所在多有。这里提及的几篇杨万里佚文之中,《罗塘许氏族谱序》一经披露,便有人撰文斥为伪作[7]。因此,对于族谱中发现的名人佚文需要审慎地加以鉴别真伪,避免鱼目混珠,造成以假乱真的现象。那么,这篇《桃林罗氏族谱序》的真实性又如何呢?

通读这篇论文,笔者认为所考所论基本可信。就是说,《桃林罗氏族谱序》作为杨万里的集外佚文大致可以定谳。由于笔者对罗大经家族的资料相对熟悉,所以拟从谱主罗氏家族的视角对杨万里此篇佚文的真实性略作一些补充考证。

一、佚文移录

杨万里此篇佚文篇幅不长,为了披露资料和读者阅读方便,更为了清晰考察,现将全文移录如下。

> 吾郡多著姓,而印岗之罗,其一也。由印岗而之竹溪者,率称士族。竹溪有隐君子曰季温氏,余忘年友也,世有姻连之好,常相往复。见其族人心术皆良善,伦纪皆笃厚,习尚皆文雅,无流漓诡谲粗鄙之俗,其有以服季温之化德也。尝以谱牒之未修质言于余。谓以族之显晦不专系乎富贵贫贱,苟位极乎公卿,财雄乎乡邑,一时号称显族,数代之后而消歇,则昔之赫赫以显者,能保其不昧昧以晦耶? 晋之王谢、唐之崔卢是也。然何为使之常显而不晦? 曰:鲁叔孙穆子有云立德、立功、立言而已。夫言也者,表在天地间,久而不偾、不蹷也。世之谱其族者不知其几,而称欧谱、苏谱者,何与? 以永叔、明允之言立故也。季温曰:"谨受教。"

① 文载《鹤林玉露》附录1第350~361页。又载《学林漫录》五集,中华书局,1982年版。
② 文载《鹤林玉露》2005年版附录4第392~421页。又载《中国典籍与文化》,2012年第2期。

余不家食者十数年,季温益潜心于理学,著有《竹谷丛稿》若干卷,取正于余与丞相周公必大。观之所撰《畏说》,脣叹其有不可及处,此其言之立也。若夫德之立,足以尊族人,化乡里,贻后世,俾用于世功之立,不难矣。余谢事之暇,乃以所编之谱,嘱引其端。吁乎!先世之种德也深,后世之流芳也远。季温所造就有如是。是以赞其族之蕃衍昌大,常显而不晦矣,虽世守之可也,余复何言!《诗》曰:"子子孙孙,勿替引之。"为其后者,能如季温氏之树立,斯谱为不朽矣,斯谱为不朽矣。

嘉泰三年癸亥秋,宝谟阁直学士,通议大夫致仕、吉水开国伯、食邑七百户杨万里廷秀撰。

二、从制度与生平考证杨万里佚文之真实性

前面讲到,《罗塘许氏族谱序》一经披露,便有人撰文斥之为伪作。斥为伪作的主要证据之一,就是序文后面混乱的署名:"大宋乾道六年岁次庚寅秋月□□谷旦赐进士第宣德郎中大夫焕章阁待制宝谟阁学士太子少保吉水杨万里诚斋甫顿首拜撰。"的确,制度的设置与作者的履历,是考证一篇文章作者真伪的硬指标。从这个角度来审视,可以断定十之八九。以前,笔者就曾从制度设置与作者履历考证出文物专家所认定的范仲淹诗卷为伪作[8]。那么,这篇《桃林罗氏族谱序》的署名是否经得住检验呢?

《桃林罗氏族谱序》的署名为"嘉泰三年癸亥秋,宝谟阁直学士,通议大夫致仕、吉水开国伯、食邑七百户杨万里廷秀撰"。

首先,考察一下杨万里宝谟阁直学士这一贴职的授予。嘉泰三年癸亥为1203年,是年杨万里致仕居乡。检视《诚斋集》卷一百三十三附录所收历官告词,正有《宝谟阁直学士告词》。告词云:

> 敕:直谅之臣,国家所赖。进陪论议,其言常有益于朝廷;归老江湖,当代亦想闻其风采。宜嘉异数,以笃群公。通议大夫、充宝文阁待制致仕、吉水县开国伯、食邑七百户杨万里,学欲济时,心常忧国。封章剀切,有贾谊、陆贽之风;篇什流传,得白傅、杜甫之意。凛乎难进而易退,浩然独乐而无求。身历四朝,年将八袠。有名一世,如尔几人。束帛蒲轮,未讲优贤之礼;幅巾藜杖,有嘉知止之高。爰升高士之华,以示老臣之贵。虽已挂冠于神武,此固傥来;依然列阁于西清,所期增重。往祗成命,益介寿祺。可特授宝谟阁直学士致仕。

告词题下注云:"嘉泰三年八月十六日,中书舍人王容行。"是年杨万里七十七

岁,故告词云"年将八袠"。嘉泰三年八月,中秋时节,杨万里被特授贴职宝谟阁直学士,秋天便以此为署衔写下了这篇《桃林罗氏族谱序》,在时间上刚好吻合。不仅是《诚斋集》附录的这篇告词可证,杨万里本人的文字也可以证明。被特授贴职宝谟阁直学士之前,杨万里曾接到过事先通气的文件尚书省札子,对此,杨万里曾上奏请求辞免:"臣于七月二十五日,伏准尚书省札子,六月二十四日,三省同奉圣旨,杨万里历事四朝,年高德茂,除宝谟阁直学士者。臣闻命震惧,措躬颠危。……所有除宝谟阁直学士恩命,臣未敢祗受,欲望圣慈追寝成命,以安愚分。谨录奏闻,伏候敕旨。"[9]卷七〇《辞免除宝谟阁直学士奏状》在正式接受任命后,杨万里又按惯例写下《谢除宝谟直学士表》上呈。

据前引告词,杨万里原为宝文阁待制,《宋史·职官志》[10]卷一六八《职官志》八记为从四品,在此后嘉熙二年(1238)成书的不详撰人《重编详备碎金》[11]卷上记为从三品。宝谟阁直学士,《宋史·职官志》和《重编详备碎金》均无记载,然各种直学士,《宋史·职官志》记为从三品,《重编详备碎金》记为正三品。从时代接近的制度考量,宝谟阁直学士的官品当为正三品。《宋史·职官志》和《重编详备碎金》均无记载的原因应当是,宝谟阁作为放置宋光宗御制之阁,在嘉泰二年(1202)方设置,宝谟阁学士、直学士和待制之设也在同时。这也间接证明,《宋史·职官志》和《重编详备碎金》对南宋中期以后制度记载的疏略。

杨万里被特授宝谟阁直学士的时间,与这一贴职的出现相距不久,或许历事四朝的杨万里还是第一个荣获此职的官僚。其上奏辞免,一则是谦让,二则是当时之惯例。无论如何,嘉泰三年秋季之前,杨万里被特授贴职宝谟阁直学士之事实得以认证。

接下来,对于《桃林罗氏族谱序》所署爵位"吉水开国伯",我们也需要考察一下杨万里持有这一爵位的时间迄止断限。考察杨万里的生平,在嘉泰四年(1204)晋爵庐陵郡侯。《诚斋集》卷一百三十三附录所收历官告词,有《庐陵郡侯告词》。告词云:

> 敕:朕荐豹太室,奉瑄崇丘。怀翼之心,克备灵承之典;降穰之福,靡闻专乡之私。肆畴紫橐之臣,均畀蓼萧之泽。宝谟阁直学士、通议大夫致仕、吉水县开国伯、食邑七百户杨万里,地负海涵之学,日光玉洁之文。皋陶陈谟,底三朝之伟绩;祁奚告老,垂百世之清规。升遽宇之穹班,遂平泉之雅志。属我禋祠之举,迄兹熙事之成。尔惟既膺解组之荣,是以莫陪奉璋之列。缅怀旧德,用涣新恩。进之列爵之崇,锡以爰田之入。既明且哲,已追山甫之风;俾寿而

臧,更享鲁侯之爵。可进封庐陵郡开国侯,加食邑三百户。

据告词题下所识"嘉泰四年正月二十六日,中书舍人李大异行"可知,杨万里因嘉泰三年(1203)年末朝廷行郊祀大礼而晋侯爵加食邑之事实,出现于刚刚跨年的嘉泰四年(1204)正月。而告词中所记杨万里此前的职衔"宝谟阁直学士、通议大夫致仕、吉水县开国伯、食邑七百户",正与嘉泰三年时点的《宝谟阁直学士告词》和《桃林罗氏族谱序》所署完全相同。并且,在《诚斋集》卷四七,尚收录有杨万里亲撰《谢郊祀大礼进封庐陵郡侯加食邑表》。由此可知,杨万里"宝谟阁直学士、通议大夫致仕、吉水县开国伯、食邑七百户"之职衔,仅存留至嘉泰三年,翌年便已晋爵为庐陵郡开国侯,并加食邑三百户。这一事实,也足证《桃林罗氏族谱序》所记署衔时间之无误。

综上考证可知,结合杨万里的生平官历,《桃林罗氏族谱序》所署官称和时间完全准确无误。这一考证便成为我们确认《桃林罗氏族谱序》并非伪托的前提。

三、从序文内容考证杨万里佚文之真实性

《桃林罗氏族谱序》所述及的主人公,是杨万里称之为"忘年友"的罗季温。杨万里便是应罗季温"以所编之谱,嘱引其端"的请求,撰写了这篇《桃林罗氏族谱序》。

杨万里在序文开头首句便云:"吾郡多著姓,而印岗之罗,其一也。由印岗而之竹溪者,率称士族。"同为罗氏一族的明代理学家罗钦顺(1465—1547)也写过一篇《桃林罗氏重修族谱序》,对罗氏一族的迁徙、分支以及族谱之修有过比较详细的叙述。其中有云:

> 吾罗氏之在吾吉聚族而居者,良不为少。其世或远或近,而著闻于天下者往往有之。若吉水桃林之族,其一也。……其先盖出唐吉州刺史崱。崱卒于官,子孙遂留,家庐陵。后数传,有三十三承事者,始分居吉水。是为今樟树、下白、竹溪、桃林之共祖。又后七世曰忠文,始分居桃林。……在宋嘉定间,有竹谷老人茂良者,实始作谱。[12]

此外,比罗钦顺的生活时代还早的明初著名文人和政治家杨士奇(1365—1444)写过一篇《翠筠楼记》,也讲述了罗氏一族的源流。其云:

> 吉水之东,桐江之上,其地多竹,其里名竹溪。里之望为罗氏。罗氏之秀,有曰同伦,于竹尤笃好。……罗氏,邑故家。始自印冈徙桃林,又自桃林徙竹溪。吾闻宋有号竹谷老人者,高尚绝俗之士也。子大经及其弟应雷,皆理宗朝进士。大经著书有《鹤林玉露》,传于世,文献代有足征。要之罗氏之尚乎竹

者远矣。同伦，竹谷之九世孙，于鹤林为八世。[13]

两篇明人的文字，在所述事实上，可与《桃林罗氏族谱序》相互印证之处颇多。《桃林罗氏族谱序》所记"由印岗而之竹溪"，由杨士奇之文"自印冈徙桃林，又自桃林徙竹溪"得到印证。且杨士奇之文还多有从印冈到竹溪之间桃林这一中间迁徙环节，这也正是《桃林罗氏族谱序》之"桃林"印记。

两篇明人的文字提及的"竹谷老人"正是《鹤林玉露》著者罗大经之父。罗大经本人在《鹤林玉露》中，虽未直呼父名，但也屡屡提及"家君竹谷老人"或"先君竹谷老人"。而这位名叫罗茂良的"竹谷老人"，就是在《桃林罗氏族谱序》中杨万里称之为"忘年友"的罗季温。并且《桃林罗氏族谱序》中记载，罗季温著有《竹谷丛稿》，曾将所著此书拿去向杨万里和周必大请教。《竹谷丛稿》书名中的"竹谷"，也与罗茂良的自号"竹谷老人"联系了起来。此亦足证《桃林罗氏族谱序》一文的真实性。作为旁证，宋人胡知柔所编《象台首末》卷三收录一首同样也见于《鹤林玉露》的七绝，署名即作"竹谷罗茂良"。

证明《桃林罗氏族谱序》真实性，序文本身还有一处极为重要的证据。这就是序文所提到的罗茂良所撰《畏说》一文。对于《畏说》一文，罗大经在《鹤林玉露》中专立"畏说"作了近乎全文的长篇幅援引。其云：

> 先君竹谷老人，早登庆元诸老之门，晚年以其所自得者，著《畏说》一篇。其词曰："大凡人心不可不知所畏，畏心之存亡，善恶之所由分，君子小人之所由判也。是以古之君子，内则畏父母，畏尊长，《诗》云'岂敢爱之，畏我父母'，又曰'岂敢爱之，畏我诸兄'是也。外则畏师友，古语云'凛乎若严师之在侧'，逸诗曰'岂不欲往，畏我友朋'是也。仰则畏天，俯则畏人，《诗》曰'胡不相畏，不畏于天'，又曰'岂敢爱之，畏人之多言'是也。夫惟心有所畏，故非礼不敢为，非义不敢动。一念有愧，则心为之震悼；一事有差，则颜为之忸怩。战兢自持，日寡其过，而不自知其入于君子之域矣。苟惟内不畏父母尊长之严，外不畏朋侪师友之议，仰不畏天，俯不畏人，猖狂妄行，恣其所欲，吾惧其不日而为小人之归也。由是而之，习以成性，居官则不畏三尺，任职则不畏简书，攫金则不畏市人。吁！士而至此，不可以为士矣，仲尼所谓小人之无忌惮者矣。夫人之所以必畏乎彼者，非为彼计也，盖将以防吾心之纵，而自律乎吾身也。是故以天子之尊，且有所畏，《诗》曰'我其夙夜，畏天之威'，《书》曰'成王畏相'，孰谓士大夫而可不知所畏乎！以圣贤之聪明，且有所畏，《鲁论》曰：'君子有三畏：畏天命，畏大人，畏圣人之言。'孰谓学者而可不知所畏乎！然则畏之时

义大矣哉！余每以此自警,且以效切磋于朋友云。"[2]甲编卷三

《鹤林玉露》的援引,证明了《桃林罗氏族谱序》所云"观之所撰《畏说》"并非子虚乌有。这一事实则又反证了《桃林罗氏族谱序》的真实性。《鹤林玉露》在援引了《畏说》之后,还大段援引了罗大经同年进士欧阳景颜所撰的跋语。其云:

> 余同年欧阳景颜跋云:"造道必有门,伊洛先觉,以持敬为造道之门,至矣,尽矣。盖敬,德之聚也。此心才敬,万理森列。此身才敬,四体端固。黾勉强至成熟,此心此身,敛然法度中,可以为人矣。然世之作伪假真者,往往窃持敬之名,盖不肖之实,内虽荏,而色若厉焉,行无防检,而步趋若安徐焉。识者病之,至有效前辈打破敬字以为讪侮者,又有以高视阔步,幅巾大袖,而乞加惩绝者。一世杰立之士,欲哀救之而志不能遂。近世叶水心作《敬亭后记》,至不以张思叔之言为然,谓敬为学者之终事。仆深疑焉。近因校文至澧阳,谒竹谷罗先生,以所著《畏说》见教,仆醒然若有所悟。呜呼！畏即敬也,使人知畏父母,畏尊长,畏天命,畏师友,畏公论,一如先生所言,欲不敬,得乎? 每事有所持循而畏,则其敬也,莫非体察在己实事,见面盎背,临渊履冰。以伪自盖者,能之乎? 高视阔步,幅巾大袖,假声音笑貌以为敬,求之于父母兄长师友之间,多可憾焉,人其以敬许之乎! 盖先生以实而求敬,故其敬不可伪。世人以虚而求敬,故其敬或可假。是说也,羽翼吾道,其功岂浅浅哉! 至此,则敬不可伪为,而攻持敬者,当自息矣。"

这段跋语不仅高度评价了《畏说》一文,还讲述了欧阳景颜亲谒"竹谷罗先生",以及罗茂良"以所著《畏说》见教"的事实。这又可以与《桃林罗氏族谱序》所云《竹谷丛稿》书名中的"竹谷"以及提到的《畏说》篇名互相印证。并且欧阳景颜跋语对《畏说》的高度评价,不仅是对罗大经所述其父"先君此说出,一时流辈潜心理学者,咸以为不可易"这一事实的印证,更是印证了《桃林罗氏族谱序》所云"观之所撰《畏说》,胥叹其有不可及处"。

从序文署衔、写作时期以及所述内容,《桃林罗氏族谱序》确为杨万里所作之事实当不容置疑,今后可以放心地收录于杨万里的文集补编之内。

四、序文内容发覆

杨万里的这篇《桃林罗氏族谱序》,其实是借作序之由,发自己的议论,浇自己胸中之块垒。对于自称门人的罗茂良,作为长辈的杨万里以教诲的口吻讲道:"族之显晦不专系乎富贵贫贱,苟位极乎公卿,财雄乎乡邑,一时号称显族,数代之后而

消歇,则昔之赫赫以显者,能保其不昧昧以晦耶?晋之王谢、唐之崔卢是也。"就是说,在杨万里看来,一个家族的兴衰跟富贵贫贱关系不大。对此,杨万里举出了具体事例,说位极公卿、财雄乡邑而号称显族的晋唐时代的王、谢、崔、卢,没过几代便"昧昧以晦"了。

"何为使之常显而不晦"?就是说,如何能使一个家族昌盛不衰呢?接下来,杨万里自问自答说:"鲁叔孙穆子有云立德、立功、立言而已。"对于古人所说的"三不朽",杨万里首先强调的是"立言"。这也反映了作为南宋文坛四大家之一的杨万里对文字的重视。他认为:"夫言也者,表在天地间,久而不偾、不蹷也。"对此,杨万里也针对族谱之作举出了具体的事例:"世之谱其族者不知其几,而称欧谱、苏谱者,何与?以永叔、明允之言立故也。"宋代科举规模扩大,造成了士大夫政治。在这样的时代背景之下,一代科举出身的"新士族"崛起。赓续家声,光大门楣,族谱之修亦随之大盛。不过,在杨万里看来,当时编修族谱的很多,但为人所称道的则不多,说来说去,只有欧阳修和苏洵所纂的族谱。原因就在于,欧阳修和苏洵文以载道的文字要胜于芸芸凡常族谱。

杨万里很会写文章,为人作序,会充分考量对方的心理感受。说欧阳修和苏洵的文字可以传诸久远,这样的目标过于邈远,不世出的唐宋八大家只有这么几个人。设定这样的目标,追求起来,可望而不可即,是会令人沮丧的。于是,杨万里笔锋一转,又回到了罗茂良身上。他说:"观之所撰《畏说》,胥叹其有不可及处,此其言之立也。若夫德之立,足以尊族人,化乡里,贻后世,俾用于世功之立,不难矣。余谢事之暇,乃以所编之谱,嘱引其端。吁乎!先世之种德也深,后世之流芳也远。季温所造就有如是。是以赞其族之蕃衍昌大,常显而不晦矣,虽世守之可也,余复何言。"这段话说得极为巧妙得体。杨万里说,罗茂良能写出人所难及的《畏说》这样的文章,便是立言之证。而"尊族人,化乡里,贻后世"就是立德。由此发扬光大,则不难立功。把"三不朽"全用在了罗茂良的身上。先世种德,后世流芳,有了三不朽,罗氏一族便会"蕃衍昌大""常显不晦",世代延续下去。行文至此,文章本该收笔了,杨万里又奇峰凸现,扶摇直上,说道:"为其后者,能如季温氏之树立,斯谱为不朽矣,斯谱为不朽矣。"这样的表述,既是对罗茂良的高度赞扬,又是对罗氏后人的期待。文思高妙,受者皆大欢喜。

对于序文内容的发覆,还应当包括杨万里这篇序文所折射的南宋社会。杨万里称罗茂良为"隐君子",亦即未曾出仕为官之人,但又称罗氏一族为"士族",可见包括杨万里在内的宋人对"士族"的界定,是不以出仕与否和势力大小为标准的。这是一个值得注意的认识。

此外,罗茂良作为未曾出仕为官的"隐君子",既潜心理学,又著书立说,由此也可见除了显赫于世的士大夫官僚阶层以外,民间的江湖士人也是一个值得关注的群体。加上罗茂良的儿子罗大经虽入仕而不显,一生滞留于选人层级的低级官僚,也可以概见下层士人社会之一斑①。南宋官场员多阙少,多数通过科举等方式入仕的士人难脱汪洋的"选海"②,难以实现飞黄腾达的向上流动,无法追求治国平天下的宏大政治理想。这种状况导致士人流向多元化,并与原本不曾入仕的士人层合流,构成庞大的地方士人群体,在地方上具有相当的能量。杨万里十分郑重而褒扬地写作,其实也能折射出罗氏家族在当地所拥有的势力。

无法追求治国平天下的宏大政治理想,退而求其次,便是在格物致知、正心诚意、修身齐家上下功夫。杨万里观察到,罗氏"其族人心术皆良善,伦纪皆笃厚,习尚皆文雅,无流漓诡谲粗鄙之俗"。杨万里把这种状况的形成归结为"其有以服季温之化德也"。就是说,这是罗茂良齐家教化的结果。从敦族齐家出发的宗族建设也是地方建设的一环。按杨万里在序文中所言,"尊族人"必然会"化乡里"。

自南宋发轫的宋元社会转型,活跃于地方的士人起到相当大的推动作用。从杨万里、周必大到罗茂良、罗大经,无论在地方的势力大小,都构成了地方基层社会的主导力量。明清时代的乡绅社会皆可从南宋社会寻觅到遥远的投影。

余论

由于整理《鹤林玉露》的关系,笔者一直留意罗大经家族的资料。十多年前,藉《鹤林玉露》重新印行之机,根据陆续收集的资料,写下了《罗大经生平事迹补考》一文,附录于书后。在那篇文章中,笔者终于考证清楚了三十多年前在《罗大经生平事迹考》一文中一直未能弄清的罗大经之父叫罗茂良的问题。而这篇杨万里佚文《桃林罗氏族谱序》的发现,则具体可知罗大经之父名茂良,字季温。温与良的名与字意正相应。此外,从季温还可以推测的是,伯仲叔季,罗大经之父茂良兄弟排行当为第四。

最后还有一个问题是,在《鹤林玉露》中,罗大经记述了大量其父与杨万里、杨

① 参见王瑞来:《小官僚,大关注:罗大经仕履考析》。此文尚有一副标题为:"宋元变革论实证研究举隅之三"。
② "选海"一词,见于宋人赵升《朝野类要》卷二《选调》:"承直郎以下,迪功郎以上文资也。又谓之选海,以其难出常调也。"王瑞来点校《唐宋史料笔记丛刊》本,中华书局,2007年版。

长孺父子交往的事实,甚至还披露有"余年十许岁时,侍家君竹谷老人谒诚斋"的经过[2],但令人疑惑的是,为何在《鹤林玉露》中对杨万里为其族谱作序之事连只言片语的记录都没有呢?思忖之下,大约结论只有一个,罗大经对此事一无所知。从罗大经宝庆二年(1226)年登进士第推测,二十二年前杨万里为罗氏族谱作序之时,恐怕罗大经才刚刚出生没几年,甚至是还未出生。连罗大经都不知道之事,以上钩玄索隐,发覆认定,亦足以自豪,且对杨万里、罗氏家族以及其庐陵地方社会研究不为无益。

参考文献

[1] 杨瑞. 杨万里佚文考[J]. 文教资料,2010(21):8-10.

[2] 罗大经. 鹤林玉露[M]//唐宋史料笔记丛刊. 王瑞来,点校. 北京:中华书局,1983.

[3] 王瑞来. 小官僚,大关注:罗大经仕履考析[J]. 文史哲,2014(1):104-111.

[4] 周远成.《周氏五修族谱》泥田旧序:宋杨万里佚文一篇[J]. 衡阳师范学院学报,2016(2):163-166.

[5] 萧东海. 新发现杨万里佚文《五一堂记》述考[J]. 文献,1990(3):3-7.

[6] 胡建升. 杨万里佚文考[J]. 文献,2006(2):101-104.

[7] 纪永贵. 杨万里佚文《罗塘许氏族谱序》辨伪[J]. 文献,2007(1):75-81.

[8] 王瑞来. 范仲淹《题叶氏卷》诗当属伪作[N]. 中国文物报,2011-03-09.

[9] 杨万里. 诚斋集[M]. 辛更儒,笺校. 北京:中华书局,2007.

[10] 脱脱. 宋史[M]. 北京:中华书局,1985.

[11] 佚名. 重编详备碎金[M].《汉籍之部》第六卷影印本. 日本天理大学图书馆善本丛书, 1981.

[12] 罗钦顺. 整庵存稿·卷九[M]. 文渊阁四库全书本. 台北:台湾商务印书馆,1986.

[13] 杨士奇. 东里集[M]. 文渊阁四库全书本. 台北:台湾商务印书馆,1986.

赵弘殷显德三年行迹考辨

顾宏义

（华东师范大学 古籍研究所,上海 200241）

[摘 要]　通过对相关史料进行辨析,考证赵弘殷（宋太祖父）在后周显德三年中的行迹,以及其死亡时间、地点与原因,订正相关史籍如《宋史·太祖纪》《东都事略·太祖本纪》等的记事讹误,并对造成如此记事疏漏、失误的宋初政治背景予以辨析。

[关键词]　赵弘殷;显德三年;行迹

　　赵弘殷为宋太祖赵匡胤、太宗赵光义之父,后周时与赵匡胤同朝为官,任侍卫司将领,卒于后周显德三年（956）,宋初谥曰宣祖昭武皇帝。虽然赵弘殷病死于宋朝建立前数年,但宋代史籍中却甚少有其生平事迹的记载,如《宋史》《东都事略》之《太祖纪》等皆附录有赵弘殷的事迹,然颇为简略,且时有错乱之处。本文拟据相关史料,对史籍记载颇见错乱的赵弘殷显德三年之行迹予以订补考辨,并对造成如此记事疏误的宋初政治背景稍加论析之。

一

　　《宋史·太祖纪一》载：

　　　　周广顺末,（赵弘殷）改铁骑第一军都指挥使,转右厢都指挥,领岳州防御

[作者简介]　顾宏义（1959—　　）,男,上海人,华东师范大学古籍研究所研究员、博士生导师,主要研究方向:宋史及古典文献学。

使。从征淮南,前军却,吴人来乘,宣祖邀击,败之。显德三年,督军平扬州,与世宗会寿春。寿春卖饼家饼薄小,世宗怒,执十余辈将诛之,宣祖固谏得释。累官检校司徒、天水县男,与太祖分典禁兵,一时荣之。卒,赠武清军节度使、太尉。……(赵匡胤下滁州后),宣祖率兵夜半至城下,传呼开门,太祖曰:"父子固亲,启闭,王事也。"诘旦,乃得入。韩令坤平扬州,南唐来援,令坤议退,世宗命太祖率兵二千趋六合。太祖下令曰:"扬州兵敢有过六合者,断其足。"令坤始固守。太祖寻败齐王景达于六合东,斩首万余级。还,拜殿前都指挥使。[1]卷一《太祖纪一》,第1-3页

《宋史·太宗纪一》亦载:

（赵光义）性嗜学,宣祖总兵淮南,破州县,财物悉不取,第求古书遗帝,恒饬厉之,帝由是工文业,多艺能。[1]卷四《太宗纪一》,第53页

《东都事略》卷一《太祖本纪》载:

世宗征淮东,宣祖为前军副都指挥使,领兵先入维扬,禁止侵暴,民情大悦,世宗嘉之。未几,以疾归,与太祖会于寿春。归及中途而崩,赠武清军节度使。……(赵匡胤)遂下滁州。后数日,宣祖率兵夜半至城下,传呼开门,太祖曰:"父子虽至亲,城门王事也,须明乃敢奉命。"至明乃入。又破江南兵于六合,斩首五千级。时韩令坤为招讨使平扬州,唐主遣陆孟俊据蜀冈以逼其城,令坤潜议退师,太祖下令曰:"扬州兵敢有过六合者,吾当折其足。"令坤惧,始有固守之志。太祖率兵击之,孟俊遁,为追兵所杀。又破其齐王景达兵于六合,斩首万级是役也。……宣祖崩,起复,拜定国军节度使、殿前都指挥使。[2]卷一《太祖本纪》

《东都事略》卷三《太宗本纪》又载:

（赵光义）幼颖悟,好读书。宣祖为将征淮上,克州县,诸将皆争子女玉帛,宣祖为访其书籍,归以遗太宗,谓之曰:"文武立身之本,汝其勉之。"[2]卷三《太宗本纪》

至南宋后期类书《古今合璧事类备要》续集卷七《皇朝源流》,所载赵弘殷事迹,较《宋史》《东都事略》为详,其有关显德三年行迹者,云:

世宗征淮甸,以宣祖为前军副都指挥使,领所部兵先入淮阳,安民禁暴,吴人悦之。时诸将皆争子女玉帛,而宣祖但使人购书籍,得三千余卷。先是,我太宗年甫志学,耽玩经史。宣祖尝谓曰:"惟文与武,立身之本也。尔其勉之!"尽以所获书付焉。时宣祖扬州驻军数月,厉兵捍寇,声振敌境,世宗嘉之。

未几,以疾归,欲与太宗(今案:当作"太祖")会于寿春。后至京师,薨,赠太尉焉。太祖皇帝,乃宣祖第二子也。[3]续集卷七《类姓门·皇朝源流》

史载赵弘殷于后周广顺三年(953)升任铁骑第一军都指挥使,显德元年(954)三月擢任龙捷右厢都指挥使、遥授团练使,后转龙捷左厢都指挥使、领岳州防御使①。二年(955)十一月初,周世宗命宰相李谷为淮南道前军行营都部署,"督侍卫马军都指挥使韩令坤等十二将以伐唐"[4]卷二九二,第9532页。赵弘殷为十二将之一,《东都事略·太祖本纪》《古今合璧事类备要·皇朝源流》皆称其时为前军副都指挥使,《资治通鉴》称其任马军副都指挥使[4]卷二九二,第9538页,当是淮南道前军行营马军副都指挥使,故所谓前军副都指挥使、马军副都指挥使,应皆属省称。

《宋史·太祖纪》云赵弘殷"从征淮南,前军却,吴人来乘,宣祖邀击,败之"。据史载,显德二年十二月,后周军于正阳(今安徽寿县西北正阳关镇)渡过淮河,进围南唐淮南重镇寿州(今安徽寿县)城,遭到后唐守将清淮军节度使刘仁赡的顽强抵抗,攻击月余不克。三年正月六日,周世宗下诏亲征淮南,并命侍卫司都指挥使李重进率兵先赴正阳增援,河阳节度使白重赞领兵三千进屯颍上(今属安徽)。殿前都虞候赵匡胤扈从出征。南唐主闻知后周军渡淮来攻,急命神武统军刘彦贞为北面行营都部署,率兵二万增援寿州,并命奉化节度使皇甫晖、常州团练使姚凤率兵三万进屯定远(今安徽定远东南)以为策应。后周帅李谷见南唐刘彦贞率援军逼近,"以战舰数百艘趋正阳,为攻浮梁之势。李谷畏之",特"焚刍粮,退保正阳"。南唐军急进追击,为李重进率部击败[4]卷二九二,第9533-9536页。据《宋史·李重进传》记载,当时"周师未朝食,吴师奄至,周师望其阵皆笑之。宣祖领前军,与重进、韩令坤合势击之,一鼓而败"[1]卷四八四《周三臣传》,第13976页。而《韩令坤传》所载略同:"(李)谷退保正阳,为吴人所乘,令坤与宣祖、李重进合兵击之,大败吴人。"[1]卷二五一《韩令坤传》,第8832页据《资治通鉴》所载,此次战事发生在显德三年(956)正月十三日,时后周世宗至陈州(今河南淮阳),获知李谷已自寿州城下引兵退保正阳,急令李重进赶赴淮上增援,遂大破南唐兵。《宋史·太祖纪》置于显德二年末,不确;又称"前军却,吴人来乘,宣祖邀击,败之",也属夸饰之词。

此后,赵弘殷的行军作战事迹,与其子赵匡胤多有交集,但诸史籍之记载却颇见混乱。

显德三年正月二十日,周世宗至正阳,以李重进替代李谷为淮南道行营都招讨

---

① 按:(宋)李攸《宋朝事实》卷一《祖宗世次》(中华书局,1955年版,第3页)称赵弘殷"仕晋为龙捷左厢都指挥使、岳州防御使",乃是将其在后周时的官衔误植至后晋时。

使,主持淮南战事。二十二日,周世宗进抵寿州城下。二十六日,周世宗"耀兵于城下"[5]卷一一六《周书七·世宗纪三》,第1541页,亲督诸将攻城。赵匡胤作为天子禁卫将,也亲乘战船杀入寿州城外护城河:"及攻寿春,太祖乘皮船入城濠,城上车弩遽发,矢大如椽",帐下牙将张琼"亟以身蔽太祖,矢中琼股,死而复苏"①。但南唐寿州守军坚守不退,周世宗见寿州城池高深,易守难攻,遂在留重兵长围久困寿州城的同时,遣将分路出击攻取南唐长江以北诸州,以孤立寿州城。

二月戊辰(五日),殿前都虞候赵匡胤奉命"倍道袭清流关"[4]卷二九二,第9538页。壬申(九日),赵匡胤上奏大破南唐军"万五千人于清流关,乘胜攻下滁州"[5]卷一一六《周世宗纪三》,第1541页。己卯(十六日),周世宗侦知扬州(今属江苏)唐军无备,遂命韩令坤等"将兵袭之",赵弘殷同行督军。乙酉(二十二日),韩令坤军至扬州城下,攻克之②。辛卯(二十八日),赵匡胤奏南唐天长军制置使耿谦"以本军降,获粮草二十余万"[4]卷二九三后周显德三年二月,第9541页。

四月初,南唐军反攻扬州,后周军将韩令坤等弃城走,周世宗调兵马援之,并命赵匡胤率本部二千人进趋六合(今属江苏)以为声援。赵匡胤"令曰:'扬州兵有过六合者,折其足!'令坤始有固守之志"。是月,赵匡胤破南唐军于六合,"杀获近五千人"[4]卷二九三,第9552-9553页。

五月,周世宗见天气渐炎热,不利于攻坚作战,遂于戊戌"留侍卫亲军都指挥使李重进等围寿州",自己率周军主力北回京师,"乙卯至大梁"[4]卷二九三,第9555页。

六月中,寿州南唐守军乘围城的周军"无备,出兵击之,杀士卒数百人,焚其攻具"[4]卷二九三,第9555页。当时"城坚未下,师老于外,加之暑毒,粮运不继。李继勋丧失之后,军无固志,诸将议欲退军",正逢赵匡胤"自六合领兵归阙,过其城下,因为驻留旬日,王师复振"[5]卷一一六《周世宗纪三》,第1548页。

七月初,南唐乘周军主力北归,连续攻取江淮诸州,迫使后周"淮南节度使向训奏请以广陵之兵并力攻寿春,俟克城,更图进取,诏许之"[5]卷一一六《世宗纪三》,第1549页。于是滁州守将"亦弃城去,皆引兵趣寿春"[4]卷二九三,第9558页。

其间,赵弘殷行迹,据《宋史·太祖纪一》,称赵弘殷"督军平扬州,与世宗会寿春。寿春卖饼家饼薄小,世宗怒,执十余辈将诛之,宣祖固谏得释。累官检校司徒、

---

① 《宋史》卷二五九《张琼传》,第9009页。按:《资治通鉴》卷二九三将赵匡胤"乘皮船入城濠"事置于三月甲午朔周世宗"行视水寨至淝桥"时,似不确,此时赵匡胤当已在滁州。

② 《资治通鉴》卷二九三,第9539、9541页。按:《宋史》卷二五一《韩令坤传》(第8832页)载:"世宗亲征,闻扬州无备,遣令坤及宣祖、白延遇、赵晁等袭之。令坤先令延遇以精骑数百迟明驰入,城中不之觉。令坤继至抚之,民皆按堵。"

天水县男,与太祖分典禁兵,一时荣之"。又于赵匡胤攻占滁州之后记载云,赵弘殷
"率兵夜半至城下,传呼开门,太祖曰:'父子固亲,启闭,王事也。'诘旦,乃得入"。
《资治通鉴》卷二九二明确记载赵匡胤"克滁州"之"后数日",赵弘殷"引兵夜半至
滁州城下"。据《东都事略·太祖本纪》,赵弘殷随军进入扬州,"禁止侵暴,民情大
悦,世宗嘉之。未几,以疾归,与太祖会于寿春,归及中途而崩"。因赵匡胤于二月
上旬攻占滁州,韩令坤等统兵于是月二十二日攻克扬州;此后赵匡胤于四月初率军
进屯六合,六月间赵匡胤"自六合领兵归阙"途中留寿春城下"旬日"。因此,赵弘
殷至滁州的时间大抵在三月中。赵弘殷离扬州而抵达滁州的原因,史书无载。《东
都事略·赵普传》云:"时宣祖将兵抵滁上,得疾,普躬视药饵,朝夕无倦。"《宋史·
赵普传》亦称"宣祖卧疾滁州"。因赵弘殷作为前线重要将领,不能无故离扬州而
去,故可推知其当因患重疾,而自扬州至滁州,欲就其子以养病耳①。因赵匡胤攻
占滁州后,周世宗即"遣翰林学士窦仪籍滁州孥藏";诏左金吾卫将军马崇祚知滁
州;宰相范质荐赵普为滁州军事判官,赵匡胤"与语,悦之"②。因赵弘殷"卧疾滁
州"时,赵匡胤恰受命率军去六合,故视为"同宗"的赵普遂"躬视药饵"。此后大概
因"滁州守将亦弃城去,皆引兵趣寿春",赵弘殷也随之北归,而与自六合北归的赵
匡胤相见于寿州城下,时在七月中。由此,可证《宋史·太祖纪》赵弘殷"督军平扬
州,与世宗会寿春"云云不实,即赵弘殷再至寿州城下时,周世宗早已北还京师,故
赵弘殷"固谏"周世宗释寿春卖饼家之罪,当在年初周世宗初抵寿州、赵弘殷往扬
州之前。

赵弘殷死于显德三年(956)七月二十六日③,享年不详。赵弘殷死于何处,《东
都事略·太祖本纪》称其"以疾归,与太祖会于寿春,归及中途而崩",而《古今合璧
事类备要》称其"后至京师,薨",此外诸书皆未记载。综合相关史料分析,赵弘殷
当因病情恶化,死于自寿州北还途中。周世宗追赠赵弘殷为武清军节度使、太尉。
赵匡胤随即"起复"[2]卷一《太祖本纪》视事。

二

元末修撰《宋史》,其所据史料来源主要为宋修《国史》,而宋《国史》又主要依

---

① 按:《古今合璧事类备要》称"时宣祖扬州驻军数月"之"数月",当为"数日"之讹。又《东都事略·赵
普传》称赵弘殷"抵滁上,得疾",所云当有颠倒。
② 《资治通鉴》卷二九二,第9539页;《旧五代史》卷一一六《周世宗纪三》,第1541页。
③ 徐松等:《宋会要辑稿·帝系》一之二,上海古籍出版社,2014年版,第1页。《宋朝事实》卷一《祖宗
世次》(第3页)记载同。

据"实录"修撰。记载宋初史事的史籍主要有太宗初年编撰的《太祖实录》、真宗初编撰的《太祖新录》与太祖、太宗《两朝国史》等。按理说,赵弘殷之死下距赵匡胤开国仅有数年,下距宋太宗初年修纂《太祖实录》的时间也并不很久远①,但有关赵弘殷事迹的记载却是如此简略、零乱,且时见错讹、矛盾,其原因当与宋初并不寻常的帝位授受如陈桥兵变、斧声烛影等事大有关系。继太祖登基的太宗,因其继位不正,在贬责赵廷美事件以后,为尽量消弭因兄终弟继带来的如德昭自刭、廷美贬死等一系列负面影响,一方面要通过所谓上膺天命、下符人心之说来为宋太祖篡夺后周帝位作辩护,以证明赵宋立国的合法性,另一方面又要极力拔高赵弘殷的政治地位,着意强调赵弘殷在赵宋王朝创立中的关键作用,以证明自己虽是兄终弟继,但其实也是子承父业,即赵宋王朝是由赵弘殷所奠基的,由此,在宋代相关文献中留下了不少自相矛盾的记载。

如前述赵匡胤拒绝赵弘殷夜入滁州城一事,虽然称誉"史言太祖勇于战,谨于守"[4]卷二九二,第9538页,但忠于王事的赵匡胤,却坚拒病父及时入城,显于孝道有亏。这或许亦是宋人彭百川《太平治迹统类·圣宋仙源积庆符瑞》未采录此事的原因。可能出于同样原因,虽然赵弘殷病死一事,对赵匡胤兄弟来说甚为重要,但宋代文献记载却甚为简略,仅《宋会要辑稿·帝系》《宋朝事实》卷一云是"显德三年七月二十六日崩",其他诸书皆未记载,甚至《宋史·太祖纪一》仅记一"卒"字而已。这或许是因为赵弘殷死时,赵匡胤兄弟均不在其身边奉侍"药饵",从而使高调倡导孝道的太祖、太宗二人颇见难堪的缘故。当也因为此,《东都事略·太祖本纪》虽已称赵弘殷"以疾……归及中途而崩",而《古今合璧事类备要·皇朝源流》却要改为"后至京师,薨"了。

同时,虽然有关赵弘殷的记载甚为简略,但其中夸饰文字却有不少。如《古今合璧事类备要》所载赵弘殷"少骁勇,善骑射,为乡里所推,而雅好儒素"之"雅好儒素"一语,显然是与此后所记赵弘殷从周世宗征战淮南,"领所部兵先入淮阳,安民禁暴,吴人悦之。时诸将皆争子女玉帛,而宣祖但使人购书籍,得三千余卷。先是,我太宗年甫志学,耽玩经史。宣祖尝谓曰:'惟文与武,立身之本也,尔其勉之!'尽以所获书付焉"之事相照应。而史载赵弘殷从征淮南仅此一次,且卒于北归途中,而当时赵光义并未随军,故可知赵弘殷将自己于淮南所搜集之书付与赵光义,并督促其读书之事乃出自虚构,而非事实[6]327-328。据《续资治通鉴长编》卷七记载,南征

---

① 晁公武撰,孙猛校证《郡斋读书志校证》卷六《太祖实录五十卷》(上海古籍出版社1990年版,第226页):"太平兴国三年(978),诏李昉、扈蒙、李穆、郭贽、宋白、董淳、赵邻几同修,(沈)伦总其事。更历二载,书成。"

淮南时搜罗大批书籍运回东京的不是赵弘殷,而是赵匡胤:"上性严重寡言。独喜观书,虽在军中,手不释卷。闻人间有奇书,不吝千金购之。显德中,从世宗平淮甸,或谮上于世宗曰:'赵某下寿州,私所载凡数车,皆重货也。'世宗遣使验之,尽发笼箧,唯书数千卷,无他物。"[7]卷七乾德四年五月乙亥条,第171页两相对照,可见赵弘殷于出征淮南时搜集图书以"归遗"赵光义的记载,当是抄袭赵匡胤之事而已,以强调赵光义能"工文业,多艺能",乃是赵弘殷"恒饬厉之"的结果。

为强调赵弘殷在赵宋王朝创立过程中的关键作用,即所谓"宋之兴,虽由先世积累,然至宣祖功业始大"[1]卷二四二《后妃传上》,第8606页,宋人竭力宣称赵弘殷在后周显德年间"与太祖分典禁军,一时荣之"。因赵弘殷至后周时才升任龙捷左厢都指挥使、岳州防御使,此时赵匡胤官拜殿前都虞候,父子两人虽分居侍卫、殿前两司,但似不能担起"分典禁兵"之名。按,"典"有主持、掌管之意。《广雅·释诂三》曰:"典,主也。"唐孔颖达疏《书·舜典》"有能典朕三礼"曰:"掌天神、人鬼、地祇之礼。"周世宗初年军制,侍卫司长官有侍卫亲军都指挥使、都虞候,下分马军、步军,分设都指挥使,龙捷乃马军所属之军号,分左、右两厢;殿前司长官为殿前都指挥使、都虞候,后又于殿前都指挥使之上加设殿前都点检一职。虽然此时殿前都虞候地位约同于龙捷、虎捷都指挥使①,但殿前都虞候似还可称为"典"殿前司,然仅任龙捷左厢都指挥使却被称作"典"侍卫司,显属夸饰了。

夸饰赵弘殷的"功业"之举,在太宗祭祀"配享"一事上亦有较为充分的反映。如乾德元年(963)十一月,太祖"始有事于南郊","合祭天地于圜丘",因"宣祖皇帝,积累勋伐,肇基王业",故"奉以配享"[1]卷九九《礼志二·南郊》,第2438页。至太宗继位之初,改以太祖"配享",随后又加更改。

如《宋史·扈蒙传》载:

> 初,太祖受周禅,追尊四庙,亲郊,以宣祖配天。及太宗即位,礼官以为舜郊喾,商郊冥,周郊后稷,王业所因兴也。若汉高之太公,光武之南顿君,虽有帝父之尊,而无预配天之祭。故自太平兴国三年、六年再郊,并以太祖配,于礼为允。太宗将东封,(扈)蒙定议曰:"严父莫大于配天,请以宣祖配天。"自雍熙元年罢封禅为郊祀,遂行其礼,识者非之。[1]卷二六九《扈蒙传》,第9240页

《宋史》卷九九《礼志二·南郊》亦云:

---

① 如《旧五代史》卷一一四《周世宗本纪一》载:后周世宗即位初,"以散员都指挥使李继勋为殿前都虞候,以殿前都虞候韩令坤为龙捷左厢都指挥使,以铁骑第一军都指挥使赵弘殷为龙捷右厢都指挥使,以散员都指挥使慕容延钊为虎捷左厢都指挥使,以控鹤第一军都指挥使赵鼎为虎捷右厢都指挥使,并遥授团练使"。

自国初以来,南郊四祭及感生帝、皇地祇、神州凡七祭,并以四祖迭配。太祖亲郊者四,并以宣祖配。太宗即位,其七祭但以宣祖、太祖更配。是岁亲享天地,始奉太祖升侑。雍熙元年冬至亲郊,从礼仪使扈蒙之议,复以宣祖配。四年正月,礼仪使苏易简言:"亲祀圜丘,以宣祖配,此则符圣人大孝之道,成严父配天之仪。太祖皇帝光启丕图,恭临大宝,以圣授圣,传于无穷。按唐永徽中,以高祖、太宗同配上帝。欲望将来亲祀郊丘,奉宣祖、太祖同配;其常祀祈谷、神州、明堂,以宣祖崇配;圜丘、北郊、雩祀,以太祖崇配。"奏可。

因太祖为开国之君,故只能以追尊为皇帝的宣祖赵弘殷"配天",以"符圣人大孝之道,成严父配天之仪"。所谓"积累勋伐,肇基王业",只是为顺利举行以赵弘殷"配天"仪式的门面语。待太宗继位,按礼制规定,自然得以先帝太祖"配天",况且太祖又"光启丕图,恭临大宝,以圣授圣,传于无穷"。然自"德昭自刭""廷美贬死"一系列事件之后,太宗乃欲通过提高赵弘殷的地位以消减太祖的政治影响,故扈蒙"严父莫大于配天,请以宣祖配天"的建议,大惬圣意,虽"识者非之",却依然"遂行其礼"。但依礼制,宣祖赵弘殷"虽有帝父之尊,而无预配天之祭",于是太宗不得不依据臣下建议,再改为"亲祀郊丘,奉宣祖、太祖同配;其常祀祈谷、神州、明堂,以宣祖崇配;圜丘、北郊、雩祀,以太祖崇配"。但是此举依然不合礼制,故此后争议并未消止,如仁宗即位后,太常博士谢绛"用郑氏经、唐故事议宣祖非受命祖,不宜配享感生帝","惟太祖始造基业,躬受符命,配侑感帝,据理甚明"。虽然后因翰林学士承旨李维"以为不可"而未果[1]卷二九五《谢绛传》,第9843页,但仍可见宋代士大夫对此举所持之异议。

三

综上,赵弘殷于后周显德三年(956)的行迹,其记载显得过于简略、零碎,且颇有虚夸不实文字,甚至时见错讹之处,并非因为历时久远而失记,而是密切相关于宋初特殊的政治局面,即记载赵宋开国前后历史的宋初《国史》《实录》,一方面为回避可能给太祖、太宗兄弟带来负面影响之记事,另一方面又要着意拔高赵弘殷在创立赵宋王朝上的关键作用,由此形成有关赵弘殷在显德三年行迹的记载,出现或略或溢,或岁月前后颠倒,甚至虚构事实等情况。

此外,需再加指出的是,虽然南宋类书《古今合璧事类备要》续集卷七《皇朝源流》所载赵弘殷事迹,要较《宋史·太祖纪》《东都事略·太祖本纪》为详,但仔细比勘其与《宋史·太祖纪》《东都事略·太祖本纪》等所载的相关文字,仍可推知其当也源自宋朝官修史籍,而又据其他史料予以增修。

参考文献

[1] 脱脱. 宋史[M]. 北京:中华书局,1985.

[2] 王称. 东都事略[M]. 文渊阁四库全书本. 上海:上海古籍出版社,1989.

[3] 谢维新. 古今合璧事类备要[M]. 上海:上海古籍出版社,1992.

[4] 司马光. 资治通鉴[M]. 胡三省,注. 北京:中华书局,1992.

[5] 薛居正. 旧五代史[M]. 北京:中华书局,1976.

[6] 顾宏义. 宋初政治研究:以皇位授受为中心[M]. 上海:华东师范大学出版社,2010.

[7] 李焘. 续资治通鉴长编[M]. 北京:中华书局,1979.

北宋中期官僚士大夫的一次群体题跋行为考论

苗书梅

(河南大学 历史文化学院,河南 开封 475001)

[摘 要] 北宋哲宗元祐年间,苏轼、苏辙、苏颂、吕大防、刘挚等十余位朝中高级官员,在相对集中的几年时间内都给一篇名为《李氏述先记》的文章写了跋文,出现了一次高级官员的群体题跋行为。跋文的题写时间,大致集中在元祐二、三年和六、七年两个时段,少数写于元祐八年春,记文作者名不见经传,留下的生平资料很少,挖掘地方志文献对记文的收录,分析记文内容,考索作者履历,可以纠正一些史籍记载的讹误。通过对作者与跋文撰写者社会关系的勾勒,可以看出,北宋"元祐更化"引起的政局变动、科举选官制度相关的同年关系、士大夫在政局变动中不同的政治态度等,与这一群体题跋行为之间有密切的内在联系。研究这一课题,有助于深化对宋代士大夫群体交往心态和交往方式等相关问题的探讨。

[关键词] 元祐年间;跋文;《李氏述先记》;李师德;同年关系

元祐七年(1092)七月二十三日,扬州知州苏轼受命升任兵部尚书,八月下旬,《李氏述先记》一文送到了他手上,展读之后,苏轼感慨万千,浓厚的历史情感油然而生,他挥毫题道:"贼以百倍之众临我,我无甲兵城池,虽慈父孝子,有不能相保

[基金项目] 国家社会科学基金项目"宋代民间力量与地方建设研究"(14BZS022),河南省社会科学规划项目"宋代监察官员群体研究"(2017BLS003)

[作者简介] 苗书梅(1963—),女,河南舞阳人,博士,河南大学历史文化学院教授、博士生导师,主要研究方向:宋史。

者。李君独能锄耰棘矜,相率而拒之,非其才有所足恃,德有所不忍违,恶能然哉?余恨不得其平生行事本末,当有绝人者,非特此耳!士居平世,侥幸以成功名者,何可胜数,而危乱之世,豪杰之士湮没而无传者亦多矣,悲夫!元祐七年八月二十六日书。"[1]卷六十六《跋李氏述先记》,第2081页那么,苏轼感慨"恨不得其平生行事本末"的李氏是谁呢?通过进一步钩沉史籍,发现这篇让苏轼一咏三叹的《李氏述先记》,题跋者不止苏轼一人,"元祐更化"时期,活跃于朝廷的十余位宰相、副宰相,即宰相吕大防、刘挚、苏颂,知枢密院韩忠彦,副宰相苏辙、范百禄、王存、胡宗愈、梁焘、许将、郑雍等,先后均有题跋①,形成了一次高规格的群体题跋行为。《李氏述先记》是一篇什么样的文章,作者是何人,为何当时著名的官僚士大夫纷纷为之题跋,以下就这些问题进行初步探讨。

一、《李氏述先记》及其作者考

探讨元祐诸公这次群体题跋行为的缘起,首先要了解《李氏述先记》所述内容及其作者。从苏轼的跋文中,我们仅能知道《李氏述先记》记述的是"李君"面临百倍于己的贼寇,"独能锄耰棘矜,相率而拒之"的豪壮义举,更多的情况则不得而知。除了苏轼的跋文被收入其文集外,其他人的跋文并未见于个人文集,通过检索史籍,在苏轼同时代人杨彦龄所著《杨公笔录》中发现了一些重要信息。杨彦龄说:"李师德朝请作《李氏述先记》,称其先为开封中牟县人,常在万胜镇。在开运末,中国失御,寇盗蜂起。一日,传贼将至,其曾祖率里中少年,约以金帛赂贼,如其不受,则相与决战以死。贼至感其言,皆曰'此义士也',乃相戒不相犯,里中赖之获安。"[2]152 杨彦龄是苏门四学士之一张耒的从姑表兄弟[3]卷六十《张夫人墓志铭》,第889页,从他的记载中可知,《李氏述先记》的作者是李师德,李师德当时官至"朝请"(朝请郎),他所表彰的祖先,是五代后晋开运(944—947)年间的开封中牟县人。

《李氏述先记》全文不见于现存宋人的其他著述,即使至今收录宋代文献最为丰赡的《全宋文》也未见收录。幸运的是明朝正德十年(1515)本《中牟县志》中录有其全文:

> 师德幼侍祖父寺丞,官于寿之安丰,因先人殿丞在左右,言及乡里,命师德前日:"吾之乡,乃东京开封府中牟县。自唐占籍,经五代兵火,亦未尝失所居。县之北镇曰万胜,有先人之敝庐在。开运末,中国失御,夷狄乱华,寇贼所在蜂

① 题跋原文参见陈广胜:《苏辙等题〈李氏述先记〉跋文辑考》,《古籍整理研究学刊》,2019 年第 6 期,第 53~57 页。为节省篇幅,本文不再附录。

起。一日,传贼将至,吾之曾祖率里中少壮数百辈,约曰:'今贼之来,汝等安忍拱手与老幼待死? 不若出金帛以饵之。彼受不扰即已,如或不然,与汝力图一战,死亦无悔。'遂偕众祷于镇之西北隅吴王祠,乃托神之灵,待贼于境。贼果至,吾祖曰:'汝之来,所须者财略耳。我今竭橐中所有以俟汝,无复干吾里。不尔,则吾誓与汝决胜负于此!'一贼感其言,跃马而出,曰:'此义士也!'乃相戒以不往,里中安堵如初。汝当志之。"

师德窃读前史,感伤五代衰季,天下之民坠于涂炭,复思故乡昔日独免兵祸,而又闻耆艾之言,往往与祖父合。当时一境获安,皆吾祖之先虑也,常恨不能纪载以传诸子孙。元丰二年秋,因被朝命按京东西田,十一月二十一日,乘暇偕左藏库副使向宗彝、中牟县尉赵演、明州鄞县尉陈裕,同访所谓吴王祠。因思祖父曩昔之诲,窃恐廊庑间有志刻存焉,果于堂下香炉石之上明著其事,仍见六世祖之名讳冠,于[与]里人拜而读之,感泣不已。复虑岁月寝久,遂至磨灭,因书石于左,庶使吾乡永戴吴王之赐,而德吾祖之深。六代孙、朝奉、尚书屯田员外郎、散骑都尉、赐绯鱼袋李师德谨记。[1]

从上述记文可知,《李氏述先记》是北宋元丰二年(1079)李师德所写用来歌颂其六世祖李冠勇于退敌、保全乡里这一功德的记文。李冠,字宗企,五代后晋时中牟县人。文中李师德祖父所说的故乡在中牟县万胜镇,北宋时此处东距京城开封的西外城城墙大约30千米,距离皇宫大约35千米,是当时西北方向通往开封的水陆交通要道,是拱卫开封外围的重要军事据点之一。当时开封外城西城墙的一座城门叫万胜门,即因直通万胜镇而得名[2]。后晋开运末年,契丹兵南下中原,攻破后晋首都开封,灭了后晋,纵兵四掠。在他们攻打万胜镇时,李冠机智勇敢,率领乡党青壮年,仗义拒强敌,使家乡免遭涂炭,乡人在镇西北的吴王祠刻石颂其功业。130余年后,到了宋神宗元丰二年,祖上早已移居苏州吴江县(今苏州市吴江区)的李师德,奉命往京东西路按查土地田亩时,他偕同好友前往拜谒当地名胜吴王祠,回忆起幼年时代祖父嘱托他的祖先拒敌的事迹,便留意查看祠内是否有相关石刻文字,果然看到香炉石上刻有其先祖李冠的事迹,因担心原石刻会随岁月流逝而磨

---

① 韩思忠:正德《中牟县志》卷四《文章·李氏述先记》载,李冠是李师德的六世祖。前引杨彦龄《杨公笔录》在转述时,把李师德祖父所称的"曾祖"误作为李师德的曾祖。

② 韩思忠:正德《中牟县志》卷三《义士》载:中牟县,五代后晋到北宋时隶属开封府,今隶郑州。现在,中牟县尚有一个村庄叫万胜村,在中牟县北约15千米,东距开封北宋皇城遗址约35千米,开封市今天在河南大学金明校区南边还有万胜路。参见陈代光:《从万胜镇的衰落看黄河对豫东南平原城镇的影响》,载中国地理学会历史地理专业委员会编:《历史地理》第2辑,上海人民出版社,1982年版,第168页。

灭不存,遂作《李氏述先记》以歌颂祖德,并予以刊石,以期永久流传。李师德的顾虑并非多余,北宋亡后,黄河改道,不但吴王祠内的香炉石刻早已不存,即使他刊刻于石的《李氏述先记》,若不是方志收录,也会连同碑石沉没于历史的长河之中。

记文的作者李师德,《宋史》无传,其他史籍仅有只言片语的介绍。除在前引《杨公笔录》的记载之外,记录北宋历史最重要的编年体史籍《续资治通鉴长编》仅有两处提到他的名字,一是在熙宁十年(1077)五月,因为宰相吴充推荐的包括李师德在内的四名官员都不够优秀,没有被提拔,吴充因此被谏官弹奏[4]卷二八二,熙宁十年五月丙寅,第6909页。另一次是元祐八年(1093)二月,李师德从国子监丞转任梓州路转运判官[4]卷四八一,元祐八年二月甲戌,第11459页。下面借助地方志文献,对他的生平稍作钩沉与校正。

明正德《中牟县志》载:"宋李师德,宗企之六代孙,天资明敏,好学不倦,元丰时登进士第,授朝奉郎、尚书屯田员外郎、骑都尉、赐绯鱼袋,元祐间国子监丞。刘挚作记以美之。"[5]卷三《古今人物》其他几部明清中牟县志均沿用了这一记载,认为李师德是元丰年间中进士的。《全宋文》李师德小传,也说他"元丰中登进士第。元祐初官朝请郎、勾当东京排岸司,历国子监丞,八年为梓州路转运判官"①。据《李氏述先记》载,神宗元丰二年(1079)时李师德官任朝奉郎、尚书屯田员外郎、散骑都尉,《全宋文》李师德小传失记,据此可补其小传。从李师德的记文可知,他在神宗元丰二年时官任朝奉郎、尚书屯田员外郎、散骑都尉,而根据宋代的科举考试授官制度推测,《中牟县志》和《全宋文》等关于李师德在元丰中登进士第的说法应该是错误的。

北宋初年,科举开科或每年一次,或隔年一次,没有定制,到宋英宗治平三年(1066)确立了每三年一开科场的制度。宋神宗元丰年间(1078—1085)共开科场3次,首次在元丰二年,该年贡举录取进士、明经诸科共602人。当时,进士高科初授官,最高者状元一般是授予八品京官官阶大理评事,到地方任签书判官厅公事。如上所述,李师德在元丰二年十一月已经官至文散官正六品上的朝奉郎、本阶官为从六品上的尚书屯田员外郎②,他显然不可能是在元丰二年及之后的元丰年间登进士第的。

---

① 曾枣庄、刘琳等:《全宋文》卷二六七四《李师德》,第124册,第67页。
② 李昌宪:《北宋前期官品令复原研究》所制"北宋前期职事官官品令表"和"北宋前期阶、勋、爵官品令表",《河南大学学报(社会科学版)》,2012年第1期;周腊生:《北宋后期状元释褐职任考》,载《湖北职业技术学院学报》,2016年第3期。按:李师德元祐初年的官阶是正七品的朝请郎。如果他没有受过什么处分,8年前已经是正六品的朝奉郎,也解释不通。现有史料有限,待考。

那么,李师德的进士登第时间应更早一些。郑雍是《李氏述先记》跋文的作者之一,宋哲宗元祐七年(1092),官至尚书右丞的郑雍在跋文中说:"观吾同年李君六世祖事,亦前史之载何异。"[5]卷四《诸公题跋》郑雍,字公肃,襄邑(今河南睢县)人,《宋史》有传,他在宋仁宗嘉祐二年(1057)中进士甲科,"解褐授试秘书省校书郎,为兖州观察推官"[6]卷三十四《宋故中大夫提举西京嵩山崇福宫、上柱国、荥阳郡、开国公、食邑二千一百户食实封五百户、追复资政殿学士、赠宣奉大夫郑公行状》,第1134册,第738页。"同年"是科举时代同榜登第者之间的互称。由此可以确定,李师德登进士第不是在神宗元丰年间,而是在宋仁宗嘉祐二年①。

宋仁宗嘉祐二年贡举被称为"千年科举第一榜",该榜选拔的进士名人荟萃,被后世赞誉为"文星璀璨"②。当年贡举的主考官是一代文宗欧阳修,中举者中,很多人在其后的宋神宗、哲宗两朝成为政治领袖、文化精英。如唐宋八大家宋代占六家,六人中的三大家苏轼、苏辙、曾巩出于此榜;宋明理学奠基时期的代表人物中,洛学领袖程颢及其门人朱光庭,关学创始人张载及其代表人物吕大钧,出于此榜;熙宁元丰以及绍圣绍述时期变法派的骨干人物吕惠卿、曾布、章惇等官至宰执,也是该年登进士第;该榜进士中,王韶成为北宋名将,官至枢密副使。李师德很荣幸地成为该榜的进士之一,成为苏轼等文化领袖、政治精英的"同年"。与苏轼等上述"同年"相比,李师德可以说泯然众人矣。

宋神宗熙宁、元丰年间,王安石等在神宗的支持下推行富国强兵的全面变法,广泛延揽人才,李师德也曾受到召对,但在政治态度上他显然是倾向于反新法派,"独不为苟合罢去"。熙宁九年(1076),王安石罢相,如前所述,继任宰相吴充曾举荐过李师德等四人,但因为所荐之人不孚众望,吴充还因此受到弹劾。关于吴充荐人,还有另外的说法,《东轩笔录》即说:"吴冲卿初作相,亦以收拾人物为先,首荐齐谌并亮采,洎二人登对,咸不称旨。又荐李师德为台官,而师德不才。自是,秉政数年,以至薨日,更不荐士。而三人者亦竟无闻于时也。"[7]卷十,第113页"不才"和"无闻于时",并非因魏泰在政治上倾向于新党而对李师德的轻蔑之辞,与自己的其他同年相比,李师德确实没有什么作为和影响。哲宗元祐元年(1086),李师德官至"朝请郎、勾当东京排岸司"[8]卷十六《石刻孝经序》,第628-630页,故《杨公笔录》称其为"李师德朝请"。此后,李师德曾到国子监任职,元祐八年二月,由国子监丞转任梓州路转运判官。在元祐二年到八年的几年间,适逢"元祐更化",反对熙丰新法的反变法派执

① 据龚延明、祖慧编著的《宋代登科总录》载:嘉祐二年贡举进士科338人,有名姓可考者238人;特奏名进士122人,有名姓可考者13人,李师德均未在其中。据此可补《宋代登科总录》著录的缺失。

② 曾枣庄:《文星璀璨:北宋嘉祐二年贡举考论》,复旦大学出版社,2010年版。

政,李师德把他写的《李氏述先记》先后呈送给各位在朝名公,得到了至今保留在地方志里的十几篇跋文。李师德任职的变化,应该得益于他和旧党人物的密切关系,得益于元祐时期主导北宋政坛的执政大臣们的提携,绍圣以后,北宋政坛局势翻转,其职任行事便杳然无迹可寻了。

二、《李氏述先记》诸家跋文的刊布

《李氏述先记》所述故事情节生动,人物气节凛然,形象跃然纸上。按常理,仕途不显的李师德人微言轻,为自己祖先歌功颂德,体现了他的孝道,这本来不是什么大事情,但是,他却邀请到了十多位当朝权势人物即宰相、副宰相等为之题跋,"公卿大夫之有闻于世者,皆为跋尾",形成了一种独特的群体题跋行为。这些跋文,除苏轼的入选个人文集,容易查阅外,其他各篇或者作者无文集流传,有文集者也没有收录。因此,《全宋文》《宋代序跋全编》等集成文献中都没有收录,幸赖方志收录,我们才得以看到。明正德年间和天启年间纂修的《中牟县志》,在载录《李氏述先记》的同时,都附录了 11 篇跋文,为我们了解北宋文人士大夫的这一群体活动提供了宝贵文献。11 篇跋文的顺序没有按书写时间先后排列,而是按官位高下,即宰相、知枢密院、门下与中书侍郎、尚书左右丞排序。跋文原文参见前引陈广胜的文章,为节省篇幅,本文省略。这里主要列出跋文作者的职官及其他们的写作时间。他们是:

1. 元祐壬申[七年]七月辛丑,门下丞相吕大防书。

2. 元祐六年九月二十日,中书丞相刘挚题。

3. 中书丞相苏颂谨题[元祐七年六月至八年二月之间在任]。

4. 元祐六年十二月立春日,知枢密院韩忠彦题。

5. 元祐七年十二月九日,门下侍郎苏辙题。

6. 中书侍郎范百禄题[元祐七年六月至八年三月间在任]。

7. 尚书左丞王存题[元祐三年四月至四年六月间在任]。

8. 尚书右丞胡宗愈题[元祐三年四月至四年三月间在任]。

9. 元祐二年正月己卯,尚书左丞[许将]书。

10. 尚书左丞、安定梁焘题[元祐七年六月至八年三月间在任]。

11. 尚书右丞郑雍记[元祐七年六月至八年三月间在任]。

从其落款可知,参与跋文撰写的主要是当朝宰相(门下丞相、中书丞相)、执政官(知枢密院、门下侍郎、中书侍郎、尚书左右丞),就是说主要是来自最高层的官僚士大夫参与了《李氏述先记》的集体题跋活动。他们都是应李师德的请求而撰写的,其中苏颂指出李师德"出示诸公题其祖德中牟君开运末拒却万胜群盗事迹",范百禄跋文提到李师德"大夫既相示,因书其类以告",本文后面所举李常也提到"李孝子朝请,以其先护里人事相示"。而且,各位题跋者之间也知道其他同僚在为这篇记文题写跋文。如苏颂称此事"乃得诸公褒纪,浸以著闻",王存称"李氏祖尝有德于万胜之人,诸君书之详矣",胡宗愈甚至说"公卿大夫之有闻于世者,皆为跋尾"。所以,这是一次自觉的群体题跋行为①。

上述方志收录了官至宰相、枢密院长官、副宰相的 11 篇跋文,跋文之后还收录了一篇李师德为跋文刻石写的后记,(天启)《中牟县志》称之为"跋十二"。两种方志均未收录苏轼写的跋文,苏轼当时的职位是低于宰执官的六部长官之一兵部尚书,是不是宰执以下其他官员也有跋文而未予录入呢? 这还是值得探究的一个问题。就目前来看,是有这种可能性的。如李常,元祐二年题跋时官居户部尚书,他写的跋文也没有被方志收录,只是因为他在跋文中同时赞颂了杨彦龄祖上战乱时期保护处州人的德举,因而被杨彦龄的《杨公笔录》所转录,我们才能看到李常也参与了这次题跋活动。其跋文曰:

> 中散公杨某为舒日,作堂面潜山,名"三至",以其祖父三世治舒,舒人相与传其治,昭然可考也。予徜徉久之,复道其祖在国初时为著作佐郎,会出师平江南,而江与处犹未下,著作承诏分兵军前,与曹翰各取一州……著作名某,官至祠部郎中。今其孙皆年逾七十,官并至中散,以君子长者称于时。有四子,皆好学,敦行谊,仕宦有闻。吾意杨氏之门,益大未可量也。李孝子朝请,以其先护里人事相示,仍言:"今日之居,旧庐也。耕而食者,先畴也。后尝为县中牟,以事坟垄。"予少时从事九江,有老人为指曹翰穴城处,言城中今皆四方人,九江之人尽于一日耳。今曹氏之后寂无闻焉。则李氏耕故土,杨氏三世治舒,各有子孙仕于朝,非为报耶?②

以上诸家跋文均题于哲宗元祐时期,大致集中在元祐二、三年(1087、1088)和元祐六、七年(1091、1092)两个时段,少数写于元祐八年(1093)春,且题跋者当时

---

① 此处所引史料,除李常的之外,均参阅正德《中牟县志》卷四《文章·诸公题跋》,第 47~50 页。方括号内补充的是有可能写跋文时他们的任职时间段,参阅徐自明撰,王瑞来校补:《宋宰辅编年录校补》卷之九、卷之十,第二册,中华书局,2012 年版;以及前引陈广胜文章的考证。

② 杨彦龄《杨公笔录》云:"予元祐末京师传得此书,其所道处州著作,乃曾祖也。中散即世父与先父。惧李氏记久而泯绝,辄记于此,以补史氏之阙略。"李常的跋文被隐藏于杨彦龄的两段话中间,因而更不易被人发现,现有《全宋笔记》标点本因而产生误解,把该跋文割裂开来。《全宋笔记》第一编,第十册,第 151~152 页。考证见前引陈广胜一文 。

皆身居要职,多为宰执大臣,如吕大防题跋时任左仆射兼门下侍郎,简称门下丞相;刘挚题跋时任右仆射兼中书侍郎,苏颂题跋时为守尚书右仆射兼中书侍郎,两人的官职都被简称为中书丞相。苏辙、范百禄时任门下、中书侍郎,王存、梁焘、许将时任尚书左丞,胡宗愈、郑雍时任尚书右丞,韩忠彦时任同知枢密院事,李常时任户部尚书①。最晚的题跋时间大概在元祐八年(1093)二、三月,当年二月,李师德已经接到了梓州路转运判官的任命,于是,他在四月将上述诸家跋文先后刊石两份,其一立于万胜镇西北隅的吴王祠内,其二立于中牟县三异乡刘村里李冠的墓前,并作文记之:

> 中牟三异乡刘村里吴寺渡之东,汴水之北,其地四平,忽变岗阜,隐隐隆隆……加之群木森茂,郁然四合,跂而望之,邈如山谷。长河经乎南,大岗周其北,乃吾先祖之安宅也。师德尝以当世名公书六世祖保完万胜之行,揭石于镇之西北隅吴王祠,虑后之子孙不能周知,今吾再勒于先垄之前,庶乎继继承承,岁时展奉,孝思追感,恭事不息。复当怀想诸公旌异之意,无荒而嬉,无肆而忽,无怠于学,无废其业,无朋于小人而不亲君子,修身励行,以忠以弟,恐恐乎敬之戒之,且于没而后已。元祐八年四月辛未,六代孙李师德书。②

随着岁月流逝,除了苏轼、李常的跋文之外,被方志收录的 11 家跋文石刻如今已难觅其踪迹。河南大学图书馆珍藏有一幅刻有苏颂、韩忠彦、苏辙跋文的残石拓片,印证了该事件的存在,也为我们留下了无穷的历史遐想。

三、诸家题跋行为揭示的社会文化因素

李师德在宋神宗元丰二年(1079)写成了《李氏述先记》,并刊之于石,此后的七八年间,没有人为之题跋。那么,为什么 8 年之后也就是到了宋哲宗元祐时期,李师德突然拿出来他的记文,遍求高官为之题跋呢?这样一篇由一位普通官员撰写的为自己祖先歌颂功德的普通记文,又为什么能得到这么多高官显宦的认可,且纷纷出来为之站队、为之跋尾,反复赞颂激赏,并进而形成了一次自觉的集体题跋行为呢?其背后的原因值得分析。本文认为,除了《李氏述先记》文本蕴含的社会价值与题跋者的价值判断产生共鸣外,与时代背景、题跋者的同年关系及官员的政

---

① 以上各位官员的任免情况,参见徐自明撰,王瑞来校补:《宋宰辅编年录校补》卷之九、卷之十,第二册,中华书局,2012 年版。关于他们任职年限与跋文写作时间关系的比勘校正,参阅陈广胜《苏辙等题〈李氏述先记〉跋文辑考》一文,载《古籍整理研究学刊》,2019 年第 6 期。

② 正德《中牟县志》卷四《文章》,明正德十年刻本,第 50 页。该文《全宋文》失收。

治态度等都有重要关系。

（一）时代背景的变化

宋神宗元丰和哲宗元祐之交是北宋党争政治的分水岭,前后两个时期是两个不同的文人集团主导政局。元丰年间,王安石虽早已离开了朝廷,但支持变法改制的宋神宗,继续推行熙丰新政,并且一改北宋真宗以来以求和为主的对外政策,军事上主动进攻,在西北开疆拓土,夺取了不少西夏原有的土地。此时,新法派人物在朝执政,苏轼、苏辙等一大批对新法持异议或者批评态度的官员被外放、赋闲乃至流放。如前所述,李师德在熙宁元丰年间名义上说是不与时苟合,其实也是不受重视。在这种政治生态下,李师德哪里有勇气和兴致拿出自己的记文让同年、同好们品评题跋呢? 元丰八年三月后,政局很快起了变化。始终支持新法的宋神宗深受宋军在宋夏战争中失败的打击而突然病故,年仅10岁的宋哲宗继位。皇帝年幼,由始终反对新法的高太后垂帘听政,她迅速召用最坚定反对新法的官僚司马光回朝执政,司马光等在短时间内推荐起用了大批反变法派官员,苏轼得以在元祐元年(1086)回到朝廷并不断提升官职,升至兵部尚书兼侍读,其他原来在熙宁元丰年间离开朝廷的反变法人物也纷纷被召回并陆续担任要职。政治态势明朗且趋于稳定,旧党的春天到来了。在高太后及司马光的主导下,北宋一反元丰年间主动进攻西夏、开拓疆土的对外政策,主动归还元丰年间宋方占领的部分西夏土地,企图以金钱、以道义人情、通过怀柔换取边境安宁①。这种政治导向不期正与李师德先祖以"义"感动来犯者、以钱财却敌、"一言拒寇",保全万胜镇之举相照应,"方朝廷搜采遗德,顾虽异代,谓宜考迹而书之",政治态度和感情本就趋近于旧党的李师德,不失时机地拿出自己歌颂祖先的得意之作,呈送给当朝政要,以表明其"方愈进于善"的态度。诸家跋文作者,大都颂扬了李师德祖先以"情""义"感动来犯之敌,这与元祐时期朝廷想不战而与西夏和平相处的方针一致。于是就有了我们今天能够看到的吕大防、刘挚、苏颂、苏辙等宰执大臣们留题的十余篇《李氏述先记》跋文。

（二）科举制度下同年关系的影响

北宋文官士大夫具有比较强烈而鲜明的群体意识,而同年意识是其群体意识的主要表现之一。统计发现,为《李氏述先记》题跋者,仕途出身无一例外都是进士。在宋代科举的诸多科目中,进士科最为社会和读书应举的士人所看重。"应进

---

① 罗家祥:《北宋党争研究》,台湾文津出版社,1993年版;《朋党之争与北宋政治》,华中科技大学出版社,2003年版;等等。

士举者,自执卷为儒,便知自重,谓之应将相科,亦曰白衣公卿。"[9]卷二十七《论取士》,第755页 而来自不同地区、不同家庭的书生,一旦同榜考取进士,他们之间就产生了一种特殊的同年关系。在宋代,这种古代中国社会所独有的社会关系,在朝廷唱名赐第后,通过举行朝谢、谒先圣先师、拜黄甲、序同年、编造同年小录、立题名石刻等一系列期集活动而得以强化,并上升到人伦的层面,"进士同年登科,相为兄弟"[10]卷十九《送刘伯称教授序》,第397页。把同年视为兄弟,互以家人看待,这种认知成为社会上普遍存在的一种观念,对文人士大夫阶层的交往产生了积极的影响①。在宋代文人士大夫日常的书信中,常常可以看到同年及第者常以"同年兄""同年弟"相称。如曾写出"先天下之忧而忧,后天下之乐而乐"的范仲淹与周骙同为真宗大中祥符八年(1015)进士,在给周骙的书信中,范仲淹称"同年弟范某,再拜奉书于周兄"[11]卷十《与周骙推官书》,第212页。司马光与同为史学家的范镇(字景仁)都是宋仁宗宝元元年(1038)的进士,在给范镇的书信中,司马光自称:"同年弟司马光,再拜景仁学士足下。"[12]卷五十九《与范景仁书》,第1234页这种基于科举考试而产生并得到社会普遍认同的同年关系,正如王水照先生所言,"是封建时代的一种重要关系,无论对士人今后的仕途顺逆、政治建树、学术志趣和文学交游都产生不同程度、不同性质的复杂影响"②。

当时,同年关系是士人进入官场后彼此之间赖以交往的重要途径之一。通过宋人留下的诗文作品可以发现,仕途携扶引荐、诗文作序题跋、字画墨迹品题,乃至行状、墓志碑铭的撰写等,很多的社会交际行为,都是在"敦同年之契"[13]卷十八《与冯伉书》,第1086册第170页的心理支配下发生的。如:王禹偁在困厄之中,仍向翰林学士钱若水写信推荐自己的进士同年戚纶。苏轼在熙宁元年(1068)邀请曾巩为其祖父苏序撰写墓志铭,曾巩义不容辞地接受了"同年友赵郡苏轼"的邀约,饱含感情地书写下《赠职方员外郎苏君墓志铭》,赞誉苏序的孝行、家教、文章等等[14]卷四十三《赠职方员外郎苏君墓志铭》,第588页。熙宁三年(1070)冬,嘉祐二年(1057)的状元、右司谏、直集贤院章衡(字子平)出知郑州,作为同年的苏轼与同僚在观音寺佛舍聚会为之赋诗钱行,会上大家公推苏轼为此次活动的送别诗作序,理由不仅是因苏轼的文章写得好,而且也因他与章衡是同年关系。正如苏轼自己所说:"余于子平为同年友,众以为宜为此文也,故不得辞。"[1]卷十《送章子平诗叙》,第323页在上文提及的跋文书

---

① 对宋代同年观念的论述,参阅祁琛云:《宋人的同年观念及其对同年关系的认同》,《西南大学学报(社会科学版)》,2012年第1期;祁琛云:《北宋科甲同年关系与士大夫朋党政治》,四川大学出版社,2015年版。

② 王水照《嘉祐二年贡举事件的文学史意义》一文,载《王水照自选集》,上海教育出版社,2000年版,第125页。

写者中,苏轼、苏辙、郑雍、梁焘均为嘉祐二年进士,可以说他们为李师德的记文题跋,相当程度上是因为他们之间存在同年关系。

作为同年兄弟观念的延伸,以家人礼待同年的家人也成为同年观念中的应有之义。宋人普遍互称同年的家庭为"年家"。"契托年家,义均子侄"[15]卷一四〇四九,许应龙《祭致政郑公文》,在日常往来中彼此之间行尊卑长幼之礼。如:万定翁与姚勉是同年,其兄长万诚翁请姚勉为自己所筑的爱贤堂作记,姚勉自称是万诚翁的"年家弟"[16]卷三十四《万诚翁爱贤堂记》,第1184册,第229页。著名词人张元幹为其祖父的同年王鈇的文集作序,自称"年家孙"[17]卷九《亦乐居士文集序》,第1136册第654页。在某种程度上说,吕大防、李常、范百禄为李师德的《李氏述先记》题跋,也是出于"年家"兄弟情义。吕大防、李常、范百禄都是皇祐元年(1049)进士,三人为同年关系,李师德与他们并非同年。但是,按宋人的同年兄弟观念,吕大防与李师德则是"年家"兄弟。吕大防的二弟吕大钧是嘉祐二年进士,早在上述诸人为《李氏述先记》题跋之前的神宗元丰五年(1082)就病亡了。从吕大钧方面来说,李师德是吕大防的"年家弟";从吕大防方面来论,李常、范百禄又是吕大钧的"年家兄"。这样以吕大防、吕大钧亲兄弟的血缘关系为基础,以吕大钧与李师德、吕大防与李常和范百禄的同年兄弟关系为纽带,串联起"年家兄弟"的社会关系网。宋人谓"俱是年家情不浅"[3]卷六十五邓忠臣《夜听无咎文潜对榻诵诗响应达旦钦服雄俊辄用九日诗韵奉贻》,第952页。这样来看,吕大防、李常、范百禄为李师德的记文题跋,也是对同年关系及其连带关系的认同,是"笃年家之好"[18]卷五十八《回平阳李县尉启》,第1042页的行为。

(三) 个人政治态度的影响

当然,《李氏述先记》诸跋文并不全是出于同年及其相关关系者之手。除上文提到的郑雍、梁焘、吕大钧和苏轼、苏辙兄弟外,大文学家曾巩,理学家程颢、朱光庭、张载,变法派代表吕惠卿、曾布、林希、王韶等,都与李师德是同年关系[19]809-859,并没有发现他们为《李氏述先记》题有跋文。而与李师德不存在同年关系的刘挚、韩忠彦、胡宗愈、王存,却为其题跋,显然仅单一用同年关系不能完全解释这一现象。

实际上,人际交往在现实社会中受很多因素的影响和制约,同年关系作为一种非血缘的社会关系对交往双方的凝聚作用是有限的,并不像观念中的情同手足、堪同家人那样完美。宋代科举考试,同年登科者动辄数百上千,来自四面八方,序黄甲、拜同年,他们可能会有一面之交;进入仕途后,又在不同的地区为官,若不同朝为官,平时罕能谋面。受制于这种客观因素,同一年及第的数百名同年之间不可能都建立起兄弟般的情义。南宋著名思想家陈亮就说:"四海九州之人,邂逅而为同年。士大夫荐吾所不知者,亦当分其能品以为官,庶几各识其职云耳。"[20]卷二十五《书职事题名后》,第285页茫茫人海中能成为同年,是一种机缘巧合,邂逅而已。俗语言:道不同不相谋。即使是同年,志趣不投,也会党同伐异、反目为仇,如元祐年间,苏轼、苏辙的蜀党即与"年家"兄弟程颐的洛党争斗得不可开交;志趣相投,不是同年也会惺惺相惜,视同手足。因此,能否建立起良好的同年、年家关系,关键还要看是否有相同的思想观念、价值追求和共同的政治立场。我们未见执着于新法的吕惠卿等同年为李师德的《李氏述先记》题写跋文,一方面是因为他们在元祐时已经失势乃至受到打击,远离朝廷,另一方面是因为他们的政治态度和政治立场存在差异,分属于不同的文人团体。

因学术思想和政治态度的不同,北宋中后期,围绕支持熙丰新法形成了变法派,反对熙丰新法者则形成反新法派,两大文人集团即所谓的新党、旧党,或者曰熙丰党、元祐党,在宋神宗去世后反复斗争了几十年。"在一般意义上,文人集团的主要活动领域是精神文化领域,但是在中国,古代政治与文化就像连体婴儿一样合而难分,既没有外在于政治的文化,也没有不渗透于文化的政治……中国古代的文人集团往往兼具政治的和文化的双重功能,同时在政治领域和文化领域中纵横驰骋。"[21]9 除了政治上的党同伐异外,作为一项文化交游活动,文人间诗、文、书、画的赠予品题,也在某种程度上深受其思想观念和政治态度分野的影响。我们再来看《李氏述先记》的题跋,除了同年关系外,题跋者更多都是熙丰时期不积极支持新法,元祐时期因而被重用的政治人物,苏轼、苏辙、吕大防、刘挚、韩忠彦、王存、梁焘、郑雍、范百禄、胡宗愈等均是"元祐党籍"中人。李师德早先曾得到王安石的赏识,但他似乎并不想为王安石所用,王存在跋文中即说:"当熙宁中,士多希世取显用,朝奉君师德尝召对,独不为苟合罢去。"所谓"不苟合",或与政治立场不同有关。而在同年关系中,"慷慨喜议论,不苟合于世"的李师德,与生性豪迈好议论的苏轼有着相同的性格特质和政治取向,虽然与吕惠卿、曾布、林希、王韶也是"同年兄弟",但在政治领域和文化领域的活动中,在感情的天平上偏向于旧党的同年兄弟。正是因为政治态度和文化思想、价值倾向上更靠近旧党,李师德才向反变法派的执政者出示自己的文章,并得到非同年关系的刘挚、韩忠彦、王存、胡宗愈等旧党人物的题跋激赏,在李师德出任国子监丞时,刘挚其或特意作文予以赞美。

结语

宋代题跋文的兴起和繁荣,得益于当时社会经济的发展和学术文化的昌盛,展现了当时文人士大夫丰富的精神世界和生活方式。不论是被动的因人之求还是主动的因感而发,题跋文本的创作活动皆源于题跋主体与客体之间的精神互动和文化交往需求,而具体题跋行为的产生,除了社会的共发因素外,还有其特有的个性原因。从以上所举题跋文来看,给《李氏述先记》题跋,已不是苏轼等的个人之举,而是当时高级官僚一部分人的自觉的群体行为。这种行为的产生,受到了政局变动的深刻影响,也与记文作者与题跋者之间的社会关系、政治取向、价值认知等有很大关系。著名文化学者刘东先生在一篇研究宋人题跋的论文中批注道:"那些题跋的主人,以及他们当场命笔的风神,都已被历史的尘埃所湮灭,就连侥幸传抄下来的片言只语,也早被磨洗得面目全非,只能靠转成的印刷符号来管窥。"[22]102 关于《李氏述先记》这次群体题跋行为的探讨,可以进一步窥探其背后所蕴藏的时代变局政治文化等因素,有助于对宋代士大夫群体意识、交往行为、交往心态和交往方式的进一步深入探讨。

参考文献

[1] 苏轼. 苏轼文集[M]. 孔凡礼,点校. 北京:中华书局,2016.

[2] 杨彦龄. 杨公笔录[M]//朱易安,傅璇琮. 全宋笔记:第一编:第十册. 黄纯艳,点校. 郑州:大象出版社,2003.

[3] 张耒. 张耒集[M]. 李逸安,点校. 北京:中华书局,2000.

[4] 李焘. 续资治通鉴长编[M]. 北京:中华书局,2004.

[5] 韩思忠. 中牟县志[M]. 明正德十年刻本. 中国国家图书馆藏本.

[6] 綦崇礼. 北海集[M]. 文渊阁四库全书影印本. 台北:台湾商务印书馆,1986.

[7] 魏泰. 东轩笔录[M]. 李裕民,点校. 北京:中华书局,1983.

[8] 莫旦. 弘治吴江志[M]//中国史学丛书第三编. 台北:台湾学生书局,1987.

[9] 文彦博. 文彦博集校注[M]. 申利,校注. 北京:中华书局,2016.

[10] 胡寅. 斐然集[M]. 容肇祖,点校. 北京:中华书局,1993.

[11] 范仲淹. 范仲淹全集[M]. 薛正兴,点校. 南京:凤凰出版社,2004.

[12] 司马光. 司马光文集[M]. 李文泽,点校. 成都:四川大学出版社,2010.

[13] 王禹偁. 小畜集[M]. 文渊阁四库全书影印本. 台北:台湾商务印书馆,1986.

[14] 曾巩. 曾巩集[M]. 北京:中华书局,1984.

[15] 解缙. 永乐大典[M]. 北京:中华书局,1986.

[16] 姚勉. 雪坡集[M]. 文渊阁四库全书影印本. 台北:台湾商务印书馆,1986.

[17] 张元幹. 芦川归来集[M]. 文渊阁四库全书影印本. 台北:台湾商务印书馆,1986.

[18] 楼钥. 楼钥集[M]. 顾大朋,点校. 杭州:浙江古籍出版社,2010.

[19] 龚延明,祖慧. 宋代登科总录[M]. 桂林:广西师范大学出版社,2014.

[20] 陈亮. 陈亮集[M]. 邓广铭,点校. 北京:中华书局,1987.

[21] 郭英德. 中国古代文人集团论纲[J]. 中国文化研究,1996(2):11-17.

[22] 刘东. 文字之缘与题跋意识:关于宋代文人心态的三通批注[J]. 读书,2009(11):99-104.

历代周敦颐文集的版本源流与文献价值

粟品孝

(四川大学 历史文化学院,四川 成都 610064)

[摘 要] 周敦颐文集的编纂始于南宋,至明代形成别集、专志和全书三大系列,形式多样,版本繁复。已知宋代至少编刻有七种,元代一种,其中宋刻十二卷本内容丰富,至今仍存。明清两朝则不下三十种,分属以明朝弘治年间周木重辑《濂溪周元公全集》,明朝万历三年王俸、崔惟植编《宋濂溪周元公先生集》和万历二十一年胥从化、谢赆编《濂溪志》为核心的三大系统。各本繁简不一,多具有很高的文献价值,或可对周子生平事迹有更准确的认识,或可梳理周子诗文的汇集过程并作必要的辨正,或可从中发掘大量新的甚至是独有的重要文献。

[关键词] 周敦颐;文集;版本源流;文献价值

宋儒周敦颐(1017—1073,下或简称为周子),道州(今湖南道县)人,世称濂溪先生,被誉为"道学宗主""理学开山",对宋以来的中国乃至东亚各国的社会文化都有广泛而深远的影响。其文集编纂始于南宋,明代衍生出《濂溪志》和《周子全书》。别集、专志和全书三大系列相互影响,主体内容非常相近,可统称为周敦颐文

[基金项目] 国家社会科学基金一般项目"周敦颐文集的编纂史研究"(18BZS062)

[作者简介] 粟品孝(1969—),男,四川大竹人,博士,四川大学历史文化学院教授,主要研究方向:宋史、巴蜀文化史。

集①。周子文集版本众多,情况复杂,目前关注和研究者不算多。祝尚书先生最早论其版本源流,他在《宋人别集叙录》中对由宋迄清的部分周子文集(含一种《周子全书》)作了梳理介绍,有开创之功[1]。之后刘小琴著成《周敦颐文集版本考略》,对周子文集的别集、专志和全书三大系列的版本情况作了进一步梳理,并构拟有版本源流系统的图示。近些年王晚霞博士致力于《濂溪志》的整理和研究,对明以来多种《濂溪志》的版本情况和学术价值有专门论析,最近发表的《历代〈濂溪志〉的编纂与濂溪学的传播》一文更是分别从集系统、志系统、全书系统和遗芳集系统对历代二十多种周子文集作了梳理和图示②。寻霖先生在周子诞辰千年之际,也发表了《周敦颐著述及版本述录》,对周子文集各系统、各版本情况有简要论述[2]。笔者搜集整理周子文集的版本多年,发表相关论文十余篇,深感已有研究既有重要推进,也存在诸多不足,尚有明显遗漏和失察之处。鉴此,笔者不揣浅陋,拟对所知所见的三十多种周子文集的版本源流及其文献价作一综合性论述,期能对周敦颐及其代表的理学文化的研究有切实推进。不妥之处,敬请方家教正。

一、周敦颐文集的由来及其在宋代的多次编刻

周敦颐的著作,据其好友潘兴嗣撰《濂溪先生墓志铭》所述,主要有“《太极图》《易说》《易通》数十篇,诗十卷”③,而且由于周子在当时地位不高,这些论著最初只是“藏于家”,没有刊布流传。南宋初期以来随着理学和周子地位的上升,其著作开始以《通书》或《太极通书》等形式在各地刻印流传。这些版本以周子本人作品为主,核心是其《太极图说》《通书》,另外还附有关于周子生平的“铭、碣、诗、文”,或者朱熹所写的周子《事状》[3]。

真正从文集的观念出发,并大量采录周子本人作品之外的内容,来汇编成周子文集者,开始于南宋孝宗淳熙十六年(1189)道州州学教授叶重开所编的《濂溪集》

---

① 梁绍辉《周敦颐评传》(南京大学出版社,1994年版)书末所附“周敦颐全集版本”、刘小琴《周敦颐文集版本考略》(《北京大学中国古文献研究中心集刊》第4辑,北京大学出版社,2004年版)均如此处理,本文也依此而行。

② 王晚霞:《〈濂溪志〉版本述略》,《中南大学学报》,2011年第3期;《〈濂溪志〉修撰的学术价值及启示》,《南华大学学报》,2014年第4期;《日藏两种〈濂溪志〉考论》,《南昌大学学报》,2017年第4期;《历代〈濂溪志〉的编纂与濂溪学的传播》,《船山学刊》,2019年第5期。王博士还先后编纂出版《濂溪志(八种汇编)》(湖南大学出版社,2013年版)和《濂溪志新编》(中国社会科学出版社,2019年版)二书。

③ 潘兴嗣《先生墓志铭》,见宋本《元公周先生濂溪集》卷八,岳麓书社,2006年版,第135页。一些学者认为《太极图》《易说》实际上是一本书,应该标点为《太极图·易说》,见侯外庐等《宋明理学史》,人民出版社,1997年第二版,上册,第46页。

七卷(已佚)。据其自序,此本内容较之前所有的《通书》或《太极通书》版本都要丰富,编者不但注意"参以善本,补正讹阙",还注意"采诸集录,访诸远近",把"诸本所不登载,四方士友或未尽见"的内容汇集起来,比如重新收录朱熹过去编刻《太极通书》时删减的部分"铭、碣、诗、文",把朱熹、张栻两位理学大儒注解周子《太极图说》的著作也补充进来,最后"以类相从,分为七卷"[4]。整体来说,此本突破了过去《通书》或《太极通书》时以周子本人作品为主的情况,"遗文才数篇,为一卷,余皆附录也"[5],主要内容已经是他人赠答、纪述、褒崇周子和诠释周子著作的有关文献。

叶氏编纂周子文集的原则、观念和规模,长期为后人所继承。在叶氏之后,用心搜求周子遗文遗事最勤者,是朱熹晚年弟子度正(1167—1235)。度正出生和成长于周子为官之地合州(今重庆市合川区,周子曾任签书合州判官事五)和周子为代表的理学快速发展的南宋中期,很早就确立了理学的信仰,并注意搜求周子的遗文遗事。科举入官特别是在问学朱熹之后,度正更是加快了这一步伐,并最终在积累近三十年的基础上于嘉定十四年(1221)编纂出周子文集。据其《书文集目录后》,度正"遍求周子之姻族,与夫当时从游于其门者之子孙",获得大量有关周子的文献,或"列之《遗文》之末",或"收之《附录》之后",或对"遗事""复增之"①。从这些用词来看,他在编定周子文集时必定有一个底本,极有可能就是上述叶重开编刻的《濂溪集》七卷本。其文集内容除了《太极图说》和《通书》外,还包括遗文、遗事和附录等卷目。值得注意的是,度正在编纂周子文集的同时,还编有周子《年谱》(或称《年表》),但是否附在周子《文集》中,不得而知。

度正所编文集久佚,是否直接刊印,也不清楚。但萧一致在嘉定十六年至宝庆二年(1223—1226)知道州期间刻印的《濂溪先生大成集》七卷,正好是度正编定周子文集两年后不久的一段时间,故笔者怀疑此本是依据度正编定的文集来刻印的。此本已佚②,但其目录则附在明朝弘治年间(1488—1505)周木编刻的《濂溪周元公全集》后面保存了下来。据目录可知,《大成集》七卷的内容依次是太极图说、通书、遗文、遗事和附录(三卷),应该是叶氏七卷本《濂溪集》奠定的基本结构和顺序。而且,上述度正《书文集目录后》提到的周子诗文,正好都在《大成集》目录中,

---

① 度正《书文集目录后》,见宋本《元公周先生濂溪集》卷八,第142页。曾枣庄、刘琳主编的《全宋文》卷六八六九据《永乐大典》卷二二五三六亦收载,题名《书濂溪目录后》,见该书第301册,第143页,上海辞书出版社、安徽教育出版社,2006年版。这里引录的个别文字已据《全宋文》订正。

② 清初钱谦益《绛云楼书目》(粤雅堂丛书本)卷三"宋文集类"曾著录此书:"宋板《濂溪先生大成集》,二册,七卷",说明此本在明清更替之际尚存世间。

这就进一步说明《大成集》很可能是根据度正所编文集而来的。

在萧一致刊《濂溪先生大成集》后十余年，连州(时属广南东路，今广东省连州市)州学教授、周子族人周梅叟曾将其翻刻于州学，时间约在淳祐元年(1241)、二年(1242)间，时人称其"取《太极图》《通书》《大成集》刊于学宫"[6]卷四《举连州教授周梅叟乞旌擢奏状》。此《大成集》当是周梅叟从道州赴任连州时将萧一致主持刻印的道州本带来翻刻的。据时知广州府的方大琮所见，"其遗文视春陵本稍增"[6]卷二十一《与周连教书一》，也就是内容较道州本(道州古为春陵郡)略有增加。笔者推测，增加的很可能就是附在周木编刻的《濂溪周元公全集》后面的《濂溪先生大成集拾遗》所收的两方面内容：一是周子在合州与人游龙多山时唱和的八首诗，二是所谓"家集"的七篇遗诗。据方氏所见，道州和连州在刊印周子文集时，曾刊印周子年谱，即所谓"道本年谱""连谱"，两者或许就是依据度正所编的周子年谱，只是后者较前者略有变化而已[6]卷二十二《与田堂宾(灝)书》，第13页。但周木《濂溪周元公全集》后面所附《濂溪先生大成集目录》及其《拾遗》都不见有周子年谱，说明当时的周子年谱或许是单独刻印的。

在萧一致刊《濂溪先生大成集》稍后，江西进士易统在萍乡(今属江西省)又刻成《濂溪先生大全集》七卷(已佚)。南宋晚期的目录学著作《郡斋读书附志·别集类三》中曾记载二书道：

> 《濂溪先生大成集》七卷，《濂溪先生大全集》七卷。右周元公颐字茂叔之文也。……始，道守萧一致刻先生遗文并附录七卷，名曰《大成集》。进士易统又刻于萍乡，名曰《大全集》。然两本俱有差误，今并参校而藏之。[7]

从这段文字的表述语气来看，《大成集》与《大全集》两者不但卷数一致，内容可能也相当接近。而且可以肯定的是，《大全集》必定吸收了度正所编文集的内容，因为此本就有度正所写的《书萍乡大全集后》这一跋文[8]。

宋理宗宝祐四年至景定五年间(1256—1264)，又有学者编刻《濂溪先生集》(已残，现藏中国国家图书馆)。此集虽然没有分卷，但仍像萧一致七卷本那样，内容依次是太极图说、通书、遗文、遗事和附录，因此可以肯定此本是承袭之前的七卷本而来的。不过与之前的文集不同，此本在卷前列有周子的《家谱》和《年谱》，这大约是对之前周子文集编纂的一个增补。

至宋度宗咸淳末(1271—1274)，又有学者在江州(今江西九江)编刻《元公周先生濂溪集》十二卷(下称江州本，现藏中国国家图书馆)。江州本虽然增至十二卷，但在结构顺序上仍像之前的七卷本一样，依次是太极图说、通书、遗文、遗事和附录,前后承继关系十分清晰。不过,江州本与之前的不分卷本《濂溪先生集》可能渊源于不同的底本。如不分卷本的卷前为《家谱》《年谱》,江州本卷前则名《世家》《年表》,两本著录的一些人名也有明显不同,内容亦繁简不一。不分卷本和江州本所收周子著作的题名也多有差别,如前者的《香林寺饯赵虔州》一诗,后者则题为《万安香城寺别虔守赵公诗》(此与《濂溪先生大成集》的著录同),并有注文道:"别本云:清献自虔州赴召,舟至造口,同游香林寺,石刻可考。《大成集》以为万安香城,非也。"另外就是江州本的相关内容明显比不分卷本要丰富得多。这些说明,江州本固然可能参考了不分卷本,但必定也参考了其他版本,并作了新的搜罗和整理。

二、明代以来周敦颐文集的主要版本及其源流

继宋之后的元代是否编辑和刊刻过周子文集? 目前所见资料非常有限,仅知清末江苏省常熟县"小藏家"赵宗建的《旧山楼书目》有著录:"元刊《周濂溪集》,八本。"[9]明初纂修的《永乐大典》卷八二六九曾两次提到一种《周濂溪集》:"《宋周濂溪集》附录篇载《南安书院主静铭》","《周濂溪集》附录篇载《谨动铭》"[10]。从现存的宋刻周子文集目录来看,附录部分都不见这两篇铭文,因此笔者怀疑此《周濂溪集》就是赵氏所见的元刊《周濂溪集》。

从明代开始,周子文集则有大量新的编刻,且形式更为丰富,不但延续了宋本的别集体,还新出现了《濂溪志》和《周子全书》。它们虽然在我国传统书目中分属集、史、子三个部类,但实际上交互影响,编排格局和主体内容也大同小异,因此一般把它们同视为周敦颐文集。明代以来这样的周子文集版本繁复,梳理下来,主要有三个系统。

(一) 开始于明朝弘治年间(1488—1505)周木重辑的《濂溪周元公全集》十三卷本

此本几乎是在全部照录宋末江州本十二卷内容并在结构顺序上有所调整的基础上,进一步补充若干内容而成的,大体可称其为江州本的扩展版。其扩展的依据,有稍前周子十二世孙周冕编的《濂溪遗芳集》。比如在卷六《遗文》部分载录有周子《书窗夜雨诗》《石塘桥晚钓》,其中在《石塘桥晚钓》诗题下有小字注文:"旧无此五字,而此诗又连上共作一首,今从《遗芳集》改正。"在卷九《附录》中载录朱熹《爱莲诗》,诗后注道:"此诗近见《遗芳集》录之。"《濂溪遗芳集》久佚,今存时人方琼弘治四年(1491)的序言一篇。据方序,此集收录的是周子《太极图说》《通书》(誉为"芳")之外的作品(誉为"遗芳"),包括周子本人的诗文,他人的赞咏、赠答、

褒崇、记序[11]38,与之后家集性质的《世系遗芳集》不同,是目前所见明代第一个周子文集版本。

三十余年后的嘉靖五年(1526),关中大儒吕柟编成《周子抄释》。其自序说他"得(周子)全书于宁州吕道甫氏"[12]7。此"全书"当指周木《濂溪周元公全集》,因为:第一,笔者比对二书,发现《周子抄释》的内容没有超出周木本,其中卷二恰有周木从《濂溪遗芳集》过录而来的周子《书窗夜雨》和《石塘桥晚钓》二诗;第二,《周子抄释》在"附录"中既载朱熹《先生事状》,又载其《濂溪先生行录》,这种载录情况之前只见有周木本如此。不过,《周子抄释》仅有内外两篇(两卷),卷首卷末文字都不多,属于特别简略的类型,因此此本虽然一直受到重视,多次重印,甚至收入《四库全书》,但它在周子文集版本源流史上并无多高地位,后来都没有得到任何版本的依仿。

周木本在明清时期似流传不广,很长时间不见有人提及。直到清朝康熙中期,大儒张伯行才在北京一座寺庙得见其书,他在康熙四十七年(1708)编成的《周濂溪先生全集》十三卷的序言中写道:"甲戌岁(康熙三十三年,1694),余馆中垣,居京师,乃于报国寺中偶得《濂溪全集》,如获至宝"[13]1。过去一直不知道张氏这里所谓的《濂溪全集》为何,笔者将张、周二本比对,才发现张氏所谓的《濂溪全集》就是周木编的《濂溪周元公全集》,张氏所编的《濂溪全集》是对周本《濂溪周元公全集》的改编[14]。

张伯行是康熙时名儒,其《周濂溪先生全集》十三卷问世后影响极大。乾隆二十一年(1756)任江西分巡吉南赣宁道的董榕编辑《周子全书》二十二卷,光绪十三年(1887)关中大儒贺瑞麟辑《周子全书》三卷,一繁一简,主要依据的就是张本《周濂溪先生全集》。其中贺本简明,是1990年中华书局出版的陈克明点校本《周敦颐集》的"基础"本。

(二)以万历三年(1575)王俸、崔惟植编的《宋濂溪周元公先生集》十卷为核心

此本主要参考之前的三种周子文集而来:嘉靖十四年(1535)周伦编、黄敏才刻于江州的《濂溪集》六卷,嘉靖十九年(1540)鲁承恩的《濂溪志》和嘉靖二十二年(1543)王会的《濂溪集》三卷。受命参与编纂此本的蒋春生在序言中说:"志(按指鲁承恩本)则博而泛,其失也杂;集(按指王会本)则简而朴,其失也疏,皆弗称。乃参取江州集,荟萃诠次类分焉。"[15]2 三本各有优劣,相对说来,两部《濂溪集》比较简明,而《濂溪志》则相当庞杂。此本虽兼取三本,但更多还是渊源于内容丰富的《濂溪志》。只是此本综合了之前三部周子文集的优长,在编排和书名上均作了新的处理,结构谨严,内容丰实,是后世周子文集编撰者非常重视的版本。

从发展源流来看,继承万历三年本的周子文集主要存在两个子系统:一是万历二十七年(1599)润州大族刘汝章在万历三年本基础上改编的《宋濂溪周元公先生集》十卷,刘本变化很小,几乎是对万历三年本的重刻;天启三年(1623)永州府推官黄克俭所编《宋濂溪周元公先生集》十卷又主要是依据刘汝章本而来;黄本问世不久又为天启四年(1624)李嵊慈编《宋濂溪周元公先生集》十三卷参考借鉴。二是开始于万历四十二年(1614)苏州周与爵父子所辑的《宋濂溪周元公先生集》十卷、《世系遗芳集》五卷。前面十卷从书名到内容都承袭自万历三年本,仅有少量诗文的补充;后面五卷则是新增的,实际属周氏家族文集性质。之后康熙三十年(1691)苏州周沈珂父子以"重辑"为名,对周与爵本进行重印,并将各卷所题"吴郡守祠奉祠孙与爵编辑"或"吴郡十七世孙与爵重辑"挖改为"裔孙周沈珂同男之翰重辑"或"裔孙周沈珂同男之屏、之翰、之桢重辑",并删去原本的周与爵辑刻书凡例;雍正六年(1728)周有士父子(当与周沈珂同族)再度以"重辑"为名,重印周沈珂本,各卷卷首又改题"裔孙周有士炳文甫重辑"。至乾隆时,朝廷编修《四库全书》,收入周沈珂本,并作若干处理:一是删去《宋濂溪周元公先生集》十卷中的前两卷,二是剔除后面的五卷《遗芳集》,三是将书名省称为《周元公集》。其中周与爵、周沈珂、周有士三本跨越明清两朝,朝代已经更换,但版刻一直延续,足见其家族传承力量的强大。

这里要特别补充说明嘉靖十四年(1535)周伦编、黄敏才刻于江州的《濂溪集》六卷本(下称江州本)。江州本前有宋萍乡本《濂溪先生大全集》的胡安之序和署名度正的《年表》,似乎渊源于宋萍乡本。但据笔者比勘,其底本应是宋末江州刻本《元公周先生濂溪集》。其收录中有些值得注意:第一,在卷首载录元末明初大儒宋濂的周子像记,开启了后来各种形式的周子文集收载此记的先河;第二,在卷二周子著作部分,将之前版本中的《思归旧隐》改题为《静思篇》,《万安香城寺别虔守赵公诗》改题为《香林别赵清献》,误收朱熹的《天池》诗。江州此本在二十多年后即嘉靖三十七年(1558),为在江州为官的丁永成重刻,其中在卷六增多十五篇诗文。江州本在周敦颐文集发展史上还有着特殊的地位。首先,对后世有深远影响的万历三年的《宋濂溪周元公先生集》十卷就借鉴吸收过此本部分内容,比如最明显的就是卷四《元公杂著》部分,收录了题名《静思篇》《香林别赵清献》和《天池》的诗文。其次,同样对后世有深远影响的胥从化、谢陛编《濂溪志》十卷本,在卷二《元公杂著》部分也如同万历三年本一样收录,在卷七《古今纪述》部分还收录有江州本的王汝宾和林山的跋语。最后,江州本在《周子全书》系列的发展史上也起过重要作用。万历二十四年(1596)山东按察司副使、管直隶淮安府事张国玺所编《周子全书》六卷就是依据江州本而来的。笔者比对发现,这个《周子全书》六卷实际是江州本的翻刻,只是书名作了更改,序跋文字也全部换掉了,而其他内容则一仍其旧。

江州本最大的特点是简要,但似乎有些过分,比如周子的诗文很不全,书信也未收,附录的内容也不多,因此难以独立构成一个发展系统中的一环,只能为其他有关版本提供部分内容而已。这种情况在所有过于简要的周子文集中都存在,比如上面提及的嘉靖二十二年(1543)王会编的《濂溪集》。它只有遗书(含事状)、年谱和历代褒崇三卷,而且《太极图说》和《通书》均无注解和相关论释,附录也仅仅九篇记文而已,因此也很难独立构成一个发展系统中的一环,只能为其他有关版本提供参考。不过王会本在卷首著录有濂溪故里图、月岩图、书院图,并有图说文字,卷二的年谱后有度正、度蕃兄弟的跋语,均为后来众多周子文集版本所继承。

(三) 以万历二十一年(1593)胥从化、谢赆编《濂溪志》十卷本为核心

此本上承明朝嘉靖十九年(1540)永州府同知鲁承恩编的《濂溪志》。鲁本是周子文集编纂史上第一部名实相符的《濂溪志》,"首之图像,以正其始;次之序例、目录,以明其义;次之御制,以致其尊;次之遗书,以昭其则;次之著述、践履,以纪其迹;次之事状、事证,以详其实;次之谱系、谱传、谱稽,以衍其裔;次之奏疏、公移,以取其征;次之表、说、辨、赋、诗、记、序、跋,以备其考;次之祭文、附录,以稽其终"[16]43,内容极为丰富,甚至有些庞杂。万历三年(1575)永州府知府王俸、道州知州崔惟植编《宋濂溪周元公先生集》十卷,曾参考鲁本,比如卷五的书信部分,就完全是照抄鲁本而来的。当然,从书名和内容上,依仿鲁本更多的则是万历二十一年胥从化、谢赆编的《濂溪志》十卷。

胥从化本《濂溪志》在明清两代有很大影响。之后万历三十七年(1609)知道州林学闵编《濂溪志》四卷,就是依据胥本改编的,版刻多数照旧,结构则作了很大调整,内容也有一些变化,尤其增多了数十篇诗文;万历末又有人挖改林学闵本,形成旧题"李桢辑"的《濂溪志》四卷(旧题"九卷"),版刻和内容基本上还是林学闵本,只是凡有"林学闵"字样处,均作了剜改。这三部万历时期的《濂溪志》在版刻上前后相续,内容大同小异,可以相互补充。其中林学闵本卷首收载的周子画像,为后来众多版本所承袭,流传广泛的中华书局点校本《周敦颐集》也如此,几成周

子标准像①。

胥从化本《濂溪志》及其改编本后来很受重视。如明末天启四年(1624)知道州李嵊慈编《宋濂溪周元公先生集》十三卷,主要就是依据胥从化本及其改编本《濂溪志》,并参考了天启三年(1623)永州府知府黄克俭所编《宋濂溪周元公先生集》十卷。李本虽以"集"为名,但版心题"濂溪志",其序言名为《濂溪周元公志序》,其卷目安排也是志书形式,因此明显更多的是参照胥从化本《濂溪志》而来的。至清朝康熙二十四年(1685)知道州吴大镕修《道国元公濂溪周夫子志》十五卷,也主要参照胥从化本《濂溪志》及其改编本。之后道光十九年(1839)周子后裔周诰编《濂溪志》七卷,又主要是在康熙《道国元公濂溪周夫子志》的基础上新编的,并参考了康熙三十年(1691)苏州周沈珂父子"重辑"的《宋濂溪周元公先生集》十卷,其中附录的《濂溪遗芳集》一卷内容基本同于康熙《道国元公濂溪周夫子志》卷十五的《古今艺文志》,只是标题、作者和顺序有些变化。道光二十七年(1847)湖南大儒邓显鹤编《周子全书》九卷,尽管书名已无"志",但实际上其底本就是道光《濂溪志》,该书卷首下尚有"道州濂溪志原本"字样。

值得注意的是,万历三十四年(1606)南京吏部考功郎中徐必达校正《周子全书》七卷,也主要参考胥从化本《濂溪志》,以及嘉靖二十二年知道州王会编的《濂溪集》三卷。此本最初是与记述张载的《张子全书》合刻的,称《周张全书》,后传至日本,有延宝三年(1675)重刻本。万历四十年(1612),巡按江西监察御史顾造在南康府(今江西省庐山市)也编有《周子全书》七卷,主要依据徐必达本而来,只是编排顺序略有变化而已。

三、周敦颐文集诸版本的文献价值

周敦颐文集从最初的版本开始,就有一个明显特点,即周子本人的作品很少,主体内容是其他人撰述的有关周子的文献。而周子本人的作品主要是《太极图说》和《通书》,二者单行本易得,因此过去学界似乎不太重视周子文集的版本问题。笔者多年致力于此,深感过去的一些认识有偏差,周子文集的各个版本多具有很高的价值。下面仅从文献学的角度略作列举。

(一) 可以对周子生平事迹有更准确的认识

周子文集各本一般都收录了关于周子生平事迹的年谱,但不同版本的著录往

---

① 参见粟品孝:《万历〈濂溪志〉三种及其承继关系》,未刊稿。按,此文后发表在上海图书馆主办的《图书馆杂志》,2021年第5期。

往有所差别。过去我们一般倚重清代张伯行的《周濂溪集》(丛书集成本),后来又常用中华书局点校本《周敦颐集》,二者均有署名南宋度正所编的周子《年谱》。其实,这两本《年谱》完全相同,都是经过删改的,只有宋刻本《元公周先生濂溪集》所收度正的《濂溪先生周元公年表》才是原貌(至少更加接近)。从中我们对周子的生平事迹有一些新的认识。

比如在天禧元年(1017)丁巳条叙述周敦颐出生情况时,《年谱》载:"(周敦颐父亲)先娶唐氏……唐卒,[维娶]侍禁成都郑灿女,是生先生。"《年表》则载:"(周敦颐父亲谏议公)先娶唐氏……唐卒。左侍禁郑灿,其先成都人,随孟氏入朝,因留于京师。有女先适卢郎中,卢卒,为谏议公继室,是生先生。"很明显,《年表》显示周敦颐的父母均是再婚之人,他的母亲是再嫁之妇。可是《年谱》却把这一重要事实抹去了,这肯定与清代以妇女再嫁为耻有关。

再比如嘉祐二年(1057)丁酉条关于周敦颐在合州的教学情况,《年谱》载:"九月,回谒乡士,牒称为'解元才郎',今不详为谁氏子。盖当时乡贡之士,闻先生学问,多来求见耳。"《年表》则载:"九月,回谒乡士,牒称为'解元才郎',今不详其为谁氏子。当是去年乡贡,今年南省下第而归者,闻先生学问,故来求见耳。"两相对比,《年谱》美化周敦颐形象的情况是十分清楚的。

另外,周敦颐出生的具体月日和地点,南宋度正编的《年表》不载,并在小字注文中写道:"先生之生,所系甚大,当书其月、日、地,而史失其传,今存其目而阙之,以俟博考"。之后的周子文集和年谱也长期未记,但清朝道光十九年(1839)周诰编的《濂溪志》,在《年谱》中则明确写道:"宋真宗天禧元年丁巳,五月五日,先生生于道州营道县之营乐里楼田保"。这一记载现在为很多人接受,但依据为何?并未说明,还有必要进一步考索。

(二)可以大体梳理出周子本人诗文的汇集过程,并对一些误收误题现象进行辨正

诚如前述,周子本人的诗文在其死后很长一段时间没有整理刊印,散佚严重,南宋以来才逐渐为人汇集。笔者在梳理历代周子文集版本的著录情况后发现,南宋末期周子文集的诗文已形成赋一篇、文五篇、书六篇、诗二十四篇、行记五篇总计四十一篇的规模,明朝时新增《任所寄乡关故旧》《春晚》《牧童》三首诗,误收《宿大林寺》(或题《宿崇圣》)、《天池》两首诗,清朝时新增行记五则,误收《暮春即事》《观易象》两首诗。在此基础上,观察中华书局点校本《周敦颐集》就会发现,其收录的《宿大林寺》《暮春即事》《观易象》三首诗均非周子作品,应当剔除[17]。

而中华书局本《周敦颐集》所收《书窗夜雨》和《石塘桥晚钓》二诗的著录也存在不足。此二诗实际是一首诗,应题作《夜雨书窗》。这在已知的多种宋刻本周敦颐文集中是很清楚的。南宋后期的《濂溪先生大成集》(七卷)虽然久已失传,但其目录还完整地保存在明代周木重编的《濂溪周元公全集》卷十三后的附录中,其中有《元公家集中诗七篇》,内有《夜雨书窗》诗,而无《石塘桥晚钓》诗。较《濂溪先生大成集》稍后刊刻的《濂溪先生集》不分卷本,其目录同样有《家集中七首》,也只有《夜雨书窗》诗,而无《石塘桥晚钓》诗。以上二本所收《夜雨书窗》诗虽然仅存目录,但明言出自"家集",是很有说服力的。宋亡前夕刊刻的《元公周先生濂溪集》十二卷,无《石塘桥晚钓》诗,但有《夜雨书窗》诗。该诗共十二句,其中前六句与中华书局本《周敦颐集》所收《书窗夜雨》诗完全相同;后六句与《石塘桥晚钓》诗也基本相同(仅有个别字微异)。这就说明,中华书局本《周敦颐集》所收《书窗夜雨》和《石塘桥晚钓》二诗,本为一诗,题名是《夜雨书窗》;《周敦颐集》将其析为两首著录,并将《夜雨书窗》改为《书窗夜雨》,是不符合历史实际的。

当然,这并非点校者的臆改,他的失误渊源有自。中华书局本《周敦颐集》的底本是清朝光绪年间贺瑞麟所编《周子全书》,而贺瑞麟又主要依据康熙年间张伯行所编的《周濂溪先生全集》。张本卷八有《夜雨书窗》和《石塘桥晚钓》二诗,在《石塘桥晚钓》诗的标题后有小字一段:"旧无此五字,而此诗又连上共作一首,今从《遗芳集》改正。"这一情况包括注文恰好在张本所依据的明朝周木编的《元公周先生濂溪集》卷六中就有。这就说明,《夜雨书窗》和《石塘桥晚钓》二诗最初是联为一首著录的,题名就是《夜雨书窗》。将此诗析为《夜雨书窗》和《石塘桥晚钓》两首来著录,源于明朝弘治四年(1491)周敦颐十二代孙周冕编刻的《濂溪遗芳集》,后来明朝周木编《元公周先生濂溪集》加以承袭,张伯行本出自周本,贺瑞麟踵而继之,中华书局点校本又沿而不改,及至后来的《全宋诗》卷四一一也延续了这一失误。

(三) 可以从中发掘大量新的文献,有些文献往往是独有而重要的

周子文集的文献量很大(而且越是后来的版本新增的内容越多),不少文献往往是其独有的,或是最原始的。

最突出的是南宋大理学家张栻《太极解义》的重新发现和完整再现。张栻注解周子《太极图说》的《太极解义》,久不传世,十多年前的点校本《张栻全集》也没有收录。实际上,宋刻《元公周先生濂溪集》中就保存有张栻《太极图解》初本的内容,这首先是 20 世纪 80 年代由陈来先生发现的[18],21 世纪初韩国学者苏铉盛博士

并有复原的张栻《太极解义》(初本)①,德国慕尼黑大学汉学研究所苏费翔先生后来又作了一些纠正与补充②。不过,这只是张栻《太极解义》的初本,而笔者则在中国国家图书馆馆藏的另一个更早的宋刻本《濂溪先生集》上找到了张栻《太极解义》的定本,可惜有缺页,内容不全。后来几经努力,终于在明代周木重编的《濂溪周元公全集》中发现了完整的张栻《太极解义》定本[19]。这不仅对于周敦颐研究来说是个重要文献,对于张栻的研究应该也很有帮助,中华书局出版的点校本《张栻集》(2015)就利用了这一发现。

另外,周子文集还保留了不少其他传世文献失收的宋人诗文。据统计,在现存宋刻《元公周先生濂溪集》中,有十三人共十九首诗为《全宋诗》失收,其中王子修、周刚、鲍昭、薛祓、文仲琏和周以雅等六人未入《全宋诗》作者之列;有三十七人共四十七篇文章为《全宋文》失收,包括周子的蜀籍门人傅耆所写的《与周敦颐书》和《答卢次山书》这两通对了解周子诗文之学有重要帮助的书信。何士先、徐邦宪、胡安之、陈纬、刘元龙、蔡念成、余宋杰、冯去疾、卢方春、曾迪和傅伯崧共十一人甚至未入《全宋文》作者之列。另外还有十一篇文章为《全宋文》收录不全或有明显差异者。如:游九言《书太极图解后》,《全宋文》卷六三一〇依据嘉靖《建阳县志》,题为《太极图序》,但内容止于"先识吾心",而缺"澄神端虑"以下的大段内容;林时英《德安县三先生祠记》,《全宋文》卷七二一一依据《永乐大典》卷七二三七,题为《德安县学尊贤堂记》,文字与此处差异较大[20]。

以上只是周子文集对宋人诗文的补充,周子文集在明清还有很多刻印,其中又陆续新增了大量明清人的诗文,我相信也有一些珍贵的文献有待发掘。

这里要特别强调的是,周子文集的一些重刻本、改编本、挖改本也不能忽视,内中往往也有一些新的文献。比如,嘉靖三十七年(1558)丁永成在江州为官时据嘉靖十四年(1535)周伦编、黄敏才刻《濂溪集》六卷本重刻的《濂溪集》。虽是重刻本,但在卷六增刻了十五篇诗文,绝大多数不见于后来的周子文集。再如万历三十七年(1609)知道州林学闵依据万历二十一年(1593)胥从化本《濂溪志》十卷改编而成《濂溪志》四卷,版刻多数照旧,结构则作了很大调整,内容也有一些变化,尤其增多了数十篇诗文。更重要的是,林本卷首的周子像,区别于之前所有的版本,而为后来众多版本继承;而挖改自林学闵本的万历末旧题"李桢辑"的《濂溪志》四

---

① 苏铉盛:《张栻哲学思想研究》第四章《太极论》,北京大学博士学位论文,2002年,第87~117页;《张栻〈太极解义〉》,收载陈来主编的《早期道学话语的形成与演变》,安徽教育出版社,2007年版,第516~520页。
② 苏费翔:《张栻〈太极解义〉与〈西山读书记〉》,载台湾《嘉大中文学报》,2009年第1期。后又以《张栻〈太极解义〉与〈西山读书记〉所存张栻佚文》为题,入载刘东主编《中国学术》第29辑,商务印书馆,2011年版。

卷(旧题"九卷"),也有一些新的诗文收录。

总之,周子文集形式多样,内容丰富,如果超越文献学的视角,从思想史、教育史、社会史、经济史等方面着力,其价值自然会更加凸显。目前我们已经注意到,清康熙二十四年(1685)吴大镕修《道国元公濂溪周夫子志》十五卷的影印本收入《中国哲学思想要籍丛编》(台北:广文书局1974年版),明万历四十二年(1614)周与爵父子重辑的《宋濂溪周元公先生集》十卷《世系遗芳集》五卷(哈佛大学藏本)被选入《中国古代思想史珍本丛刊》影印出版(北京:海豚出版社2018年版),中国社会科学院中国古代社会生活史料编委会编《中国古代社会生活史料》二编第二十八册(北京:蝠池书院2013年版)还专门辑录宋刻《元公周先生濂溪集》的众多"祭文"。这些都说明周敦颐文集的价值,文献学之外的天空或许更为广阔。

参考文献

[1] 祝尚书.宋人别集叙录:卷六[M].北京:中华书局,1999:248-255.

[2] 寻霖.周敦颐著述及版本述录[J].图书馆,2017(9):39-43.

[3] 梁绍辉.周敦颐评传[M].南京:南京大学出版社,1994:62-68.

[4] 叶重开.舂陵续编序[M]//元公周先生濂溪集:卷八.长沙:岳麓书社,2006:142.

[5] 陈振孙.直斋书录解题:卷十七[M].徐小蛮,顾美华,点校.上海:上海古籍出版社,1987:503.

[6] 方大琮.铁庵集[M]//全宋文:卷七三六六:第321册.上海:上海辞书出版社/合肥:安徽教育出版社,2006.

[7] 赵希弁.读书附志:卷下[M]//晁公武.郡斋读书志校证:下册.孙猛,校证.上海:上海古籍出版社,1990:1186-1187.

[8] 元公周先生濂溪集:卷八[M].长沙:岳麓书社,2006:143.

[9] 赵宗建.旧山楼书目[M].上海:上海古籍出版社,2005:60.

[10] 解缙.永乐大典:卷八二六九:第4册[M].北京:中华书局,2012:3847.

[11] 方琼.濂溪遗芳集序[M]//胥从化,谢觊.濂溪志:卷七下.明万历二十一年刻本.中国国家图书馆藏.

[12] 吕柟.周子抄释序[M]//周子抄释:卷首.明嘉靖十六年汪克俭重刻本.清华大学图书馆藏.

[13] 张伯行.周子全书序[M]//张伯行.周濂溪先生全集:卷首.康熙四十七年正谊堂刻本.日本内阁文库藏.

[14] 粟品孝.周敦颐文集三个版本的承续关系[C]//宋代文化研究:第20辑.成都:四川大学出版社,2013.

[15] 蒋春生.宋濂溪周元公先生集序[C]//王俸,崔惟植.宋濂溪周元公先生集:卷首.明万历三年刻本.湖南图书馆藏.

[16] 鲁承恩.濂溪志序[C]//胥从化,谢觊.濂溪志:卷七下.明万历二十一年刻本.中国国家图书馆藏.

[17] 粟品孝.周敦颐诗文的汇集过程及若干考辨[C]//宋史研究论丛:23辑.北京:科学出版社,2018.

[18] 陈来.朱熹哲学研究[M].北京:中国社会科学出版社,1993:124.

[19] 粟品孝.张栻《太极解义》的完整再现[C]//地方文化研究:第6辑.成都:巴蜀书社,2013.

[20] 粟品孝.现存两部宋刻周敦颐文集的价值[J].四川大学学报(哲学社会科学版),2010(3):63-70.

宋代陈瓘及其作品考辨

杨高凡

（河南大学 法学院，河南 开封 475001）

[摘　要]　陈瓘主要活跃在宋哲宗、徽宗朝，对当时的政治和学术影响深远，但因攻击王安石及其变法，屡遭曾布、蔡京等权臣打击，一生颠沛流离，官职不显，致使今日流传的陈瓘基本史料和作品多有讹误。以《四明尊尧集》《宋陈忠肃公言行录》等基本史料为基础，得出结论：陈瓘生于嘉祐二年（1057），卒于宣和四年（1122），是陈渊之叔父，而非叔祖父。另外，关于陈瓘作品还存在讹误：《吴江作》（又作《鲈乡亭》）、《垂虹亭》、《送侄刚胜柔诗》三首诗分别为林肇、王禹偁、邵雍所作，《代舅曹使君知筠州谢表》《代仓部知吉州谢表》《代仓部知池州谢表》《代叔父知南安军谢表》四篇表文乃吕祖谦所作，《代贺皇太后生辰表》《代贺明堂礼毕表》二文乃秦观作品。

[关键词]　宋代；陈瓘；《四明尊尧集》；《宋陈忠肃公言行录》

陈瓘（1057—1122），字莹中，号了翁、了斋，谥忠肃，北宋南剑州沙县（今福建沙县）人，《宋史》卷三四五有传。宋神宗元丰二年（1079）进士，历任知卫州、知越州、右司谏等职，因与章惇、曾布、蔡京等政见不和，屡遭贬谪，一生颠沛流离，官职不显，但他作品众多，主要有《了斋集》《了斋易说》《四明尊尧集》《谏垣集》《责沈

[基金项目]　河南省社科规划项目"宋代监察官员群体研究"（2017BLS003）

[作者简介]　杨高凡（1975—　　），女，河南镇平人，博士，河南大学法学院副教授，河南大学法律史研究中心研究员，主要研究方向：宋史、法制史。

文》《壁记》《通鉴约论》等,惜多散佚,流传至今的仅有《四明尊尧集》《责沈文》《了斋易说》等作品。

陈瓘活跃在宋哲宗、徽宗二朝,在当时的政治斗争、理学发展中影响深远。但延至今日,对陈瓘的研究相对有限,现有成果①主要集中在陈瓘生平、作品及政治和学术思想方面。令人遗憾的是,这些研究未能充分运用《四明尊尧集》和《宋陈忠肃公言行录》等史料,致使相关结论失之偏颇。本文拟在充分爬梳长期被忽略的《四明尊尧集》和《宋陈忠肃公言行录》以及其他散佚史料的基础上,考证陈瓘及其作品,抛砖引玉,期待引起学界对陈瓘及北宋中后期基本史料真伪的重视。

一、陈瓘生卒年考

(一) 陈瓘生年考

陈瓘出生之年史料记载不同,今学者观点纷纭不一,主要有以下三种认识。

第一,嘉祐二年(1057)说。《永乐大典·陈瓘年谱》②载陈瓘:"仁宗嘉祐二年四月,生于循州官舍。"[1]卷三一四三,第1852页《宋文鉴》[2]卷一二七《责沈文贻知默伯》,第1783页、吕祖谦《少仪外传》[3]卷上,第5页皆载:陈瓘言"予元丰乙丑夏,为礼部贡院点检官……时予年二十有九矣。"元丰乙丑为元丰八年(1085),陈瓘29岁,则其当生于嘉祐二年。张其凡、金强《陈瓘年谱》③,郭志安:《陈瓘研究》④皆持此观点。

第二,嘉祐五年(1060)说。《宋史·陈瓘传》载:"宣和六年卒,年六十五。"[4]卷三四五《陈瓘传》,第10964页宣和六年为甲辰年(1124),则陈瓘应生于宋仁宗嘉祐五年庚子。《中国历史大辞典·宋史卷》⑤则嘉祐二年、五年二说并列。

---

① 现有成果主要有:1. 张其凡、金强:《陈瓘年谱》,《暨南史学》第一辑,2002 年 11 月。2. 阮廷焯:《从〈陈忠肃公年谱汇校补遗(简本)〉试观其从政生活以及当时党争之烈》,《国际宋史研讨会论文集》,中国文化大学,1988 年。3. 郭志安:《陈瓘研究》,河北大学,2004 年硕士学位论文。4. 方健:《久佚海外〈永乐大典〉中的宋代文献考释》,《暨南史学》第三辑,2004 年 1 月。5. 李懿:《中华本〈永乐大典〉陈瓘诗文辑考》,《古籍整理研究学刊》,2012 年第 3 期。6. 尚永亮、罗昌繁:《〈全宋文〉所收碑志文补遗五篇》,《长江学术》,2012 年第 4 期。7. 李成晴:《〈全宋诗〉重收诗考辨》,《贵州师范大学学报》,2014 年第 4 期。8. 郑利锋:《〈全宋文〉补遗》,《中州学刊》,2013 年第 9 期。

② 此元陈宣子所编年谱,今收入吴洪泽、尹波主编《宋人年谱丛刊》(四川大学出版社,2003 年影印出版),《宋陈忠肃公言行录》各版本中陈载兴所作陈瓘《年谱》皆以此年谱为基础,称之为"旧年谱"。

③ 张其凡、金强:《陈瓘年谱》,《暨南史学》第一辑,2002 年 11 月。

④ 郭志安:《陈瓘研究》,河北大学,2004 年硕士学位论文;郭志安:《〈宋史·陈瓘传〉考补》,《兰台世界》,2009 年第 24 期。

⑤ 邓广铭、程应镠:《中国历史大辞典》宋史卷,上海辞书出版社 1984 年版,第 242 页。记载"陈瓘(1257 或 1060—1124)",是嘉祐二年、五年并列。

第三,嘉祐七年(1062)说。邵伯温《邵氏闻见录》载:陈瓘"年十八登进士甲科"[6]卷十五,第165页。陈瓘于元丰二年(1079)中进士,若当年18岁,则生年为嘉祐七年。陆心源《三续疑年录》载"陈了翁六十五(瓘),生嘉祐七年壬寅,卒靖康元年"[7]卷四。陆心源的记载来自《陈忠肃言行录》,考察现存嘉靖二十九年本、光绪十五年本《宋陈忠肃公言行录》①皆载陈瓘嘉祐二年出生,无嘉祐七年出生之说。且明陈载兴编辑陈瓘言行录时,基本参照元陈宣子所作《陈瓘年谱》(即《永乐大典》所载陈瓘"旧年谱"),而成新的《宋陈忠肃公言行录·年谱》。参考《永乐大典》所保留陈宣子所作"旧《年谱》",亦记载陈瓘生年为嘉祐二年,故即使今日嘉靖二十六年本言行录《年谱》部分缺失,也可以确定陈瓘生年是嘉祐二年,陆心源所谓"嘉祐七年"为误。

陈瓘生年几说并存,历来无定论。康熙十八年(1679),苏之琨作《陈了翁先生集序》:"(陈瓘)生卒年月,参差不一,幸而明季墓碣偶出,得以徵信。……先生墓在广陵禅智寺前,予昔曾展谒焉。《宋史》称宣和四年卒,年六十六②今载兴《年谱》作六十八者,误也。"[11]陈了翁先生集序,第448册,第354页可见苏之琨是见到了明代出土的陈瓘墓志,从而订正陈载兴《宋陈忠肃公言行录》中陈瓘的生卒年问题,陈瓘卒于宣和四年(1122),年六十六,则生年为嘉祐二年。

按:苏之琨所谓的"载兴《年谱》",应是指嘉靖二十六年本或二十九年本言行录中的《年谱》。光绪十五年(1889)再刊言行录时,陈瓘《年谱》已经订正为"宣和四年"卒"年六十六"。

又:考嘉靖二十九年本言行录《年谱》记载,陈瓘生年嘉祐二年,卒年宣和六年(1124),年六十八。可见陈载兴不是记错了陈瓘的年龄,而是记错了卒年。

(二)陈瓘卒年考

第一,宣和二年(1120)说。释惠洪《石门文字禅》载:"宣和二年夏,得翁书。……明年四月,遣书走山阳,八月人还云:'翁方发书日,下世矣。'盖四月九日也。"[12]卷二十七《跋了翁书》,第1116册,第518页则陈瓘应卒于宣和二年四月九日。《挥麈录·后录》亦载宣和二年庚子,"莹中告病","已而不起"[13]卷八,第141页。但李心传认为"此尤谬误。按《国史》宣和二年方腊反时,陈忠肃在南康……六年春,忠肃卒于楚,腊平久矣。"[14]卷三,第44页

---

① [明]陈载兴辑:《宋陈忠肃公言行录》卷一《年谱》,嘉靖二十九年(1550)本、光绪十五年(1889)本记载同。

② 中华书局1977年点校本《宋史·陈瓘传》载陈瓘"宣和六年卒,年六十五"。

第二,宣和四年(1122)说。陈渊作《祭叔祖右司文》载:"维宣和四年十月丙戌朔二十日乙巳,侄孙渊谨以清酌家馔之奠,致祭于亡叔祖、宫使右司之灵。"[15]卷二十一《祭叔祖右司文》,第1139册,第520页明确记载陈瓘宣和四年卒。洪迈《夷坚志·三志己》载:"宣和壬寅,陈莹中自南康谪所徙楚州……是年寒食,陈下世。"[16]卷九《陈莹中梦作颂》,第1369页宣和壬寅即宣和四年寒食节陈瓘卒。

曾敏行《独醒杂志》载:"陈忠肃公居南康日……次年徙居山阳……以笔点清明日,曰:'是日佳也'。人莫知何谓,乃以其年清明日卒。"[17]卷九,第1039册第576-577页宣和三年(1121)春,陈瓘尚居南康军(今属江西),因蔡京等造飞语言陈瓘女婿为方腊等所劫取,故陈瓘被迫徙居楚州,此处"次年徙居山阳""清明日"应是指宣和四年清明节。清明节与寒食节本来接近,清代往往将二者合一,故洪迈记载的寒食节与曾敏行的清明节二者并不冲突,陈瓘卒年在宣和四年无疑。

第三,宣和六年(1124)说。持此说者最为普遍。《皇朝编年纲目备要》载:"(宣和六)二月,陈瓘卒。"[18]卷二十九,第752页程钜夫《雪楼集》:"公谪合浦,后转徙数州,宣和六年卒于山阳。"[19]卷二十四《跋陈了翁海上家书》,第4册,第454页其他如朱熹《三朝名臣言行录》[20]卷十三之三《谏议陈忠肃公》、释志磐《佛祖统纪》[21]卷十五《诸师列传第五·陈瓘》,第254册,第122页、魏了翁《鹤山集》[22]卷六十三《跋陈忠肃公帖》,第1173册,第49页、《皇宋通鉴长编纪事本末》[23]卷一二九《陈瓘贬逐》,第2178页、《宋史全文》[24]卷十四《宋徽宗》,第832页、《宋史·陈瓘传》[4]卷三四五《陈瓘传》,第10964页、黄宗羲《宋元学案》[25]卷三十五《忠肃陈了斋先生瓘》,第1207页等皆载陈瓘卒于宣和六年。郭志安①持此观点。

第四,靖康元年(1126)说。此说见于《邵氏闻见录》:"靖康初,不及大用以死,特赠谏议大夫。"[6]卷十五,第165页此处,邵伯温显然将陈瓘卒年与赠谏议大夫年混二为一,应为误。陆心源《三续疑年录》据《陈忠肃言行录》亦持此说[7]卷四,但考察今存言行录三个版本,皆无陈瓘"卒靖康元年丙午"的记载。

关于陈瓘卒年,宣和六年说最为普遍,元陈宣子所作陈瓘《年谱》(旧《年谱》)亦持此说,嘉靖二十九年本言行录据而采纳之。"幸而明季墓碣偶出,得以徵信",光绪十五年本言行录据之更正为"宣和四年"。

(三)陈瓘与陈渊关系考

陈渊(?—1145),陈瓘仲兄玨子,初名渐,字几叟,一字知默,号默堂,杨时女

---

① 郭志安:《陈瓘研究》,河北大学,2004年硕士学位论文。郭志安:《〈宋史·陈瓘传〉考补》,《兰台世界》,2009年第24期。

婿、弟子,绍兴八年(1138)进士①,历官宗正少卿、直秘内阁,《宋史》卷三七六有传。著有《默堂集》,陈瓘有《〈责沈文〉贻知默侄》。

陈渊与陈瓘关系,有叔祖父与侄孙、叔侄二说。

其一,叔祖父与侄孙说。《宋史·陈渊传》载:"渊乃瓘之诸孙。"[4]卷三七六《陈渊传》,第11629页杨时作《陈居士传》,陈瓘为之作跋称:"中立先生所撰《陈居士传》,予兄孙渐得其本。"[26]卷二十七《陈居士传(诸公跋附)》,第726页宋陈振孙《直斋书录解题》载,陈渊乃"了翁之侄孙"[27]卷十八《默堂集二十二卷》,第531页。朱熹《跋责沈文》亦曰:"(《责沈文》)墨迹今藏所赠兄孙、宗正之子筠家。"[10]卷七"宗正"即宗正少卿陈渊,则陈渊乃陈瓘之"兄孙"无疑。《南宋馆阁录》载陈渊"以争臣瓘侄孙赐进士出身"[28]卷七《丞·陈渊》,第87页。《宋元学案》亦谓陈渊乃瓘之"从孙"[25]卷三十五《陈邹诸儒学案表》,第1203页。张其凡、金强所作《陈瓘年谱》,李懿《中华本〈永乐大典〉陈瓘诗文辑考》②皆持此说。

其二,叔侄说。陈载兴编辑《宋陈忠肃公言行录》③载陈瓘皆作"作《责沈文》以贻知默侄"。《两宋名贤小集》亦载,陈渊,"瓘之犹子也"[29]卷二〇八《陈渊》,宋集珍本丛刊第102册,第440页。

陈渊到底是陈瓘侄子,还是侄孙,南宋时期已经分辨不清。如陈渊门人沈度所编陈渊《默堂集》中,二说并存;杨万里所作《默堂先生文集·默堂集原序》载渊乃"了翁之犹子"④,而集中陈渊则自称"侄孙渊""叔祖了翁""侄孙陈渊"等⑤。《默堂集》中有陈渊《小轩观月呈兴宗叔》一诗[15]卷四《小轩观月呈兴宗叔》,第1139册,第317页,兴宗乃陈瓘长兄陈琼之子陈正式,陈渊称兴宗为叔,则渊乃瓘之侄孙。故清人黄宗羲《宋元学案》考证二人关系:"忠肃言行录附载《默堂先生行实》云:'忠肃公之从孙也',杨诚斋序先生集作'犹子',误。"[25]卷三十八《御史陈默堂先生渊》,第1264页《钦定四库全书总目》亦载陈渊《默堂集》:"杨万里序称为瓘之犹子,而集乃自称瓘之侄孙,疑万里笔误也。"[31]卷一五八《默堂集(二十二卷)》,第2118页可见清人认为陈渊乃陈瓘之侄孙,但"侄孙"的说法

① 一说绍兴五年(1135)赐进士出身。

② 李懿:《中华本〈永乐大典〉陈瓘诗文辑考》,《古籍整理研究学刊》,2012年第3期。该文误以陈渊为陈琼之孙。

③ [明]陈载兴辑:《宋陈忠肃公言行录》卷一《年谱》,嘉靖二十九年本、光绪十五年本记载相同。

④ [宋]陈渊著,沈度编:《默堂集》之《默堂集原序》,台湾商务印书馆,景印文渊阁四库全书本,第1139册,第302页。另见[宋]杨万里著,辛更儒笺注:《杨万里集笺注》卷七十九《默堂先生文集序》,中华书局,2007年版,第3219页。

⑤ [宋]陈渊撰,沈度编:《默堂集》卷二十二《书萧茂德楚词后(建功)》《题了斋所书佛语卷后》,台湾商务印书馆,景印文渊阁四库全书,1996年版,第1139册,第535~536页。

显然亦不能令人信服,因为此序文乃陈渊之子籀亲自请序于杨万里,其中陈渊与陈瓘的关系,陈籀不可能弄错。

南宋宰相吕祖谦对二人关系亦不甚清楚:《宋文鉴·责沈文贻知默伯》[2]卷一二七《责沈文贻知默伯》,第1782页中以陈渊为瓘之侄,但在《少仪外传》中则称,"陈莹中尝作《责沈》文,送其侄孙几叟"[3]卷上,第5页,是又以陈渊为瓘之侄孙。

按:陈瓘所作《责沈文贻知默伯》应是最早明确记载二人关系的文章,考察目前流传的《四明尊尧集》及《宋陈忠肃公言行录》各版本,除明嘉靖二十九年本言行录以陈渊为陈瓘从孙外,其余皆以陈渊为陈瓘侄子。尤其是光绪十五年(1889)再刊《宋陈忠肃公言行录》时应吸收苏之琨《陈了翁先生集序》最新成果,将嘉靖二十九年本目录中"忠肃公从孙也"更正为"忠肃公从子也",即证明陈氏家族是以陈渊为瓘之侄也。

另,现存《四明尊尧集》各版本中陈氏世系表中皆明确记载陈渊乃陈瓘仲兄陈珏之子。因陈珏早卒,陈瓘作为叔父将侄子带在身边教养。又,陈渊是杨时女婿,李郁亦杨时女婿。李郁乃陈瓘姊之次子,二人同为杨时婿,又有姻亲关系,依照正常伦理关系推测为同辈的可能性较大,故我们认为陈渊应是陈瓘之侄,侄孙之说为误。

二、陈瓘作品辨伪

(一)《吴江作》(一作《鲈乡亭》)为林肇所作

《吴江作》(一作《鲈乡亭》)载:"郎中①亭榭据江乡,雅称诗翁赋卒章。莼菜鲈鱼好时节,秋风斜日旧烟光。一杯有味功名小,万事无心岁月长,安得便抛尘网去,钓舟闲傍画栏旁。"嘉靖二十六年本、光绪十五年本言行录卷六皆载此诗,嘉靖二十九年本未收。

宋龚明之《中吴纪闻》载《陈了翁鲈乡亭诗》[32]卷五《陈了翁鲈乡亭诗》,第251页、宋郑虎臣《吴都文粹》[33]卷四《鲈乡亭》,第1358册,第680页、范成大《吴郡志》[34]卷十四《陈瓘鲈乡亭》,第793页、王象之《舆地纪胜》[35]卷五《景物下·鲈乡亭》,第292页皆载此诗为陈瓘所作②。而《吴都文粹》[33]卷五《王禹偁四咏》,第1358册,第719页、《吴郡志》[34]卷十八《王禹偁》,第821页又载此诗为王禹偁所作。《全宋诗》以《松江亭》[36]卷七十一《王禹偁一二·松江亭》,第2册,第805页为名亦收入王禹偁作品,当然

---

① "郎中"原作"中郎",据下文《愚庵小集》改。
② 各处记载部分文字有异。

史料来源是《吴郡志》。

此诗到底是何人所作？清人朱鹤龄曾作考证：

《吴郡志》云："始陈文惠公尧佐题松陵诗有'秋风斜日鲈鱼乡'之句，屯田郎中林肇为令，乃作亭江上，以鲈乡名之。陈瓘莹中主县簿，尝和肇诗云：'郎中台榭据江乡，雅称诗翁赋卒章。莼菜鲈鱼好时节，秋风斜日旧烟光。一杯有味功名小，万事无心岁月长。安得便抛尘网去，钓舟闲倚画栏旁。'"

余按：吴兴朱临（林肇之友）《三高赞序》云："熙宁中，尚书屯田郎林公爟自请知吴江县事，始至，览江湖之胜，缅怀古人，慨然有归兴。乃即松江胜处作鲈乡亭，且求陶朱公、张季鹰、陆鲁望三像绘于亭中。落成，公爟遂具舟以归。"公爟，盖即肇之字，一作公权，未知孰的也。公爟，神宗熙宁中令吴江。而《志》又云："陈瓘以徽宗政和初，谪吴江主簿。"相去逾三十载，此诗不特非同官倡和之作，盖并非瓘笔也。吾尝辨瓘未尝谪官吴江，以《吴郡志》此误推之益信。或云"此诗即林肇作"，时肇官郎中，故云"郎中台榭"；"诗翁卒章"即陈尧佐"秋风斜日"句也。中云"一杯有味功名小"，又云"安得便抛尘网去"，皆有浩然弃官之志，故知其为肇作也。[37]卷十四. 第1319册，第172页

考察《宋陈忠肃公言行录》中《年谱》知陈瓘未曾任吴江县主簿，朱鹤龄所言为正，此诗非陈瓘所作。《吴郡志》《吴都文粹》一诗二位作者，可见讹误较多，且王禹偁《小畜集》中亦不载此诗，故以朱鹤龄考证为是，《鲈乡亭》为林肇所作。

（二）《垂虹亭》为王禹偁所作，非陈瓘作品

《垂虹亭》载："三①年为吏住东滨，重到江头照病身。满眼碧波输野鸟，一蓑疏雨属渔人。随船晓月孤轮白，入座群山数点春。张翰英灵应笑我，绿袍依旧惹埃尘。"明钱谷《吴都文粹续集》[38]卷三十六《垂虹亭》，第1386册，第197页、明王鏊《（正德）姑苏志》[39]卷二十《附垂虹亭诗（陈瓘）》，第196页 皆载此诗为陈瓘所作，《全宋诗·陈瓘》[36]卷一一九一《陈瓘》，第20册，第13475页 收录。王禹偁《小畜集》[40]卷七《再泛吴江》，第1086册，第54页②、《吴郡志》[34]卷十八《王禹偁》，第821页、《锦绣万花谷》③、宋郑虎臣《吴都文粹》[33]卷五《王禹偁四咏》，第1358册，第719页 皆载此诗为王禹偁所作，《全宋诗·王禹偁》以《再泛吴江》为名亦收此诗[36]卷六十三《王禹偁五·再泛吴江》，第2册，第696页。

---

① 或作"二"。

② 《小畜集》以《再泛吴江》为名，文字稍有差异。

③ ［宋］佚名：《锦绣万花谷》后集卷五《诗》，北京图书馆古籍珍本丛刊，书目文献出版社出版，第569页。有部分文字不同。

《愚庵小集》考证《(绍定)吴郡志》载陈瓘事多讹:"今考此诗出《见闻搜玉》,又见王禹偁《小畜集》……此诗实为禹偁作也。"[37]卷十四,第1319册,第172页《(绍定)吴郡志》《全宋诗·陈瓘》等记载为误。

(三)《送侄刚胜柔诗》非陈瓘所作,乃邵雍作品

宋释惠洪《石门文字禅》载:"仁者虽①逢思有常,平居慎勿恃何妨。争先世路机关恶,近后语言滋味长。可口物多终作疾,快心事过必为伤。与其病后求良药,不若病前能自防。"[12]卷二十七《跋了翁诗》,第1116册,第517页《石门文字禅》明确记载其为"了翁送其侄刚胜柔诗"②,《全宋诗》误题作《寄觉范漳水》[36]卷一一九一《陈瓘》,第20册,第13469页收录入陈瓘作品。

按:此诗实乃邵雍所作。《邵雍集》[42]卷六《仁者吟》,第261页、《宋文鉴》[2]卷二十五《仁者》,第371页皆载此诗。宋吴子良《荆溪林下偶谈》曾考辨之:"此诗邵尧夫作,而冷斋误以为莹中,或者莹中手书此诗,冷斋不知为尧夫作欤。"[43]卷二《冷斋误载邵尧夫诗》,第1481册,第494页

(四)《代舅曹使③君知筠州谢表》《代仓部知吉州谢表》《代仓部知池州谢表》《代叔父知南安军谢表》四篇非陈瓘作品,《唐宋元名表》为误收[44]卷下之一,第1382册,第361-362页,《全宋文·陈瓘》亦误[45]卷二七八四《陈瓘三》,第129册,第88-90页

据言行录中陈瓘《年谱》《四明尊尧集·世系》知,陈瓘父陈偁长期任职地方,并无仓部任职经历;其二位妻子皆杜氏,陈瓘舅父不可能为"曹使君";且陈瓘叔父陈佩、陈伟官职不显,皆早卒,亦无任南安军知州记载,故这四篇文章是否陈瓘所作存有疑问。

考南宋宰相吕祖谦文集,亦收录有此四篇[46]卷二,第28-30页。吕祖谦父吕大器曾任尚书仓部郎中,故此处二篇"代仓部"谢表应是吕祖谦代其父所作。吕大器娶妻曾氏,有《代舅曾④使君知筠州谢表》,故知此三篇乃吕祖谦代其父、舅所作。且吕祖谦文集收录有《代叔父知南安军谢表》,故《唐宋元名表》乃误收,《全宋文·陈瓘》亦误。

---

① 亦作"难"。
② 部分文字有出入。
③ "使",《唐宋元名表》误作"史"。
④ 吕祖谦舅父曾姓,"曹"使君应为误。

（五）《代贺皇太后生辰表》《代贺明堂礼毕表》二文非陈瓘所作，《唐宋元名表》为误收，《全宋文·陈瓘》亦误

《唐宋元名表》载《代贺明堂礼毕表》《代贺皇太后生辰表》二篇为陈瓘作品[44]卷下之一,第1382册,第361页，《全宋文·陈瓘》据其收录[45]卷二七八四《陈瓘三》,第129册,第87-88页。

考《宋陈忠肃公言行录》所载陈瓘年谱，陈瓘元符年间被贬原因之一即是上奏论向太后预国事、弹劾向宗良兄弟交通内外等不法事，"太后怒，至哭泣不食，上再拜乞贬瓘而怒犹不解"[10]卷一·《年谱》，逼迫宋徽宗贬谪陈瓘。可知陈瓘与向太后关系不睦，不可能作贺太后生辰表。又，陈瓘长期遭贬，游离于政治中心之外，明堂大礼作为当时重要的祭天大典，贺表惯例由朝廷内外重臣所作，而对于贬谪地方的陈瓘而言，既无可能亦无资格上表庆贺。此二篇实乃秦观所作，秦观《淮海集》①收录，二表皆写于元祐初，前者乃元祐元年（1086）明堂大礼毕，秦观代郡守王震所作，后者乃秦观代向太后弟向宗回所作贺表。《唐宋元名表》《全宋文·陈瓘》乃误收。

三、余论

陈瓘一生颠沛流离，屡遭打击，生前官职不显，多蹉跎于偏乡僻壤，故其作品虽多，最终多散佚不传，致后世多张冠李戴，不甚准确，甚或陈瓘某些作品记载亦多有讹误，如《永乐大典》载陈瓘《先公行述》[1]卷三一四一,第1836页，载其父陈偁"孙男九人：全郊社斋郎正俗、正冲、正平、正方、正忱、正孺、正弼"②。参照《宋陈忠肃公言行录·年谱》和《四明尊尧集·世系》显然为误，故今日用此类史料时当慎之又慎。

参考文献

[1] 解缙. 永乐大典[M]. 北京：中华书局，1986.

[2] 吕祖谦. 宋文鉴[M]. 齐治平，点校. 北京：中华书局，1992.

[3] 吕祖谦. 少仪外传[M]//吕祖谦全集. 杭州：浙江古籍出版社，2008.

[4] 脱脱. 宋史[M]. 北京：中华书局，1977.

[5] 邓广铭，程应镠. 中国历史大辞典·宋史卷[M]. 上海：上海辞书出版社，1984.

[6] 邵伯温. 邵氏闻见录[M]. 李剑雄，刘德权，点校. 北京：中华书局，1997.

---

① [宋]秦观：《淮海集编年校注》卷二十七《代贺皇太后生辰表》《代贺明堂礼毕表》，第598、602页。

② 考察《宋陈忠肃公言行录·年谱》《四明尊尧集·世系》及其他史料，知陈偁四子，长子陈琼子正敏、正式、正伦，次子珏子陈渊，三子瓘子正汇、正同等，与《永乐大典·先公行述》中陈偁诸孙记载不同，《永乐大典》显然为误记。

[7] 陆心源.三续疑年录[M].潜园总集本.河南大学图书馆藏.

[8] 陈载兴.宋陈忠肃公言行录[M].嘉靖二十六年本.苏州大学图书馆藏.

[9] 陈载兴.宋陈忠肃公言行录[M].嘉靖二十九年本.北京:国家图书馆出版社影印,2013.

[10] 陈载兴.宋陈忠肃公言行录[M].光绪十五年本.国家图书馆藏.

[11] 陈璂.宋忠肃陈了斋四明尊尧集[M]//续修四库全书.上海:上海古籍出版社,1995.

[12] 释惠洪.石门文字禅[M]//文渊阁四库全书影印本.台北:台湾商务印书馆,1986.

[13] 王明清.挥麈录·后录[M].上海:上海书店出版社,2001.

[14] 李心传.旧闻证误[M].崔文印,点校.北京:中华书局,1997.

[15] 陈渊.默堂集[M]//文渊阁四库全书影印本.台北:台湾商务印书馆,1986.

[16] 洪迈.夷坚志·三志己[M].何卓,点校.北京:中华书局,2006.

[17] 曾敏行.独醒杂志[M]//文渊阁四库全书影印本.台北:台湾商务印书馆,1986.

[18] 陈均.皇朝编年纲要备要[M].许沛藻,金圆,等点校.北京:中华书局,2006.

[19] 程钜夫.雪楼集[M]//文渊阁四库全书补遗.北京:北京图书馆出版社,1997.

[20] 朱熹.三朝名臣言行录[M]//四部丛刊初编本.北京:商务印书馆,1922.

[21] 释志磐.佛祖统纪[M]//四库全书存目丛书.济南:齐鲁书社,1995.

[22] 魏了翁.鹤山集[M]//文渊阁四库全书影印本.台北:台湾商务印书馆,1986.

[23] 杨忠良.皇宋通鉴长编纪事本末[M].李之亮,校点.哈尔滨:黑龙江人民出版社,2006.

[24] 佚名.宋史全文[M].李之亮,点校.哈尔滨:黑龙江人民出版社,2005.

[25] 黄宗羲.宋元学案[M].全祖望,补修.北京:中华书局,2009.

[26] 杨时.杨时集[M].林海权,校理.北京:中华书局,2018.

[27] 陈振孙.直斋书录解题[M].徐小蛮,顾美华,点校.上海:上海古籍出版社,2005.

[28] 陈骙.南宋馆阁录[M].张富祥,点校.北京:中华书局,1998.

[29] 陈思,陈世隆.两宋名贤小集[M]//宋集珍本丛刊.北京:线装书局,2004.

[30] 杨万里.杨万里集笺注[M].辛更儒,笺注.北京:中华书局,2007.

[31] 纪昀.钦定四库全书总目[M].北京:中华书局,1997.

[32] 龚明之.中吴纪闻[M]//全宋笔记第三编:第七册.郑州:大象出版社,2008.

[33] 郑虎臣.吴都文粹[M]//文渊阁四库全书影印本.台北:台湾商务印书馆,1986.

[34] 范成大.吴郡志[M]//宋元方志丛刊:第一册.北京:中华书局,1990.

[35] 王象之.舆地纪胜[M].李勇先,点校.成都:四川大学出版社,2005.

[36] 北京大学古文献研究所.全宋诗[M].北京:北京大学出版社,1995.

[37] 朱鹤龄.愚庵小集[M]//文渊阁四库全书影印本.台北:台湾商务印书馆,1986.

[38] 钱谷.吴都文粹续集[M]//文渊阁四库全书影印本.台北:台湾商务印书馆,1986.

[39] 王鏊.(正德)姑苏志[M]//天一阁藏明代方志选刊续编:第12册.上海:上海书店出版社,2014.

[40] 王禹偁.小畜集[M]//文渊阁四库全书影印本.台北:台湾商务印书馆,1986.

[41] 佚名.锦绣万花谷[M]//北京图书馆古籍珍本丛刊:第73册.北京:书目文献出版社,1989.

[42] 邵雍.邵雍集[M].郭彧,整理.北京:中华书局,2010.

[43] 吴子良.荆溪林下偶谈[M]//文渊阁四库全书影印本.台北:台湾商务印书馆,1986.

[44] 胡松.唐宋元名表[M]//文渊阁四库全书影印本.台北:台湾商务印书馆,1986.

[45] 曾枣庄,刘琳.全宋文[M].上海:上海辞书出版社,2006.

[46] 吕祖谦.东莱吕太师文集[M]//吕祖谦全集.杭州:浙江古籍出版社,2008.

[47] 秦观.秦观集编年校注[M].周义敢,程自信,周雷,编注.北京:人民文学出版社,2001.

附　录

附录1:教育部名栏"宋史研究"精品摘要(2001—2012)

1. 2001年第3期漆侠《浙东事功派代表人物陈亮的思想与朱陈"王霸义利之辨"》

摘要:宋学到南宋发生一个重大变化,即理学(道学)兴盛,成为显学。与之相对的浙东事功派,亦兴盛起来,形成了与居于主导地位的朱熹所代表的正统派理学之间的对立。事功派的代表人物陈亮具有功利主义的哲学思想,与朱熹展开了"王霸义利之辨"。就历史观而言,陈亮坚持历史进化论,以效果论来辨析"王霸义利",属于唯物主义认识论。

关键词:浙东事功派;陈亮;王霸义利之辨

2. 2002年第1期李华瑞、水潞《南宋理学家对王安石新学的批判》

摘要:南宋理学家对王安石新学的批判,主要表现在两个方面:一是斥新学为异端邪说,借以标榜理学为继孔孟绝学的正统,二是把新学作为变乱祖宗法度而致北宋亡国的理论根源,予以无情打击。陆九渊对王安石个人的政治操守和治国理想给以赞誉,但对王安石新学亦持批评态度。理学家批判新学对南宋社会发展造成了不良影响,这就是在"法祖"的旗帜下,使南宋社会上上下下因循守旧、政治上保守主义日益弥漫,并且直接影响了元明清对王安石新学及新法的评价。

关键词:南宋;王安石;理学家;新学

3. 2002年第3期郭东旭《宋朝以赃致罪法略述》

摘要:宋朝的计赃论罪法具有明显的因袭唐律的特征,但因唐宋社会的变迁,宋代的计赃论罪法亦发生了不同程度的变化。其变化趋向主要表现在对"强盗""窃盗"赃罪惩罚的趋于加重,对官吏贪赃罪处罚的由重趋轻,约"六赃"坐罪范围的扩大征赃法、计赃法、平赃法的日趋完善。宋朝计赃论罪法的这些变化亦展现出宋朝法律变化的时代特征。

关键词:宋朝;计赃;论罪法

4. 2003年第3期游彪《宋代朝廷与地方之间的"文字"传递——围绕邸报及其相关问题而展开》

摘要:诸多资料表明,宋代凡是进奏院下发到各地的"文字"原则上都可以称为邸报,其称谓有"报状""进奏官报""进奏官报状"等等,本质上都是为了将中央的有关方针政策、朝廷内外人事任免以及其他各种文件和指示传达到地方。同时,地方相关政务亦需向朝廷汇报,经过有关部门"批示"后再由进奏院负责转发下去。显而易见,这是宋代权力运作的重要侧面,也是集权体制的必要环节,一方面,地方官员从邸报可以了解一些朝廷动向和"施设",并加以贯彻执行,另一方面,中央也能通过邸报从某种程度上控制和掌握地方政务。

关键词:宋代;邸报;情报交流

5. 2004年第3期刘秋根、柴勇《宋代销金禁令与销金消费》

摘要:宋代政府禁止奢侈消费的法令大部分以销金禁令的形式出现。统治者对禁止销金十分重视,采取了法律和行政手段来保证禁令的执行。但其结果却是"禁令屡下,民间无视",销金消费在宋代依然十分盛行。宋代社会开始出现的等级消费秩序向自由消费秩序的转变是其中最主要的原因。

关键词:销金;奢侈;禁令;消费

6. 2005年第3期王曾瑜《北宋末开封的陷落、劫难和抗争》

摘要:北宋都城开封易守难攻,但金军南下,很快却失守了。金军采取诱降和填平护龙河等策略,而宋朝统治集团缺乏应对能力、腐败无能,甚至迷信骗子郭京的所谓六甲神兵,终致开封陷落,一代名城惨遭荼毒。在此过程中,宋朝一些官员甘当金军的帮凶,其行径极其卑劣。

关键词:北宋;开封;金军

7. 2005年第4期刁培俊《分工与合作:两宋乡役职责的演变》

摘要:征税派役、治安管理等乡村社会秩序的维护,是两宋乡役的主要职责。不同职责,国家规定由不同色役分别掌管,但由于积贫积弱,内外交困等国势,在实行中却往往是混合执行。从唐、元前后两代的沿革来看,宋代乡役职责及其所反映出的社会发展过程,其特点则更为明显。

关键词:宋代;乡役职责;演变;分工;合作

8. 2006年第2期范学辉《论北宋三衙管军选任标准的前后变化》

摘要:除不宜为三衙管军者的规范相对稳定以外,北宋三衙管军的选任标准,与当时的政治、军事大背景相适应,其侧重点前后有着明显的变化,大致可以分为宋太祖"更置易制者",宋太宗、真宗用"藩邸旧僚",宋仁宗"用亲"和"循资格",以及宋英宗朝以后"重边功"原则得以突出等几个阶段。

关键词:三衙;管军;选任标准

9. 2006 年第 5 期闫孟祥《论大慧宗杲批评默照禅的真相》

摘要:宋代临济禅师大慧宗杲曾经猛烈批评当时的"默照禅",研究者多认为是针对曹洞宗的真歇清了、宏智正觉及其默照禅,笔者考察这是误解。从禅法的角度来说,宗杲所批的默照禅与真歇、宏智的默照禅根本不同;从宗杲与真歇、宏智彼此关系的角度来说,宗杲对二人的评价很高,并称赞了他们的悟境和禅法。在宗杲看来,其所批评的是类于"二乘"的"禅病"。对于该"病"不仅宗杲给予了批评,真歇清了、宏智正觉也作过批评。

关键词:默照禅;默照铭;刘子翚

10. 2007 年第 3 期安国楼《从岳飞的素养看宋代家族教育》

摘要:岳飞出身于贫寒家庭,没有受过正规的学校教育,但他被誉为文武全器之才。岳飞为亲尽孝,为君尽忠,传统道德和礼仪观念十分浓重。其不凡素质与他成长的家庭环境有直接关系,是封建时代家教成人、成才的典范。宋代从司马光到朱熹等,都十分重视家族教育的立制和规范。岳飞在侍亲、事君、礼贤、母丧之哀等方面及表奏题咏中所表现出的素养,折射出宋代家族教育的世风和特色。

关键词:岳飞;传统观念;居家规范;家族教育

11. 2007 年第 5 期贾玉英《宋代京畿制度变迁论略》

摘要:宋代京畿制度复杂多变。宋太祖、太宗、真宗三朝称开封府界,仁宗皇、至和之际曾一度改为京畿路,徽宗朝时而置京畿路、时而恢复开封府界。南宋以临安府所辖 9 县为京畿。北宋京畿管理体制出现了开封府界路级特区。南宋以临安府长官充任浙西路安抚使兼兵马钤辖,管理京畿、京师和朝廷事务,已形成了路总管府的管理体制。这一体制对元朝"大都路总管府"制度产生了重要影响。

关键词:宋代;开封府界;京畿路;京畿管理

12. 2008 年第 3 期马玉臣《宋代镇市、草市户口及其有关问题》

摘要:宋代草、镇市经济得到了发展,但整体上还不高,各地的情况差别很大。根据熙宁九年(1076)全国与各路草、镇市保丁数推算:草、镇市两丁以上的户为230 528 户,仅占全国保甲户的 3.326%。若以此比例估算,则全国草、镇市户约有484 197 户,比学界估计的宋神宗元丰年间镇市户(不包括草市户)66 万户要低三分之一。

关键词:宋代;草市;镇市;户数

13. 2008 年第 4 期陈志英《论宋代对私权的法律调整》

摘要:纵观中国法制的历史,有宋一代重视对经济生活调整、规制,具体表现为对民众的法律人格、个人意志和契约一定程度的认知和尊重,对民众利益的保护达到前所未有的程度,在制度确立的立法选择和制度实施的司法实践中呈现许多进步特征。

关键词:私权;宋代;法律保护;法律调整

14. 2009 年第 1 期陈志刚《宋代动产交易与担保制度研究》

摘要:宋代的担保行业是其商品经济高度发展的产物,担保行业适合了其商品经济高度发展的需要,并贯彻到了商品交易的各个方面,发挥着重要作用。尤其在预买和赊买卖中,担保的作用更为凸显。宋朝法律赋予保人以特殊的经济地位和权利,是宋代担保制度发达的重要原因。从整体来看,宋代担保行业与其商品经济高度发展之间既有相适合的一面外,也有不相适合的一面,而且不相适合的一面又严重阻碍了宋代商品经济的发展。

关键词:动产交易;即时买卖;预买订购;赊买赊卖;担保人

15. 2009 年第 3 期王晓龙《国家改革过程中地方政府角色的转型——基于王安石变法时期路级提刑司的研究》

摘要:北宋熙宁、元丰时期,以王安石为代表的变法派进行了以"富国""强兵"为主要目标的著名的改革运动。提点刑狱司这一宋代重要的路级司法、监察机构与此次变法关系密切。在王安石变法时期,改革者对提刑司相关制度进行了一系列改革,如降低提刑官的选任标准、严格考核制度、配备属官、增加武臣提刑等,使之更符合新法的需要。与此同时,改革中最重要的"富国""强兵"等职能在提刑司等地方政府执政中得到明显增强。从这场著名的变法运动可以看出,提点刑狱司作为宋朝地方统治体系中最重要的"司法、监察官",在北宋中期王安石变法中角色发生明显的转型,司法之外的财政、军事职能得到显著增强。这种"多面手"的角色转型适应了改革的需求,为国家机器的正常运转、改革措施的推行和地方社会的稳定作出了重要贡献。

关键词:北宋;王安石变法;提点刑狱司;制度改革;角色转型

16. 2010 年第 1 期王菱菱《宋代文思院的管理体系与管理措施》

摘要:宋初,文思院由以文思使、文思副使系衔的内侍官、武臣掌领。至少从宋真宗时期起,文思使和文思副使不再掌管文思院。宋神宗时期,文臣京朝官成为管理文思院的最高官员,内侍官及武臣地位下降。南宋时期,文思院监官、监门官均由文臣担任,武臣、内侍难觅踪影。文思院上下界均设置了各类公吏,制定严密的管理制度。文思院通过采取订立各类产品的料例功限、检验产品的质量、注重经济成本的核算、提高工匠的雇值等种种措施,为皇室、各级政府部门及普通民众提供了规范划一、制作精良的手工业产品,在各类手工业部门中起到了引领的典范作用,促进了宋代手工业技艺的提高和生产的发展。

关键词:宋代;文思院;手工业作坊

17. 2010年第5期丁建军《宋徽宗朝的官员考核述论》

摘要:宋徽宗朝总体上政治昏暗、腐败,但是在考核官员方面却作出了许多努力。在考核中央官员业绩时,既注重量的指标,又注重质的要求和办事效率,对改进六部官员的工作作风、提高其办事效率方面发挥了一定的作用。在考核州官员时,注意从实际出发,适时调整其考核标准,以免评优过滥。在路级官员的考核方面实行了监司互申考课法,并针对考核过程中存在的问题加强了对考核工作的监察力度。尽管宋徽宗朝在官员考核方面作出不少努力,但是,其过分注重考核地方官员财经业绩的做法与官场腐败相汇合,作为单项管理制度的考核制度的改进,不仅无助于政治腐败大环境的改善,反而导致了官吏的横征暴敛,激化了社会矛盾。

关键词:宋徽宗;昏君;官员;考核

18. 2011年第5期张剑平略论《漆侠先生的宋学研究》

摘要:"宋学"是漆侠先生晚年专注的重要学术领域,《宋学的发展和演变》这部学术力作的出版,极大地推动了对宋代学术思想和文化的进一步深入研究,使得学术界对宋学有了全新的认识。该书具有显著的特点:一是广阔的学术视野,显著的马克思主义思想史研究风格;二是对宋代学术思想进行宏观和微观的深入研究;三是以历史文献为基础的扎实求实的学风。漆侠先生注重以马克思主义理论和方法从事历史学研究,是他成就学术事业的重要因素,这对新世纪的学人也有重要的启迪意义。

关键词:漆侠;宋代学术思想;学术影响

19. 2012年第4期陈峰《宋太祖朝节度使类别及其转型述论》

摘要:宋太祖一朝,节度使作为以往的旧制得以延续,不过在厉行中央集权方针政策的不断推动下,节度使群体逐渐分化为多种类别,与中央的关系亲疏不同,彼此的利益也存在差异。其中开国功臣背景者受到礼遇,积极效忠的宿将一度得到笼络,新兴战功出身与潜邸、外戚出身者得到重用,其余的老藩镇则被视为异己力量而受到打压、撤销,此外的降臣等类别者仅属于形式上的点缀。随着各种削藩制度的推行,当时的节度使在分化中进而由实职向虚职过渡、转型,逐渐脱离了与地方的关系,"藩镇割据"的现象遂开始淡出历史的舞台。

关键词:宋太祖;节度使;类别;转型

20. 2012 年第 6 期杨倩描《北宋〈真定府洪济禅院敕文札子碑〉考析》

摘要:北宋《真定府洪济禅院敕文札子碑》原样摹刻了宋徽宗大观二年(1108)的《尚书省札》和《成德军帖》两件公文,具有极高的史料价值。其中,《尚书省札》摹刻有蔡京和林摅的花押,使我们对宋代押字制度加深了理解。《成德军帖》右侧顶格有一大的"使"字,是目前所见宋朝使相签字特殊样式的唯一摹写。《成德军帖》文末官员署衔,除一人以"知真定府司录参军"入衔外,其余官员系衔均曰"成德军"。这是宋朝在官员署衔中不用府州名而用军额特别规定的直接物证,对我们研究宋朝官制是有所裨益的。

关键词:花押;使相签字;府州名和军额;真定府;成德军

附录2：教育部名栏"宋史研究"刊文总目录（1986—2021）

序号	刊期	作者	题目
1	1986 年第 3 期	漆侠	再论王安石变法——王安石逝世九百周年
2	1986 年第 3 期	郭东旭	宋代财产继承法初探
3	1986 年第 3 期	杨倩描	赵开酒法述评
4	1987 年第 3 期	漆侠	关于宋代雇工问题——宋代社会阶级构成探索之一
5	1987 年第 3 期	刘秋根	两宋私营高利贷资本初探
6	1987 年第 3 期	王菱菱	论宋代的矿冶户
7	1987 年第 3 期	郭东旭	"刺配沙门岛"刍议
8	1988 年第 3 期	漆侠	《三言二拍》与宋史研究
9	1988 年第 3 期	程民生	北宋商税统计及简析
10	1988 年第 3 期	郭东旭	南宋的越诉之法
11	1989 年第 4 期	漆侠	契丹斡鲁朵(官分)制经济分析——辽社会经济结构研究之一
12	1989 年第 4 期	高树林	宋朝赋役浅论
13	1989 年第 4 期	刘秋根	唐宋常平仓的经营与青苗法的推行
14	1989 年第 4 期	姜锡东、赵喜英	宋代榷货务的经济职能及其演变
15	1990 年第 3 期	漆侠	坚持以马克思主义为指导治史、执教、育人
16	1990 年第 3 期	程民生	论宋代河北路经济
17	1990 年第 3 期	李华瑞、张景芝	宋代榷曲、特许酒户和万户酒制度简论
18	1990 年第 3 期	高聪明	北宋西北地区的铜铁钱制度
19	1990 年第 3 期	郭东旭	宋代编敕制度述略
20	1990 年第 3 期	苗书梅	宋代黜降官叙复之法
21	1991 年第 3 期	漆侠	宋太宗第一次伐辽——高梁河之战——宋辽战争研究之一
22	1991 年第 3 期	郭东旭	宋代酷刑论略
23	1991 年第 3 期	李华瑞	宋代非商品酒的生产与管理
24	1992 年第 3 期	漆侠	辽国的战略进攻与澶渊之盟的建立——宋辽战争研究之三
25	1992 年第 3 期	郭东旭	宋代编管法
26	1992 年第 3 期	姜锡东	宋代官私商业的经营方式
27	1992 年第 3 期	高聪明	试论北宋货币不统一问题

（续表）

序号	刊期	作者	题目
28	1993 年第 3 期	郭东旭	论宋代婢仆的社会地位
29	1993 年第 3 期	张凤仙	试析宋代的"狱空"
30	1993 年第 3 期	李华瑞	论宋代酒业产销的管理体制
31	1993 年第 3 期	王菱菱	论宋朝边疆地区的矿冶禁采政策
32	1994 年第 3 期	李华瑞	宋代酒的销售简论
33	1994 年第 3 期	高聪明	论白银在宋代货币经济中的地位
34	1994 年第 3 期	王菱菱	浅析宋代军队的后勤保障措施
35	1995 年第 3 期	漆侠	刘秋根《中国典当制度史》序
36	1995 年第 3 期	高树林	元朝盐茶酒醋课研究
37	1995 年第 3 期	李华瑞	宋初黄老思想三题
38	1995 年第 3 期	高聪明	论宋代商品货币经济发展的特点
39	1996 年第 3 期	漆侠	晁迥与宋学——儒佛思想的渗透与宋学的形成
40	1996 年第 3 期	王菱菱	论宋代矿业管理中的奖惩制度
41	1996 年第 3 期	王善军	宋代宗族制度的社会职能及其对阶级关系的影响
42	1996 年第 3 期	李华瑞	元朝人不修西夏史刍议
43	1997 年第 3 期	漆侠	杨倩描同志《吴家将——吴玠吴璘吴挺吴曦合传》序
44	1997 年第 3 期	郭东旭	宋代买卖契约制度的发展
45	1997 年第 3 期	高聪明	货币在宋代经济社会生活中的地位
46	1997 年第 3 期	高纪春	关于吕惠卿与王安石关系的几点考辨
47	1998 年第 3 期	漆侠	释智圆《闲居编》跋
48	1998 年第 3 期	王菱菱	宋朝政府的矿冶业开采政策
49	1998 年第 3 期	王善军	强宗豪族与宋代基层社会
50	1998 年第 3 期	杜建录	西夏军队的武器装备及其管理制度
51	1998 年第 3 期	顾宏义	《邵氏闻见录》有关王安石若干史料辨误
52	1999 年第 3 期	漆侠	释"鏖糟陂里叔孙通"
53	1999 年第 3 期	高聪明	宋代四川货币三题
54	1999 年第 3 期	[韩]曹福铉	宋代官员人数的增加及其原因
55	1999 年第 3 期	王善军	《宋史·曹彬传》勘误
56	1999 年第 3 期	高纪春	对《〈宋史·高宗纪〉补正》一文的正补

（续表）

序号	刊期	作者	题目
57	2000 年第 5 期	漆侠	释"天地不仁，以万物为刍狗；圣人不仁，以百姓为刍狗"义
58	2000 年第 5 期	郭东旭	论北宋"盗贼"重法
59	2000 年第 5 期	陈峰	试论宋初武将精神面貌的转变
60	2000 年第 5 期	高纪春	是匡谬辨诬、端正学风，还是讳疾忌医、文过饰非——敬答李裕民先生
61	2001 年第 3 期	漆侠	浙东事功派代表人物陈亮的思想与朱陈"王霸义利之辨"
62	2001 年第 3 期	郭东旭	宋朝招商政策探析
63	2001 年第 3 期	王菱菱	宋代矿冶业中的厢兵生产
64	2001 年第 3 期	刘莉亚	论元代矿产品的流通政策
65	2002 年第 1 期	李华瑞、水潞	南宋理学家对王安石新学的批判
66	2002 年第 1 期	刘洪升	唐宋以来海河流域水灾频繁原因分析
67	2002 年第 3 期	郭东旭	宋朝以赃致罪法略述
68	2002 年第 3 期	王菱菱	论宋代的胆铜生产
69	2002 年第 3 期	王善军	高翥《清明日对酒》诗新解
70	2002 年第 3 期	游彪	论南宋孝宗时期的官员荫补制度
71	2003 年第 3 期	郭东旭、牛杰	宋代民众鬼神赏罚观念透析
72	2003 年第 3 期	游彪	宋代朝廷与地方之间的"文字"传递——围绕邸报及其相关问题而展开
73	2003 年第 3 期	汝企和	南宋官府校勘述论
74	2004 年第 2 期	魏华仙	试析北宋东京的肉类消费
75	2004 年第 2 期	王志双	北宋名相韩琦在定州
76	2004 年第 3 期	刘秋根、柴勇	宋代销金禁令与销金消费
77	2004 年第 4 期	丁建军	中国题壁文化的巅峰——宋代题壁文化论略
78	2004 年第 5 期	周国平、张春生	宋代幕府的发展述论
79	2005 年第 3 期	王曾瑜	北宋末开封的陷落、劫难和抗争
80	2005 年第 3 期	王书华	苏轼苏辙对荆公新学的批判
81	2005 年第 4 期	刘金柱、田丽娟	坐姿变化与中国人身心的解放——以宋人笔记为核心
82	2005 年第 4 期	刁培俊	分工与合作：两宋乡役职责的演变
83	2005 年第 5 期	郭东旭、郑迎光	宋朝司法腐败现象简论

序号	刊期	作者	题目
84	2005 年第 5 期	丁建军、郭志安	宋代依法治蝗述论
85	2006 年第 2 期	王善军、王慧杰	简论使辽对北宋使臣政治性格的影响
86	2006 年第 2 期	范学辉	论北宋三衙管军选任标准的前后变化
87	2006 年第 3 期	姜锡东、王钟杰	宋代的武臣县尉
88	2006 年第 3 期	淮建利	"升隶"与"落厢"：试论北宋厢军与禁军的互动关系
89	2006 年第 4 期	王嘉川	秦桧归宋问题平议
90	2006 年第 5 期	闫孟祥	论大慧宗杲批评默照禅的真相
91	2006 年第 6 期	高楠、仇静莉	南宋民事案件执行状况考述——以《名公书判清明集》中的财产案件为中心
92	2007 年第 1 期	李华瑞、郭志安	北宋黄河河防中的官员奖惩机制
93	2007 年第 2 期	韩田鹿	宋代文人与文化娱乐市场
94	2007 年第 2 期	孙彩霞	宋代城市经济与城市中的瓦子勾栏
95	2007 年第 2 期	赵秋棉	宋代的绘画市场——对年画的考察
96	2007 年第 2 期	李占稳	梨园经济两不分——宋代戏曲及其商业特征
97	2007 年第 2 期	孙微	宋人崇杜的经济因素解析
98	2007 年第 2 期	田玉琪	宋代南戏中的经济生活——以《张协状元》为例
99	2007 年第 3 期	安国楼	从岳飞的素养看宋代家族教育
100	2007 年第 3 期	方燕	宋代女性的拒巫活动
101	2007 年第 4 期	郭东旭、王瑞蕾	南宋儒家化法官的法治理念与司法实践——以理学家胡颖为例
102	2007 年第 4 期	汪圣铎、史泠歌	试论北宋时期过度集权及其影响
103	2007 年第 4 期	孟宪玉	五代入宋文人对宋朝儒学振兴及文化事业的发展所做的贡献——以名儒杨徽之为个案研究
104	2007 年第 4 期	杨卉青、崔勇	宋代借贷契约及其法律调控
105	2007 年第 4 期	丁建军、金之易	宋代教育发达原因探析
106	2007 年第 4 期	闫孟祥、贾明杰	宋代太学教育
107	2007 年第 4 期	王晓龙、司学红	宋代书院教育
108	2007 年第 4 期	贾芳芳	宋代家庭教育
109	2007 年第 4 期	张利	宋代科举考试防弊措施
110	2007 年第 5 期	贾玉英	宋代京畿制度变迁论略
111	2008 年第 2 期	郭东旭、魏磊	宋代"干证人"法制境遇透视

（续表）

序号	刊期	作者	题目
112	2008 年第 3 期	马玉臣	宋代镇市、草市户口及其有关问题
113	2008 年第 3 期	张明、马红军	宋代战时军法考述
114	2008 年第 4 期	姜锡东	关于宋太祖祖籍及其相关的几个问题
115	2008 年第 4 期	程民生	宋代食品价格与餐费考察
116	2008 年第 4 期	陈志英	论宋代对私权的法律调整
117	2008 年第 6 期	谢飞、张志忠	《王通墓志铭》考释
118	2009 年第 1 期	汪圣铎、马元元	黄敏枝《宋代敕赐寺田表》补正辨析
119	2009 年第 1 期	刘志刚	宋代动产交易与担保制度研究
120	2009 年第 2 期	郭东旭、陈玉忠	宋代刑事复审制度考评
121	2009 年第 2 期	吴业国	南宋国用司与中央财政
122	2009 年第 2 期	薛政超	南宋前期湖南民户移民研究
123	2009 年第 3 期	顾宏义	范纯仁论朋党——兼析元祐年间"调停"说的起因与影响
124	2009 年第 3 期	王晓龙	国家改革过程中地方政府角色的转型——基于王安石变法时期路级提刑司的研究
125	2009 年第 3 期	高楠	宋代用水纠纷述论
126	2009 年第 3 期	米玲、王彦岭	北宋定州军事特质农业发展管窥
127	2010 年第 1 期	王菱菱	宋代文思院的管理体系与管理措施
128	2010 年第 1 期	杨卉青	宋代契约中介"牙人"法律制度
129	2010 年第 4 期	刘金柱、张永翠	从"以子妻之"到"榜下捉婿"——宋代择婿婚姻探析
130	2010 年第 5 期	丁建军	宋徽宗朝的官员考核述论
131	2011 年第 2 期	王文书	宋代的榷醋和醋息钱
132	2011 年第 5 期	姜锡东、王晓薇	漆侠先生与中国农民战争史研究
133	2011 年第 5 期	张剑平	略论漆侠先生的宋学研究
134	2011 年第 5 期	张春兰	《漆侠全集》与史学研究
135	2011 年第 6 期	王晓龙、施治平	漆侠先生与河北大学宋史研究领域的拓展
136	2012 年第 1 期	汪圣铎、钱俊岭	宋代官员火灾问责研究
137	2012 年第 1 期	王轶英	北宋澶渊之盟前的河北军事防御区域
138	2012 年第 2 期	朱瑞熙	宋朝的礼乐教化
139	2012 年第 2 期	肖爱民	试析北宋人对辽朝政治中心的认识
140	2012 年第 3 期	顾宏义	宋初武臣子弟应举入仕论略

序号	刊期	作者	题目
141	2012 年第 3 期	史泠歌	宋朝皇帝对官员的节日物质赏赐
142	2012 年第 4 期	陈峰	宋太祖朝节度使类别及其转型述论
143	2012 年第 4 期	冯红	基于榷盐制度的宋代国富论与民富论探析
144	2012 年第 5 期	李光生	南宋书院与祠官关系的文化考察
145	2012 年第 5 期	李俊芳、刘冬青	宋代实学与官员"科学家"
146	2012 年第 5 期	魏彦红	北宋皇帝重教研究综述
147	2012 年第 6 期	杨倩描	北宋《真定府洪济禅院敕文札子碑》考析
148	2012 年第 6 期	王晓龙、杜敬红	宋代监司对宋代法律文明建设的贡献
149	2013 年第 1 期	王菱菱、李浩楠	金朝河北地区抗蒙水寨山寨考
150	2013 年第 2 期	高建国	北宋《折克柔墓志铭》考释
151	2013 年第 3 期	刘祎绯	北宋城市园林的公共性转向——以定州郡圃为例
152	2013 年第 4 期	贾芳芳	宋代地方豪民与政府的关系
153	2013 年第 5 期	田建平	书价革命：宋代书籍价格新考
154	2013 年第 6 期	肖爱民、刘明罡	元代民间的金银消费与宋代的承继关系
155	2014 年第 1 期	闫孟祥、李清章	宋太宗"受佛记"传说考
156	2014 年第 2 期	赵宏、王晓龙	宋代立法中的文明趋向
157	2014 年第 3 期	王菱菱、彭志才	宋代永州、邵州农业经济发展考析——从"湘南名郡,旧称甲永乙邵"说起
158	2014 年第 3 期	王文书	"利出一孔"与"贫富相资"——宋代两种不同的高利贷思想
159	2014 年第 4 期	程民生	宋代的气象预报
160	2014 年第 4 期	王素美、王丽歌	宋代人地关系发展变化的几个特点
161	2014 年第 5 期	田建平	宋代出版文明新论
162	2014 年第 6 期	方如金	陈亮研究十大误区考论
163	2015 年第 1 期	李金善、高文霞	从宋代和民国两次废《序》运动看《诗经》学的转型
164	2015 年第 2 期	王晓龙、吴妙婵	宋代立法与司法技术的创新和进步
165	2015 年第 3 期	韩毅、李伟霞	宋代对补骨脂的认识及其临床应用
166	2015 年第 4 期	智延娜、苏国伟、王振伟	宋代《论衡》研究综述
167	2015 年第 5 期	夏涛	论宋代女性经济犯罪问题

（续表）

序号	刊期	作者	题目
168	2015 年第 6 期	田建平	《邸报》内容与宋代国政——哲宗时期李焘笔下的《邸报》记事
169	2015 年第 6 期	崔玉谦	宋理宗朝前期宰相李宗勉生平事迹再考
170	2016 年第 1 期	朱瑞熙	宋朝乡村催税人的演变——兼论明代粮长的起源
171	2016 年第 1 期	贾芳芳、宋学文	宋代儒学教育的演变、特点及其启示
172	2016 年第 2 期	虞云国	在调和与融通之间：唐宋变迁视野下的三教互动
173	2016 年第 2 期	姜锡东、许丞栋	庆历兴学——宋代官学教育自发向自觉的转折
174	2016 年第 3 期	程民生	交年节在汴京的创建及流传
175	2016 年第 3 期	丁建军、原朝	欧阳修奉使河东考论
176	2016 年第 4 期	顾宏义	蔡元定谪贬道州原因探析
177	2016 年第 4 期	张其凡、张睿	宋太宗朝宰执集团研究——以年龄为中心的考察
178	2016 年第 5 期	龚延明	宋代刑部建制述论——制度史的静态研究
179	2016 年第 5 期	黄纯艳	南宋江防体系的构成及职能
180	2016 年第 6 期	许怀林	匡山书院与"南宫义举"的由来与价值
181	2016 年第 6 期	吕变庭	略论岳飞与南宋及金朝政局变化的利害关系
182	2017 年第 1 期	肖爱民	辽圣宗耶律隆绪的尊号与谥号辨析
183	2017 年第 1 期	廖寅、肖崇林	北宋程琳事迹辨正
184	2017 年第 2 期	沈小仙、龚延明	唐宋"入阁"朝仪与议政之制源流考
185	2017 年第 2 期	王晓龙、刘世梁	北宋时期河北路弓箭社研究
186	2017 年第 3 期	程民生	影戏在汴京的发祥与流传
187	2017 年第 3 期	高柯立	宋代地方官府胥吏再探：以官民沟通为中心
188	2017 年第 4 期	许怀林	南宋南城吴氏社仓及其启迪意义
189	2017 年第 4 期	汪潇晨	从"天章召对"到"神御所在"——宋代天章阁政治职能的演变
190	2017 年第 5 期	顾宏义	赵德芳生母考——兼析宋朝官史失载赵德芳生母之原因
191	2017 年第 5 期	白贤	两宋士大夫法律素养之考量——兼与"两宋士大夫'文学法理，咸精其能'说"商榷
192	2017 年第 6 期	韩毅、于博雅	南宋许叔微医案与临床疾病诊疗初探

序号	刊期	作者	题目
193	2017 年第 6 期	朱光明	从陈亮到方孝孺：浙东学者关于正统的阐说及其流衍
194	2018 年第 1 期	龚延明	北宋西京河南府双重职能研究
195	2018 年第 1 期	丁建军、宋若岩	宋朝皇帝诏求直言的功能与效果
196	2018 年第 2 期	方如金、黄宗海	诗词文章如江河之流——驳"（陈）亮平生不能诗"
197	2018 年第 2 期	吴红兵	北宋"防秋"政策刍议
198	2018 年第 3 期	刘永海	宋代城守积极防御思想
199	2018 年第 3 期	王菱菱、刘潇	南宋地方政府的方志编修
200	2018 年第 4 期	许怀林	陆九渊的思想与生活实践
201	2018 年第 5 期	顾宏义	宋人书信传递方式与用时——以朱熹与师友门人往来书札为例
202	2018 年第 5 期	郭天翔	南宋初期京湖战区军事领导体制变迁——以岳家军的起步与发展为中心
203	2018 年第 6 期	程民生	宋代民间教师的阵容与贡献
204	2018 年第 6 期	刘明罡、李潇	宋元时期"丝绸之路经济带"各国间的金银流通
205	2019 年第 1 期	虞云国	图像视域与宋史研究
206	2019 年第 1 期	张邦炜	难于强求一律的两种视角——有感于伊沛霞著《宋徽宗》及相关评论
207	2019 年第 2 期	汤勤福	宋真宗"封禅涤耻"说质疑——论真宗朝统治危机与天书降临、东封西祀之关系
208	2019 年第 2 期	郑庆寰	宋初的"废支郡"与"直属京"政策
209	2019 年第 3 期	张全明	武汉岳飞文化遗迹及其变迁简论
210	2019 年第 3 期	王瑞来	地方士人与宋元变革管窥——杨万里集外佚文《桃林罗氏族谱序》考实
211	2019 年第 4 期	杨国宜	两宋之际理学的境遇和演变
212	2019 年第 4 期	张吉寅	火灾视阈下北宋刘太后与士大夫的权力博弈
213	2019 年第 5 期	刘复生	北宋儒学复兴要"复兴"什么
214	2019 年第 5 期	王旭	宋代潵浦镇兴衰轨迹再探
215	2019 年第 6 期	龚延明	宋代文官寄禄官制度
216	2019 年第 6 期	贾芳芳、姜莉	宋维扬名花考述
217	2020 年第 1 期	粟品孝	历代周敦颐文集的版本源流与文献价值
218	2020 年第 1 期	杨高凡	宋代陈瓘及其作品考辨

（续表）

序号	刊期	作者	题目
219	2020 年第 2 期	姜锡东、李超	宋代医药领域的违法犯罪问题初探
220	2020 年第 2 期	董春林	南宋吴家将弓弩战术再探
221	2020 年第 3 期	汤勤福	宋代御容供奉与玉清昭应宫、京师景灵宫的礼仪问题
222	2020 年第 3 期	汪潇晨	南宋君主文集编修的政治功能探讨——以绍兴修《徽宗御集》与敷文阁为中心
223	2020 年第 4 期	苗书梅	北宋中期官僚士大夫的一次群体题跋行为考论
224	2020 年第 4 期	赵龙	四库馆臣对宋人笔记分类的早期认知——从《四库全书初次进呈存目》谈起
225	2020 年第 5 期	韩毅	南宋后期瘟疫的流行与防治措施
226	2020 年第 5 期	肖爱民	辽朝皇帝庙号三题
227	2021 年第 1 期	顾宏义	赵弘殷显德三年行迹考辨
228	2021 年第 1 期	丁建军、秦思源	论宋徽宗东巡镇江的历史书写
229	2021 年第 5 期	姜锡东	宋代生产力在世界历史中的地位
230	2021 年第 5 期	王善军	辽宋西夏金时期族际饮食文化交流略论
231	2021 年第 6 期	程民生	青色在宋代的发展与广泛运用
232	2021 年第 6 期	聂济冬	南宋《盐铁论》接受特征及学术风尚